普通高等学校"十三五"市场营销专业规划教材

郝渊晓　主编

分销渠道管理学教程

主　编：彭建仿
副主编：李竹梅　崔　莹
　　　　王文军　刘　仓

·广州·

版权所有　翻印必究

图书在版编目（CIP）数据

分销渠道管理学教程/彭建仿主编；李竹梅，崔莹，王文军，刘仓副主编．—广州：中山大学出版社，2015.5

（普通高等学校"十三五"市场营销专业规划教材/郝渊晓主编）

ISBN 978-7-306-05266-7

Ⅰ.①分… Ⅱ.①彭…②李…③崔…④王…⑤刘… Ⅲ.①分销—购销渠道—高等学校—教材 Ⅳ.①F713.1

中国版本图书馆CIP数据核字（2015）第094839号

出版人：	徐　劲
策划编辑：	蔡浩然
责任编辑：	蔡浩然
封面设计：	林绵华
责任校对：	杨文泉
责任技编：	何雅涛
出版发行：	中山大学出版社
电　　话：	编辑部 020-84111996，84113349，84111997，84110779
	发行部 020-84111998，84111981，84111160
地　　址：	广州市新港西路135号
邮　　编：	510275　　传　真：020-84036565
网　　址：	http://www.zsup.com.cn　E-mail:zdcbs@ mail.sysu.edu.cn
印刷者：	佛山市浩文彩色印刷有限公司
规　　格：	787mm×1092mm 1/16 24.75印张 566千字
版次印次：	2015年5月第1版，2019年8月第2次印刷
印　　数：	3001～4000册　　定　价：39.90元

如发现本书因印装质量影响阅读，请与出版社发行部联系调换

内 容 提 要

本书介绍了分销渠道的概念与分销渠道结构、分销渠道成员、分销渠道成员关系的类型与管理、无店铺零售与连锁零售、分销渠道战略设计与组织模式、分销渠道组织管理与冲突管理、分销渠道物流管理与信息管理、国际分销渠道的模式与选择、分销渠道评估与管理新视野等内容,对分销渠道管理从理论和实践方面进行了系统阐述与分析。

本书内容新颖,案例丰富,理论联系实际,适合高等学校市场营销、工商管理等专业的学生做教材,亦适合工商企业管理人员及销售人员使用。

普通高等学校"十三五"市场营销专业规划教材
编 写 指 导 委 员 会

学 术 顾 问	贾生鑫	（中国高等院校市场学研究会首任会长，现顾问，西安交通大学教授）
	李连寿	（中国高等院校市场学研究会原副会长，现顾问，上海海事大学教授、教学督导）
	符国群	（北京大学光华管理学院营销系主任、教授，中国高等院校市场学研究会副会长）
主 任	周 南	（香港城市大学市场营销学系主任、教授，武汉大学长江学者讲座教授）
常务副主任	郝渊晓	（中国高等院校市场学研究会常务理事、副秘书长，西安交通大学经济与金融学院教授）
	张 鸿	（西安邮电大学经济与管理学院院长、教授）
	蔡浩然	（中山大学出版社编审）
副 主 任	王正斌	（西北大学研究生院常务副院长、教授）
	庄贵军	（西安交通大学管理学院市场营销系主任、教授）
	李先国	（中国人民大学商学院教授）
	惠 宁	（西北大学经济管理学院副院长、教授）
	董千里	（长安大学管理学院系主任、教授）
	侯立军	（南京财经大学工商管理学院院长、教授）
	王君萍	（西安石油大学经济管理学院院长、教授）
	马广奇	（陕西科技大学管理学院院长、教授）
	周建民	（广东金融学院职业教育学院副院长、教授）
	靳俊喜	（重庆工商大学教务处处长、教授）
	侯淑霞	（内蒙古财经学院商务学院院长、教授）
	孙国辉	（中央财经大学商学院院长、教授）
	成爱武	（西安工程大学图书馆馆长、教授）
	靳 明	（浙江财经大学《财经论丛》副主编、教授）
	董 原	（兰州商学院工商管理学院院长、教授）
	徐大佑	（贵州财经大学工商管理学院院长、教授）
	胡其辉	（云南大学经济学院教授）
	秦陇一	（广州大学管理学院教授）
	闫涛蔚	（山东大学威海分校科技处处长、教授）
	周筱莲	（西安财经学院管理学院营销系主任、教授）
	张占东	（河南财经政法大学经贸学院院长、教授）

普通高等学校"十三五"市场营销专业规划教材
编写委员会

主　编	郝渊晓	（中国高等院校市场学研究会常务理事、副秘书长，西安交通大学经济与金融学院教授）
副主编	张　鸿	（西安邮电大学经济与管理学院院长、教授）
	董　原	（兰州商学院工商管理学院院长、教授）
	杨树青	（华侨大学工商管理学院教授）
	费明胜	（五邑大学管理学院教授、博士）
	蔡继荣	（重庆工商大学商务策划学院教授、博士）
	邓少灵	（上海海事大学副教授、博士）
	李雪茹	（西安外国语大学教务处处长、教授）
	肖祥鸿	（上海海事大学副教授、博士）
	彭建仿	（重庆工商大学商务策划学院市场营销系主任、教授、博士）
	李景东	（内蒙古财经大学商务学院市场营销系主任、副教授）

委　员　郝渊晓　张　鸿　董　原　杨树青　费明胜　蔡继荣　邓少灵
　　　　李雪茹　刘晓红　肖祥鸿　彭建仿　徐樱华　邵燕斐　赵玉龙
　　　　李　霞　赵国政　郭　永　邹晓燕　薛　颖　梁俊凤　葛晨霞
　　　　常　亮　余　啸　郝思洁　张　媛　何军红　史贤华　王素侠
　　　　薛　楠　吴聪治　许惠铭　李竹梅　崔　莹　王文军　刘　仓
　　　　李　燕　张芳芳　宋恩梅　宋小强　荆　炜　郭晓云　关辉国
　　　　赵　彦　周美莉　高　帆　杨丹霞　周　琳　韩小红　周　勇
　　　　赵春秀　马晓旭　高　敏　崔　莹　蒋开屏　卢长利　符全胜
　　　　祝火生　高维和　赵永全　迟晓英　张晓燕　任声策　甘胜利
　　　　李　琳　陈　刚　李景东　张　洁　唐家琳　胡　强　郝思洁

总　序

党的"十八大"以来，我国经济发展逐步告别高增长的发展模式，进入经济增长速度换挡期、结构调整阵痛期、刺激政策消化期的三期叠加的"新常态"发展阶段，同时将继续"坚定不移地推进经济结构调整、推进经济的转型升级"，努力打造全新的"中国经济的升级版"。随着宏观环境的变化，科学技术的发展，特别是大数据、云计算、电子商务、移动通信技术等的广泛应用，出现了诸如微营销、电子商务购物、网络团购等许多新的营销工具，这些新情况需要引起理论界和企业实务界的高度关注。

在这样的大背景下，高校市场营销专业如何培育能够适应未来市场竞争的营销人才，就成为理论工作者必须思考的问题。提高营销人才培育质量，增强学生对市场竞争的应变能力和适应能力，一方面必须进行教学方法改革，注重对学生的能力培育；另一方面要加快教材建设，更新教材内容，吸收前沿理论与知识，总结我国企业营销实践经验，以完善营销学教材体系。

为实现营销人才培育与指导企业实践融合的目标，为适应高校在"十三五"期间市场营销、贸易经济、国际贸易、电子商务、工商管理、物流管理、经济学等专业的教学需要，在中山大学出版社的建议下，由西安交通大学经济与金融学院教授、中国高等院校市场学研究会常务理事及副秘书长、西安现代经济与管理研究院副院长郝渊晓，牵头组织对2009年出版的"普通高等学校'十一五'市场营销专业规划教材"进行全面修订，出版新版的"普通高等学校'十三五'市场营销专业规划教材"。该系列教材一共10本，分别是：《市场营销学》（第2版）、《公共关系学》（第2版）、《消费者行为学》（第2版）、《现代广告学》（第2版）、《商务谈判与推销实务教程》、《分销渠道管理学教程》、《营销策划学教程》、《网络营销学教程》、《市场营销调研学教程》、《国际市场营销学教程》。

本次教材的修订，我们坚持的基本原则和要求是：尽量吸收最新营销理论的前沿知识、方法和工具；更换过时的资料数据，采用最新资料；充实国内外最新案例。本系列教材的编写，汇集了我国30多所高校长期从事营销学教学和研究的专业人员，他们有着丰富的教学及营销实践经验，收集了大量有价值的营销案例，试图整合国内外已有教材的优点，出版一套能适应营销人才知识更新及能力提升要求的精品教材。

作为本系列教材的主编，我十分感谢中山大学出版社对教材出版的关心和支持，我也十分感谢每本书的作者为编写教材所付出的艰辛劳动。在教材的编写中，虽然我们尽了最大努力，但由于水平有限，书中难免还有错误和不足之处，恳请同行和读者批评指正。

郝渊晓

2014 年 10 月于西安交通大学经济与金融学院

目　录

第一章　分销渠道概述 ………………………………………………………………… (1)
　第一节　分销渠道在企业营销中的地位 ……………………………………………… (1)
　　一、分销渠道的概念与特征 …………………………………………………………… (1)
　　二、分销渠道在企业营销中的重要性 ………………………………………………… (2)
　　三、分销渠道策略与其他营销策略的关系 …………………………………………… (5)
　第二节　分销渠道的功能与流程 ……………………………………………………… (8)
　　一、分销渠道的功能 …………………………………………………………………… (8)
　　二、分销渠道的流程 …………………………………………………………………… (10)
　　三、分销渠道的功能与流程的关系 …………………………………………………… (11)
　第三节　分销渠道的基本结构 ………………………………………………………… (12)
　　一、类型结构 …………………………………………………………………………… (12)
　　二、宽度结构 …………………………………………………………………………… (13)
　　三、系统结构 …………………………………………………………………………… (14)
　第四节　分销渠道管理 ………………………………………………………………… (15)
　　一、分销渠道管理的重要性 …………………………………………………………… (15)
　　二、分销渠道服务产出与成本 ………………………………………………………… (18)
　　三、整合渠道成本优势 ………………………………………………………………… (19)
　　四、渠道竞争动态 ……………………………………………………………………… (21)
　案例　品牌领先，嘉士柏构建全渠道发展模式 ……………………………………… (22)
　本章小结 ………………………………………………………………………………… (23)
　关键概念 ………………………………………………………………………………… (24)
　思考题 …………………………………………………………………………………… (24)

第二章　分销渠道成员 ………………………………………………………………… (25)
　第一节　制造商 ………………………………………………………………………… (25)
　　一、制造商在分销渠道中的作用 ……………………………………………………… (25)
　　二、制造业发展的主要特点 …………………………………………………………… (26)
　　三、制造商发展战略 …………………………………………………………………… (27)
　第二节　批发商 ………………………………………………………………………… (28)
　　一、批发商的概念及类型 ……………………………………………………………… (28)
　　二、批发业发展的现状与特点 ………………………………………………………… (32)
　　三、批发商发展战略 …………………………………………………………………… (34)
　第三节　零售商 ………………………………………………………………………… (36)

一、零售商的概念与类型 ……………………………………………… (36)
　　二、零售业发展的现状与特点 ………………………………………… (40)
　　三、零售商发展战略 …………………………………………………… (45)
　第四节　代理商 …………………………………………………………… (50)
　　一、代理商的职能和优势 ……………………………………………… (50)
　　二、代理商的主要类型 ………………………………………………… (51)
　　三、代理形式的选择 …………………………………………………… (52)
　案例　国美回归家电零售本质 …………………………………………… (55)
　本章小结 …………………………………………………………………… (57)
　关键概念 …………………………………………………………………… (57)
　思考题 ……………………………………………………………………… (57)

第三章　分销渠道成员关系的类型与管理 ………………………………… (59)
　第一节　关系营销概述 …………………………………………………… (59)
　　一、关系营销的概念与特征 …………………………………………… (59)
　　二、关系营销的基本模式 ……………………………………………… (60)
　　三、关系营销的价值测定 ……………………………………………… (61)
　　四、关系营销的原则与形态 …………………………………………… (62)
　第二节　分销渠道成员关系类型 ………………………………………… (63)
　　一、松散型分销渠道成员关系 ………………………………………… (64)
　　二、共生型分销渠道成员关系 ………………………………………… (65)
　　三、管理型分销渠道成员关系 ………………………………………… (66)
　　四、公司型分销渠道成员关系 ………………………………………… (68)
　　五、契约型分销渠道成员关系 ………………………………………… (72)
　第三节　分销渠道成员关系管理规范 …………………………………… (74)
　　一、互惠关系 …………………………………………………………… (74)
　　二、关系沟通 …………………………………………………………… (74)
　第四节　分销渠道成员战略联盟 ………………………………………… (74)
　　一、战略联盟的概念与特征 …………………………………………… (74)
　　二、建立战略联盟 ……………………………………………………… (78)
　案例　成功营销成就宝洁霸主地位 ……………………………………… (80)
　本章小结 …………………………………………………………………… (86)
　关键概念 …………………………………………………………………… (87)
　思考题 ……………………………………………………………………… (87)

第四章　无店铺零售 …………………………………………………………… (88)
　第一节　无店铺零售概述 ………………………………………………… (88)
　　一、无店铺零售的概念与发展 ………………………………………… (88)

二、无店铺零售业态类型与基本特点 (90)
三、无店铺零售运营商应注意的事项 (91)
第二节 邮购 (92)
一、邮购概述 (92)
二、邮购业务的发展 (93)
第三节 电视购物 (94)
一、电视购物的概念 (94)
二、电视购物的现状 (94)
三、电视购物的未来——电视购物专业频道将终结电视直销 (96)
第四节 网上零售 (97)
一、网上零售概述 (97)
二、网上零售的环境因素 (97)
三、网上零售的问题与对策 (100)
第五节 直销 (102)
一、直销的类型与概念 (102)
二、直销的方式 (103)
案例 饭统网呼叫中心 (105)
本章小结 (107)
关键概念 (107)
思考题 (107)

第五章 连锁经营 (108)
第一节 连锁经营概述 (108)
一、连锁经营的概念与类型 (108)
二、我国连锁经营的现状 (109)
第二节 连锁经营体系 (109)
一、连锁经营体系概述 (109)
二、连锁经营体系的"四化"管理 (112)
第三节 连锁经营的优势与风险 (114)
一、连锁经营的优势 (114)
二、连锁经营的风险 (115)
案例 谭木匠：连锁经营的威力 (117)
本章小结 (119)
关键概念 (120)
思考题 (120)

第六章 特许经营 (121)
第一节 特许经营概述 (121)

一、特许经营的概念与特征 …………………………………………………… (121)
　　二、特许经营的特许人与受许人的条件 ……………………………………… (122)
　　三、特许经营的种类与优势 …………………………………………………… (123)
　　四、特许经营与连锁经营的区别 ……………………………………………… (124)
　　五、从市场营销学"4P"角度认识特许经营 ………………………………… (125)
　第二节　特许经营的运营体系 ………………………………………………… (127)
　　一、特许经营的运营基础 ……………………………………………………… (127)
　　二、特许经营运作与规范 ……………………………………………………… (130)
　第三节　特许经营的发展 ……………………………………………………… (135)
　　一、专家论特许经营的发展 …………………………………………………… (135)
　　二、特许经营在我国的发展 …………………………………………………… (135)
　案例　席殊书屋败在无法控制加盟店 ………………………………………… (136)
　本章小结 ………………………………………………………………………… (138)
　关键概念 ………………………………………………………………………… (138)
　思考题 …………………………………………………………………………… (138)

第七章　分销渠道战略设计 ……………………………………………………… (139)
　第一节　分销渠道战略设计理论 ……………………………………………… (139)
　　一、环境影响理论 ……………………………………………………………… (139)
　　二、分销渠道设计成本理论 …………………………………………………… (143)
　　三、交易成本理论 ……………………………………………………………… (144)
　第二节　分销渠道战略设计程序 ……………………………………………… (146)
　　一、分销渠道战略设计的概念 ………………………………………………… (146)
　　二、分销渠道战略设计的步骤 ………………………………………………… (146)
　第三节　分销渠道系统设计分析 ……………………………………………… (150)
　　一、分销渠道系统的服务水平规划分析 ……………………………………… (150)
　　二、分销渠道行业的模拟分析 ………………………………………………… (151)
　　三、分销渠道系统方案的决策分析 …………………………………………… (153)
　第四节　分销渠道战略模式的选择与实施 …………………………………… (154)
　　一、影响分销渠道战略模式的因素分析 ……………………………………… (154)
　　二、选择和确定分销渠道方案 ………………………………………………… (156)
　　三、编制实施行动计划 ………………………………………………………… (158)
　案例　掌控分销渠道就是掌握企业的未来 …………………………………… (158)
　本章小结 ………………………………………………………………………… (160)
　关键概念 ………………………………………………………………………… (160)
　思考题 …………………………………………………………………………… (160)

第八章 分销渠道的组织模式 (161)
第一节 "刚性"纵向一体化组织 (161)
一、"刚性"纵向一体化组织的原理 (161)
二、"刚性"纵向一体化组织模式 (163)
第二节 "柔性"垂直整合组织 (165)
一、"柔性"垂直整合组织的原理 (165)
二、外部筹供（外购理论） (166)
三、管理型垂直渠道系统 (169)
四、契约型垂直渠道系统 (171)
第三节 混合垂直整合系统 (181)
一、混合渠道 (181)
二、复性渠道 (182)
案例 从世界工厂到品牌运营商——美的集团海外市场延伸逻辑 (182)
本章小结 (184)
关键概念 (184)
思考题 (185)

第九章 分销渠道成员管理 (186)
第一节 分销渠道成员的选择 (186)
一、选择分销渠道成员的条件 (186)
二、选择分销渠道成员的原则 (188)
三、分销渠道成员的评价 (192)
四、选择分销渠道成员的方法 (195)
第二节 分销渠道成员的培训 (199)
一、培训的必要性 (200)
二、培训的内容 (200)
三、培训的方式 (201)
四、分销渠道成员认证 (203)
第三节 分销渠道成员的激励 (205)
一、激励的前提 (205)
二、激励的方式 (207)
案例 金蝶渠道伙伴生态链 (213)
本章小结 (215)
关键概念 (215)
思考题 (216)

第十章 分销渠道组织管理与冲突管理 (217)
第一节 分销渠道组织管理 (217)

一、分销渠道组织管理的重要性 …………………………………………(217)
　二、选择分销渠道成员 ……………………………………………………(218)
　三、分销渠道权力配置 ……………………………………………………(221)
　四、承诺、信任与契约机制 ………………………………………………(226)
 第二节　分销渠道冲突分析 …………………………………………………(226)
　一、分销渠道冲突的概念与分类 …………………………………………(226)
　二、分销渠道冲突的原因 …………………………………………………(229)
　四、分销渠道冲突水平及其影响 …………………………………………(230)
 第三节　分销渠道冲突管理策略 ……………………………………………(232)
　一、分销渠道冲突管理过程、内容和任务 ………………………………(232)
　二、信息加强型与信息保护型的策略 ……………………………………(234)
　三、运用分销渠道权力解决分销渠道冲突的途径 ………………………(236)
 第四节　分销渠道窜货的处理 ………………………………………………(237)
　一、窜货的概念 ……………………………………………………………(237)
　二、窜货乱价的直接原因 …………………………………………………(237)
　三、窜货的常见表现形式 …………………………………………………(238)
　四、窜货问题的解决 ………………………………………………………(238)
 案例　家电企业渠道的"凤凰涅槃" ………………………………………(240)
 本章小结 ………………………………………………………………………(242)
 关键概念 ………………………………………………………………………(243)
 思考题 …………………………………………………………………………(243)

第十一章　分销渠道物流管理 ……………………………………………(244)
 第一节　分销渠道物流系统的设计 …………………………………………(244)
　一、物流的概念 ……………………………………………………………(244)
　二、物流系统的构成 ………………………………………………………(245)
　三、物流管理 ………………………………………………………………(246)
　四、物流管理活动的程序 …………………………………………………(247)
 第二节　商品运输管理 ………………………………………………………(248)
　一、商品的运输方式 ………………………………………………………(248)
　二、影响运输工具选择的因素 ……………………………………………(251)
　三、商品运输方案 …………………………………………………………(252)
　四、商品的合理运输 ………………………………………………………(255)
 第三节　仓储管理 ……………………………………………………………(258)
　一、仓储管理的概念 ………………………………………………………(258)
　二、仓库管理 ………………………………………………………………(258)
　三、仓储定额管理 …………………………………………………………(260)
　四、经济进货批量 …………………………………………………………(263)

五、库存管理模型 …………………………………………………… (266)
　案例　沃尔玛：做好物流和配送是成功之道 ……………………… (269)
　本章小结 ……………………………………………………………… (271)
　关键概念 ……………………………………………………………… (271)
　思考题 ………………………………………………………………… (272)

第十二章　分销渠道信息管理 …………………………………………… (273)
　第一节　分销渠道信息系统结构 …………………………………… (273)
　　一、信息的概念及功能 …………………………………………… (273)
　　二、分销渠道信息系统的概念、特点及结构 …………………… (274)
　　三、分销渠道信息系统的总体结构 ……………………………… (277)
　　四、分销渠道信息系统的功能结构 ……………………………… (279)
　　五、提高分销渠道信息系统运行效率的途径 …………………… (281)
　第二节　分销渠道主要信息流程分析 ……………………………… (282)
　　一、分销渠道主要信息流程的概念及功能 ……………………… (282)
　　二、分销渠道信息流程的类型及内容 …………………………… (283)
　第三节　分销渠道信息系统开发与管理 …………………………… (289)
　　一、分销渠道信息系统开发的原则 ……………………………… (289)
　　二、分销渠道信息系统开发的内容 ……………………………… (290)
　　三、分销渠道信息系统的管理 …………………………………… (295)
　案例　西安杨森SCM渠道信息管理系统 ………………………… (296)
　本章小结 ……………………………………………………………… (299)
　关键概念 ……………………………………………………………… (300)
　思考题 ………………………………………………………………… (300)

第十三章　国际分销渠道管理 …………………………………………… (301)
　第一节　国际分销渠道的基本模式 ………………………………… (301)
　　一、国际商品分销的特点 ………………………………………… (301)
　　二、国际商品分销的参与者 ……………………………………… (302)
　　三、国际商品分销渠道 …………………………………………… (305)
　第二节　国际分销渠道模式设计与选择 …………………………… (307)
　　一、国际分销渠道模式设计原则 ………………………………… (307)
　　二、国际分销渠道模式的选择 …………………………………… (308)
　　三、出口的分销渠道 ……………………………………………… (310)
　　四、分销渠道模式的标准化与多样化 …………………………… (313)
　　五、分销渠道成员的选择 ………………………………………… (314)
　第三节　非出口进入方式下的国际分销渠道 ……………………… (316)
　　一、国际市场的进入方式 ………………………………………… (316)

二、海外生产的分销渠道设计 ·· (316)
　　三、外包生产方式 ·· (317)
　　四、海外特许经营 ··· (318)
案例　大华公司分销渠道的调整 ·· (320)
本章小结 ·· (322)
关键概念 ·· (323)
思考题 ·· (323)

第十四章　分销渠道运行状态与绩效评估 ·· (324)
第一节　分销渠道运行状态与评估 ··· (324)
　　一、影响分销渠道运行状态的因素 ··· (324)
　　二、分销渠道运行状态评估的任务与程序 ····························· (324)
　　三、分销渠道运行状态评估的内容 ··· (325)
第二节　分销渠道服务水平评估 ··· (329)
　　一、信息沟通评估 ··· (330)
　　二、实体分配服务质量评估 ··· (330)
　　三、促销效率评估 ··· (332)
　　四、分销渠道服务质量评估 ··· (334)
第三节　分销渠道财务绩效评估 ··· (334)
　　一、分销渠道财务绩效评估的分析工具 ································· (334)
　　二、分销渠道财务绩效评估的方法 ··· (339)
案例　传统分销商向增值分销转变 ··· (339)
本章小结 ·· (341)
关键概念 ·· (341)
思考题 ·· (341)

第十五章　分销渠道管理新视野 ·· (342)
第一节　网络分销渠道 ·· (342)
　　一、网络分销渠道的概念与特征 ·· (342)
　　二、网络分销渠道的功能 ·· (344)
　　三、网络分销渠道的类型 ·· (345)
　　四、网络分销渠道存在的问题 ·· (346)
　　五、网络分销渠道的管理 ·· (347)
第二节　分销渠道整合 ·· (349)
　　一、分销渠道组合与分销渠道整合 ··· (349)
　　二、分销渠道整合的目的 ·· (352)
　　三、分销渠道整合的过程 ·· (354)
第三节　分销渠道扁平化 ·· (360)

一、分销渠道扁平化的概念 …………………………………………（360）
　　二、分销渠道扁平化对企业传统分销渠道的影响 ……………………（361）
　　三、分销渠道扁平化的发展趋势 ………………………………………（363）
　　四、分销渠道扁平化的形式 ……………………………………………（364）
　第四节　分销渠道战略联盟 …………………………………………（366）
　　一、分销渠道战略联盟的含义 …………………………………………（366）
　　二、分销渠道战略联盟的形式 …………………………………………（367）
　案例　伦飞电脑科技公司销售渠道扁平化之变 ………………………（370）
　本章小结 …………………………………………………………………（372）
　关键概念 …………………………………………………………………（373）
　思考题 ……………………………………………………………………（373）

主要参考书目 …………………………………………………………（374）

后记 ……………………………………………………………………（375）

第一章　分销渠道概述

本章学习目标

学完本章后，应该掌握以下内容：①了解分销渠道的概念与分销渠道在企业营销中的地位；②了解分销渠道的功能与流程的关系；③了解分销渠道的基本结构；④了解分销渠道管理的重要性。

分销渠道是企业完成其产品（服务）交换过程，实现价值，产生效益的重要载体。面对复杂多变的市场环境，特别是激烈的竞争和快速发展的信息科技挑战，分销渠道正酝酿一场历史性变革。进入 20 世纪 90 年代以来，国外许多企业，包括著名的和不知名的公司都十分重视分销系统的创新设计与管理，力求在策略与战略层面上将分销渠道纳入其核心竞争力的内容；相对而言，国内对分销管理的系统研究、应用还比较薄弱。提高分销渠道的设计与管理水平，已经成为我国企业立足市场、提高竞争力的关键之一。

本章对分销渠道作总体概述，提供设计和管理分销渠道的基本知识。内容包括：分销渠道在企业营销中的地位，分销渠道的功能和流程，分销渠道的基本结构，分销渠道的管理。

第一节　分销渠道在企业营销中的地位

一、分销渠道的概念与特征

（一）分销渠道的概念

分销渠道亦称配销通路或分销通道，一般是指产品或服务从生产者流向消费者（用户）所经过的整个通道。这个通道通常由制造商、批发商、零售商及其他辅助机构组成。他们为使产品到达企业用户和最终消费者而发挥各自职能，通力合作，有效地满足市场需求。良好的分销渠道不仅要通过在合适的地点以合适的质量、数量和价格供应产品或服务来满足需求，而且要通过渠道成员的各种营销努力来刺激需求。

（二）分销渠道的特征

分销渠道是促使产品（服务）顺利地经由市场交换过程转移给消费者（用户）使用或消费的一整套相互依存的组织。它具有如下特征：

（1）分销渠道反映某一特定产品或服务价值实现的全过程。其一端连接生产，另一端连接消费,使产品通过交换不断进入消费领域,满足用户需求。

(2)分销渠道是由一系列相互依存的组织按一定目标结合起来的网络系统。其组织成员通常包括生产者、批发商、零售商和消费者,以及一些支持分销的机构,如运输公司、独立仓库、银行和市场研究公司、广告公司等。这些组织为实现其共同目标发挥各自的营销功能,因共同利益而合作,也会因不同利益和其他原因发生矛盾和冲突,需要协调和管理。

(3)分销渠道的核心业务是购销。产品在渠道中通过一次或多次购销转移所有权或使用权,流向消费者(用户)。购销次数的多寡,决定了渠道层次和参与渠道的组织的多少,形成或长或短的渠道。渠道的长短通常由比较利益决定。

(4)分销渠道是一个多功能系统。它不仅要发挥调研、购销、融资、储运等多种职能,在适当的地点,以适当的质量、数量和价格供应产品和服务,满足目标市场需求,而且要通过各渠道成员的营销努力,开拓市场,刺激需求。在系统之间,面对竞争渠道,分销系统还需要有自我调节与创新功能,以便建立与细分市场之间的更精确有效的联系。

二、分销渠道在企业营销中的重要性

(一)分销渠道理论沿革

按照菲利普·科特勒的定义,企业营销就是个人和群体通过产品出售途径并同他人自由交换产品和价值,以获取其所需所欲之物的一种社会过程。其核心是如何将自己的产品交换出去。

分销渠道理论的发展有一个过程。最初,人们的认识是只要产品质量可靠,设计新颖,受消费者欢迎,就能够将产品卖出去,营销重点是如何将产品做好。在企业的产品都做得很好以后,营销重点就是研究如何推销;后来,厂商推销工作都做得很优秀后,营销的工作重点转移到了消费者研究上,掌握了消费者的需求情况,就能够将产品销售出去。而消费者的需求包括对产品质量的需求、对价格的接受、对信息的需求、对销售地点的需求、对购买时间的需求等。因此,美国营销学学者麦卡锡教授在20世纪60年代提出了著名的4P营销组合策略,即产品(Product)、价格(Price)、渠道(Place)、促销(Promotion)。他认为,一次成功和完整的市场营销活动,意味着以适当的产品、适当的价格、适当的渠道和适当的促销手段,将适当的产品和服务投放到特定市场的行为。此后,4P营销组合理论成为营销学的基本理论,因为它最早将复杂的市场营销活动加以简单化、抽象化和体系化,构建了营销学的基本框架,促进了市场营销理论的发展与普及。4P理论在营销实践中也得到了广泛的应用,至今仍然是人们思考营销问题的基本模式。

随着营销理论的不断发展,营销要素组合理论也在不断发展。美国营销专家劳特朋教授在1990年提出了4C理论,该理论以消费者需求为导向,重新设定了市场营销组合的四个基本要素:消费者(Consumer)、成本(Cost)、便利(Convenience)、沟通(Communication)。

21世纪伊始,《4R营销》的作者艾略特·艾登伯格提出4R营销理论。4R理论以关系营销为核心,重在建立顾客忠诚。它阐述了四个全新的营销组合要素:关联(Relativity)、反应(Reaction)、关系(Relation)、回报(Retribution)。但是,4P、4C、4R理论不是取代关系,而是丰富、完善和发展的关系。由于不同的企业面对的市场环境不同,需要不同思考维度来开展营销实践活动。到目前为止,4P理论仍然是营销的一个基础框架,如何在4P理论指导下实现营销组合,也是企业市场营销工作的基本内容。而在4P理论的基础上,把4P理论、4C理论、4R理论结合起来指导营销实践,是营销创新的关键。

分销渠道在企业营销中的地位可以表述为:分销渠道是企业4P营销组合的因素之一,是企业能否将产品打入目标市场、扩大销售、实现企业经营目标的一个重要手段。尤其是,在4P组合中,分销渠道的建立费用很高,如果渠道不当,修改渠道困难、成本昂贵,这使分销渠道建设问题更是企业需要慎重决策的问题。

(二) 分销渠道在企业营销中重要性的表现

随着竞争的加剧,分销渠道在企业营销工作中的重要性在提升。"渠道为王"、"终端制胜"的理念逐渐形成。尤其是在中国市场上,渠道常被称作"安身立命之本",因为中国市场广阔,区域差异明显,只有渠道建设好了,才能使产品真正接近消费者,打入市场,即所谓"得渠道者得天下"。

1. 企业生产经营活动正常进行的基础

在现代社会经济条件下,由于企业目标市场范围的不断扩大,大部分生产企业并不是将产品直接销售给最终消费者或用户,而是借助于一系列中间商的转卖活动进行销售。企业只有合理地选择和利用分销渠道,才能将生产出来的产品以最高的效率和最低的费用送到适当的地点,在适当的时间以适当的价格销售给消费者和用户,通过满足他们的需要实现商品价值,保证企业生产经营活动的正常进行。对于企业而言,分销渠道策略的成功,不仅取决于企业内部各方面的支持与配合,而且取决于企业外部有关分销渠道成员企业的合作与协调。如果没有这些外部分销渠道成员企业的合作与协调,分销渠道就难以建立,即使建立起来了也难以有效地运行。然而,与企业外部分销渠道成员企业的合作与协调关系的建立与维持是较为困难的。企业需要一整套的渠道规划,发展渠道系统,并且有相当力度的渠道执行力,才能建设好渠道,使企业的生产经营活动得以有序进行。

2. 企业持久的竞争优势

随着竞争的不断升级,每个企业都面临着巨大挑战,企业最困难的事是发现和保持一个可持续的竞争优势。如果一个企业能够建立渠道竞争优势,那么,这就体现了企业的持久竞争优势。

持久竞争优势,是指竞争对手无法迅速模仿或不容易模仿的竞争优势。近年来,企业通过产品、价格、促销这些战略要素来获取竞争优势已经越来越困难了。

从产品策略角度看,由于技术能够迅速地从一个公司移植到另一个公司,产品同质化倾向日趋严重,任何一家公司期望通过产品来区别于对手的产品从而获得持久的竞争优势都相当困难。从价格策略的角度看，期望通过价格获得持久竞争优势甚至比通过产品获得优势更为困难。经济全球化、全球设计和制造的结果，使越来越多的企业有能力运营全世界的生产设施，以低成本生产产品，价格竞争的空间越来越小。从促销策略的角度看，消费者每日接触到无数的广告和各种形式的促销信息，这些信息相互碰撞，形成密集的噪声，这使任何一个企业精心策划的促销信息和活动的生命力都极其短暂。依靠促销来实行差别化，获取竞争优势也是难以做到的。

从渠道策略看，企业通过努力建立差别化的渠道是可能的，而且通过渠道建立起的优势是企业持久的竞争优势，因为渠道战略具有长期性、持续性的特点。为了建立和维持一个顺畅而高效的分销渠道系统，企业需要进行长期的努力。首先，渠道建设需要巨大的人力、物力和关系的投入。其次，渠道维护需要长期的努力，涉及组织、人员、设施及长期培养起来的渠道成员之间的友好协作关系。最后，分销渠道按照一定的模式建立并相对稳定下来后，要想改变或替代原有的模式与经销关系难度很大，成本极高。分销渠道的选择是一种相对长期的决策，如果企业通过渠道策略获得竞争优势，那么，竞争对手难以在短期内模仿，因此是企业持久的竞争优势。优秀的企业通过对销售渠道的创造性应用，快速发展业务，降低销售成本，并获得忠诚的顾客群体。例如，娃哈哈集团就是中国企业优秀的渠道创新者，它通过建立了一条半封闭式的分销网络，获得了一夜之间将产品铺满全国市场的优异能力，享有渠道成员最大的忠诚度。

3. 中间商权力的日益增强

近些年来，渠道控制权正在从制造商向中间商转移，主要原因一是制造商数量不断增加，竞争加剧；二是零售业态的变化，使大型零售商，如超级连锁店、特许经营店等零售商（如国外的沃尔玛、家乐福、麦德龙、伊藤洋货堂等，国内的华联、联华、国美等）所占有的市场份额增大。这样，在制造商与零售商的交易关系中，零售商的权力增强。这些强有力的零售商首先扮演的角色是消费市场的"把门人"，是消费者的采购代理，而不是制造商的销售代理。他们以消费者的眼光审视和检验商品质量、款式等，并以经营者的要求来压低价格。大多数零售商以低毛利、低价格的方式来运营，他们是向供货的制造商提出强硬要求的老谋深算的竞争者。

4. 减少分销成本的需求

分销成本占产品最终价格的比例很高。Burstein、Neves 和 Rebelo（2003）的研究指出，在美国，分销成本平均占到消费品零售价格的 40%，而在阿根廷则达到 60%。国内的统计资料也显示，分销成本在总成本中的比重不断提高，如我国整个家电业的成本构成现状是：原材料的制造成本占总成本的 53%，而营销成本则占总成本的 46%。通过改善分销渠道，节省分销成本成为企业具有战略意义的行动。20 世纪 90 年代以来，企业通过供应链管理的改进，通过企业内部的组织重组和流程再造，节省生产成本，并且将其称为"第三利润来源"。当生产成本的控制空间越来越小时，分销成本的控制必然成为企业成本控制的新领域，企业比以往任何时候都专注于渠道的建设和管理。

5. 业务增长的需求

在竞争激烈的商业社会，尤其是在那些成熟的行业中，市场规模的增长率低，企业谋求本企业销售额增长的途径往往是夺得竞争对手的市场份额。如何使企业获得更大的市场份额？答案就是渠道的争夺，努力使分销商和经销商将其注意力和精力专注于本公司的产品，即：渠道成员货架的份额＝市场份额＝增长。

6. 互联网技术的普及和应用

技术对商品和服务的生产、提供，对分销渠道中物流和信息流的改进，以及渠道建设本身等所有领域都具有极其重要的影响作用。互联网的普及和应用是20世纪90年代以来人类最重要的一项技术进步，互联网通过一张巨大的信息网将全世界真正地连在一起，改变着人们的生产方式和生活方式。同样，互联网技术也是改变企业销售方式的一项最重要的技术进步，企业通过高效率的互联网渠道，可以将产品和服务连接到数以千万计的全球顾客面前，顾客可以足不出户，就从事购买活动。目前，许多企业已经建立了互联网销售渠道，更多的企业正在探索、规划互联网销售渠道。关于互联网销售渠道的发展前景，人们有不同的判断，有人认为互联网的线上销售越来越普及，甚至会挤压线下销售，使世界上超大型零售购物中心缩减；也有人认为，互联网的销售只是在一个可见的市场的剩余部分扮演有限的角色。但无论如何，互联网技术的应用和普及为企业构建分销渠道提供了新选择，是分销渠道发展的新领域，影响着渠道的权利结构和管理方式。互联网技术的发展，也为同类型企业之间的渠道竞争增加了新内容，任何企业都不能忽视互联网渠道的存在及其可能带来的影响。

三、分销渠道策略与其他营销策略的关系

企业的营销工作是多方面营销战略的组合，作为营销管理的主要战略领域之一，分销渠道策略必须与其他营销组合变量相匹配。同时，整体营销战略的制定也要受企业内外环境的影响。企业管理部门在制定营销决策时，既要考虑现实需要，又要着眼于企业内外环境长期发展变化可能提出的新要求。

（一）分销渠道策略与产品策略的关系

总体说来，分销渠道策略与产品策略的关系是渠道策略从属于产品策略，分销渠道策必须与产品策略相匹配。分销渠道策略与产品策略的相互影响和相互配合可以从企业产品组合策略、产品形象、产品生命周期几方面加以说明。

1. 分销渠道与企业产品组合的关系

企业产品组合是指企业生产销售的各种产品线和产品品种的组合或相互搭配。在市场竞争日益激烈的今天，企业想要依靠单一产品在整个行业占据较大的市场份额难度很大，企业必须建立立体化的产品结构体系，通过对不同细分市场顾客需求的满足来赢得竞争优势。而企业的产品组合是否达到预期的销售目标，选择什么样的渠道至关重要。

一般说来，如果企业产品线的宽度较窄，如可口可乐公司主要生产的是软饮料产品，或不同产品线之间的关联度较强，如宝洁公司的洗护类产品，企业可以为产品销售选择一致的渠道。如果企业的产品线的宽度很宽，如通用电器公司，则企业可以为不同类型的产品选择不同的分销渠道。

产品类型不同，渠道选择不同。例如，对于日常生活必需品，消费者购买频率高，就需要选择居民生活区为主的分销渠道；而对于单位价值高、消费者购买频率低的商

品，则应该选择以商业中心为主的分销渠道。对于工业生产资料来说，主要依靠以直销为主的分销渠道。

对于单个企业而言，产品类型不同，渠道选择也不同，从而在同一企业中呈现出多种"产品+渠道"的组合方式。例如，对于消费品生产企业来说，往往存在几种产品和渠道组合，如批发市场与走量产品的组合、餐饮市场与赢利产品的组合、大卖场与塑造品牌产品的组合等，其目的在于使企业的整体利益结构最大化。

企业在推广新品时，可以借用以往的渠道，例如，20世纪90年代，海尔公司在销售其计算机产品时，大胆借用以往的销售家用电器的渠道，如百货商店，改变了计算机产品高高在上、老百姓望尘莫及的形象，获得巨大成功。运用已经有的渠道推广新产品，也是对渠道成员的一种激励。但如果原有渠道不适合推广新产品，企业推广新产品时，就需要建设新渠道。例如，日本丰田公司早先通过生产和销售经济型轿车在美国市场上立足以后，为分享美国高档轿车市场丰厚的利润，该公司开发了高级轿车——凌志车。如何将凌志车推向高档轿车市场？如果借用原有的销售渠道，就难以树立新形象，获得高档车市场消费者的认同。于是，丰田公司除了在广告、产品本身多方面创新外，在渠道上，也一改以往的传统渠道，完全采用新的专卖店渠道模式，专卖店的设计布置高档，给消费者耳目一新的感觉，新产品很快获得消费者的认同，凌志车迅速成为高档车市场的佼佼者。又如，欧莱雅的品牌"金字塔"与其渠道销售策略在中国市场上大获成功。

链接1-1 欧莱雅（中国）的品牌"金字塔"与渠道销售

欧莱雅集团是法国最大、也是世界最大的化妆品集团。欧莱雅的产品行销全球150个国家，共有500多个品牌，每个产品品牌都瞄准一个市场，而且各产品的市场之间少有交叉，如果一个品牌失败，也不会对其他品牌造成危险，同时降低了企业经营的风险。在中国，欧莱雅自1996年进入中国开始，就着手搭建其"金字塔"式品牌结构，将欧莱雅一贯的多品牌渗透策略在中国市场上发挥得淋漓尽致，业务蒸蒸日上。

欧莱雅的品牌"金字塔"与其渠道销售策略密切配合。在高档商店里，欧莱雅出售"金字塔"顶部的品牌，像兰蔻、赫莲娜、碧欧泉，是价格在300～800元之间的高端产品。如2004年6月10日，在繁华的上海南京西路上，欧莱雅集团旗下兰蔻（LANCOME）品牌开设了在中国市场的第一家概念店，以此庆贺该品牌进军中国市场10周年。同时，兰蔻也首次在华推出了男士护肤品系列产品，这些已经细分到了男士眼部保湿凝露、舒缓水疗面膜的男士化妆品，让很多女士看了都有些惊诧。在"金字塔"中部的品牌有百元左右的巴黎欧莱雅，价值150～250元的薇姿、理肤泉品牌在药房中出售。还有卡诗和欧莱雅护发系列，这两个品牌仅在专业发廊中出售。在大众消费品方面，也就是"金字塔"塔底，则是美宝莲、卡尼尔这样的价格定位在几十元的大众品牌，在超市、百货商店等大众消费渠道销售。

链接思考： 不同的渠道销售对欧莱雅品牌策略起什么样的作用？

2. 分销渠道与企业产品和品牌形象的关系

产品分销渠道的选择，影响着人们对商品品质的印象。一般来说，在大型百货商店、专卖店出售的商品,代表的是一种高品质、高价格和高档次商品;而在杂货店和地摊出售的商品,则代表的是一种低品质、低价格和低档次商品。

3. 分销渠道与企业产品生命周期的关系

处于产品生命周期不同阶段的商品,分销渠道的选择不同。产品生命周期是指产品从进入市场到退出市场的全过程,一般分为四个阶段:导入期、成长期、成熟期和衰退期。产品生命周期的各个阶段划分是以销售额和利润额为标准划分的:导入期,销售额增长缓慢,无利润;成长期,销售额和利润快速增长;成熟期,销售额和利润稳定;衰退期,销售额和利润双下降。

在产品的导入期,产品知名度低,需要向市场介绍产品,除了要依靠广告宣传外,还要得到渠道的支持:首先,要通过有吸引力的渠道方案来激励经销商经销新产品,因为经销新产品风险大,需要较大激励,经销商才愿意经销。其次,要促使经销商积极推广新产品,通过产品的合理摆放、展示,促进新产品的销售。渠道的效用是提供介绍产品的服务。一些得不到中间商销售的新产品,制造商将通过自己的销售队伍来销售。在产品的成长阶段,销售量快速增长,这时在渠道的选择和管理上,要尽可能地提高市场覆盖率,多增加销售渠道。在产品的成熟阶段,产品已经被人们所熟知,销售时不再需要专业知识和营销努力,购买者会转向低成本的渠道购买,制造商可以扩大中间商的数量。在产品的衰退阶段,产品销售经常选择折扣店渠道,尽量降低渠道成本,回收资金。

名牌时装分销渠道随着产品生命周期阶段的变化而变化。产品的市场增长率和渠道中间商增加的价值决定着渠道设计。在产品导入期,新时装经常通过专卖店渠道进入市场,如引领潮流的时装精品屋,时装精品屋迎合了最初购买者的需要,为产品附加了价值。随着市场消费者对其兴趣的增加和需求的增长,这种时装开始出现在高档的百货商店里,百货商店为顾客提供专门的服务。随着产品进入成熟期,需求变得平稳,消费者所需要的渠道提供的附加价值少,服装进入成本低、大量销售的零售店里。当产品进入衰退期,邮购、折扣商店或处理品零售店这样的低成本的渠道就成为这种服装销售的主导渠道。

(二)分销渠道策略对价格策略的影响

1. 渠道成本对定价的影响

一般而言,商品价格确定的主要影响因素是生产成本、流通成本及其他营销因素。渠道选择不同,渠道的运作方式不同,决定了流通成本的不同,从而决定了商品价格的制定。对于制造商而言,构成渠道成本的因素有中间商的价格折扣和渠道运营成本。中间商之所以愿意承担一些渠道职能,如推销、储存、服务、记账、信息反馈等,是因为制造商给予其相应的价格折扣。制造商的渠道运营成本指制造商的渠道管理成本、运输成本等。另外,渠道结构的状况对产品最终价格的确定也有很大影响,分销渠道的长度结构越长,涉及的渠道环节越多,渠道成本也越大。

2. 渠道形象对定价策略的影响

不同的渠道能够给消费者传递不同的品牌形象信息,不同的渠道也给消费者不同的消费服务和消费体验,这些因素都影响着厂家的价格策略。专卖店、体验店的渠道,服务人群定位于高收入群体,常常选址于繁华的商业中心,店面装修布置豪华高档,能够给予消费者高档次的购物享受,以及更多的产品介绍、咨询、售后保障等服务,因此,厂商常常采取撇脂定价策略。而对于大众销售渠道,目标是获得更广泛的市场渗透,厂家常常采取渗透定价策略。

(三) 分销渠道策略对促销策略的影响

促销策略作为市场营销组合策略中的重要组成部分,对形成商品的品牌形象,扩大商品的市场知名度,实现厂商的长期战略目标或短期的刺激市场购买目的,都具有重要意义。但这些作用的发挥,离不开分销渠道的有效工作。分销渠道担负着促销的职能,渠道成员利用自己的商业网点宣传和展示商品,达到促进销售的目的。但针对不同的分销渠道,在促销方式的选择上有较大差异。

市场营销沟通与促销组合有以下五种主要工具:①广告。由特定出资者付费所进行的构思、商品与服务的非人员的展示和促销活动。②直销。利用邮寄、电话和其他非人员的接触手段与现有、潜在的消费者进行沟通活动或收集其反应信息。③销售促进。鼓励对产品与服务进行尝试或促进销售的短期激励。④公关与宣传。为提高或保护公司形象或产品而设计的各种方案。⑤人员推销。为了达成交易而与一个或多个潜在的买主进行面对面的交流。

在这五种促销工具中,广告和公共关系宣传具有较普遍的应用性,不同的渠道能够实现共享,但不同销售地点的广告会因为渠道的不同而进行不同的设计,直销既是一种促销方式,又是一种渠道安排。此外,两种促销组合工具的使用,即销售促进和人员推销的具体方式,与渠道的类型关系极大。如专卖店销售的渠道,销售促进应该重在策划各种咨询、服务或其他客户关怀活动,目的是沟通和品牌形象的建树。因此,要求销售人员素质高,专业知识强,能与买主面对面的交流,并重在知识营销和情感的沟通,做好客户关系管理,获得客户的忠诚度。在大众销售渠道,销售促进常常采用买一赠一、价格折扣等短期销量促销的方式,销售人员素质或可低一些,能与潜在的买主交流并在叫卖方面能引起潜在买主注意即可。

第二节 分销渠道的功能与流程

一、分销渠道的功能

为了具体说明分销渠道的功能,现以美国商用机器公司(IBM)的计算机分销渠道系统为例加以介绍(见图1-1)。在这里,IBM根据自己的特点,针对不同用户对计算机产品及服务的不同要求,采用了多渠道网络系统,以便充分发挥渠道功能。IBM销售公司主要面向大中型企业客户;IBM直销公司则主要负责向小型企业和个人职业用户,如律师、会计师等销售计算机及其配件,销售方式是电话订购和邮购。这两条分销渠道由 IBM 所属并直接管理。IBM 的第三条分销渠道由一些独立的中间商组成。这些中间商包括计算机专营商店、代理商和各类经销商，负责向数据处理、保险、会计、审计、石油等行业的用户销售 IBM 计算机及相关软件、配件。各机构均要根据渠道目标要求完成相应功能。

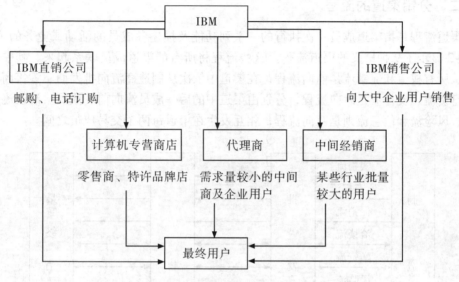

图 1-1　IBM 的计算机分销系统

分销渠道的主要功能是将产品（服务）分销给消费者。在这一过程中，需要各方共同努力，完成产品的一系列价值创造活动，形成产品的形式效用、所有权效用、时间效用和地点效用。由此形成分销渠道的主要功能，包括以下方面：

（1）调研。收集、分析和传递有关顾客、行情、竞争者及其他市场营销环境信息。

（2）寻求。解决买者与卖者"双寻"过程中的矛盾，寻找潜在顾客，为不同细分市场客户提供便利的营销服务。

（3）分类。协调厂商产品（服务）种类与消费者需要之间的矛盾，按买方要求整理供应品。如按产品相关性分类组合，改变包装大小、分级分等。

（4）促销。传递与供应品相关的各类信息，与顾客充分沟通并吸引顾客。

（5）洽谈。供销双方达成产品价格和其他条件的协议，实现所有权或持有权转移。

（6）物流。组织供应品的运输和储存，保证正常供货。

（7）财务。融资、收付货款，将信用延至消费者。

（8）风险。在执行分销任务过程中承担相关风险。

上述功能构成分销渠道的功能集。完成产品分销，这些功能不可或缺，必须全部被执行。问题的焦点是由谁来执行。制造商可以承担全部功能（如图 1-1 中 IBM 通过自己的直销公司或销售公司向最终用户销售产品），也可以将其中一部分甚至全部功能转给中间商执行（如图 1-1 中 IBM 通过代理商、中间经销商或专营商店销售计算机）。

制造商对渠道成员及其功能的选择，必须充分注意渠道功能的三个特点：①它们都使用稀缺资源；②这些功能通常可以通过专业化更好地发挥作用；③各类功能可以在渠道成员之间相互转换。具体来说，应当遵循下列三个重要原则：一是分销渠道的所有功能不能增加或减少；二是分销渠道的成员可以增减或被替代；三是渠道成员增减或被替代，其承担的功能必须在渠道中向前或向后转移，交由其他成员来承担。

二、分销渠道的流程

渠道流程是指渠道成员一次执行的一系列功能及描述各成员的活动或业务的关系。图 1-2 显示了 9 种广义的渠道流程。这些流程将所有的渠道成员联系起来。其中，实物流、所有权流和促销流是前向流程，在渠道中依次从制造商流向批发商、零售商和顾客。订货流、支付流是后向流程，分别由渠道中的后一成员流向前一成员。洽谈流、融资流、风险流和信息流则是双向流程，相互发生在渠道每两个交易成员之间。

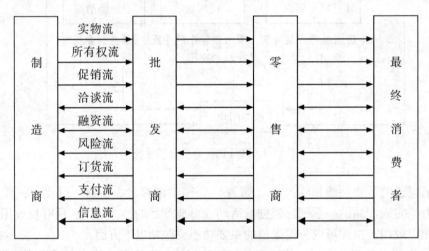

图 1-2　分销渠道的流程示意

广义的分销渠道流程如下：

（1）实物流亦称物流，是指产品实体在渠道中的运动。其主要部分是产品运输和储存。物流的持续、有效是渠道保证服务产出质量与效率的重要条件。一般地说，渠道成员在任何时候都要持有存货，但过量存货会造成过高的备货成本。因此，合理组织商品储运或物流，是提高分销渠道效率和效益的关键之一。

（2）所有权流是指产品所有权或持有权从一个渠道成员转到另一成员手中的流转过程。这一流程通常是伴随购销环节在渠道中向前移动的。在租赁业务中，该流程转移的是持有权和使用权。

（3）促销流是指渠道成员的促销活动流程。促销流从制造商流向中间商的，称之为贸易促销，直接流向最终消费者的则称之为最终使用者促销。所有渠道成员都有对顾客的促销责任，既可以采用广告、公共关系和营业推广等大规模促销方式，也可以采用人员推销等针对个人的促销方式。

（4）洽谈流贯穿于整个渠道。产品实体和所有权在各成员间每转移一次，就要进行一次洽谈。如制造商、批发商和零售商之间为产品种类、价格和促销条件的洽谈。

（5）融资流是指渠道成员之间的融通资金的过程。分销渠道的融资流有前向融资和后向融资两种形式。前向融资的例子是某汽车制造商设立专门机构，不仅为汽车用户提供财务帮助，而且为持有其汽车存货的经销商融资；后向融资的例子是住房消费者购买"楼花"（预付购房款），某百货商店承诺预付一定数额款项大量订购某种款式的时装。

（6）风险流是指分销渠道成员之间分担或转移风险的流程。渠道风险不仅与交易过程中的产品报废、过时、丢失、返修、违约、保险和税金等相关，也与存货量（特别是市场需求变化带来滞销时）过大，影响资金周转，或处理存货的损失相关。

（7）订货流是指渠道成员定期或不定期向供货机构发出的订货决定。订货流通常是由用户向零售商，零售商向批发商，批发商向制造商的后向流程。

（8）支付流是指货款在渠道各成员间的流动。例如，客户通过银行账户向代理商支付货款账单，代理商扣除佣金后再付给制造商，并支付运费和仓储费。

（9）市场信息流是指各成员相互传递信息的流程。这一流程在渠道的每一环节均必不可少。

三、分销渠道的功能与流程的关系

分销渠道的功能通过渠道流程来完成，流程效率决定功能产出效率，这就是分销渠道功能与流程的基本关系。

如前所述，分销渠道的功能不可或缺，但可以由不同成员承担。同样，渠道流程也不能缺少，也可以由渠道成员分别完成。事实上，分销渠道通常都要通过某类机构专门参与一种或几种流程，形成一系列专业化的分工体系，以便更有效地完成分销功能。图1-3列出了分销功能的流程及其功能。图1-3说明，发挥营销中间机构的经验、专业细分、联系广泛及规模优势，可以更有效率地完成分销功能。

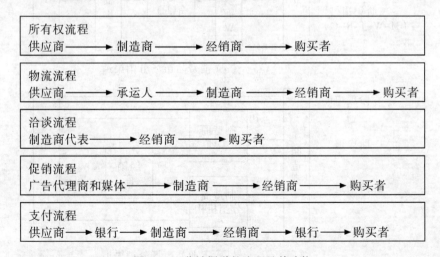

图1-3 分销渠道的流程及其功能

从管理角度看，分销渠道是一个大规模劳动分工系统。渠道成员参与不同流程，相应地构成了分销渠道的一个个亚渠道，如所有权渠道、洽谈渠道、物流渠道、融资渠道和促销渠道。在这些流程渠道之间，需要充分协调和协作。实践表明，制造商引入新产品失败常见的原因是物流与促销流缺乏配合：尽管市场促销有声有色地进行，但运输延误和分销仓库不足却阻碍了终端零售点获得产品。

渠道流程协调的关键是渠道成员信息共享。信息交换在每一渠道流程中必不可少。制造商、批发商、零售商、银行和其他渠道成员需要发展应用信息通信技术，以确保渠道运作的协调和提高顾客服务质量所需的信息交换。例如，美国大型零售商凯玛特公司采用电子数据交换系统（EDI），联系200家供应商，并为其2300家商店配备了快速反应的通信装置，即时查价并自动记录和变更存货，有效地协调和提高了系统效率。

第三节　分销渠道的基本结构

一、类型结构

分销渠道按其是否包含及包含的中间商层级的多少，可以分为零阶、一阶、二阶和三阶渠道。据此还可以分为直接渠道和间接渠道、短渠道和长渠道几种类型。渠道的类型结构如图1-4所示。

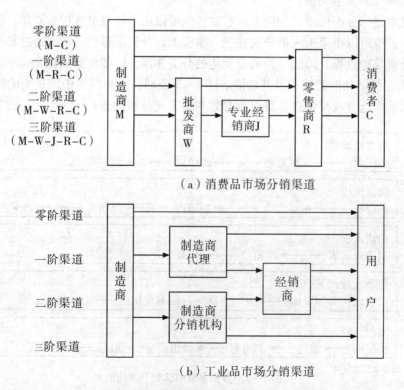

图1-4　分销渠道的类型结构

（1）零阶渠道是制造商将产品直接销售给消费者的直销类型，其特点是没有中间商参与转手。直销的主要方式有上门推销、邮销、互联网直销及厂商自设机构销售。直销是工业品分销渠道的主要方式，大型设备、专用工具及需要提供专门服务的工业品几乎都采用直销渠道。随着科技手段的完善，消费品直销渠道也正在迅速发展。

（2）一阶渠道包括一级中间商。在消费品市场，这个中间商通常是零售商；而在工业品市场，它可以是代理商或经销商。

（3）二阶渠道包括两级中间商。消费品二阶渠道的典型模式是经由批发和零售两级转手分销。在工业品市场，这两级中间商多是由代理商及批发经销商组成。

（4）三阶渠道是包含三级中介结构的渠道类型。一些消费面宽的日用品，如肉类食品及包装方便品，需要大量零售机构分销，其中许多小型零售商通常不是大型批发商的服务对象。为此，有必要在批发商和零售商之间增加一级专业性经销商，为小型零售商服务。

层级更高的分销渠道也还有，但极为罕见。一般地说，渠道层级越多越难协调和控制，会给渠道管理带来许多问题。

根据分销渠道的层级结构，可以得到直接渠道、间接渠道、短渠道、长渠道概念。直接渠道是指没有中间商参与，产品由生产者直接销售给消费者（用户）的渠道类型。间接渠道是指有一级或多级中间商参与，产品经由一个或多个商业环节销售给消费者（用户）的渠道类型。上述零阶渠道即为直接渠道；一、二、三阶渠道统称为间接渠道。为分析和决策方便，有些学者将间接渠道中的一阶渠道定义为短渠道，而将二、三阶渠道称为长渠道。显然，短渠道较适合在小地区范围销售产品（服务）；长渠道则能适应在较大范围和更多的细分市场销售产品（服务）。

二、宽度结构

根据渠道每一层级使用同类型中间商的多少，可以划分渠道的宽度结构。若制造商选择较多的同类中间商（批发商或零售商）经销其产品，则这种产品的分销渠道谓之宽渠道；反之，则为窄渠道。

分销渠道的宽窄是相对而言的，受产品性质、市场特征和企业分销战略等因素的影响。

分销渠道的宽度结构大致有下列三种类型：

（1）高宽度分销渠道。这是指制造商通过尽可能多的批发商、零售商经销其产品所形成的渠道。高宽度渠道通常能扩大市场覆盖面，或使某产品快速进入新市场，使众多消费者和用户随时随地买到这些产品。消费品中的便利品（如方便食品、饮料、毛巾、牙刷）和工业品中的作业品（如办公用品），通常使用高宽度渠道。

（2）中宽度渠道。这是指制造商按一定条件选择少数几个同类中间商经销产品形成的渠道。中宽度渠道通常由实力较强的若干个中间商组成，能较有效地维护制造商品牌信誉，建立稳定的市场和竞争优势。这类渠道，多为消费品中的选购品和特殊品、工业品中的零配件等生产厂商采用。

（3）独家分销渠道。这是指制造商在某一地区市场仅选择一家批发商或零售商经销其产品所形成的渠道。独家分销渠道是窄渠道。独家代理或独家经销有利于控制市场，强化产品形象，增强厂商和中间商的合作及简化管理程序，多由其产品和市场具有特异性（如专门技术、品牌优势、专业用户等）的制造商采用。

三、系统结构

按渠道成员相互联系的紧密程度，分销渠道还可以划分为传统渠道系统和整合渠道系统两大类型。分销渠道的系统结构见图1-5。

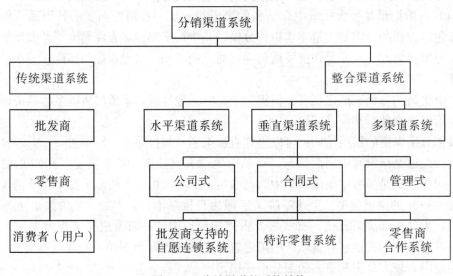

图1-5　分销渠道的系统结构

（一）传统渠道系统

传统渠道系统是指由独立的生产商、批发商、零售商和消费者组成的分销渠道。传统渠道成员之间的系统结构是松散的。由于这种渠道的每一个成员均是独立的，它们往往各自为政，各行其是，都为追求其自身利益的最大化而激烈竞争，即使为此牺牲整个渠道系统的利益也在所不惜。在传统渠道中，几乎没有一个成员能完全控制或基本控制其他成员。随着市场环境的变迁，传统渠道正面临严峻挑战。

（二）整合渠道系统

整合渠道系统是指在传统渠道中，渠道成员通过不同程度的一体化经营系统整合形成的分销渠道。整合渠道系统主要包括以下方面。

1．垂直渠道系统

垂直渠道系统是指由生产者、批发商和零售商纵向整合组成的统一系统。该渠道成员或属于同一家公司，或将专卖特许权授予其他成员，或有足够的能力使其他成员合作，因而能控制渠道成员的行为，消除某些冲突。在美国，这种垂直渠道系统已成为消费品市场的主要力量,其服务覆盖了全美市场。垂直渠道系统有三种主要形式:①公司式。即由一家公司拥有和管理若干工厂、批发机构和零售机构,控制渠道的若干层次,甚至整个分销渠道,综合经营生产、批发和零售业务。公司式垂直渠道系统又分为两类:另一类是由大工业公司拥有和管理的,采取工商一体化经营方式;一类是由大型零售公司拥有和管理的,采取商工一体化方式。②管理式。即通过渠道中某个有实力的成员来协调整个产销通路的渠道系统。如名牌产品制造商宝洁、吉列,以其品牌、规模和管理经验优势出面协调批发商、零售商经营业务和政策,采取共同一致的行动。③合同式。即不同层次的独立的制造商和中间商,以合同为基础建立的联合渠道系统。如批发商组织的自愿连锁店、零售商合作社、特许专卖机构等。

2. 水平渠道系统

水平渠道系统是指由两家或两家以上的公司横向联合,共同开拓新的营销机会的分销渠道系统。这些公司或因资本、生产技术、营销资源不足,无力单独开发市场机会,或因惧怕承担风险,或因看到与其他公司联合可实现最佳协同效益,因而组成共生联合的渠道系统。这种联合,可以是暂时的,也可以组成一家新公司,使之永久化。例如,日本共同网络股份有限公司(CN)由若干大中型旅游公司、票务公司、体育娱乐服务公司等27家企业出资组建,这些公司依靠CN的共同信息网络享用信息资源,协力开拓和服务于旅游市场。

3. 多渠道营销系统

多渠道营销系统是指对同一或不同的细分市场,采用多条渠道的分销体系。例如,美国通用电气公司的营销系统不但经由独立的零售商(如百货公司、折扣商店、邮购商店),而且包括直接向建筑承包商销售大型家电产品。多渠道营销系统大致有两种形式。一种是制造商通过两条以上的竞争性分销渠道销售同一商标的产品;另一种是制造商通过多条分销渠道销售不同商标的差异性产品。此外,还有一些公司通过同一产品在销售过程中的服务内容与方式的差异,形成多条渠道以满足不同顾客的需求。多渠道系统为制造商提供了扩大产品的市场覆盖面、降低渠道成本和更好地适应顾客要求三方面的利益,但同时也容易造成渠道之间的冲突,给渠道控制和管理工作带来更大的难度。

第四节 分销渠道管理

一、分销渠道管理的重要性

选择、构建、管理与创新分销渠道,是企业营销管理者面临的重大挑战之一。进入市场的分销渠道管理对于企业成功营销的重要性,主要体现在以下方面。

(一)只有通过分销,企业产品或服务才能进入消费环节并实现其价值

生产者各自生产出产品(服务)的形式效用,必须通过分销提供时间效用、地点效用和所有权效用,才能被购买,进入消费环节。这四种效用不可或缺,密切相关,且

很难由一个企业去独立完成，需要借助一个组织网络即分销渠道来进行。因此，企业对分销渠道的设计与管理，是其完成营销过程必需的条件。

（二）充分发挥分销渠道组织，特别是中间商的功能，是提高企业经济效益的重要手段

这种由渠道功能实现的效益主要表现在相互关联的四个方面。

（1）提高交易效率。生产者之间或生产者与消费者之间通过分销渠道重要成员中间商进行集中交易，比他们各自分散交易的效率更高。图1-6显示了中间商参与交易提高效率的情况：（a）部分显示四家厂商均利用直销分别同10个顾客交易，这时，需要发生40次交易联系；（b）部分显示通过一个中间商交易，其交易联系减少到14次。

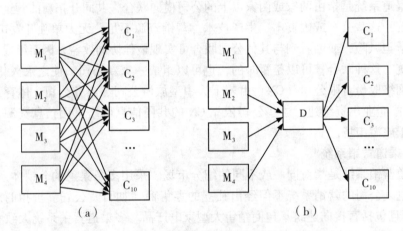

图1-6 中间商的经济效率

显然，发挥中间商的分销功能可以提高交易效率和效益。但是，如果上例中的四家厂商使用两家同类分销商，其联系次数就从14次增加到28次，若使用四家同类分销商，则联系次数增至56次。仅从关联效益观点看，使用越多的同类中间商将减少效益。这也说明，对分销渠道的选择和管理，对分销效率、效益有重要影响。

（2）促进产品（服务）销售过程更为顺畅。中介组织的参与能更好地协调制造商生产与消费者需求之间的各种矛盾，如由厂商专业化生产大批量而品种有限的产品与消费者需要数量小而品种多样之间的矛盾造成产销之间在空间地点、时间、产品批量、规格和所有权等方面的差异。通过中间商和辅助机构完成产品分类、运输、储存、拆分和品种汇总等专门化功能，提供地点效用、时间效用和所有权效用，可以使流通过程更为顺畅，并产生集约经济效益。

（3）促使交易程序规范化，节约交易成本。分销渠道成员之间的反复交易和协作，可以减少每次交易过程中双方就订货、计价、服务责任、支付方式和时间等繁复洽谈，使之常规化，提高交易效率，节约分销成本。同时，交易程序规范化还将促进交易系统的发展。它能推动产品和服务的标准化，使经营绩效更便于比较和评估，使渠道成员之间的合作更为有效。如零售商存货达到订货点时，可以不下订单自动进货，节省订货

成本。

(4) 简化买卖双方的寻找过程。由于诸多不确定性，生产者寻求买方，消费者寻求其需要的产品，往往处于"双寻"的过程中。分销渠道将制造商、中间商和消费者联结起来，其触角伸向各层次的买卖双方，使双方能方便地找到交易对象和产品，缩短寻找过程，节约精力和金钱。

（三）建立和管理良好的分销渠道，是确立企业竞争优势的重要武器

伴随市场环境迅速变化和竞争的日趋激烈，企业需要更紧密、更精确地联系其经过细分的目标市场，因而十分关注选择能获得竞争优势的分销系统。今天，越来越多的企业认识到：市场竞争已经不是单个企业之间的竞争，而是一个个完整的分销系统之间的竞争。一家公司的长期生存与发展，很大程度上依赖于其所在的分销渠道系统的协调与效率，以及能否最好地满足最终消费者的需求。

实践证明，企业的竞争优势主要来自两个基本方面：成本领先和别具一格，即比竞争对手具有更低成本和独特的经营特色。良好的分销渠道可以在这两个方面为企业以至于整个渠道创造和加强竞争优势。链接1-2描述了成功的渠道管理如何创造别具一格的竞争优势。分销渠道与成本领先的关系，将在稍后讨论。

链接1-2　企业如何在分销渠道中实现差异化

一些著名公司成功经营的一个共同点，是通过明智地管理其所选择的渠道，在各自的市场中成功地实现了自身的差异化，发掘了产品线和自有品牌优势。这些公司成功管理渠道的一个原因是，认识到为销售网络的发展和各种形式的渠道支持所作出的努力，将获得持续不断的生产力收益。如果没有渠道管理，得到相关机构的协作支持，无论你的产品设计得如何优秀，也不会有好的报答。

公司怎样才能在分销渠道中达到差异化，以有别于竞争者呢？以下战略将有助于建立这种竞争优势。

第一，专卖权路线。专卖权为供应商提供了强烈的"形象控制"。它可以规定中间商的数目和类型，在渠道网络形成关键优势。本田Acure部门使用该策略创造了截然不同的经销商关系。这种渠道路线的缺点是专卖网络不够大，不利于在需求增长时发展的市场机会。

第二，引入第二品牌。利用分销渠道发展独特的第二品牌，以在市场中获得不同的价格定位，是另一种经典的差异化战略。如Hallmark贺卡公司在百货商店中销售其Hallmark卡，而在折扣店中销售其Ambassador卡。该战略可以使公司通过新的渠道拓展业务范围，而无须破坏主要品牌的形象。然而，若第二品牌不能明显区别于主要品牌，该战略就会产生不良后果。这时，人们将购买折扣品牌，并认为他们以更低的价格获得了相同的产品，影响了主要品牌的销售。

第三，别出心裁。使用非传统的渠道，形成差异化。如英国的Church鞋在国外市场通过男性高档服饰店而不是鞋店销售，使这种鞋与零售点构成一个整体，成为唯一在这类商店销售鞋类品牌的特色。尽管独特的渠道可能会限制品牌的范围，但它可以引起消费者的注意，并明显地将公司与其他竞争者区分开来，避免激烈的价格战。

第四，汇集专家。建立和培训高水平的经销商、代理商队伍，为客户提供更有效的服务。John Deere通过这一战略，建立了声誉极佳的分销渠道，成为行业内最好的农产品分销商。这一培训需要时间、承诺和不断联系。在分销渠道内发展这种关系可以达到差异化。

二、分销渠道服务产出与成本

构建有竞争优势的分销渠道的核心是提高渠道服务产出水平并使系统总成本最小化。分销渠道服务产出，是指分销渠道成员行使各种营销职能，提供服务，以满足消费者需求的总体表现。在其他条件相同的情况下，最终消费者更愿意选择可提供更高服务产出水平的渠道。这要求渠道成员在行使职能和参与流程时尽量减少消费者寻找、等待、储存和其他成本。

巴克林（Bucklin）将分销渠道服务产出细分为四类：

（1）空间便利性。通过销售网点的分散布局，减少消费者运输和寻找产品（服务）的成本，增加消费者满意度。社区购物中心、邻近超市、便利店、自动售货机和加油站，都是为满足消费者空间便利性要求而设计渠道形式的例子。

（2）批量规模。允许每次交易购买数量单位的大小，会影响集团或家庭消费者的利益。允许购买的数量单位下降，可使购买者直接将产品转入消费过程，减少储存和维护费用，分销渠道的服务产出也就越高。

（3）等待或发货时间。即工业或家庭消费者从订货到收货之间需要等待的时间。这个时间越短，消费者就越方便，其购买费用也越低，渠道服务产出也就越高。

（4）经营产品品种多样性。分销渠道为顾客选购提供的产品花色品种越多，其产出就越高。但由于要求存货也相应越多，渠道成员的分销成本也就越高。

强调服务产出的主要目的是传递服务质量。服务质量通常是指消费者预期与感觉到的质量的差距。因此，渠道系统设计应当根据消费者（用户）的预期设置各种服务要素，建立高质量的服务系统。

分销渠道服务产出要通过行使职能或流程来完成。分销渠道服务产出主要决定于：渠道成员行使各项营销职能的资源和能力，最终用户需要的服务产出类型，以及这两者之间的相互作用。图1-7列出了影响分销渠道构建的主要因素。

问题在于，最终消费者需要的服务产出越多，渠道所包含的中介机构可能相应越多。如满足小批量购买要求，可能使大量中间商行使分装职能；减少等待时间，需要增加经营点，使渠道包含更多的销售终端。由此而增加渠道服务产出，其分销成本就会相应提高，并最终反映为更高的销售价格。这反过来又会使消费者面临选择：是选择服务产出和价格均很高的渠道，还是服务较少而价格较低的渠道。这时，消费者若较多地参与营销流程（如寻找、运输等），则会因其努力而获得补偿。

因此，分销渠道的构建要在渠道成员达到的每一营销流程的规模经济性和满足消费者对各种服务产出的要求之间进行平衡，理想的渠道结构是通过调整服务产出水平使商业与最终用户组成的系统总成本最小化。在一条渠道内，为了实现以尽可能低的成本提供最多的服务产出，可以尝试调整其渠道成员参与每一流程的程度，但这种调整需要大

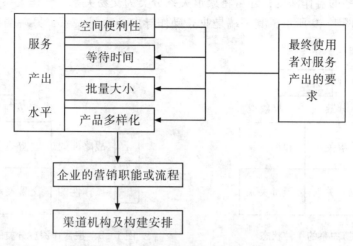

图 1-7 分销渠道构建的主要因素

量的协作。这也是渠道系统管理之所以至关重要的原因之一。

三、整合渠道成本优势

分销渠道的团队竞争力的形成，很大程度上来源于其每一流程的成本及其组合的整体成本优势。提高分销渠道决策与管理水平，将在下列几个方面强化这种优势。

（一）通过规模经济强化成本优势

规模经济主要产生于：①以不同的方式和更高的效率来进行更大范围的生产经营活动；②以更大的产出（如销量）来分摊无形成本（如广告费用）；③使生产经营规模扩大所需要的固定成本（或间接费用）的增长低于其扩大的比例。设计与运作良好的分销渠道，通过专业化分工与合作提高分销规模和效率，可以获得规模经济的好处。在这样的分销渠道中，对每一成员的选定与布局，都是根据特定目标市场的市场潜量、需求特点及盈利规模来进行的，各成员都会按照市场规模和环境特点，采取相应的成本行为，控制各个流程成本，进而实现整个渠道的规模经济。此外，分销渠道一些流程功能的共同化，如信息流、物流服务等共同化，也体现了规模经济性的要求。随着分销规模的扩大，用于信息共享、产品储运的基础设施的利用率提高，而无需各成员追加大量投资。

（二）通过协调渠道关系强化成本优势

分销渠道作为一个系统，其关系协调是渠道管理的重点，也是其取得渠道关系效益和成本优势的主要源泉。

渠道关系是指一条渠道中共同做生意的各成员之间的交往状态和合作深度。图 1-8 显示了这种关系的 4 种状态，分别为和谐的、对立的、误解的和混乱的关系。和谐的渠道关系建立在各成员有相同的目标（目标收敛）和实现目标过程的协调（过程收敛）

上。按业务关系的合作深度,还可将渠道关系分类为交易关系、合作关系、伙伴关系和结盟关系。如图1-9所示,其一端是业务操作导向的交易关系,另一端是发展导向的战略伙伴关系。

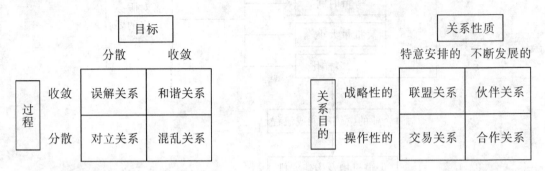

图1-8 渠道关系的4种状态　　　　　　　图1-9 按合作深度分类的4种渠道关系

渠道关系表明供应商和中间商或供应商同顾客之间的合作深度。这一看似简单的概念包含了极不简单的内容。渠道各个部分必须就目标、政策、定价和货物分销过程达成一致意见,尝试和采用最新的方法分担履行各项业务的责任。通过系统管理,促进渠道成员转变观念,面向市场和顾客,实现所有成员在整个渠道内密切合作,形成渠道垂直增值连锁,可以极大地提高效率、降低成本,为独立经营的公司和渠道创造竞争优势。链接1-3描述了分销渠道价值链的优势。

链接1-3　分销渠道价值链优势

单个公司的价值链将公司创造价值的过程分为相互关联的若干环节。公司可以通过以较低成本或比竞争者更好地完成其中一些关键性战略环节,取得竞争优势。公司价值链由9个环节组成:①企业基础结构;②人力资源管理;③技术开发;④采购管理;⑤输入后勤;⑥生产加工;⑦输出后勤;⑧营销和销售;⑨售后服务。

这里讲的价值是愿意支付公司提供的产品(服务)的购买者总和,通常由总收入来衡量。为更高成本的购买者创造价值是公司战略的基本目标。价值,而不是成本,通常决定公司的竞争地位。价值链决定了公司的总价值。建立竞争优势的这些价值环节并不是各个单独行为的简单集合,而是相互依存、紧密联系的系统。

渠道价值链是由各渠道成员的价值链连接而成的垂直连接系统。如同企业价值链一样,它为获得竞争优势提供了机会。在渠道内协调和共同最优化,可降低成本或增强差异化,为独立经营的公司和渠道创造竞争优势。

(三) 通过职能转换强化成本优势

分销渠道的每一流程都有不同的成本曲线。其中某些流程若能以更高的产出水平来实现,就可以获得更大的利益。由于企业的资源条件不同,完成其中一些流程成本较低,而完成另一些流程则没有优势。若将后一种流程(功能)托付给更有效的其他渠道成员完成,则可以降低平均或边际成本,使双方受益。因此,职能转换或专业化能提高企业的竞争地位,并通过协同增效作用增强整个渠道的竞争力。

职能转换带来的成本优势，首先表现在渠道的垂直分工效益上。例如，制造商托付批发商承担渠道系统的主要储存职能，建立物流中心和配送系统，可以一方面减轻制造商和零售终端的储运成本，另一方面又使批发商在专业化和规模经济效益上受益，并在总体上增强渠道的整体成本优势。

职能转换也可能通过渠道的垂直重新整合带来成本优势。从渠道动态变化看，企业在规模较小时，会让出更多职能，让其他成员代理，利用渠道提供其外部的经济性。但当企业发展到自己可以用最优规模来完成这些职能时，就会将代理流程重新整合，以减少交易成本，追求更高的一体化综合效益。例如，一些小型制造商开始都非常依赖中间商、专业存储、运输和金融机构。但当其业务和市场规模大大扩展时，就会倾向于发展自己的销售队伍，自己行使存储、运输和融资职能，减少对中间机构的依赖程度。批发商、零售商也存在类似情况。如美国最大零售商西尔斯（Sears）从邮购业务开始，然后进行水平扩张。当其业务发展到一定规模时，西尔斯运用自有营运仓库和其他批发设施实行后向整合，成为集批发、零售于一身的大型分销商。这种垂直一体化整合造就了像 IBM、索尼、西尔斯这样的一大批著名的大制造商和分销商。这也说明了垂直分工之后的职能重新整合具有成本与竞争优势。

四、渠道竞争动态

树立渠道竞争观念，将渠道视为竞争单位，对任何企业都具有重要意义。

通过渠道凝聚独立的经销组织发挥团队竞争优势，使市场竞争更多地表现为不同渠道之间的竞争，正在成为当代市场的现实和趋势。分销渠道从成员间的交易关系、合作关系转向战略联盟和伙伴关系的发展过程，正是强化渠道团队竞争优势的需要和结果。

传统渠道是交易导向的。其成员最关心的是与其邻近的渠道成员发生的交易：从谁那里购买，以及卖给谁。他们有各自独立的目标和运作方式，根据自身条件作出决策并采取行动。这时，渠道成员实际上并未真正作为分销系统的成员行使职能，渠道的整体竞争力并未形成。

当渠道成员在实践中逐渐认识到他们的个别行为效益与整个渠道的绩效密切正相关时，就会努力营造合作关系。他们开始与其他成员协调目标与行动计划，作为渠道系统的一个成分行使其职能，使次优行为最小化，以获得高度的整体渠道效益。各渠道成员也分别从中受益，并提高了自己对另一些分销渠道的竞争对手的竞争力。渠道合作关系的近期发展是构建渠道战略联盟与伙伴关系。

建立渠道战略联盟与伙伴关系，需要：①认识渠道成员的相互依赖性；②渠道成员的紧密合作；③角色和职能的合理分工，使各成员行使共同权利和责任；④以共同目标为重点的协作努力；⑤渠道成员之间的信任和沟通。也就是说，需要有管理和系统协调。渠道管理需要的是协调渠道行为，以确保通过渠道获得整体质量分销。优质客户服务是整个渠道传递的"产品"。制造商与其他渠道成员协调的行为和方法，将在很大程度上决定渠道战略联盟和伙伴关系能否建立。

在一个特定渠道中，成员之间的有效协作是极其重要的。所有的渠道成员应努力与其他成员协调其目标、计划和方案，使他们身处的整个分销系统长期生存、发展，绩效不断提高。美国一家化工产品经销商认识到,制造商能更经济地为大型客户服务,因此,它决定当客户超过了直销所规定的规模时,公司应将其自己发展的这些客户转给制造商。通过牺牲自己的短期利益,确定了自己和制造商长期的市场定位,避免了富有竞争力的制造商通过更低的价格直销来获取客户,同时也得到了制造商的响应:对与这些大客户达成的所有交易,给 GLT & T 提取佣金,或向其支付"寻找客户"费用。这种密切的伙伴协作关系不仅对双方有利,而且使渠道更有效率。

战略伙伴关系的进一步发展趋势,是建立无隙渠道组织。无隙渠道组织是指所有部门共同合作为顾客服务,使组织内各独立部门之间的组织界限变得模糊。无隙渠道融合了渠道成员之间的边界,使每一组织中的多重层次融洽合作,向顾客输送高质量服务。伙伴关系有助于建立无隙渠道,因为它使渠道成员感到处于同一团队中,以往普遍存在的对手角色被建立在信任和合作基础上的角色所代替。例如,UWR 科学公司(美国一家销售烧杯及其他实验设备的公司)与杜邦公司建立了无隙渠道,它们之间的紧密合作关系,使人们很难分清一个公司的业务从何而来,另一公司的业务从何开始。

案例 品牌领先,嘉士柏构建全渠道发展模式

福建省嘉士柏食品工业有限公司成立于 1995 年,是一家专业生产糖果、巧克力、果冻及休闲食品的现代化企业。公司的"嘉士柏"品牌系列糖果、巧克力产品荣获国家商检自主出口权,远销欧洲、东南亚及国内 20 多个省市。

作为即将成长为消费主力的一代人群,90 后的消费观念正在改变,变得更具时代特征。来自新一代消费群体的声音,成为企业营销方向不可忽视的重要参考。求新、求变、求发展是嘉士柏走在国内糖果行业品牌前列的致胜之道。顺应市场新的需求与变化,契合消费者日趋个性化、随性化、网络化的消费习惯,嘉士柏在传承中华传统美食文化基础上打造明星单品牛轧糖后,继续研发推出新口味 3Q 牛轧休闲点心系列、果仁多等成熟产品,开拓糖果行业市场蓝海。

"如何把好消费者的脉,创造更多与主力消费人群的接触机会,形成市场旺销氛围,渠道开拓的创新力度就需要进一步提高,针对消费者习惯有的放矢,形成强势的渠道优势是非常有必要的。"嘉士柏副董事长卢瑞约这样说。渠道是企业制胜市场的关键。可以说渠道伙伴的专业能力,从某种程度上决定了产品品牌落地的成败。基于这些考虑,嘉士柏也将加大对多种类型终端销售渠道的拓展与维护,不断培育市场,适应消费者需求,使产品的全渠道铺设拓展在当前市场消费环境下更具活力。

为了配合渠道创新步伐,嘉士柏立足于中国传统糖果行业的开拓创新精神,制定品牌多元化渠道营销策略,除了巩固其原有传统营销渠道,还以其雄厚的企业实力,创新性地实现线上、线下双管齐下的营销方式,以快速促使"线上线下"渠道的高度融合。

在线上渠道拓展方面,嘉士柏充分发挥领先涉足网络电商渠道的资源优势,利用渠道资源推进产品的销售。仅 2013 年,嘉士柏通过单品牛轧糖试水,电商渠道销售额在短期内迅速突破千万元大关,一路领先成为淘宝销量第一的糖果品牌。电商渠道的成功开拓,在"名人、名品、名牌"品牌战略支持下,嘉士柏电商渠道日臻成熟,成为企

业销售的有力突破点。线下渠道不仅坚持稳固产品在西南地区的旺销市场，嘉士柏还将实施卓有成就的经销商政策，实现华东、东北、华南大区渠道的不断强化，进一步进行渠道深耕，形成全国各区域全面开花的有利销售局面。

不仅如此，嘉士柏的渠道拓展计划对渠道伙伴进行细分甄选，提高线下渠道资源利用率，在坚持传统优势渠道的基础上，从多个维度开拓与新渠道伙伴的合作紧密度。配合企业"名人、名品、名牌"战略，实施全渠道发展的高端策略，实现KA国际卖场、中型超市、特种流通领域、食品连锁等高端渠道全面发展。其中，作为高级零售终端的KA卖场成为嘉士柏渠道发力的重要阵地，同时结合多级化BC中型商超形成更为完善的终端售卖渠道系统，为消费者提供更为便捷的产品购买方式。特通旅游产品、食品连锁等空白渠道的开拓，更加速了嘉士柏消费者渠道资源接触、品牌积累提升的步伐。

百尺竿头更进一步，嘉士柏食品已经取得了令业界瞩目的成就，但是公司并不满足于当前的成果，不断优化全渠道资源效能，开发产品链销售业务，以商业化的渠道营销模式，力求做到产品与渠道的高度符合。相信广大消费者在今后会看到一个实力有加的强势品牌出现，也促使嘉士柏旗下的所有产品借势全渠道实现多级铺设，令消费者对产品触手可及，感受到随时、随地、随意、方便、快捷、实惠的产品服务。

(资料来源：中国经济网，2014 − 04 − 25)

链接思考

(1) 嘉士柏取得的骄人成就与其全渠道发展模式有何联系？
(2) 结合本案例，你认为如何构建具有长久竞争优势的渠道？

本章小结

有效管理分销渠道，首先要了解分销渠道在企业营销中的地位、与其他营销策略的关系、分销渠道功能、结构及其管理涵义。本章作为本书的开篇提供了这方面的简要知识。我们将分销渠道作为实现产品进入消费环节的一系列购销环节及参与组织介绍给读者，强调分销渠道是相互依存的组织链条和协调运作的网络系统。随着竞争的加剧，分销渠道在企业营销中的重要性日益提升。当然，分销渠道策略必须与其他营销组合策略相互配合。分销渠道执行产品销售过程的所有功能，包括调研、促销、寻求、编配、洽谈、物流、财务与风险承担。完成这些功能产生了实物流、所有权流、促销流、洽谈流、融资流、风险流、订货流、支付流和信息流等渠道流程。分销渠道的功能和流程不能增加或减少，但可以在渠道成员之间前向或后向转换调整。渠道功能、流程的专业分工或整合，是分销渠道管理的一个焦点。分销渠道的现实结构是环境演变的结果。

本章介绍了当代分销渠道的基本结构类型，渠道的类型结构、宽度结构和系统结构概念，为管理者设计与管理分销渠道提供了框架思路。本章的最后一节围绕对分销渠道管理重要性的认识，在一般意义上分析阐述了企业必须通过渠道系统实现其产品的时间、地点和所有权效用，以提高效率和效益的主要理由。在特殊的意义上，我们阐述了面对新的环境挑战，企业还必须高度重视设计构建、创新渠道，充分发挥渠道团队竞争优势的战略意义。今天，企业赖以生存发展的持续竞争优势已难以靠自身力量形成，必须通过管理，努力营造成本领先和别具一格的分销渠道系统，以渠道团体的整合和战略结盟来实现。强调渠道服务产出的系统设计、建立高质量的服务系统、整合分销渠道的各类成本优势、改善渠道关系和建立持久的战略伙伴关系,是实现渠道竞争优势的基本方向。

关键概念

分销渠道　渠道功能　渠道流程　渠道的系统结构　渠道服务产出　渠道关系

思考题

(1) 论述渠道策略与其他营销策略的关系。

(2) 分销渠道包括了沟通生产与消费的一系列购销活动及其参与组织。为什么本书将其定义为"促使产品(服务)顺利地经由市场交换过程转移给消费者(用户)使用或消费的一整套相互依存的组织"?

(3) 试分析分销渠道的主要功能与渠道业务流程的关系。

(4) 试比较分销渠道的类型结构、宽度结构和系统结构的异同。你能否说明这种从不同角度(标准)剖析渠道结构的方法,对企业分销管理决策的意义?

(5) 试述进入市场的分销渠道决策与管理对于企业成功营销的重要性。

(6) 试论述分销渠道决策与管理在建立和强化企业竞争优势中的作用。

(7) 什么是无隙渠道?谈谈你对建立分销渠道成员战略伙伴关系的认识。

第二章 分销渠道成员

本章学习目标

学完本章后,应该掌握以下内容:①了解制造商在分销渠道中的作用;②了解批发商的类型及其所执行的渠道功能;③了解零售商的特点、种类及其所执行的渠道功能;④了解代理商的种类及其所执行的渠道功能。

分销渠道环境的变化,给分销商带来以下困惑:趋势的把握及选择产品的困难;市场角色的扮演达不到厂商的高要求;无尽的销量压力;随时可能出现的来自上游扁平化的压力;下游经销商无止境的索取和要求独立的呼声;区域性优势的逐渐丧失;如何才能达到上游的最大重视与支持;等等。因此,分销渠道成员执行将能力产品、服务从制造商向消费者转移的功能,必须对分销渠道成员及其功能有充分的了解。

第一节 制 造 商

一、制造商在分销渠道中的作用

制造商是价值链中将农产品和矿产品或其他原材料通过物理或化学作用转化为工业品和消费品的企业。制造商在分销渠道成员中具有举足轻重的作用,是整个分销渠道价值链中的第一个环节,产品使用价值的大小和质量的好坏是由制造商生产出来的,后面的环节即使发现产品质量有问题,往往也无济于事。

制造商生产出的产品一般通过分销渠道进行销售,很少直销。制造商在整个生产过程中不仅要大量投资,而且要承担巨大的风险,生产前要进行市场调研、产品开发、试验,正式投产后,还要组织好生产,保证质量,按时交货,对可能出现的不合格品要保证退换。

制造商在分销渠道中的作用主要表现在以下方面:

(1)制造商为渠道销售提供作为交换对象的产品和服务,构成分销渠道的源头和起点。没有制造商的产品,就无所谓分销,也就不可能有渠道。由制造商提供的产品(服务)适合市场的程度、质量和数量,从根本上决定着分销渠道的效率和效益。因此,制造商的素质、能力、品牌和影响力,是分销渠道的首要资源。

(2)制造商是分销渠道的主要组织者。在某一条分销渠道中,制造商最关心同行产品市场及自身产品的销售情况。因此也就会更自觉、主动地致力于分销渠道的组织与建设,对产品分销模式的选择、分销网络的设计和建设有极大的热情和责任心,是渠道管理的中坚力量。

(3) 制造商是渠道创新的主要推动者。渠道结构变迁的历史表明,创新渠道模式的出现和普及,主要是由制造商推动的。制造商根据市场环境变化的要求,在促进渠道整合、结构扁平化、战略结盟等方面起着关键作用。

二、制造业发展的主要特点

制造商作为整个分销渠道的起点,主要任务是提供令人满意的产品。在技术不断发展的今天,制造业在发展中涌现出许多特点,主要特点表现为产品创新和全面质量控制两个方面。

(一) 产品创新

新产品开发是一项风险很大的工作,既可以给企业带来高额的利润,又可能给企业带来灭顶之灾。新产品开发关键要符合消费者的需要,而且还应计算价格与性能之比。事实上新产品开发成功的概率很小,大量新产品的失败不仅给制造商造成了损失,而且也给分销渠道的管理带来了冲突和大量的库存。与此同时,产品生命周期越来越短。由于激烈竞争的推动,企业新产品推出的速度越来越快,仿效品也出现得越来越快。许多制造商已开始减少或取消市场试验,直接把有成功希望的产品推向市场。这样销售不出去的风险就会增大,批发商和零售商往往不愿承担过大的风险,面对大量的新产品与制造商签定协议,规定如果新产品失败,制造商必须按照零售价格的一定比例将未售出的货品购回,制造商对此也只能接受。新产品的大量涌现,当然是一件好事,但是应当指出的是,有很多新产品只是对老产品的略微改动,没有新意,并没有真正地考虑到是否符合市场需求。当然,还是有许多经过认真的市场调查和研究的产品获得了成功。

(二) 全面质量控制

全面质量控制通常涉及制造业中的人、流程和设计三个主要因素。

1. 制造业中的人力资源

对于管理者来说,首先就是要把高素质的人员吸引到这个不被人重视的行业中来,其次是怎样激发员工对生产的责任心,基本策略就是将生产的风险和利益直接与员工个人的利益挂起钩来,发挥员工的积极性,从而有效地提高生产效率和产品质量。

2. 制造流程

在制造流程中有四个重要的因素:

(1) 组织技术。组织技术设计是为了减少物资处理的时间耗费,消除不必要的或非生产性的活动,减少生产过程中的处理工序并且分清每个人在流程中所负的责任。这样,传统的一线监管被小组或团队领导取代了。

(2) 统计流程控制。统计流程控制是一项识别、解决潜在的产品质量问题的技术。它通过连续监测制造偏差来确保每一步流程的偏差都在容许的范围之内,在监测的同时,及时对偏差进行改正。通过这种连续的监测和改正,使成品的质量和成本有效地控制在预期的范围之内,保证生产的正常进行。

(3) 零缺陷。零缺陷意味着只有一种可行的制造方法——正确的方法。它要求所有的流程和全面的质量都在可容许的限度内。要求100%的配合度与要求80%的配合度是完全不同的，零缺陷过程意味着传统的质量部门变得多余了。

(4) 连续改进。连续改进是为了找到和实行更好的方法来更有效地实现零缺陷过程。许多制造商在连续改进方面的投入已达到整个生产成本的40%。连续改进的关键是进行革新，实现生产力水平的突破。美国企业的传统观点是把2/3的精力放在产品开发上，1/3放在流程设计上；日本和德国的先进企业的做法则正好相反。

3. 产品设计

传统的产品设计是一种按顺序进行的过程。营销部门把产品构思传达给设计部门，设计部门设计出产品后，让制造部门生产，包装部门负责包装，储运部门负责储存和运输。这种顺序设计方式至少有两个内在缺陷：一是顺序设计往往要花费三四年的时间才能形成最终产品，而许多发展迅速的企业从原始产品概念到推向市场只需几个月的时间。AT&T原来设计一部新电话要两三年的时间，现在只需一年。顺序设计过程已经被同步设计过程所取代。同步设计过程指所有有关的小组或成员在一起合作，同时设计产品。信息技术的发展大大提高了同步过程的可行性。二是顺序设计注重局部优化，忽视整体优化。不同的工作小组分别按顺序做产品设计中属于自己的任务，每个工作小组只考虑如何使自己的工作优化，而这些局部优化的组合并不意味着整体一定能够得以优化。与此相反，在同步设计过程中，产品的设计通常能够满足整体优化的要求。

三、制造商发展战略

（一）自制或购买

制造商要生产某种产品，需要建造相应的设施，采购所需要的设备，配备相应的操作人员、技术人员和管理人员。自制或购买决策有不同的层次。如果在产品级决策，则影响到企业的性质。产品自制，则需要建立一个制造厂；产品外购，则需要设立一个采购部门；如果只在产品装配阶段自制，则只需要建造一个总装配厂，然后寻找零部件供应商。由于社会分工效率高，协作是必要趋势，产品或零部件的自制只能是一部分。

（二）低成本和大批量

美国福特汽车公司早期在生产T型汽车时就是采用低成本和大批量策略。这种策略的选用必须是针对标准化产品或服务，而不是顾客化、个性化的产品或服务。为了实现低成本，就要大批量生产；要大批量生产，就要采用高效率的专用生产设备，这样就需要巨额投资。市场需求量大是采用这一策略的前提条件，对于广大发展中国家或地区，消费者的个性化要求还不强烈，这一策略比较有效。

（三）多品种和小批量

对于顾客化的产品，只能采取多品种和小批量生产策略。当今世界消费趋于多样化、个性化，企业只能顺应这一潮流，采取多品种、小批量的生产模式。但是由于它的批量小、效率低，成本因而较高。

（四）高质量

无论是采取低成本、大批量策略还是多品种、小批量策略，都必须保证产品的高质量。现在质量问题日益突出，因而有必要把它单独列出来，作为一项发展战略加以重视。

（五）混合策略

将上述几种策略综合运用，实现多品种、低成本、高质量，就可以取得竞争优势。现在人们提出的"顾客化大量生产"或"大量定制生产"，既可以满足用户多种多样的需求，又具有大量生产的高效率，是一种新的生产方式。

第二节 批 发 商

批发商是商品流通过程中重要的一环，也是企业产品分销渠道中的主要成员。批发是和有形的产品紧密联系在一起的。分销商通过提供分销渠道流程使产品增值。

一、批发商的概念及类型

（一）批发及批发商的概念

1. 批发的概念

按美国普查局的定义，批发是指那些将产品卖给零售商和其他商人或行业机构、商业用户，但不向最终消费者出售商品的人或企业的相关活动。

根据这一定义，批发是指一种商业活动，是中间商的一类职能。该职能承担的是"流通中介"任务，即在制造商与商业机构、生产经营组织和其他组织用户之间搭起桥梁，满足产品分销业务在不同地区、不同时间和不同层次市场对产品（服务）的批量、种类和花色品种的需求。批发的基本特征是其销售服务对象是中间性消费用户，这意味着任何组织或个人所从事的交易，除了对最终消费者之外的所有销售活动都属于批发。

2. 批发商的概念

批发商是指那些主要功能是提供批发服务的组织机构或个人。批发商一般不向最终消费者大批量出售商品。从以上定义来看，批发活动范围包括产品制造公司的一切销售活动。不同种类的机构，如饭店、保险公司、会计师事务所等，与"工业、公共机构、商业"用户所进行的经营活动，诸如针对这些用户的饭店的订房、保险公司关于养老金的安排、会计事务所准备年终财务报告之类的经营活动。实际上，除了与最终消费者直接做买卖之外，几乎所有的机构都参与了批发交易，尽管其参与的形式不同。很多特殊的交易也都属于批发交易。

一般认为，制造商生产产品，销给批发商，批发商再转卖给零售商，然后，消费者从零售商那里买走商品。这看起来很简单,但是,在转卖的过程中所涉及的成员是非常多的,而且即使产品摆在零售商店中,也并不意味着流通过程的结束。例如,铜可能由金属生产商卖给金属批发商,然后转卖给铜线制造商,再卖给铜线批发商。接着,铜线可能再经过发动机制造商之手,成为马达的一部分卖给工业批发商。然后,马达拍卖给叉车制造商,制成叉车后,被卖给专营设备的分销商,最终由一家建筑公司买去。

(二) 批发商为渠道成员提供的服务

批发商的存在是由于他们执行了商品的"增值"功能。从经济上来看,批发商存在的理由是基于他们对其客户的服务,这些客户可能是零售商、机构(如医院、学校、饭店)、制造商或其他形式的商业企业。

批发商执行了渠道流的每一项流程。他们接受实体产品,获取所有权,向潜在顾客提供促销产品,进行产品谈判、融资,承担资本风险,处理订单,进行支付。在信息流方面,他们有两个部分要处理:面向上游渠道供应商和面向下游渠道零售商及工商业用户,他们在这两个部分都要发挥作用。

1. 批发商为制造商提供服务

(1) 市场的信息收集。批发商与客户的关系密切,能识别未来的客户和他们的需求。所以,在任何商品的销售中,他们都走在最前面。许多批发商,特别是那些工业品的批发商,越来超重视执行市场信息收集的分销职能。

(2) 库存储备。批发商投入大量资金持有货物,储存能力很强,从而使制造商从订货量少、无利可图的业务中分出身来,降低了制造商储存大量产品所冒的风险。

(3) 订单处理。由批发商来完成订单处理功能可以大大降低渠道成本。因为批发商同时销售许多制造商的商品,其订单成本能够分摊到所有的大量的批发商品中去。

(4) 顾客支持。顾客支持是分销商为制造商提供的最后一种分销任务。顾客经常需要对商品进行配置、调整、维修等专业支持。对于制造商来说,如果想要直接向顾客提供这些服务和支持,成本是很高的;但如果由批发商来完成这些服务,成本就会降低。

2. 批发商为零售商提供服务

一方面,制造商希望零售商提高产品品牌的知名度以促进产品的销售;另一方面,批发商要逐渐使零售商成为销售多种产品线上多种品牌产品的商人。这项工作直接与批发商的既得利益挂钩,因此,一个批发商很可能满足零售商对大部分货物的需求。批发商出于自己的利益考虑,会不遗余力地培训、激励、帮助零售商成为更好的商人。

(1) 批发商在价格、销售地点的促销材料及广告方面给予合作。这些帮助有时是由制造商给予批发商,批发商再传给零售商的。

(2) 批发商在商店布局、建筑设计和所需材料的规格上提供帮助。

(3) 批发商为零售商在公共关系、企业内部管理和清算账目的方法、信息系统、管理程序等方面提供指导和建议。

(4) 对销售及售后服务提供保障。比如,货卖不出去可全价退还,及时调换有缺陷的产品,延长赊欠货款的时间,等等。

总之，对许多零售商来说，依靠批发商供货最主要的好处是从批发商那儿大批量买入，再按客户的要求，把买入的大批量货物化为数量不等的小批量货物卖给客户，这样既便利了客户，又节省了成本费用和运输费用。这与从制造商手中大批量买入，再加上从产地千里迢迢运回的运输成本相比，显然节省的费用是很可观的。批发商想方设法保住其在大规模零售连锁业务中营销和实体分配的优势，同时又辅助当地的个体零售商获得成功。他们自筹资金，组成自愿连锁、特许系统，在采购、广告、存货、清理账目及其他业务职能上获得更高的效率，使自己成为零售业合作组织中的一个成员。

3. 批发商为工商业用户提供的服务

一般工商业用户向批发商购买两类产品：一类是大型元器件制造商向批发商所购买的小组件；另一类是购买一些设备，如保养设备、维修设备和操作设备等。工商业用户向批发商购买产品和服务的主要原因是批发商能够提供迅捷送货，给予工商业用户技术性的支持，能提供产品的质量保证，能够用批量购买价购进大批产品，再让利于用户（即给予客户数量折扣），而且考虑了所有因素之后，可以发现与批发商交易的最终成本少于直接与制造商交易的最终成本。

（三）批发商的类型

商业批发商是指具有独立投资、独自大量购进商品，再批量销给各种组织用户，专门从事批发经营活动的企业或个人。美国超过4/5的批发机构是商业批发商，并且他们完成了大约57%的批发营业额交易。商业批发商的特点是：他们对经销的商品拥有所有权，承担与此相关的风险，并且提供广泛的职能服务，如典型的完全职能的商业批发商，除从事商品买卖活动外，还承担商品储存、运输、挑选、拼配、分装、资金融通等职能，有专门的销售队伍，把市场信息传播给所服务的制造商和零售商。我国的国有批发企业过去大多属于此类批发商。

商业批发商可根据承担职能的多少、经营商品品种范围的宽窄及市场覆盖地域的大小进一步细分：

1. 完全职能的批发商

根据产品线的广度和深度，完全职能的批发商又可分为三类：综合批发商、一般产品线批发商及专业批发商。

（1）综合批发商。这类批发商是指经营普通商品、经营范围广的批发商，销售对象主要是杂货店、五金商店、药店、电器商店和小百货商店等。工业品用户市场上的普通商品批发商一般是工厂供应商，直接面对工业品用户，销售品种规格繁多的设备和工业产品。

（2）一般产品线批发商。这类批发商是比综合批发商经营商品范围窄的批发商。但他们覆盖更宽广的地理区域和提供更为专业的服务。这类批发商专门经营花色、品种、规格、品牌齐全的某一类商品，同时还经营一些与这类商品密切相关的商品。例如，食品杂货批发商通常不仅经营罐头、蔬菜和水果、粮食、茶叶、咖啡等各种食品，而且经营刀片、肥皂、牙膏等食品杂货。

（3）专业批发商。这类批发商指专业化程度较高、专门经营某一类商品中的某种商品的批发商。其顾客主要是专业商店和专业用户。专业用品的专业批发商一般都专门从事需要有特殊技术知识或服务的产业用品批发业务。

2. 有限职能批发商

有限职能批发商是指为了减少成本费用，降低批发价格，只执行批发商的一部分职能和提供一部分服务的批发商。主要包括：现购自运批发商、承运批发商、送货批发商、目录批发商、托售批发商及生产者合作社等。

（1）现购自运批发商。其特点是不赊销、不送货，客户自备运输工具将货物运回，当面货款两清。在美国，大的仓库俱乐部的批发商经营这类业务。现购自运批发商主要经营周转快的商品，既不提供赊销业务，也不负责运输，主要将货物卖给小企业进行转售或卖给销售办公用品的企业。

（2）承运批发商。承运批发商拥有所出售商品的所有权，但不储藏商品，也不负责送货。他们获取订单后与生产商联系，把货物直接从制造商那里运到零售商那里，减少了中间储存的过程。通常经营一些体积大和笨重的工业品，如煤、木材、大型设备等，不经营货物存储业务和处理商品业务；因资金投入大，通常不是先买后售，而是先收到客户订单，再与生产商联系订货，并由制造商根据交货条件和时间直接向顾客发货。从收到订单时起，承销批发商就拥有这批货物的所有权，并承担风险，一直到将货物送交顾客时为止。因为不经营存货业务，所以其成本较低，也可以把一部分节省让利给顾客。承运批发商正受到买卖双方通过因特网直接联系所带来的压力，一些积极进取的承运批发商通过建立自己的网站来改变这种状况。

（3）送货批发商，也称卡车批发商、卡车经纪人。执行的主要职能是销售和送货，通常经营需求量大的易腐烂的商品，如牛奶、面包、薯条、烟草等，最大的优势是其运送的保鲜产品是一般批发商不愿意送的。送货批发商帮零售商保持库存，他们经常开着装满货物的卡车访问顾客，到小杂货店、超级市场、医院、餐馆和饭店巡回销售。

（4）目录批发商，也称邮购批发商。目录批发商出售商品给那些分布广泛的小工业用户或零售商，以节省推销人员上门推销的费用。这些批发商经营五金、珠宝、体育用品或计算机等产品，零售商通过邮件、传真或电话来订购商品。

（5）托售批发商。即委托他人销售的批发商。托售批发商在各零售商店设立专柜，然后送货上门，自行定价，自行宣传，用合同规定被托售零售商店的利益；拥有商品所有权，零售商店则拥有商品保管与销售权并销售给一般顾客；定期向零售商店收款。一些雪糕、冰棍、家用器皿、化妆品、简装书、小五金商品、玩具、保健美容品等就属于此类型。

（6）生产者合作社。这是为了协调生产者，特别是像农产品生产者这样的季节性生产者的利益，由这些生产者共同组建、形成的批发机构。生产者合作社可以较大规模地将产品投放市场，协同改进产品质量，创出共同品牌，使各方获得较大利益。美国的新奇士橙汁、中国的吐鲁番葡萄干等可采用这种方式。

批发商还可以按供货的地理区域划分，如当地批发商、区域批发商和全国批发商。

二、批发业发展的现状与特点

（一）我国批发业的变迁和发展

在计划经济时代，制造、批发、零售三部分企业的管理线条是有严格区别的。制造企业属经委系统，批发网络的核心是商业系统的一、二、三级批发供应站，零售商店则是由各地的商业局管理。批发体系非常完整。物资系统有各个生产资料的批发体系，另外还有农副产品的批发体系，包括粮食、棉花等。那时整个批发实行无所不包的垄断计划，因为当时是短缺经济，国家控制物资。应该说，在计划经济时期，这样一个比较完备的批发体系，对保证国家生产建设的运行以及保障人民生活，起到了非常大的作用。

20世纪50年代开始，当时的商业部在上海、天津、广州三地，分六个行业（纺织、针织、五金、交电、百货、文化），成立了面向全国的采购供应站，这是一级站，负责收购这三个核心城市相应制造企业的产品，向全国销售。然后又逐步成立各省市、地区、县的相应的二、三级站，从而建立起面向全国的流通百货的供销网络。这种销售网络基本上是摊派式的，对列入一级站收购目录的产品，基本上是包购包销。由于内地工业的不发达，国内流通百货商品总体来说供不应求，在一个相当长的时期内，沿海的工业产品通过这种方式输送到全国各地，能达到商品流通这个目的。但到了70年代，随着各地工业的逐步发展，二、三级站所在地的工业产品也想纳入联销网络（以珠江三角洲和江浙等地最突出），由一级站收购产品的制造企业，大都缺乏迅速更新换代的动力，这种体系就开始受到冲击。

改革开放以后，各地流通百货制造业快速发展，产品都要求面向全国销售，市场经济的浪潮一下子就冲破了原有流通体系，计划经济的联销网络自然萎缩了。改革开放以来，大量国外流通百货商品涌进了国内市场，国内制造业的竞争压力越来越大。对国内每个制造企业来说，遵循市场经济的原则，只有产品适销对路，才可以做大规模。而零售商为了减少中间层次，往往尽可能直接从制造企业进货，以降低成本，因而批发企业的作用越来越小。制造企业为推销产品，要建立自己的销售网络；零售商为扩大自己的竞争能力，要向成百上千家供应商联系进货。由于我国的信息渠道不畅，在20世纪80年代，只要有上述两方面的"关系"，就有可能开一家公司，作为供应商来获得商业（批发）利润；拥有销售渠道的供销人员，变得奇货可居。这就是那时"全民经商"的由来，这种情况至今还没有完全消失。

市场经济的发展，极大地刺激了零售商业和流通百货制造业的发展。流通领域的繁荣，使中国的老百姓从此摆脱了长期凭票证购物的局面，迎来了买方市场。现在的问题是，无论制造商扩大销售网点，还是零售商扩大自己的经营品种及数量，都无法回避本企业销售成本的飙升；对于许多尚未打出产品知名度的中小制造企业来说，其产品往往只能通过零售店代销。而目前参与流通的大部分新老批发企业，由于渠道的随机和不规范，都难以做大规模。怎样才能塑造一个适合中国市场经济的批发业和批发体系，市场经济下批发业向何处发展，是我们当今应该研究的主要课题。

（二）我国批发业的现状

1. 批发业营销效率低

批发业营销效率的高低，体现在批发企业的劳动生产率、资金利润率、销售规模、商品周转速度、营销成本和费用，以及不同批发环节、批发方式之间协同组合效应的大小等方面。从流通领域各行业的比较来看，批发业是营销效率最低、综合经济效益最差的行业之一，商品在批发环节阻滞现象非常严重。1989—1990年，批发业出现了历史上从未有过的超量积压现象，产生全行业亏损。批发环节已成为制约我国商品流通的主要"瓶颈"因素。批发业营销效率较低主要体现在以下几个方面：

（1）批发企业费用水平一直呈上升趋势，销售规模相对缩小，销售利润率逐渐下降。

（2）资金投入不足，自有资金少，资金利用率低，资金周转速度逐年减缓，资金利润率普遍下降。

（3）劳动生产率和工资利润率下降，批发企业职工人数与企业营销效率、职工收入与企业经济效益、活劳动耗费与单位劳动量创造的价值形成巨大的反差。

2. 国营批发企业和个体、私营批发企业营销效率差异大

不同所有制、不同地区、不同类型的批发企业的营销效率差别是相当大的。一般情况下，个体、私营批发企业的效率高于合作制批发企业，合作制批发企业高于集体批发企业，集体批发企业又高于国营批发企业，专业批发企业高于综合批发企业，销地批发企业高于产地批发企业。下面就国营批发企业与个体、私营批发企业的营销效率进行比较。

1991年，我国个体批发企业占批发企业总数的78%，而营业额却占批发总额的92%，人均销售额、资金利润率、资金周转速度和毛利率等，分别是国营企业的2.6倍、3.4倍、2.1倍和1.9倍。国营批发企业与个体批发企业营销效率的差别，实质上是经营机制的差别、所有制差别、观念差别和经营方式的差别。许多国营批发企业经营思想保守，经营观念落后，对迅速变化的市场形势缺乏适应性，习惯于接受行政主管部门的指令性计划，难以放手在市场上自由竞争。而个体批发企业则讲究灵活经营，追求高效率，通过高效率实现高效益。

国营批发企业和个体、私营批发企业的营销效率差别，也反映出国家宏观政策和流通体制存在的问题。比如，政府对国营批发企业经营管理干预过多，国营批发企业相比个体、私营批发企业在经营计划、财务制度、人事制度和税收负担等方面，存在明显的不平等。这些都是导致国营批发企业和个体、私营批发企业营销效率差别的主要原因。

（三）批发商的营销特点

1. 目标市场决策

批发商的目标市场决策主要集中在两个基点上：一是选择经营的商品（服务），确定服务对象；二是确定服务的地区范围。

（1）选择目标顾客群。批发商经营商品种类的多寡、商品的性质，在很大程度上决定了其选择目标顾客的范围。一般来说，经营多条产品线的综合批发商需要选择较宽的市场面，而专业批发商的目标顾客则较集中。批发商可根据服务对象的组织规模、客户类型、服务需求特征等标准，选择确定适合自己的目标顾客群。

（2）确定批发服务的地域范围。这是对市场覆盖面的决策。一般要根据自身实力、网点布局和市场潜力的综合分析来做出决策。

2. 市场营销组合决策

（1）货品组合和服务决策。批发商的货品组合是指他们经营的商品和服务的品类、花色品种的组合状况。批发商要根据自身的实力和客户的需求来研究、决定自己合理的货品组合。货品组合的宽窄和服务项目的多少，一定要适合目标顾客的需求。批发商应将资源和管理重点集中在那些能够建立良好目标顾客关系的最重要的因素上。为此，他们需要深入调研，把握目标市场，特别是其主要客户需要的特殊服务组合及其变化规律。

（2）定价决策。批发商传统的定价方法是在进货成本之上加上综合批发费用和利润。随着批发市场竞争的加剧，批发商正在探索采用新的定价方法，如进一步强化差别定价，拉大不同批量、合作深度之间的价格差异；削减某些货物品种的毛利以刺激需求，带动销售全局。同时采取包括与供应商、基本客户结盟等多种方式，稳定和扩大销售，降低营销成本。

（3）促销决策。许多批发商已经意识到仅仅依靠推销员的方法远远不够。他们开始重新重视并借鉴某些零售商采用的促销方式，如形象促销；加强订货会、展览会、客户座谈会等传统的批发促销手段；更多通过集体努力向大客户提供优质服务，使之形成对公司的忠诚度；建立和充分运用公司的品牌、商誉，密切配合厂商的促销材料和促销计划强化促销。

（4）地点决策。销售网点布局对批发经营有重大意义。批发商业务网点要体现方便顾客到达和采购的要求，并进行合理的销售点和货仓地区配置。借助一些专业批发市场的知名度与美誉度，把批发点设在大型批发市场也是一种很好的选择。因为这些批发市场不仅有较高的知名度，有较齐全的服务机构，而且各类用户云集，方便洽谈沟通，有利于提高批发业务效率。

三、批发商发展战略

（一）培育批发体系

培育批发体系可以从培育批发市场和建立多样化的批发体系两个方面进行。

1. 培育一级批发市场

亚洲的一些国家，如日本，农副产品批发市场的一级批发商的资格由农林水产部门批准，并不是谁想当一级批发商就能当的，而是要符合一系列的规范。在我国，试点过汽车、钢材代理，明确了全国一级批发商要符合的规范和条件。汽车一级代理中是生产商说了算，并不是流通商说了算，在这种情况下，流通一直处于比较被动的地位。家电也好，钢材也好，如果采取买断的方式来代理，生产企业过一个星期调价，若降价销售，流通企业马上面临亏损。可是，如果我国的代理批发商实力强大，如钢材代理量达到 50 万吨或 100 万吨，全国若有 10 个或 20 个这样的代理批发商，钢厂绝对会另眼相看，会与这些大的代理批发商结成一种利益共同体。同样，商业的批发企业，如果对日用工业品企业的批发量占到 5%～10%，生产企业也绝对不能忽视。然而，我们现在的一级批发商的规模太小，还需要加大培育力度。

2. 批发体系多样化

我们过去建立的批发体系是国有企业。自从我国加入 WTO 以后，国外企业可以进入批发业，既然对国外都放开了，对国内当然要放开。批发业应该允许不同所有制进入，今后的市场竞争肯定会很激烈。当然，那些关系国家命脉的资源流通要控制在国家手里。

（二）批发商经营思想、经营战略、经营方式的转变

1. 更新营销理念

许多批发商已将自己的公司业务定义为"营销支持业务"，即他们与客户的业务关系不再仅仅是购销关系，而是营销支持关系。他们意识到自己的主要目标是帮助供应商和客户制定有效的营销方案，并对供应商或客户的任何任务、活动提供支持和参考意见，甚至采用入股、参股等办法参与企业的管理，以使整个渠道的营销更有效率。这些情况说明，关系营销和渠道整合将是批发商寻求发展的主要方向。

2. 实行批发业务专业化战略

一些批发商重新评估了自己的战略任务，分析其对公司总战略目标的影响和作用，放弃那些对公司总战略目标无太大作用的边缘项目，将工作重点放在公司具有竞争优势的产品种类和细分市场上，实行了批发业务的专业化。

3. 加强技术装备，深化各项批发机能

依靠电子计算机系统，从条形码、扫描仪到全自动的仓库，从电子数据交换连接到卫星传播和录像设备，提高对需求预测的精确性，更有效地调节供求平衡。发挥对生产的组织作用，如季节性、流动性极强的服装生产，通过批发商制定产品规划，组织不同生产企业共同开发新产品。加强对零售商的经营指导，变过去对零售商的控制为对零售商的服务。

4. 在经营形态上进行种种创新

采用货架批发、货车批发、邮购批发等形式，以满足用户的不同需要。一些批发商正从电子商务中获益。他们正在适应互联网，寻找利用它发展新业务、改善业务运作的途径。有两种电子商务模型最有可能影响批发商：一种是独立交易平台，这些公司在互联网一端集成供应商的目录，让相似产品的买主可以进行检索，并在一个站点向大量的供应商采购；另一种是供应链网络，其作用是方便供应链参与者（制造商、分销商、顾客）的交易。供应链网络是一种基于互联网的一体化供应系统，大买主建立采购基础设施，以通过单一、标准化的综合平台管理，实现对多家供应商的大量采购。其收入来源包括网页开发、委托服务和建立产品目录等咨询费用。大型批发商也可以通过自己的网站和目标客户群保持联系，从而降低客户订货成本，提升其对客户关系的控制力。

5. 开拓国际市场

国内市场竞争的激化驱使批发商寻求向国际市场的发展，而经济全球化和高科技的采用为他们开拓国际市场提供了方便。据资料统计，美国28万家批发商中的大部分都通过合资或营销联盟将其业务拓展到海外，他们大约有18%的收入来自国外。例如，1999年荷兰的N. Hagemeyer公司收购了Vallen公司和Tri-State电气电子公司；法国的两大电气产品分销商Sonepar和Rexal也积极收购美国电气批发商以跨国扩展其核心业务。但从本质上看，成为全球性批发商非常困难，因为批发意味着满足当地市场的需求，而这种需求是多样化的。

（三）批发商的合并

1. 批发商的横向合并

在批发业中，一般合并是地方性的，通常由若干批发企业通过兼并与收购来实现。批发领域的合并是一个行业变化的源泉，一旦合并发生，渠道中的力量平衡就会发生变化。整个行业在批发环节中的销售大部分都集中在合并后的大批发商手中。这些大公司将实现更高的销售额，运营也更有效率，这样，尽管毛利率很低，其净利率仍将很可观。生存下来的大型批发商会重新设计行业中的供应链管理流程，这常会给现有的运营方式带来革命性的变化。

面对批发商的合并，制造商会制定相应的策略，如通过前向一体化建立另外一种市场渠道。

2. 制造业进入批发业的前向一体化

20世纪90年代以来，企业之间的竞争已不再是一个企业对一个企业的竞争，而是发展成为一个企业的供需链同竞争对手的供需链之间的竞争。国外正在进行着以生产制造行业为中心的大规模的供需链的重组，兼并的对象已经涉及世界经济500强的成员。这个过程对流通领域最大的影响，是制造企业自己的联销网络不断强大和纯商业批发的萎缩。

第三节　零　售　商

一、零售商的概念与类型

（一）零售及零售商的概念与特点

1. 零售的概念

零售是指把商品和服务卖给最终消费者用于个体消费的一系列活动。在零售中，买者是最后的消费者，这不同于商业和慈善机构的购买者。同批发相反（如对商业、工业和慈善机构零售），零售中的购买动机总是为了满足个人和家庭的需要，是基于对所购买物品的最后消费。零售活动既有以有形的商品为对象的，也有许多是出售无形的服务,如理发、美容、按摩、家政服务、代购车票、提供旅游服务等。生产者、批发商和零售商都可以从事零售活动。

尽管零售和批发之间的区别看起来很一般,但其实质很重要,因为购买动机在市场细分中非常重要。成功的零售来自于公司的多结构化、规模化并受公司文化的影响。许多大零售商是跨地区的、跨国家的,目的是扩展他们的商业。跨地区和全球化的零售的竞争也就成为那些居于领导地位的零售商们工作的中心所在。

2. 零售商的概念

零售商是指以从事零售经营活动为主营业务的企业和个人。但是,有零售行为的单位或个人并不都是零售商(有一些是批零兼营的),只有其销售量主要来自零售活动的商业单位,才能称为零售商。

零售商是将商品送达个体消费者手中的商品分销渠道的出口。由于消费者市场的分散,在所有商品经济发达的国家里,零售业都是一个十分庞大的行业,拥有超过生产企业和批发企业之和的数量和众多的就业者。

3. 零售商的特点

(1) 终端服务。零售商直接面对的是最终消费者,而最终消费者的购买特点是每次购买的数量少,品种可能较多,这就决定了零售商少量多次进货、低库存和重视现场促销服务等经营特点。

(2) 业态多元。零售业态是指零售企业为满足不同的消费需求而形成的不同的经营形态。零售业态的分类主要依据零售业的选址、规模、目标顾客、商品结构、店堂设施、经营方式、服务功能等确定。为满足消费者的多样化需求,零售业态呈现多元化的特点。零售业的主要业态有百货店、超级市场、大型综合超市、便利店、仓储式商场、专业店、专卖店、购物中心等。

(3) 销售地域范围小。与批发销售相比,零售商的主要顾客是营业点附近的居民和流动人口,因此,零售经营地点的选择就成为决定经营成败的关键。这同样适合于服务行业。

(4) 竞争激烈。与其他行业相比,零售业者之间的竞争显得更为直接、剧烈,手法也更加多样化。例如,为了适应顾客的随意性购买及零售市场的竞争,零售商千方百计地设计装饰销售现场及周边环境,加强商店整体设计和形象宣传,强化特色定位等各项服务。中国加入世界贸易组织后,国有企业面临更为激烈的竞争压力,例如,外资零售业进入中国市场,虽然数量不多,但实际质量提高了。我国目前市场上比较活跃的无一例外均为国际上的零售业巨头,包括家乐福、欧尚、沃尔玛等。据对27个城市的统计,外资百货店的数量占零售企业总量的6%,但大型超市占到23%,明显高于其他业态。

(二) 零售商在分销系统中的作用

零售是产品进入消费领域的最后一道环节,也就是分销渠道的终端环节。通过零售,商品退出流通领域,完成其形态变化的最后阶段而进入消费,并最终实现其价值。零售商作为分销渠道的重要成员,对提高分销渠道效率和效益起着以下关键性的作用。

1. **直接为终极消费者服务**

零售商与消费者直接接触并提供服务，其业务素质、服务水平和经营成败，对渠道吸引潜在顾客、达到整体目标有决定性影响。

2. **实现制造商和消费者的沟通**

由于直接接触消费者，零售环节对消费者的需求及消费倾向最了解，反映也最灵敏。制造企业通过零售，一方面可以不断向消费者输出商品信息，另一方面也可以把消费者的信息及时反馈回来，更好地适应市场需要，组织生产经营活动。

3. **实现渠道成员经营目标**

消费者的生活必需品绝大部分是通过零售环节获得的。这意味着零售商适应人口分布和需求特征的多样化零售网点，是制造商、批发商实现其市场覆盖、差异或聚焦经营、顾客服务等目标的基本依托。

4. **调整和管理分销渠道**

一方面，为适应消费者不断变化的需求，零售商不断调整业态，把握商机改善经营，使消费者的消费通道更通畅；另一方面，随着渠道中"零售权利"的不断壮大，零售商参与渠道整合的作用日益提高。零售商已经成为渠道协调和管理的主要力量。

（三）零售商的类型

零售商的类型千变万化，新组织层出不穷。我们把零售商分为三种类型，即商店零售、无店铺零售和零售机构。

1. **商店零售**

我国在1998年6月将零售商店分为8类：百货店，超级市场，便利店，仓储式商场，专业店，专卖店，大型综合超市，购物中心。下面对这些零售形式作简单介绍。

（1）百货店。百货店是指在一个大建筑物内，根据不同商品部门设销售区，开展进货、管理、运营，满足顾客对时尚商品多样化选择需求的零售业态。其特点是：①选址在城市繁华区、交通要道；②商店规模大，营业面积在5万平方米以上；③商品结构以经营男装、女装、儿童服装、服饰、衣料、家庭用品等方面为主，种类齐全、少批量、高毛利；④商店设施豪华，店堂典雅、明快；⑤采取柜台销售与自选（开架）销售相结合方式；⑥采取定价销售，可以退货；⑦服务功能齐全，一般规模较大，经营商品范围较宽，属综合性商店。通常在城市的最大商业中心都有一两家大型百货商店，经营商品可达数万种到数十万种。在城市二级、三级商业中心，则有规模较小的一两家百货商店。

（2）超级市场。超级市场指采取自选销售方式，以销售食品和生活用品为主，满足顾客每日生活需求的零售业态。"二战"后在美国迅速发展起来，并被推广到许多国家。超级市场是一种大规模、低成本、低毛利、消费者自我服务的零售经营形式，可满足主妇"一揽子"购物需求，明码标价，集中付款。主要经营食品、洗涤品及家庭其他日用小包装等商品，后来又发展到经营药品、运动用品、小五金、唱片等众多种类的小包装商品，以进一步扩大销售、降低成本。我国大城市在改革开放后不久就开始引进超级市场的经营形式，但因营业面积小，多称为自选市场，突出其开架售货特点，主要经营各种食品。后来有一段时间，所有自选市场几乎都改变了经营方式或干脆撤掉了。原因在于：一是我们没有规模大带来的低用费，结果自选商场的商品反而比一般商店的贵；二是我国与欧美国家相反，劳动力成本低而机械成本高，我们小包装商品少，包装不规范，上货、计价等几乎都要靠手工。近几年，随着商品品种丰富，各种小包装食品越来越规范化，管理手段也引进了计算机等现代化设施，更重要的是消费者收入提高了，购买商品时选择性加强，每次购买的批量增加，使得自选市场有了很大的发展前景。

超级市场的特点如下：①选址在居民区、交通要道、商业区；②以居民为主要销售对象，10分钟左右可到达；③商店营业面积在1000平方米左右；④商品构成以购买频率高的商品为主；⑤采取自选销售方式，出入口分设，结算由设在出口处的收银机统一进行；⑥营业时间每天不低于11小时，且有一定面积的停车场地。

（3）便利店。便利店是以满足顾客便利性需求为主要目的的零售业态。其主要特点如下：①选址在居民住宅区、主干线公路边，以及车站、医院、娱乐场所、机关、团体、企事业单位所在地；②商店营业面积在100平方米左右，面积利用率高；③居民徒步购物5～7分钟可到达，80%的顾客为有目的的购买；④商品结构以速成食品、饮料、小百货为主，有即时消费性、小容量、应急性等特点；⑤营业时间长，一般为10小时甚至24小时；⑥以开架自选货为主，结算在收银机处统一进行。便利店还满足了消费者一些需求，消费者主要利用它们做"填充"式采购。

（4）仓储式商场。仓储式商场是一种以大批量、低成本、低售价和微利多销的方式经营的连锁式零售企业。选址在城乡结合部、交通要道，商店营业面积大，一般为10000平方米左右，目标顾客以中小零售商、餐饮店、集团购买和有交通工具的消费者为主，商品结构主要以食品（有一部分生鲜商品）、家庭用品、体育用品、服装衣料、文具、家用电器、汽车用品、室内用品等为主，店堂设施简朴、实用，采取仓储式陈列，开展自选式的销售，设有较大规模的停车场。仓库销售合一，不经过中间环节，从厂家直接进货。仓储式商场注意发展会员和会员服务，加强与会员之间的联谊，以会员制为基本的销售和服务方式。仓储式商店利用计算机收银系统及时记录分析各店的品种销售情况，不断更新经营品种，既为商场提供了现代化管理手段，也减少了雇员的人工费用支出。

（5）专业店。专业店是指经营某一大类商品为主、具备有丰富专业知识的销售人员和适当的售后服务，且能满足消费者对某大类商品的选择需求的零售店。其特点是：①选址多样化，多数店设在繁华商业区、商店街或百货店、购物中心内；②营业面积根据主营商品特点而定；③商品结构体现专业性、深度性，品种丰富，选择余地大，主营商品占经营商品的90%；④经营的商品、品牌具有自己的特色；⑤采取定价销售和开架面售；⑥从业人员需具备丰富的专业知识。

（6）专卖店。专卖店是指专门经营某一产品线或某一品牌，且花色品种较为齐全，为消费者提供个性化服务的一种零售店。其特点是：①一般位于商业中心区，以专和高为定位目标，实施品牌化经营；②营业面积根据经营商品的特点而定；③商品结构以著名品牌、大众品牌为主；④销售体现为量小、质优、高毛利；⑤商店的陈列、照明、包装、广告讲究；⑥采取定价销售和开架面售；⑦注重品牌名声、从业人员必须具备丰富的专业知识，并提供专业知识性服务；⑧通常只经营某一大类商品，产品组合窄而深。我们常见的服装店、鞋帽店、床上用品商店、书店、照相器材商店、体育用品商店等即为专卖店。专业店经营的花色、品种、规格齐全，每一个商业中心除有一两家百货商店外，主要由众多的专用品商店组成的专卖店，是组成各级商业中心的主力。它的一大特色是经营同类商品的若干家专卖店聚集在一起，彼此可以促使生意兴隆。

（7）大型综合超市。大型综合超市是指采取自选销售方式，以销售大众化实用品为主，满足顾客一次性购买需求的零售业态。其特点是：①选址在城乡结合部、住宅区、交通要道；②商店营业面积2500平方米以上；③商品构成为衣、食、用品，重视本企业的品牌开发；④采取自选销售方式；⑤没有与商店营业面积相适应的停车场。

（8）购物中心。购物中心是指企业有计划地开发、拥有、管理运营的各类零售业态、服务设施的集合体。其特点是：①由发起者有计划地开设，布局统一规划，店铺独立经营；②选址为中心商业区或城乡结合部的交通要道；③内部结构由百货店或超级市场作为核心店，与各类专业店、专卖店、快餐店等聚合构成；④设施豪华、店堂典雅、宽敞明亮，实行卖场租赁制；⑤核心店的面积一般不超过购物中心面积的80%；服务功能齐全，集零售、餐饮、娱乐为一体；⑥根据销售面积，设相应规模的停车场。

2. 无店铺零售

无店铺零售是指不经过店铺直接向消费者销售产品和提供服务的一种营销方式。它有四种形式：直复市场营销、直接推销、自动售货和购货服务。

3. 零售机构

（1）连锁店。连锁店包括两个或者更多的共同所有和共同管理的商店，它们销售类似产品线的产品，实行集中采购和销售，还可能具有相似的建筑风格。

（2）自愿连锁店和零售店合作社。

（3）消费者合作社。这是一种由消费者自身所拥有的零售公司。

（4）特许专卖组织。特许专卖组织是在特许者和特许经营者之间的契约式联合。

（5）销售联合大企业。它以集中所有的形式将几种不同的零售商品类别和形式组合在一起，并将其分销、管理功能综合为一个整体。

二、零售业发展的现状与特点

（一）零售业的发展现状

为了促进我国包括零售业在内的流通业的快速发展，建立公平、规范、有序、高效的市场环境，近年来我国政府加强了相关法律、法规的制定。2004年以来，我国先后发布了《外商投资商业领域管理办法》、《直销管理条例》、《零售商供应商公平交易管理办法》、《零售商促销行为管理办法》、《商业特许经营管理条例》等多项法律、法规。

虽然我国零售业在持续发展，但总体而言，仍然处在发展中国家的零售业水平。我国零售业在对GDP贡献、规模与组织化程度、连锁化经营程度、物流配送水平与经营管理能力、现代信息技术应用水平、业态创新能力以及国际竞争能力等方面，与世界经济发达国家相比，还有很大的差距。从我国零售业发展情况看，除了这些需要在发展中逐步解决的问题，目前，商业地产发展过热、以外资为代表的大型零售商场发展过快、中小零售业发展艰难，是当前影响我国零售业健康发展的突出问题。

近年来我国零售业的快速发展，房地产投资热和房地产价格的持续上涨，带动了我国商业地产过热发展。我国商业地产的投资热始于2001年，2006年全国商业地产供应量比上年增长33%。一些大城市商业地产增速更是惊人，比如2006年北京商业地产供给的增幅是79%，需求的增幅是37%，供求相差42个百分点，商业地产的空置面积不断扩大。商业地产投资热不仅表现在商业发展程度较高的大城市，而且向二、三线城市快速发展。值得注意的是，外资向我国商业地产的投资呈快速增长之势，进一步推动了我国商业地产投资热升温。商业地产投资热中的一个突出问题是业态结构和布局结构不合理，表现为适合大型零售业态的地产多，且大多集中在城市商业中心区。其结果是造成空置面积快速增长，2005年全国商业用房的空置面积已经达到3872万平方米，比2004年增长23.2%。这不仅造成大量资源浪费，也增加了商业地产的投资风险。

我国政府严格履行了加入WTO的承诺，零售业已对外资全面开放，促进了外资零售业在我国的快速发展，突出表现为以沃尔玛、家乐福等大卖场为代表的大型零售商场快速增长。由于大卖场等大型零售业态具有很强的市场竞争优势，在外资零售大店快速发展的带动下，我国一些内资零售企业也加快了零售大店的发展速度。

目前我国零售业中，90%以上的为中小零售企业和个体户。在市场经济体制深入发展的进程中，广大中小零售企业经营方式、管理水平总体处于落后状态，生存环境劣于大型零售企业，而且，市场准入、信用担保、金融服务、物流服务、人才培训、信息服务等方面的政府有效措施支持的机制还没有建立。可喜的是，我国政府正在加紧制定和建立支持中小流通企业的政策措施和机制。

我国经济持续快速发展的良好环境，以及快速发展的巨大消费市场潜力，为我国零售业的可持续发展提供了广阔的空间。

科学发展观已被确立为今后我国经济、社会发展的主导思想。在科学发展观的指导下，我国正在加快经济增长方式的转变，扩大国内消费，促进现代服务业发展，促进就业增长已成为经济增长方式转变政策的着力点，政府促进流通业加快发展的政策措施将不断完善，力度也将持续加大。

（二）零售业的特点

我国加入WTO后，分销业对外进一步开放，在未来的几年内，我国零售业将逐步取消对外资商业企业在地域、数量、股权比例以及企业存在形式等方面的限制。在这一利好消息的刺激下，全球零售业的巨头美国沃尔玛、法国家乐福、德国麦德龙等均加快了在中国的发展步伐。同时，加入WTO后，其他国家也要对我国开放市场，我国零售业面临着"走出去"的战略选择，中国的零售企业将真正参与国际零售市场的竞争。在这一背景下，了解国际零售业的现状，把握其发展趋势与特点，是十分必要的。

1. 经济服务化趋势促使零售业在社会经济生活中的地位日益提高

当今世界经济中，服务业的产值占世界总产值的比重越来越高，世界经济正呈现一种服务化趋势。1980年服务业在世界产业结构中所占比重为55.2%，到1996年时已高达63.5%。格林·克拉克在其代表作《经济进步的条件》中用发达国家的历史数据总结出经济的服务化规律，用他的原话来说就是："劳动人口由农业转移到制造业，再从制造业转向商业和服务业。"零售业作为商业服务业的重要组成部分，在各国国民经济和社会发展中扮演着重要的角色。以美国为例，1997年美国零售业产值占其国内生产总值的比重达9%，在零售业就业的人员达2250万人，平均每10个人中就有1个人从事零售服务业，零售业是美国吸纳劳动力最多的产业部门；发展中国家也是如此，1999年我国台湾地区流通产业的营业额已占其国民生产总值的16.61%，就业人数占社会就业总人数的21%。

与此相对应的是零售业在公众心目中的地位也日益提高。在美国，20世纪90年代的理想人物是微软的比尔·盖茨，而80年代的经营天才则是沃尔玛的山姆·沃尔顿。1992年美国总统选举时，乔治·布什为了挖克林顿的选票，亲自跑到阿肯色州本顿维尔市授予沃尔顿名誉勋章，表彰这位"体现了创业家精神，是美国人理想中的伟大人物"的杰出人士。在美国股市上，沃尔玛股票从上市到沃尔顿故去期间，每股分红总是一年更比一年高，这也是绝无仅有的奇迹。这从一个侧面说明了大型零售商在美国人心目中的分量。可以说，零售业是一个国家经济发展、市场繁荣、生活水平提高的集中表现，也正是生产力发展水平的提高和世界经济服务化趋势导致了零售业在社会经济生活中的地位迅速提高。

2. 全球性生产过剩和现代营销观念的普及使得零售业在各产业中的主导地位加强

从工商关系的历史来看，"工业占主导地位，商业依附于工业"的局面逐步向"商业占主导地位，商业引领工业"转变。现代市场营销观念的核心，是企业的整体活动自始至终必须以满足消费者和最终用户的需求为中心，市场成为企业经营活动的起点。这样，作为销售终端的零售业对上游产业的主导地位就得以加强，零售企业经营活动范围已从流通领域扩展到生产领域，发挥着引导、组织生产，甚至创造消费需求的主导功能。零售商业的商流、物流组织由批零分开向批零一体化、生产加工销售一体化、高度组织化转变。商业企业集团的采购中心负责产品开发、设计、发料、订货，承担着经营产品的市场风险。例如，美国王氏集团的产品设计中心有100多位专业设计人员，从选料、造型、生产工艺、宣传广告，直到柜台陈列方式，设计全套完整的开发内容，并提出在哪个国家、地区生产加工成本最低，何时上市，实际上把产品设计、生产加工、营销策略、经营方式等都设计在内了，而商品配送中心实际上起到了批发零售、商流、物流结合为一体的新型商业的核心作用。随着商业连锁集团开发设计功能的健全，配送功能的形成，工商结合的形式也发生了根本变化，生产、流通与消费之间呈现出"生产企业围着批发企业转，批发企业围着零售企业转，零售企业围着市场需求转"的格局。最有代表性的表现就是商业企业自有品牌的发展，厂家按商家提出的性能、规格、质量、包装等要求从事生产，生产的商品打上商家自己的品牌上架销售。在西方发达国家，商业自有品牌的发展相对于厂家品牌的发展有加快的趋势。在英国的主要超市，

30%以上的商品为自有品牌，最高者达54%；美国超市中40%以上的商品为自有品牌；日本20世纪80年代末就有近40%的大百货公司开发了自有品牌。

这些变化既是企业贯彻现代市场营销观念的表现，也是市场竞争日趋激烈的结果。当今世界各国生产普遍过剩，不仅发达国家如此，发展中国家也不例外。以我国为例，据中华全国商业信息中心对600种重要商品的市场供求状况分析，从1998年开始已经不再有供不应求的商品，1999年上半年86%的商品供过于求，其余的商品供求平衡。在市场相对低迷的情况下，零售业已成为经济运行的起点，成为启动市场、满足需求、促进生产的助推器，今后零售业对上游产业的决定作用将更加突出。

3. 零售市场的激烈竞争迫使企业走上联合、兼并的规模化之路，零售行业集中度提高

相对而言，零售业的市场进入门槛较低，几乎不存在技术壁垒，具有天然的充分竞争特性；也正是因为如此，导致零售业成为竞争最为激烈、平均利润率最低的行业之一。据统计，1996年世界上最大500家企业中，零售企业平均销售利润率只有2.01%，这些企业主要靠薄利多销和规模经济取胜。零售行业规模效益十分明显，有人对我国百货商店的规模与效益之间的关系进行深入研究，结果显示，其规模与效益确有正相关关系，其规模经济来自于规模增大所导致的各种成本与费用的节约。大型零售商庞大的购买力使它们在与供应者讨价还价中处于较为有利的地位，它们往往会以较低的价格得到供应者的产品。零售巨头沃尔玛2001年销售规模2100多亿美元，整个中国的前500位大型零售企业的销售总和还不及它的1/10，这样的市场规模，使其在进货渠道、进货价格上的优势几乎处于垄断地位。此外大型企业抵御风险的能力增强，它还可以依靠雄厚的财力，进行小企业无力从事的广告宣传、市场调研、产品开发等活动。进入壁垒低导致的激烈竞争和大企业在竞争中的明显优势，迫使零售企业纷纷走上了联合、兼并的规模化发展之路。例如，沃尔玛就是靠收购兼并起家的。

零售业的规模化发展导致零售业产业集中度日益提高，1998年美国100家顶尖零售商销售总额8610亿美元，占全国零售总额20466亿美元（不含机动车零售）的42%，而前10家零售商年销售4013亿美元，占全国零售总额的20%。目前，在除意大利之外的所有西欧国家中，零售商的数量不断减少，而平均规模逐渐增大。随着国际零售业的联合、兼并之风愈演愈烈，零售业产业集中度还会提高。

4. 生活方式和购物习惯的改变促使单个店铺大型化、整体化，服务功能更为齐全

从20世纪七八十年代开始，零售业单体规模逐步扩大。以日本为例，1982—1997年的15年间，零售商店数量由172万家降为142万家，减幅达17.5%。其中小型商店减少幅度最大，而大型商店数量不仅没有减少，反而明显增加。就单个店铺来说，同期的店均营业面积增长了64%，店均销售额增长了90%，店均职工数增加了33.3%。在我国香港地区，超级市场的数量在1975—1983年这8年期间增加了6倍，而同期内传统的杂货店的数量减少了30%。

导致商店规模增大的原因主要有：①小汽车拥有量的增加；②家用电冰箱和电冰柜的增加；③家庭主妇参加工作人数的增加；④生活节奏的加快。这些变化导致人们的购买行为倾向于一次性批量购买和一站式购物，这就要求商家将数量充足、品种齐全的商品置于同一屋檐下，以吸引更多的消费者。除了要求购物方便，要求一次性购齐所需物品外，消费者也很注重时间、空间、服务和附加价值的消费，追求购物的便利性、舒适性、高选择性和文化性，不少消费者还借逛商店的时间休闲、放松，商业和服务功能齐全的大型超市以及购物中心正好顺应了这一需要，大部分超市都配备有餐饮、娱乐和文化设施。

5. 现代生活多元化、市场细分导致零售业态多样化、细分化，竞争使不同业态出现融合趋势

不同的业态是零售业对目标市场进行细分和选择的结果。由于经济发展水平不同，零售商进入市场时就会有不同业态选择。而生活水平的提高和现代生活的多元化导致购买需求日益个性化、多样化，进一步促进了零售业态的创新。目前世界上共有多少种零售业态，并没有一个准确的数字，粗略估计，自从百货商店产生以来的150年的时间里，共产生了20多种零售业态，其中很多（如商店街、网络商店等）都是新近产生的。这些业态都各有优势，有的以快取胜，有的以创造便利为特色，有的以低价位为法宝，分别满足了不同消费者的不同消费习惯。而同业态企业之间的竞争，也讲究市场细分，追求特色，如在传统的百货店已一改往昔"购物不讲环境、经营不求特色、商品不分档次"的无市场细分及无市场定位的状态，而出现市场定位的多元化倾向。有的抢夺高收入消费者群体，塑造"精品百货店"的形象；而有的则定位在工薪阶层消费阵地，最终离析出符合市场大势和消费水平与消费层次的百货店市场定位多元化的业态状况。处于不同收入层次的消费者有了符合自己收入与需求的购物去处。

在激烈的竞争中，不同业态之间相互取长补短，使得本来是错位经营的业态出现了趋同现象。例如，百货商店是高价格、高毛利、低周转率的零售业态，其对立面的折扣商店，则以低价格、低毛利、高周转率为特点，而随着零售业的发展，这两种相反特点的业态融合形成折扣百货商店。业态的相互融合使得一些业态之间存在着诸多的相似性，甚至很难分辨。

6. 世界经济日益全球化和市场竞争环境的变化带动了零售业的国际化

近一二十年来，零售业的全球化趋势已不可阻挡。一方面，大型零售商纷纷进军海外市场，在国外开办商店，在国外采购商品，如沃尔玛1992年才开始进行国际化经营，2000年底在全球就已拥有3599家分店，其中海外店铺数占25.17%；麦德龙在欧洲、南美、西亚等20多个国家和地区拥有3607家分店，年销售额达875亿马克，其中海外销售额超过40%。另一方面，各国又在较大程度上向国外开放本国市场，与外商合资合作建立零售企业，如我国开放零售业从1992年开始试点，2002年据对全国27个省会市、计划单列市的调查，在目前营业面积8000平方米以上的大型超市中，外商投资企业的比重已经达到了23%。

促进零售业国际化的动因可从两个方面分析。

（1）全球经济一体化，各国经济相互依存、相互渗透的程度不断加深，使得商品流通和生产日益国际化。各国市场需求呈现多样化、国际化趋势，消费者不仅仅满足于本国商业的商品及服务供给，对具有异国文化的商业服务也产生广泛需求，这为各国零售业的国际化提供了市场需求条件。随着贸易自由化和经济全球化浪潮的推动，不少国家对外资进入零售业都放松了管制，为零售业的国际化消除了壁垒，如菲律宾的《零售业自由化法》规定，凡投资 250 万美元以上、750 万美元以下，在菲律宾开办或收购零售企业的外商，在两年内可至多拥有 60% 的股权，两年后可拥有全部的股权，投资额在 750 万美元以上的外商可拥有 100% 的股权，这就吸引了很多跨国零售商到菲律宾投资。

（2）发达国家零售业经过几十年的发展，已经逐渐走向成熟，而经济低增长、人口老龄化、生育率下降导致市场饱和以及过度竞争，国内经营成本不断上升，这些都促使零售商将全球化发展定为自己的发展目标，而竞争对手布局全球市场，也使得更多的企业采取跟随的战略。

7. 科技成果带来零售业的自动化、信息化和管理科学化

科学技术成果使得世界各国生产力迅速提高，尤其是 20 世纪 80 年代以来，其显著成果是以电子计算机、空间技术为内容的自动化及信息技术革命，引起社会各方面的巨大变革，发达国家的商业成为高新技术产品化应用最广阔的市场。在美国，各大型商场都普遍运用了电子信息技术，包括计算机技术、通讯网络技术、条码技术和电子转账作业系统等现代科学技术。即使一些小餐馆、小食品店也都采用计算机系统。计算机的使用不仅是在零售现金出纳、销售收入计算、复核和商品储备管理上，而且在经营核算、信息和经营决策上也得到广泛的应用。许多大商场还采用了先进的多媒体技术和卫星通讯技术，通过音像传递，经营者可随时了解到分布在全国各地及国外分店详细的经营管理情况，以加强控制和及时做出经营决策。例如，沃尔玛耗资 7 亿美元的卫星交互式通讯系统就是其制胜法宝之一，凭借该系统，它能与所有的商店分销系统进行通讯。

三、零售商发展战略

（一）零售商经营所面临的状况

1. 消费者越来越重视便利性

便利是用购买商品的时间来衡量的，包括来往商店路上的时间和进入商店到走出商店的时间。20 世纪 90 年代，消费者购物方式变化的趋势是时间越来越短，妇女上班人数越来越多，这就使得对便利的需求越来越强烈。调查表明，速度和便利对于消费者来说比价格更重要。消费者为了确保获得速度和便利而愿意选择自助方式。实际上，许多消费者认为自助是最好的服务，以致他们愿意为自助这种特权支付额外的费用（如操作自己的计算机得到期望的数据库）。即使使用电子设备有困难，消费者也愿意使用电子设备。

消费者越来越重视便利性使得零售出现了以下态势：①便利店疯狂增长；②在线商店和家庭银行激增；③食物、衣服、录像带零售机器多样化；④直接反应市场占有的零售份额增加（如电话销售和电视销售）。

消费者由于没有时间去光顾小的地区性的商店，时间紧缺的顾客愿意到大型购物中心购物。因此，零售发展商把他们渐渐不能获利的商店转变成能够符合顾客愿望的商店。

2. 零售商实力越来越重要

大多数商品的销售只是在杂货店、药店、大型商店中进行。在这种情况下，如果零售商继续增加，他们只能是从其他的零售商手中抢走市场份额，只能等待总体需求增加。因此，市场竞争上升为竞争者之间争夺市场份额的竞争，这就给零售商带来了巨大的压力。如果大部分的商店倾向于经营相同的商品，那么，市场竞争就变成了价格竞争。较低的价格、优越的地理位置、吸引力的商店和合理的服务，是零售商在市场上生存和成功的主要途径。

信息技术在零售业中的应用越来越广泛。实际上，所有的零售商已经通过扫描仪在他们的电子销售终端捕获到了一个个产品的数据，从这些信息中，零售商可以直接计算单个商品的利润，知道商店中哪些商品卖得好，哪些商品卖得不好，从而为订货决策提供依据。

（二）零售商竞争要素

1. 目标市场

零售商必须首先确定目标市场并进行市场定位。商店应面向高档、中档还是低档顾客？目标顾客需要的是多样化、品种编配的深度、方便还是低价？待到确定好目标市场并勾勒出轮廓时，零售商才能对产品编配、服务、定价、广告制作、商店装潢或其他一些能支持商店地位的问题做出一致的决策。百货商店虽然商品种类繁多，品种规格齐全，但也不可能使每一位顾客都满意。确定商店的主目标群体已被越来越多的百货商店所认识。专业商店的一个明显趋势是重新细分市场，集中做好某一特定细分市场的经营销售工作。

2. 产品、品种和采购

零售商所经营的产品品种必须与目标市场可能购买的商品相一致。零售必须决定产品品种组合的宽度和深度。例如，在餐馆业，一家餐馆可以供应窄而浅的品种（小型午餐柜），窄而深的品种（各种熟食），宽而浅的品种（自助食堂），或者宽而深的品种（大饭店）。零售商对产品品种做出决策后，就要决定采购资源、政策和具体做法。在一家超级市场连锁店的总公司总部，专家采购人员（有时叫作商品经理）具有开发产品、品种和听取销售人员介绍新品牌的责任。在一些连锁商店，采购人员有权接受或拒绝新产品或新品种；但是在有些连锁店，他们的权力仅限于甄别一些显然要拒绝或接受的新产品或新品种，否则就只能将新产品或新品种提交给连锁店所属的采购委员会审批。

零售商正在迅速改善其采购技能，逐步掌握需求预测原理、商品选择、存货控制、店面安排和商品陈列，同时，正在大量利用计算机来保持目前的存货数量、计算订购数量、准备订单和分析花在卖主和产品上的金额。超市连锁店现有用扫描仪数据管理每个商品组合，这优于逐个商店的管理。

3. 商店购物环境和气氛

购物环境和气氛主要是指商店内的布局、商品陈列方式、宽敞程度、设施（如卫生间、休息场所、银行或取款机等）、安静程度以及装修程度等等。良好的购物环境是吸引消费者，满足其"购物即享受"心态的重要手段。

美国的巴恩斯与诺布尔书店设计出木制结构、色调柔和的传统图书馆式的气氛以取悦书迷,并利用尖端的现代建筑构图法和纵深远景法营造出风格独特的展示厅,令书迷们感到赏心悦目。商店还为顾客提供了宽敞的空间,使顾客们彼此交流,宾至如归。顾客可坐在厚实的桌椅旁游览书卷,也可在专门设计的咖啡屋欢聚一堂。正如公司的一名高级主管所说:"成功主要来自于商店良好的环境和高质量的生活情趣。"

4. 价格决策

价格是一个关键的定位因素,必须根据目标市场、产品服务分配组合和竞争的有关情况来加以决定。所有的零售商都希望以高价销售扩大销售量,但是往往难以两全其美。零售商大部分为高成本和低销售量(如高级品商店)或低成本和高销售量(如大型综合商场和折扣商店)两大类。在这两类中还可以进一步细分。例如,设在好莱坞贝弗利山的罗狄欧大道上的碧姬(Bijan)公司所售服装的定价从1000美元开始,鞋子的最低价格是400美元。另一个极端的例子是纽约的超级折扣商店,价格比一般的折扣商店还要低得多。商店必须重视定价战术。大部分零售商对某些产品标价较低,以此作为招徕商品或是作为牺牲品,有时还要举行全部商品的大减价,对周转较慢的商品采取降低标价的方法。例如,一家鞋店打算将该店出售的鞋子中的50%按正常标价出售,25%按鞋子成本加成40%出售,25%按成本出售。

5. 促销决策

零售商广泛使用促销工作来产生交易和购买。或发布广告,特价销售,或发放节约金钱的赠券,最近还增加了经常购买者的优惠活动,品尝店内食品样品,以及在货架上或结账处摆放赠券,等等。每个零售商利用促销工具支持并加强其形象定位。高级商店会在《时尚》和《哈泼》等流行时装杂志上刊登广告。高级商店对培训销售人员总是非常认真,教他们如何接待顾客、理解要求并消除疑虑和处理意见。廉价零售商安排的商品促销可讨价还价和宣传省钱,同时又保留了服务和销售帮助。

6. 地点决策

对于零售业来说,第一是地点,第二是地点,第三还是地点。零售商的地点是吸引顾客能力的关键,而且建造或租赁设施的成本对零售商的利润有很大影响。对于位置的选择主要有两类:一是无规划的商业闹市区,二是购物中心。无规划的商业区一般有三种:①主要商业闹市区,一般由许多商店沿街而设,附有旅馆、餐馆、酒吧、影剧院及游乐场所等,构成市中心繁华地段,是商业的黄金地段;②居民区商业街区,一般由超市、小型百货商店及少量专业商店所组成,目前在国内,这类地区已成为众多商家争夺的地方;③次要街区,一般为非主干道两旁位置。有规划的购物中心是专门建造的大型购物场所,通常由专业商店组成,也可以有一两家百货商店进驻。购物中心一般购物环境好,交通便利,停车方便,商店组成合理,集中管理与控制,是较理想的位置。

7. 商店形象

商店形象是由多方面因素作用所决定的,包括广告、服务、便利性、商店布局、人员素质、商品质量、价格、种类、品种、规格、档次等。北京赛特给人的形象是高档商店,而原先的东安商场则是低档普通商店的形象。商店形象是一种无形资产,能够吸引特定的消费者群体。

（三）零售商经营战略

1. "权力"零售战略

"权力"零售致力于建立其经营的商品或"权力"花色品种的统治地位，以形成独特优势的零售经营战略，它较多为百货店、专业商店和电器超市采用。"权力"零售如此成功在于以下方面：

（1）重视市场调查和趋势分析，据此愿意和勇于承担风险。

（2）大额的期货交易，一直很注重存货投资产生较高的毛利率。

（3）对信息系统进行大量投资，这样可以使各地执行人员获得最新销售趋势。

（4）传递价值、信守承诺，使顾客感觉到自己支付的价格物有所值。

（5）重视对顾客的服务，使顾客更容易、方便地购买商品。

有些"权力"零售商在某些种类商品深度方面很能吸引顾客，他们商店储存的商品可以称为种类杀手。通常，这些零售商是折扣商，他们只专卖一种产品，像玩具、电子、书籍，但规格、品种、花色、式样齐全。分类杀手的分类很专业，比其他商店的相关商品的价格低，他们是更传统的零售商，一些消费者很乐意经过特别的路线来到这些地方购买他们的个性化商品。

2. 两极零售战略

零售经营方式明显出现向两极发展的倾向。其一是专业连锁店被称为"高度接触"型零售店，该类商店经营产品花色很多，可满足顾客个性化服务的需求；其二是依靠仓储技术和自我服务，以低毛利大批量销售的零售店，这类商店如超级市场、仓储商店等，被称为"高技术"型零售店。位于上述两者之间的是大众化的百货商店、杂货店和五金店等传统商店。零售店经营分类如图 2-1 所示。

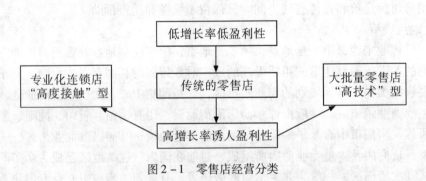

图 2-1　零售店经营分类

在"高度接触"型方面，一些专业连锁店近年来有了很大发展。他们把目标顾客群的范围定得很狭窄。销售那些能满足顾客个性化和时尚需要的商品。许多专业连锁店推出自有品牌，或者拒绝销售大众化品牌商品。

"高度接触"型营销的例子如玩具连锁店，店员是幼儿园的老师，他们能够解释什么年龄的小孩喜欢什么样的玩具。商店免费包装礼物，接收无发票退货。他们常常引起顾客对商品有兴趣的谈话，他们出售在大众市场找不到的玩具，不销售那些经常做广告的玩具。

在"高技术"型方面成功的例子是宜家（IKEA），它是一个瑞典的零售商，是世界上最大的家具连锁店之一，1998年的世界销量是70亿美元，在28个不同的国家有近150个连锁店，在65个国家有2400个供应商，供应100种不同产品。1998—1999年，每年几乎有两亿人参观过宜家。这个公司在50年历史中，增长到这种规模的关键在于它的经营观："我们应该大量提供设计好、功能齐全的家具，并且价格要低，这样大多数人能够消费得起。"商店还为随同父母来的孩子提供儿童娱乐场所、婴儿室、瑞典式餐馆等。销售组装家具，便于运输。销售人员很少，顾客在仓库中选择家具，用手推车运送到结账口，并能够在购货后很快把商品带回家，而不必运用常规方法，等待较长的时间送货到家。顾客把散装家具带回家自己组装，实际上以减少服务而降低价格。这样，宜家的价格比其竞争者低20%～30%，宜家每平方英尺的销售额估计是普通商店的三倍，它的税前毛利是8%～10%，是其他家具零售商的两倍。尽管宜家从1985年才开始在美国经营，但它在美国家具市场占有的市场份额已在前10名之内。

3. 零售业的全球化战略

零售业在全球化过程中已经落后于其他行业。例如，在1996年，全世界前5名零售商在国外的销售额只占其销售额的12%。这个比例在其他行业要高得多（如娱乐业占34%，航空业占35%，银行业占48%，石油加工业占66%）。在跨国界的零售业扩展中受到一些因素的影响，如店址的选择、后勤管理、在新市场中建立供应商关系、异国政策影响、文化差异等。

尽管存在这些困难，零售商仍渐渐开始选择全球化（或者至少国际化）经营战略。原因可能是国内市场的缓慢增长和国外市场的巨大吸引力、国际市场竞争压力小和国外市场进入壁垒小、发展中的市场正以更快的速度改善环境。

尽管我国目前的零售基础设施还没有像在北美、欧洲、日本的那么成熟，但具有很大的市场潜力。在我国，1995年的零售额在2500亿美元，2000年大约达到5000亿美元，2005年零售额达9000亿美元。零售商向国际市场的扩张正在加剧。零售商不仅进行扩张，合并也是一种大的趋势。特别是在欧洲，Karstadt（一个德国百货公司运营商）、Quelle、德国邮购组织在1999年宣布合并它们的邮购业务。Wal-Mart获得德国的零售链，1997年兼并Wertkauf，1998年兼并Interspar，1999年兼并英国的Asda。Wal-Mart通过Greefield扩张和通过收购在加拿大的Woolco，成为墨西哥和加拿大最大的零售商。欧洲合并的趋势很大程度是被欧洲一体化驱动的，由此可建立一个比美国大的单一的市场。运用统一货币，欧洲的边界壁垒取消了，使合理的供应安排成为可能，并受益于规模经济。规模大使得在一些项目上的投资更有效，如市场调研和筹资方面有了成功的扩张，世界市场上品牌价值的提升又能够带来很大利润。因此，"大，能够创造更大"，这是世界性扩张性零售业部分特征之一。

零售的全球化是一个刚开始的现象，它将会对消费者和竞争零售商产生巨大的影响，超市在全球范围内很流行。尽管许多专卖店转向国外，全球化和合并已经以地区化组织形式得到了促进，如欧共体。这些全球化零售商将从供应商处追求越来越便利的商品，这样可能会使消费者有更低的价格选择，即使当地的零售商不愿意在海外市场销

第四节 代理商

代理商是指不拥有商品的所有权，只是替委托人批量推销或采购商品的批发机构。代理商执行某些分销渠道职能，并作为其他公司的代理以委托人的名义进行交易和谈判。代理商的收益是以佣金或手续费等形式取得的，通常收取的佣金为出售价格的 2%～6%。但在推出新产品时佣金较高，为 10%～15%。企业一般较愿意将自己的产品卖给经销商以尽快收回资金，减少风险。但是，近几年来，特别是随着我国产品市场逐步向买方市场转变，传统的经销制受到了挑战，大多数中间商倾向于实行代理方式，以减少他们的经营风险。

代理商在分销渠道的管理中是不可或缺的。日本有许多产品就是靠代理商进入世界市场的。例如，索尼公司的第一代晶体管收音机、松下公司的高清晰度电视机（HDTV）都是依靠代理商打入美国及世界市场的。我国万利达、先科、步步高等几家制造商在很短的时间之内将 VCD 机的销售推广到全国各地，在 1997 年形成火爆场面，其成功的秘诀也是利用代理商。日本索尼公司的创始人、工商界巨子盛田昭夫曾指出："若没有代理商，我简直不知道营销中将面临多少困难，你可以派出自己的常驻代表，但即便如此，也必须通过当地代理网进行工作，或通过掌握这种代理网的某个人进行工作。"

一、代理商的职能和优势

（一）代理商的职能

代理商与批发商的区别在于对商品没有取得所有权，因而在商品分销过程中不承担经营风险。代理商只是代表买方寻找卖方，或代表卖方寻找买方。代理商是独立核算的经济主体，收取佣金作为报酬，收取的佣金占销售额的 2%～6%。代理商的经营范围一般较狭窄，专业性较强，而且所承担的职能基本限于协助被代理人完成商品所有权的转移。很多代理商办公条件简陋，有的只有一间办公室、一个办公桌、一部电话、一台传真机及一台电脑。但在现代社会，代理商以其专业的市场和商品知识，行业内广泛的客户联系，迅速获取信息、强力推销及谈判的能力，确实为社会、为制造商、为客户、为消费者做了大量的工作。

（二）代理商的优势

代理商在分销渠道方面具有以下优势：

（1）对区域市场比较熟悉。由于代理商对其代理区域的市场比较熟悉，有现成的客户群，制造商可利用这一优势，"借鸡下蛋"，快速抢占市场。

（2）规避经销风险。对不熟悉的经销环境，制造商如果贸然进入，会面临很大的风险，不如利用对当地市场熟悉的代理商代销，以降低风险。

（3）运作成本较低。由于代理商的主要收入是佣金，相对于制造商自建分销网络来说可以节省很多投资。

二、代理商的主要类型

（一）制造代理商

制造代理商也称为制造商代表，在代理商中所占比重最大，主要任务是为被代理的制造商在约定的区域，按约定的价格政策、订单处理程序、送货服务和各种保证销售产品。可见，这些制造代理商更像是制造商的推销员。制造代理商主要适用于以下几种情况：

（1）新建的小公司，自己没有条件雇佣推销人员到外地驻勤，或产品品种及销量都很有限，雇佣专职推销人员不合算。

（2）一些大制造商在开发某一新的区域市场时，因不了解当地市场情况，为规避风险，可先雇佣当地人做代理商，待销路打开，市场销量达到一定规模时，再委派自己的销售人员或设立销售办事处。

（3）一些大制造商，在销量大或市场潜力大的地区委派自己的销售人员或设立销售办事处，而在销量小或市场潜力小的地区则委派代理商来销售。

制造代理商虽然大多是小企业，销售人员也不多，但在某些行业，如家具、服饰、电器产品、食品及汽车配件等方面都是行家，效率自然也就不低。

（二）销售代理商

销售代理商被授权销售制造商的全部产品，并对交易条件、销售价格等有较大影响。销售代理商的推销范围一般不受地区限制，每一个制造商只能使用一个销售代理商，而不得再委托其他代理商，或设置自己的销售机构。委托的销售代理商也经营与被委托人相竞争的产品。那些资源有限、需要全力以赴解决生产技术问题的企业，通常会利用销售代理商进行营销活动。销售代理商通常规模较大，不仅负责销售，还负责促销、市场调研，向制造商提出改进产品设计、款式、定价等方面的建议。

（三）采购代理商

采购代理商根据协议为委托人采购、收货、验货、储存及运交货物。例如，在中国服装市场上就有大量的采购员，为国外的零售商采购合适的服饰用品，然后把货发往国外的零售商。

（四）佣金商

佣金商一般在批发市场上有自己的摊位和仓库，可替委托人储存、保管货物，且有责任替委托人发现潜在客户并获得好价格，打包、送货、提供市场信息及短期商业信用。佣金商对委托代销的货物有较大的自主权，如是生鲜易腐的货物，还必须因时制宜加快销售。佣金商卖出货物后，扣除佣金和其他费用，将余款汇给委托人。

（五）进口和出口代理商

进口代理商是受委托人负责从国外采购商品，并负责进口的代理商。出口代理商正好相反，是受委托人负责从国内采购商品，并负责出口的代理商。有的代理商进出口两项业务都做，称为进出口代理商。这类代理商很多在国内、国外均有办公地点，以方便工作。

（六）信托商

信托商接受他人的委托，以自己的名义购销或寄售物品，并收取一定的费用。信托商有以下几种具体形式：

（1）委托商行。这是面对消费者，接受委托，代办转让出售的零售信托形式。

（2）贸易货栈。这是从事批发业务的信托商形式，它的主要职能是在买卖双方之间代客买卖、代购、代销、代存、代运等。

（3）拍卖行。这是接受委托人委托、以公开拍卖方式和组织买卖成交的形式。公开拍卖、竞争出价，这种方式非常公平，对委托人极为有利。拍卖方式在零售中较少见，主要在批发行业中采用。特别是对那些质量、规格不标准，价值难以确定，以及不易分列等级的蔬菜、水果、茶叶、烟草、羊毛皮等农产品和工艺品，尤其适合。

三、代理形式的选择

（一）独家代理与多家代理的选择

1. 独家代理

独家代理是指厂商授予代理商在某一市场（可能以地域、产品、消费者群等区分）独家权利，厂商的某种特定的商品全部由该代理商代理销售。以地域划分的独家代理是指该代理商在某地区有独家代理权，这一地区的销售事务由其负责。各地区代理不得"越区代理"，厂家也不得在该地区进行直接或批发商品。以产品划分，独家代理是指某代理商拥有厂商的某种或某几种产品的独家代理权。如日本NEC在台湾的通讯产品由太子资讯公司独家代理，而电子交换机则由台湾通讯公司独家代理。

采用独家代理的主要优点：一是厂商可得到代理商的充分合作，立场容易协调一致，双方都易获得对方的支持。二是独家代理商乐意承担在代理区域内的广告宣传和售后服务工作。三是在独家代理下，厂商对代理商易于控制。

采用独家代理的主要缺点：厂商易于受到代理商的要挟。若独家代理商销售能力弱，销售业绩不佳时，厂商不能插手在独家代理区域的销售事务，只能等到合同期满后才能解除不称职的独家代理商。

2. 多家代理

多家代理是指厂商不授予代理商在某一地区、产品上的独家代理权，代理商之间也无代理区域划分，都为厂商搜集订单，无所谓"越区代理"，厂家也可在各地直销或批发商品。这种代理方式在欧盟等国家或地区比较流行，因为这些国家或地区的法律倡导贸易自由，独家代理、划分代理区域的方式被认为有瓜分市场、妨碍贸易自由之嫌。采用多家代理的厂家较多，如瑞士名表爱琴表厂家就采用多家代理的方式，在台湾由东元公司、茂年公司、大矽谷公司代理销售。

采用多家代理的主要优点：一是有利于厂家开发更广阔的市场。由于不同的代理商有不同的销售网络，厂商同时运用数家代理商便意味着同时拥有更多的营销网络。二是代理商之间相互竞争、相互牵制，厂家居于主动地位。一个代理商不积极或业绩不佳时，厂商可依靠其他代理商，因而代理商之间的竞争比较激烈。三是多家代理方式，从法律上讲更易被欧共体等国家或地区所接受，无垄断销售的嫌疑，更符合商品流通自由的潮流。

采用多家代理的主要缺点：一是易于造成代理商之间的恶性竞争。特别是在同一市场内搜集订单时，往往采用降价的竞争手段，因而导致厂商的产品价格螺旋式下降，价格下降导致代理商节省各项开支，售后服务不到位，影响厂家产品的形象。二是代理商之间推卸广告宣传与售后服务的责任。由于多家代理商共同拥有同一市场，某一代理商进行广告宣传与售后服务大家都受益，利益共享，从而导致各个代理商都不愿进行此项工作。三是与独家代理商相比较，多家代理的代理商的士气与积极性要明显低很多。

独家代理与多家代理各有利弊，厂家应根据产品不同生命周期、市场潜力及现有代理商的能力等综合分析并加以选择。

（二）总代理与分代理的选择

总代理是指该代理商统一代理某厂家某产品在某地区的销售事务，同时有权指定分代理商，有权代表厂商处理事先与厂家约定的各种事务。总代理商必须是独家代理商，但是独家代理商不一定是总代理商，独家代理商不一定有指定分代理商的权力。总代理制度下，代理层次更多、更复杂，因而，常常称总代理商为一级代理商，分代理商则为二级或三级代理商。分代理商也有由原厂家直接指定的，但是大多数分代理商由总代理商选择，并上报给厂家批准或备案，分代理商要按照总代理的指令行事。

采用总代理方式的厂商不少，可以说，运用代理商的厂家大多采取总代理方式。例如，日本日立电脑的台湾总代理商是永太资讯系统股份有限公司；原DEC微机公司的中国总代理商是北大方正集团公司，北大方正集团公司又在中国招收了一批分代理商，其销售势头甚旺；飞利浦D50的香港总代理商是国泰股份有限公司，其手下分代理商有数十家。

（三）佣金代理与买断代理的选择

佣金代理与买断代理，是按代理商是否承担货物买卖风险，以及其与制造商的业务关系来划分代理形式的。

1. 佣金代理

佣金代理方式是指代理商的收入主要是佣金收入，代理商的价格决定权受到一定限制。佣金代理方式又分为两种：一种是代理关系的佣金代理商，一种是买卖关系的佣金代理商。代理关系的佣金代理方式是法律意义上纯粹的代理关系。销售代理商仅为厂商在当地推销其产品，并在厂家授权下，以厂商的名义与当地顾客签订买卖合约。产品的价格完全由厂家指定，代理商销售产品后，向厂家索取佣金作为报酬。在交易过程中，代理商不以自己的名义进货，即不从厂商购产品，只是起媒介交易作用。买卖关系的佣金代理方式是指：代理商根据厂商制定的价格范围（有上、下浮动率），加上自己的佣金费作为产品售价，向顾客推销产品，与客户订好买卖合同后，该代理商向厂商订货，并以自己的名义进口代理产品。待收到客户货款后，代理商从货款中扣除佣金后将余额汇给厂家。

佣金代理方式的利弊主要有：一是厂商更容易控制代理商。如美国亨利·福特就坚持采用佣金代理方式，以便百分之百地控制分销渠道。二是产品零售价格更为统一。三是产品价格更低，竞争力更强。四是对代理商而言，进行佣金代理需要的资金较少。

2. 买断代理

买断代理商与厂商是一种完全的"买断"关系，先自己掏钱向厂商进货再销售。而买卖关系的佣金代理商则是先从厂商进货，若收不回货款时，再承担"坏账"损失。因此，买断代理商风险更大，对产品的销售价格拥有完全决定权，其收入来自买卖的差价，而不是佣金。

从严格的法律意义上来说，买断代理商不是真正意义上的代理商，倒与经销商颇有相似之处。主要差异是买断代理商与厂商的代理合同中，常规定代理商有广告宣传义务，而经销合同中，经销商没有广告宣传的义务。因此，可以说买断代理方式是代理中的一个变种。但它在代理实务中也不少见，尤其是在消费产品的代理中，买断代理方式更为常见。

买断代理方式的利弊主要有：一是买断代理商资本雄厚，有较完善的销售网络，销售能力较强，商誉较好，同时还要负责广告宣传。二是厂商所承担风险较小。厂商一旦将产品出售给代理商，其后的风险一概由买断代理商承担。三是产品市场价格无法统一。四是厂商对代理商的控制程度与佣金代理相比要小。五是对买断代理商而言，其经营收入一般要高于佣金代理商。

买断代理与佣金代理各有利弊。就产品而言，产品处于投入期、成长期时，采用佣金代理方式为好；若产品处于成熟期或产品是名牌时，则采用买断代理方式为宜。就代理商而言，企业若选用买断代理方式则要求该代理商资本雄厚、商誉好、销售力强。就价格策略而言，厂商如果强调统一价格，则最好采用佣金代理方式；如是名牌产品、高档奢侈消费品，高价反而更畅销，则采用买断代理方式为宜。

（四）混合式代理的选择

在实务中，在许多厂家是利用混合式代理方法。所谓混合式代理，是指厂商在设计营销通路时，将销售代理与其他的营销通路结合起来使用。主要有代理商与厂商相互代理方式、经销与代理混合使用方式及分支机构指导下的代理方式等三种方式。

1. 代理商与原厂家互为代理

这种方式是指两厂家互为代理商，相互帮助对方开拓自己所在国或地区的市场。这种互为代理的方式应具备以下的条件：①两厂家的产品性质应当相同或者相近；②互为代理的两厂家应当规模相近、声誉相当；③在互为代理中，两厂家所拥有的权利与所承担的义务必须对等。

2. 经销与代理混合使用

这种混合式代理有两种情况：一种是总代理下设经销商；另一种则是总经销商下设代理商。这两种情况的意思完全不同。总代理商下设经销商意味着厂商与中间商的关系总体来说是代理关系；而总经销商下设代理商意味着厂商与中间商的关系总体来说是买卖关系。两者相比，前一情况比后一情况厂家承担的风险要大得多。

那么，厂商是选择总代理商下设经销商的方式，还是选择总经销商下设代理商的方式呢？这主要得看以下因素：首先是厂商的目标。厂商若是以迅速开拓某一国家或地区的市场，则宜选择总代理下设经销商的方式；厂商若以减少风险为营销目标，则可选择总经销商下设代理商的方式。其次是目标市场中间商的能力，及中间商与厂商的关系。如果厂商对中间商缺乏了解，不太放心，则给中间商以总经销权，总经销商下再设代理商比较合适。

3. 分支机构指导下的代理方式

这种方式是指厂家一方面设立分支机构对代理商进行指导与监督，另一方面分支机构又不具体从事销售事务，销售事务由代理商进行。在下列情况下，厂家可采用这一代理方式：①产品技术复杂或是新产品，代理商需要专门的技术指导；②多家代理商并存时，为了协调代理商关系，亦可设立分支机构；③为了加强对代理商的控制，亦可采用分支机构指导下的代理商方式。

案例　国美回归家电零售本质

国美电器成立于 1987 年 1 月 1 日，是中国最大的家电零售连锁企业，也是中国企业 500 强之一，曾荣获"亚洲十大最具公信力品牌奖"等荣誉。但就是这样的零售业巨头，也曾经历过扭亏为盈的历程。

2012 年，国美总裁王俊洲用"痛苦"一词来形容："2012 年很痛苦，找方向、找出路。国美希望有更高的盈利，坦率地讲，我们知道亏损会带来什么影响，内部员工心理上的巨大压力，这一年也是我们团队流失最大的一年。"

经过了一年的调整，国美终于缓过神来，2013 年第三季度扭亏为盈，各项业务指标逐步好转。不跟随苏宁的多元化，不看好京东的烧钱模式，这次国美自认为找到了属于自己的战略，即对标美国家电零售巨头百思买，聚焦主业，不烧钱不搞多元化，回归零售业本质。王俊洲表示，这是国美经历战略迷茫期之后的重新认识。

回归零售本质

过去几年，国美一直依靠快速开店的模式作为增长方式，而完全依靠产品的电商来了之后，对地面店模式迅速形成冲击。一时间，国美找不到自己的核心竞争力了。"由于中国经济高速增长，拉动零售商的增速，表面上产生了繁荣，实际上内在基础并没有建立起来。"

2013年，国美做的事就是"回归零售本质"。"一定要站在客户需求基础上，怎么满足客户全方位的需求。比如，为客户提供更好的商品、更便宜的商品价格、打造体验环境。"在王俊洲看来，为了适应竞争，国美的出路在于"围绕客户利益"，"销售就是客户利益的充分满足，真正去做零售业本质应该做的事"。

为此，国美去年开始围绕客户需求调整门店，国美对门店进行互联网和O2O改造，增加了WiFi和体验比价。与此同时，国美对店内导购亦提出新要求，改变以往向顾客介绍公司要求推荐的产品，转而以顾客需求为主导。

除了做门店调整外，国美还进行了产品结构调整，其中最大改变是采用了"一步到位价"的采购方式。过去国美一直采用传统的返利模式，即销售价格由品牌商制定，国美每卖出一件商品，品牌商给国美返点。这种模式的好处是，国美无需担心亏钱，只要卖出一件商品就有收入，剩余库存退回厂商；坏处是无法掌握零售价的控制权。"一步到位价"模式与返利完全不同，它是由国美出价采购全额包销，零售价由国美自己掌控，但是可能会存在货砸到自己手里的亏损风险。把采购产品切分为低、中、高端，对中低端产品多采用"一步到位价"的模式，零售价根据市场随行就市；高端产品采用差异化的方式，某些品牌诸如大屏幕3D电视、对开门冰箱等，通过包销能够获得更高利润的就包销。

国美通过采购方式的调整达到了既追求商品的低价又实现高毛利的双重效果。通过产品结构调整，一方面把价格做起来，一方面把毛利拉上去，使公司的平均毛利率每年都有上升的动力。经过一年的调整，2013年国美前三季度业绩报告显示，国美门店租金下降10.3%，人工费用下降3.3%，毛利增加19.8%。未来业绩的增长仍靠扩充门店和提高单店利润。王俊洲表示，这是国美需要稳固和保持的优势。

国美另外一个重大调整是在仓储物流方面。以往，国美的仓储物流分属各地子公司，各个子公司自建物流为自己的门店提供服务，但问题是，他们只为自己的区域服务，不能形成合力。因此，国美把各个子公司的仓储物流剥离，统一管理，建设整体供应链管理平台。过往几年，国美投入巨资建立了SAP零售管理信息化平台，在订单、库存、对账、结算等环节与供货商实现信息共享，通过门店快速补货促进产品销售，加快销售周转。2013年前三季度，存货周转天数同比下降14天，产生正向现金流10.9亿元。

国美在仓储物流方面有两大优势：一是长期经营积累的低成本优势。国美的主要库房都是在过去多年间不断积累的，其他电商网站近几年才开始建设仓储，成本比国美要高很多。二是配送环节，国美仅有1/3的商品要送到客户家，2/3是客户在店里拿，而电商是100%的商品都要送货上门，仅这方面的物流费用就跟国美门店的成本不相上下。

聚焦零售业，王俊洲认为，3C家电产品在中国市场仍拥有巨大的空间。以传统大家电产品来看，苏宁、国美分别占据全国10%市场份额，整体电商平台目前占据10%。还有70%的家电渠道仍可以整合，这是国美的机会。

战略之争

与老对手苏宁相比，国美更注重线下门店业务，深耕主业，保守投入电商渠道。其旗下国美在线2013年销售额40亿～50亿元左右，与2012年持平，仅占国美整体收入约6%。此前国美和苏宁的模式很像，现在两家逐渐形成了各自的特色，苏宁注重广度拓展，而国美更倾向主业的深度。

而这个战略制定的依据之一，最好的对标就是美国同行百思买与电路城的发展路径。"美国两大零售商百思买与电路城，前者聚焦主业，后者多元化发展包括延伸汽车、金融等领域。但最终结果是电路城以失败而告终，变成百思买与亚马逊的竞争。"国美副总裁何青阳认为，国美的发展与百思买路径相同，而从亏损到盈利的阵痛，使国美真正认识了零售业态的本质。

在电商上的保守策略，根源在于国美并不认可目前电商的烧钱模式。国美管理层的想法是"收入目标不强求，先扭亏，寻找到了盈利的商业模式，再加大油门"。而对于外界质疑的电商会否成为将来国美最大的风险，王俊洲认为仍待时间考验。

(资料来源：经济观察报，2013-11-23)

链接思考

(1) 零售本质是什么？国美"回归零售本质"的战略对其扭亏为盈起到了什么作用？

(2) 与苏宁相比，国美更注重线下门店业务的零售业模式有哪些优势和劣势？

本章小结

本章首先介绍了制造商的概念、职能，指出制造商为渠道销售提供作为交换对象的产品和服务，是分销渠道的主要组织者，是渠道创新的主要推动者，指出制造商的发展特点及发展战略。其次介绍了批发的职能和类型、批发商的功能和类型，批发商能够以较低的成本将制造商的产品迅速推向市场，并且占领市场。批发商在把产品从制造商手中转移到经营用途的客户手中，充当制造商和客户的"桥梁"作用。最后介绍了零售商和代理商的职能与特点。

本章在对批发商进行理论分析的基础上首先重点介绍了我国批发行业面临的问题和挑战，对我国批发业发展的出路进行了探讨；其次概述了零售的几个最基本的理论问题：什么是零售、零售商的基本职能是什么、什么是零售业态、零售业态如何分类、常见的零售业态有助于理解渠道中零售的作用等几个最基本的理论问题，说明了零售商的发展战略；最后概述了代理商的概念、特点、分类以及代理商的选择。

关键概念

制造商　批发商　零售商　代理商

思考题

(1) 为什么说制造商在分销渠道中具有举足轻重的作用？

(2) 批发商的职能作用集中表现在哪些方面?
(3) 批发商有哪些类型?
(4) 零售商在消费品分销渠道中有何作用?
(5) 零售商有那些类型?
(6) 代理商与批发商、零售商有何区别?

第三章 分销渠道成员关系的类型与管理

本章学习目标

学完本章后，应该掌握以下内容：①了解关系营销的实质和基本模式；②了解关系营销的价值测定；③了解分销渠道成员关系的类型及其优缺点；④了解分销渠道成员关系管理；⑤了解分销渠道成员关系的发展趋势。

实现分销渠道关系的和谐顺畅，对分销渠道有效的管理和控制是每一个制造商的心愿和梦想，但面对整体信用制度不完善的商业环境，制造商似乎很无奈。于是，一些有实力的大型制造商开始摆脱分销商的约束，自己投资建立分销网络，进入分销领域，实现对渠道的全面管控；而巨额的投入和高昂的渠道维护运营成本似乎又成为制造商心头的一缕酸涩。鱼和熊掌可以兼得吗？答案是肯定的。

第一节 关系营销概述

一、关系营销的概念与特征

（一）关系营销的概念

关系营销（relationship marketing），是指把营销活动看成是一个企业与消费者、供应商、分销商、竞争者、政府机构及其他公众发生互动作用的过程，其核心是建立和发展与这些公众的良好关系。

1985年，巴巴拉·本德·杰克逊提出了关系营销的概念，使人们对市场营销理论的研究又迈上了一个新的台阶。关系营销理论一经提出，迅速风靡全球，杰克逊也因此成了美国营销界备受瞩目的人物。巴巴拉·本德·杰克逊为美国著名学者、营销学专家，他对经济和文化都有很深入的研究。科特勒评价说："杰克逊的贡献在于，他使我们了解到关系营销将使公司获得较之其在交易营销中所得到的更多。"

（二）关系营销的特征

关系营销的特征可以概括为以下几个方面。

1. 双向沟通

在关系营销中，沟通应该是双向而非单向的。只有广泛的信息交流和信息共享，才可能使企业赢得各个利益相关者的支持与合作。

2. 合作

一般而言，关系有两种基本状态，即对立和合作。只有通过合作才能实现协同，因此合作是"双赢"的基础。

3. 双赢

关系营销旨在通过合作增加关系各方的利益，而不是通过损害其中一方或多方的利益来增加其他各方的利益。

4. 亲密

关系能否得到稳定和发展，情感因素也起着重要作用。因此，关系营销不只是要实现物质利益的互惠，还必须让参与各方能从关系中获得情感的需求满足。

5. 控制

关系营销要求建立专门的部门，用以跟踪顾客、分销商、供应商及营销系统中其他参与者的态度，由此了解关系的动态变化，及时采取措施消除关系中的不稳定因素和不利于关系各方利益共同增长的因素。此外，通过有效的信息反馈，也有利于企业及时改进产品和服务，更好地满足市场的需求。

二、关系营销的基本模式

（一）关系营销的中心——顾客忠诚

在关系营销中，怎样才能获得顾客忠诚呢？发现正当需求—满足需求并保证顾客满意—营造顾客忠诚，构成了关系营销中的三部曲：

（1）企业要分析顾客需求。顾客需求满足与否的衡量标准是顾客满意程度：满意的顾客会对企业带来有形的好处（如重复购买该企业产品）和无形产品（如宣传企业形象）。有营销学者提出了导致顾客全面满意的七个因素及其相互间的关系：欲望、感知绩效、期望、欲望一致、期望一致、属性满意、信息满意；欲望和感知绩效生成欲望一致，期望和感知绩效生成期望一致，然后生成属性满意和信息满意，最后导致全面满意。

（2）期望和欲望与感知绩效的差异程度是产生满意感的来源。企业可采取下面的方法来取得顾客满意：①提供满意的产品和服务；②提供附加利益；③提供信息通道。

（3）顾客维系。市场竞争的实质是争夺顾客资源，维系原有顾客，减少顾客对产品的叛离，要比争取新顾客更为有效。维系顾客不仅仅需要维持顾客的满意程度，还必须分析顾客产生满意程感的最终原因，从而有针对性地采取措施来维系顾客。

（二）关系营销的构成——梯度推进

贝瑞和帕拉苏拉曼归纳了建立顾客价值的方法：①一级关系营销（频繁市场营销或频率营销）：维持关系的重要手段是利用价格刺激对目标公众增加财务利益。②二级关系营销：在建立关系方面优于价格刺激，增加社会利益，同时也附加财务利益，主要形式是建立顾客组织，包括顾客档案、正式的、非正式的俱乐部以及顾客协会，等等；③三级关系营销：增加结构纽带，同时附加财务利益和社会利益。与客户建立结构性关系，它对关系客户有价值，但不能通过其他来源得到，可以提高客户转向竞争者的机会成本，同时也将增加客户脱离竞争者而转向本企业的收益。

（三）关系营销的模式——作用方程

企业不仅面临着同行业竞争对手的威胁，而且在外部环境中还有潜在进入者、替代品的威胁，以及供应商和顾客的讨价还价的较量。企业营销的最终目标是使本企业在产业内部处于最佳状态，能够抗击或改变这五种作用力。作用力是指决策的权利和行为的力量。双方的影响能力可用下列三个作用方程表示："营销方的作用力"小于"被营销方的作用力"；"营销方的作用力"等于"被营销方的作用力"和"营销方的作用力"，大于"被营销方的作用力"。引起作用力不等的原因是市场结构状态的不同和占有信息量的不对称。在竞争中，营销作用力强的一方起着主导作用，当双方力量势均力敌时，往往采取谈判方式来影响、改变关系双方作用力的大小，从而使交易得以顺利进行。

三、关系营销的价值测定

（一）附加利益——让渡价值

消费者的购买选择是围绕两种利益展开的：一是产品本身的核心利益，二是购买时间、地点、数量及品牌所带来的附加利益。整体顾客价值包括顾客在购买及消费过程中得到的全部利益。整体顾客成本除了顾客所支出的货币成本，还包括购买者的预期时间、体力和精神成本。顾客让渡价值（Customer delivered value）从数学意义上说，即整体顾客价值和整体顾客成本之差。关系营销可增加顾客让渡价值。

改善对价值的感知：大多数企业在一定程度上受到互补产品的影响。所谓互补产品，是指顾客配合企业产品一起使用的产品，这使得企业应该考虑控制互补产品是否能获利。

（二）成本测定——顾客分析

1. 顾客盈利能力

关系营销涉及吸引、发展并保持同顾客的关系，其中心原则是创造"真正的顾客"。这些顾客不但自己愿意与企业建立持续、长期的关系，而且对企业进行义务宣传。企业的顾客群体可能在产品的使用方式、购买数量、作用重要性等方面有很大不同，所以我们需要对以下几个方面的顾客素质进行分析：相对于公司能力的购买需求、顾客的增长潜力、顾客固有侃价实力、顾客的价格敏感性，等等。只要有可能挑选，公司就应向最可能盈利的顾客推销产品。

2. 顾客维系成本

科特勒对维系顾客成本进行研究，提出下面四个步骤来测定：①测定顾客的维系率即发生重复购买的顾客比率；②识别各种造成顾客损失的原因，计算流失顾客的比率；③估算由于不必要的顾客流失，企业将损失的利润；④企业维系顾客的成本只要小于损失的利润，企业就应当支付降低顾客损失率的费用。

3. 丹尼尔·查密考尔分析的"漏桶"原理

在环境宽松时，企业不注意维系顾客，使得顾客就像漏桶里的水一样流走，这样，当买方市场形成时，企业就会受到惩罚。进攻性营销的成本大于防守营销成本，因此，最成功的公司应修补桶上的漏洞，以减少顾客流失。

（三）评价标准——顾客份额

1. 关系营销水平

科特勒提出五种关系营销水平：①基本型，销售人员把产品销售出去就不再与顾客接触；②被动型，销售人员鼓动顾客在遇到问题或有意见时与公司联系；③负责型，销售人员在产品售出后，主动征求顾客意见；④能动型，销售人员不断向顾客询问改进产品用途的建议或者关于新产品的有用信息；⑤伙伴型，公司与顾客共同努力，寻求顾客合理开支方法，或者帮助顾客更好地进行购买。

2. 唐·佩珀和玛沙·罗杰斯针对市场份额提出的顾客份额的概念

该概念认为，顾客作为企业营销活动的中心，是关系营销或"一对一"营销这一新营销范式的本质。市场份额与顾客份额的比较：

（1）时点与事段。以往对销售效果的测量，是"以特定时期内某一选定市场上发生交易的多少"作为标准；而今天则以"在一定时期内和一定区域内所获得的顾客份额的多少"来衡量。

（2）静态与动态。销售收入＝使用人的数量×每人的使用量＝（新顾客＋原有顾客×顾客维系率）×每人的使用量。顾客维系率是一个动态概念，说明企业在一段时间内的顾客变化。关系营销的绩效体现在维持原有的顾客，而不是靠吸引新顾客来增加顾客数量。

（3）现状与预期。希望提高顾客份额的企业首先应了解顾客有可能产生的潜在需求。关系营销是以顾客份额所带来的长期利益来衡量企业的成败，这一变化始于信息技术在企业营销计划与活动中的广泛运用。

四、关系营销的原则与形态

（一）关系营销的原则

关系营销的实质是在市场营销中与各关系方建立长期稳定的相互依存的营销关系，以求彼此协调发展，因而必须遵循以下原则：

1. 主动沟通原则

在关系营销中，各关系方都应主动与其他关系方接触和联系，相互沟通信息，了解情况，形成制度或以合同形式定期或不定期碰头，相互交流各关系方需求变化情况，主动为关系方服务或为关系方解决困难和问题，增强伙伴合作关系。

2. 承诺信任原则

在关系营销中，各关系方相互之间都应作出一系列书面或口头承诺，并以自己的行为履行诺言，才能赢得关系方的信任。承诺的实质是一种自信的表现，履行承诺就是将誓言变成行动，是维护和尊重关系方利益的体现，也是获得关系方信任的关键，是公司（企业）与关系方保持融洽伙伴关系的基础。

3. 互惠原则

在与关系方交往过程中必须做到相互满足关系方的经济利益，并通过在公平、公正、公开的条件下进行成熟、高质量的产品或价值交换，使关系方都能得到实惠。

（二）关系营销的形态

关系营销是在人与人之间的交往过程中实现的，而人与人之间的关系绚丽多彩，关系复杂。归纳起来大体有以下几种形态：

1. 亲缘关系营销形态

亲缘关系营销形态是指依靠家庭血缘关系维系的市场营销，如父子、兄弟姐妹等亲缘为基础进行的营销活动。这种关系营销的各关系方盘根错节，根基深厚，关系稳定，时间长久，利益关系容易协调，但应用范围有一定的局限性。

2. 地缘关系营销形态

地缘关系营销形态是指以公司（企业）营销人员所处地域空间为界维系的营销活动，如利用同省同县的老乡关系或同一地区企业关系进行的营销活动。这种关系营销在经济不发达，交通邮电落后，物流、商流、信息流不畅的地区作用较大。在我国社会主义初级阶段的市场经济发展中，这种关系营销形态仍不可忽视。

3. 业缘关系营销形态

业缘关系营销形态是指以同一职业或同一行业之间的关系为基础进行的营销活动，如同事、同行、同学之间的关系，由于接受相同的文化熏陶，彼此具有相同的志趣，在感情上容易紧密结合为一个"整体"，可以在较长时间内相互帮助、相互协作。

4. 文化习俗关系营销形态

文化习俗关系营销形态是指以公司（企业）及其人员之间具有共同的文化、信仰、风俗习俗为基础进行的营销活动。由于公司（企业）之间和人员之间有共同的理念、信仰和习惯，在营销活动的相互接触交往中易于心领神会，对产品或服务的品牌、包装、性能等有相似需求，容易建立长期的伙伴营销关系。

5. 偶发性关系营销形态

偶发性关系营销形态是指在特定的时间和空间条件下发生突然的机遇形成的一种关系营销，如营销人员在车上与同坐旅客闲谈中可能使某项产品成交。这种营销具有突发性、短暂性、不确定性等特点，往往与前几种形态相联系，但这种偶发性机遇又会成为企业扩大市场占有率、开发新产品的契机，如能抓住机遇，可能成为一个公司（企业）兴衰成败的关键。

第二节 分销渠道成员关系类型

在市场竞争日益激烈的今天，没有哪一个企业敢夸口说，单凭自己的力量就能把市场做下来。况且，随着市场分工的日益细密化，什么事都自己来做也没有必要，企业完全可以借助别人的优势来壮大自己的力量。市场经济是分工经济，拥有良好的分销渠道成员关系可以帮你省钱，甚至帮你赚钱。

良好的分销渠道成员关系需要营造、培植和维护，正所谓"得道者多助，失道者寡助"，渠道领袖的位置，有德者自居之。

分销渠道成员关系类型有：①松散型；②共生型；③管理型；④公司型；⑤契约型。企业应该学会判断自己与合作伙伴的关系属于何种类型，然后再制定并实施相应的渠道政策，以免犯错误。

一、松散型分销渠道成员关系

松散型分销渠道成员关系，是指整个渠道由各个相互独立的成员组成，没有哪一个成员拥有足以支配其他成员的能力，每一个成员只关心自身的最大利益，共同执行分销功能。渠道关系在成员间相互持续不断的讨价还价过程中得以维系。

这种关系模式在中小企业中是最常见的。属于这种关系类型的企业，应积极寻找对自己有利的方面，同时规避风险。

（一）松散型分销渠道成员关系的优点

尽管松散型分销渠道成员关系在一些人眼中纯粹是个自然生成的"大拼盘"，成员之间尔虞我诈，渠道的安全性"危如累卵"，根本谈不上什么合作。然而，存在的就是合理的，尽管松散型分销渠道成员关系有太多的遗憾，但有以下存在的道理：

（1）市场价格机制与信息沟通是这一渠道关系得以运转的基础，企业唯有不断创新才能增加自身在渠道中的地位，才有更多的发言权，说的话才会有人听；一句话，"压力变动力"。

（2）独立地位增强了中间商的自主经营的能力，他们更有可能创造出骄人的业绩。因为这种关系并没有强制力，进入或退出完全由各个成员自主决策。

（3）中小企业由于知名度、财力和销售力的缺乏，在进入市场时可以借助这种关系，当然这是一种迫不得已的选择。

松散型分销渠道成员关系的积极方面是：①进退灵活，可根据局势的变化选择结盟对象；②促使企业不断创新，增强自身实力；③对于刚刚进入市场的中小企业来说，加入这种关系网络更为现实。

值得注意的是，任何企业只要想做大，就必须克服这种松散的市场联络方式，像蜘蛛一样积极地去构筑更稳定、更持久、更可靠的关系网络，因为松散型渠道关系本质上体现了小生产者那种狭隘的经营观念。

（二）松散型分销渠道成员关系的缺点

市场上充满各种陷阱，处于松散型分销渠道成员关系网络的每个成员尤应注意："害人之心不可有，防人之心不可无。"

（1）临时交易关系，缺乏长期合作的基础。松散型分销渠道成员关系最大的不足莫过于该模式并不具有组织系统的实质,而只是在某一特定时间、某一特定地点,针对某一特定商品而形成的即时性交易关系。分销渠道成员之间的关系不涉及产权和契约关系,不具有长期性、战略性,无法充分利用渠道的积累资源。

(2) 渠道安全系数小。缺乏有效的监控机制,渠道的安全性完全依赖于成员的道德自律,在市场经济条件下,这种自律的安全系数实在是太小了。最大的危险来自于渠道成员对脆弱的安全保障机制的盲目信任。

(3) 缺乏激励机制。分销渠道成员最关心的是自身利益能否实现及商品能否卖得出去或者能否卖高价,这是其加入渠道的动力之源,而较少考虑分销渠道整体利益和其他成员利益。由于缺少长期合作意识,不愿意投资渠道建设,成员间普遍缺乏信任以及对渠道的忠诚。

(4) 尚没有形成明确的分工协作关系。这导致广告、资金、经验、品牌、人员等渠道资源无法有效共享,可能会出现投入大、收益小的结果。特别需要提醒的是:欺诈在松散型渠道关系中会经常发生,以真情投身渠道者须尤其注意。

二、共生型分销渠道成员关系

(一) 自然界中的"共生现象"

在自然界中,经常会看到一些很奇怪的现象。例如,在河马嘴巴里常年寄生着一些小虫,河马非但没有因此而生病,两者的关系反而相处得很融洽。奥秘何在?原来河马因为饮食习惯,在口腔内积聚了大量腐肉,如不及时清除,最后只能把牙拔掉,而它嘴巴里的寄生虫可以充当"清洁工"、"保健医生"的角色,正因为如此,小虫可以常年寄居其中。那么,小虫为什么心甘情愿地为河马服务呢?答案只有一个:河马嘴巴里的腐肉是它们最喜欢吃的食物。这是一种典型的"共生现象"。这一现象在企业竞争中也常会看到。很多企业从自身资源储备、经营战略角度考虑,在市场上寻求合作伙伴,以取长补短,发挥市场经营的协同作用,从而形成共生型分销渠道成员关系。

共生型分销渠道成员关系,是指两家或两家以上公司通过联合开发新的市场机会而形成的分销渠道关系,目的是通过联合发挥资源的协同作用或规避风险。

(二) 共生型分销渠道成员关系建立的动机

建立这种渠道关系有以下动机:

(1) 节省开支。从投资的比较收益角度考虑,如果利用别人现成的项目、人员、技术、机器设备、仓储等要比自己投资兴建划算,就没有必要再投入了。如与某一区域内的运营商共同修建一座仓库,供所有成员使用,避免重复建设而导致资源浪费。

(2) 协同效应。取长补短,共同开拓市场。

(3) 规避风险。中国目前规模最大的电子商务网站 8848.net,最初依托连邦软件的专卖连锁才解决了配送问题;而上海梅林也是通过其传统的日用消费品销售渠道,才将电子商务做起来的。

（三）共生型分销渠道成员关系合作基础较紧密

相对于松散分销型渠道成员关系，共生型分销渠道成员的合作基础更紧密一些。其原因是：①双方必须各自拥有对方所不具备的优势，以己之长求他人之长，避己之短，否则，这种关系即使建立也不会很长久。②双方地位应是平等的，不存在支配与被支配关系。③合作方有共同的需求，也就是说，是共同的利益使它们成为"同一战壕的战友"。

三、管理型分销渠道成员关系

管理型分销渠道成员关系，是指由一个或少数几个实力强大、具有良好品牌声望的大公司依靠自身影响，通过强有力的管理，将众多分销商聚集在一起而形成的渠道关系。

（一）管理型分销渠道成员关系的优势

与松散型分销渠道成员关系相比，这一模式在渠道分工协作、资源共享等方面具有以下优势：

（1）核心企业担负"管理者"职能。渠道维系和发展的关键是必须有一个能够承担"管理者"职能的核心企业，由它出头组织、营造合作机制，使众多的中间商愿意接受它的领导或指导，并愿意遵守"管理者"牵头制定的渠道规则。因此，核心企业是否具有"领袖魅力"至关重要，其他成员只有看到实惠才会愿意追随。但是，领袖不是自封的，而是凭借自身强大的力量，如规模、品牌、技术、信誉等，使众多成员自觉认同、自愿追随。而且需要强调的是，领袖并非实行终身制，"江山代有才人出"，只要有实力，任何成员都可以做领袖。

（2）成员关系比较稳定。管理型分销渠道成员之间的关系稳定性较强，当然这有赖于核心企业是否能够为大家带来充分的利润。

（3）合作基础牢固。管理型分销渠道成员愿意为渠道的持续、发展注入激情、信任、忠诚。

（4）利益的协调性。在管理型分销渠道成员关系中，利润不再成为渠道成员唯一的追求目标，若想在这一关系网络中求发展，还必须关注渠道整体利益及其他成员的利益。

（5）在资源共享方面前进了一大步。根据市场情况及合作伙伴的性质，核心企业可以给予相应的信息、资金、技术、设备、人员、管理等方面的支援，当然，这种资源也可以由其他成员流向核心企业。对于非核心企业来说，加入渠道可以享受到很多好处：更及时、更充分地获得紧俏货物的供给和厂家的技术支持、服务支持，价格优惠及品牌共享，更重要的是通过协作不断提升自身能力。

下面是关于日本佳能公司的一个案例，我们可以看看它是怎样履行"渠道管理者"职责的。

佳能公司的管理型渠道管理经验是：①提供全面的产品线。所提供的产品线尽可能地覆盖市场，为渠道成员提供充分的利润空间，这是吸引经销商加盟最重要的一点。②活动支持。如直接支持经销商参加当地的大型计算机展览，提高经销商的组织能力和活动策划能力；支持经销商开展店面外的展示活动；对经销商的店面统一进行装修，以提高销售形象。③直接联系。经销商可以通过联网计算机系统，在24小时之内随时发出订货要求，获得最低的价格及交货优先权，而经销商也要承担专营或者经销一定比例佳能公司产品并且备有适当数量存货的义务。④培训支持。⑤维修体系。⑥奖励体系。

（二）管理型分销渠道成员关系的缺点

（1）管理者的拖累。由于整个渠道是围绕核心企业而组建起来的，它的一举一动举足轻重。当核心企业出现经营危机时，将会影响成员对渠道的信任和忠诚，涣散合作精神，其他企业可能因此而受到拖累，甚至遭受灭顶之灾。如果认为追随领袖企业就像吃了颗定心丸一样可以高枕无忧了，那么，你错了。一棵大树倒下了，缠绕其身的藤还能活吗？

（2）狼烟四起的威胁。当有的成员实力增强后，会向领袖发动挑战，届时，渠道狼烟四起在所难免，如果你既不是领袖者，又不属于挑战者该怎么办？有一点可以肯定：早准备比晚准备要好，有准备比没有准备更好。

（3）管理者的胁迫。即使核心企业没有走下坡路，而是如日中天、青春鼎盛，那就更要小心了。他可以凌驾于你之上，发号施令，要求你按照他的意志行事，一旦你没有与之抗衡的利器，岂不束手就擒？

（4）贡献与收益不对等。由于渠道成员的地位不同，所以收益也是不均匀的。对一些弱小成员而言，厂家开出的某些优惠恐怕就享受不到了；相反，可能还要承担更多义务，如由于进货少，折扣就比较高，得不到店面支持，等等，遇到厂家清货的时候，由于小本经营，这些弱小成员往往难以承受损失。

渠道领袖是在管理型渠道关系中居于主导地位的核心企业，成为渠道领袖是每一个企业都梦寐以求的事情。那么，怎样才能成为领袖企业呢？领袖企业的标准可参见表3-1。

表3-1 领袖企业的标准

选 项	内 容 说 明
地 位	渠道核心
功 能	渠道的创立者、组织者、协调者、监控者、激励者
权力	强制权力：如停止向不符合要求的经销商供货，拒绝从不配合的供货商处进货，降低渠道合作伙伴的地位等
	奖赏权力：如提供市场热销品，价格优惠，回款期延长，购买信贷，先行铺货，广告支持，提升等级等
	专家权力：如进行销售管理培训，提供销售手册，派员现场指导等
	影响权力：品牌的共享
	制度权力：制定渠道运行规则
壮大之术	不断推出热销产品；加强管理信息系统建设；支援合作伙伴；提炼经验
防范之术	最大的敌人就是自己，骄傲自满不足取；严密监控成员遵守渠道规则；防止成员离心离德

链接3-1 吹"羊"大王恒源祥如何处理与中间商的关系

中国人有这样一个传统观念:宁为鸡头,不为牛尾。让中国人结盟,难上加难。恒源祥集团董事长刘瑞旗却认为:企业单枪匹马作战在市场竞争日益激烈的今天,是行不通的,必须寻求合作,在合作中实现"双赢",而品牌合作是一条捷径。

20世纪90年代以前,恒源祥是将国有毛线工厂作为合作伙伴的,后来发现无法真正解决货源和价格问题,因为国有毛线工厂仅仅将恒源祥视为一个商店。刘瑞旗决定寻找新的合作伙伴。当时,乡镇企业苦于在大城市没有销售点,恒源祥于是与之结成联盟,这些厂使用恒源祥的品牌,利用恒源祥的销售网络销售,工厂上缴恒源祥50%的利润。

久而久之,恒源祥形成了自己独特的渠道管理模式:联盟不以产权为纽带,而以品牌为纽带。其属下的70余家企业,恒源祥没花一分钱投资。70余家企业按比例上缴品牌使用费、广告费、市场推广费、技术开发费,由恒源祥负责产品销售、广告宣传、技术开发。这样做的好处是:每个厂上缴的广告费用、市场费其实并不高,但聚沙成塔。恒源祥品牌因有强大的资金做后盾,于是利用广告扩大企业知名度,仅1996年的广告费就突破3000万元。随着知名度的不断扩大,恒源祥可以有效地指挥属下的70余家企业,并根据市场变化,做出新的战略调整。

刘瑞旗认为,品牌是巩固联盟的关键,"有多少无形资产就能覆盖多少有形资产",只有不停地加大无形资产的推广投入力度,才能控制住厂家联盟;否则,合作厂家一旦开发出新的产品,恒源祥品牌就罩不住了,联盟就可能瓦解。所以,刘瑞旗将恒源祥品牌的核心能力定位为"羊、羊、羊"。凡是和"羊"有关的行业产品,恒源祥都会涉及,这样恒源祥的品牌伞就能罩住70余家企业未来的市场了。恒源祥除了大做广告之外,还进行了一系列品牌推广活动。刘瑞旗身体力行,每年都举行品牌推广大会,进行巡回展示,让人们明白,与恒源祥合作并不是坏事、刘瑞旗被称为吹"羊"大王并不为过。恒源祥集团将这种力量称为"品牌力",凭着品牌的知名度,巩固的联盟带来的是骄人的业绩。目前,恒源祥在中国市场占有率达到63%,仅绒线年销售额就达9亿元,成为世界手织毛线第一企业。

四、公司型分销渠道成员关系

公司型分销渠道成员关系,是指通过建立自己的销售分公司、办事处或通过实施产供销一体化战略而形成的渠道成员关系。

(一)公司型分销渠道成员关系营造途径与类型

公司型分销渠道成员关系作为渠道关系中最紧密的一种,是制造商、经销商以产权为纽带,通过企业内部的管理组织及管理制度而建立起来的;公司型分销渠道成员关系根基比较牢靠,因为它所采取的是"步步为营"的渠道拓展战略。

1. 公司型分销渠道成员关系营造途径

公司型分销渠道成员关系营造的两种途径:一是制造商投资建立销售公司或驻各地的办事处,各分公司和办事处直接对总公司负责,总公司对其实施严密的控制,拥有绝对产权。二是企业通过兼并、合并等资本经营方式，将相关公司或机构纳入自己的销售体系。如大型零售企业兼并生产性企业，制造性企业兼并批发、零售企业。

2. 公司型分销渠道成员关系的类型

公司型渠道关系的两种类型：一是制造性企业设立销售分公司或建立分支机构和兼并商业机构，采用工商一体化的战略而形成的销售网络。曾经显赫一时的"三株"、"沈阳飞龙"等都依靠自建网络而取得巨大成功，但也留下很多遗憾。二是大型商业企业拥有或控制众多制造性企业和中小商业企业，形成工贸商一体化的销售网络。如日本的"综合商社"、美国的西尔斯都属于这种类型，相对于前者，这种类型具有强大的信息、融资功能。

链接3-2 西尔斯公司的一体化分销渠道战略

美国西尔斯公司是1887年在一个小表店的基础之上发展起来的，目前已成长为世界上首屈一指的零售业"巨无霸"。公司拥有庞大的零售网络和众多的制造性企业，所经销的商品70%来自于12000多家厂商，近30%由该公司所拥有的、占9%～100%股权的制造性企业所提供，公司要求这些商品使用"西尔斯"牌子。

由于西尔斯公司拥有众多的从制造到批发、再到零售的各类机构，所以可以强有力地控制着从生产到消费的整个分销流程。一体化战略使西尔斯公司获得两方面的好处：一方面，由于直面终端用户，可以充分掌握市场信息以指导进货；另一方面，从拥有自有产权的厂家进货，可以大大降低成本，这构成了西尔斯公司竞争优势的核心能力。

（二）公司型分销渠道成员关系的优势

公司型分销渠道成员关系具有的优势如表3-2所示。

表3-2 公司型分销渠道成员关系的优势

优　　势	说　　明
强大的控制力	由于该模式是以产权为纽带凝聚而成的，从生产到销售的各个环节都在总公司的严密控制之下，指挥统一，因而公司的经营战略能够很好地被贯彻，减少了网络变动的成本和风险
统一化	品牌的统一化、服务的同质化有利于树立统一的公司形象
接近终端用户	可通过巨大的分销能力实现这一目标
肥水不流外人田	市场交易内部化，减少了流通环节，节省了流通成本
摆脱大零售商的控制	控制与反控制对厂家与商家来说，真正是"剪不断，理还乱，是离愁，别有一番滋味在心头"。既然商家要价太高，干嘛不自设零售网点或开专营店呢

(三) 公司型分销渠道成员关系的缺点

很多例子表明，自设网络的确给某些公司带来了丰厚的利润，宣传了公司整齐划一的形象。但这里不禁要问：自己的孩子真的比别人的孩子更可靠吗？交易内部化真能节省成本吗？摆脱零售商是利大还是弊大？恰恰就是那些靠销售大军销售商品的公司在曾经自认为很成功的经验上折戟沉沙。三株公司这个案例，或许能给我们一些启发。

链接3-3 三株公司启示录

三株公司曾经在短短三四年内，将其生产的口服液年销售额做到80多亿元，但从1997年开始，销售额急剧下滑，公司陷入困境。回顾三株公司所走过的历程，有一点很清楚：成功也好，陷入困境也好，皆与其独特的营销体制有密切联系，正所谓"成也萧何，败也萧何"。

三株公司营销组织系统是典型的公司型渠道关系。截至1997年年底，三株公司（以下简称三株）共有200多个营销子公司；市场营销人员中，直接销售人员占80%左右；子公司一级的销售费用占其销售收入的30%以上。从某种意义上讲，三株营销网络是它最宝贵的财富。为防止过宽的管理幅度而造成管理失效，三株在各省设立联络处，主要负责上下联络和区域内市场指导；为了实施区域细分化策略，最大限度地接近消费者，子公司以下还设立了县级分公司和乡镇工作站，网点铺到农村基层。三株的销售经验源于实战，具有典型的中国特色。如广泛采用宣传单这种"土得掉渣"的方式，由销售人员入户密集派送，表现了强大的市场开拓和渗透能力；再如农村电影放映队、口碑宣传组、社区美容队等，都带有很本土化的色彩。

1997年三株业绩急剧下滑，其营销网络的负面影响暴露出来了。总裁吴炳新自我分析，总结了三株15条失误，涉及渠道管理的，他谈到了以下几点：

（1）营销管理体制出现严重不适应，集权与分权关系没有处理好。初时，尝试放权，但许多子公司不会用权或滥用权力现象比较严重。

（2）大企业机构臃肿。各体系、各中心画地为牢，演变为"诸侯割据"的局面，总部的经营战略无法有效贯彻。一些子公司欺上瞒下，谎报业绩，使信息沟通发生严重偏差。

（3）创新精神消失殆尽。放权以后，总部对子公司的控制减弱，部分干部工作懈怠，贪图享受。有的经理一年下来，没有下过几次市场。

（4）浪费现象极为严重。缺少效果分析，许多广告都"打了水漂"；子公司巧立名目，向总部套取广告费，然后有的用来低价冲货，有的用来发奖金，广告费没有发挥真正作用；吃回扣现象很普遍；人员膨胀，业务费用作劳务费，且内耗严重；行政费惊人。

（5）财务管理失控，财务与营销脱节。尤其在总部，企划中心只知道各公司的销售量，对其综合经营状况、盈亏情况一无所知；子公司呆账严重，"亏总部，富个人"现象很普遍。

（6）市场监控不力。子会司缺乏核算意识，不计成本投入；冲货现象严重；广告制作的品位、档次、质量不高，可信度下降，随意夸大产品疗效，引起消费者反感；为宣传而宣传，对市场需求变化不做研究，这是最大的失误。

古语有云：祸兮，福之所倚；福兮，祸之所伏。三株公司的教训对那些过分迷信于自建网络的公司应该是个警钟。

（四）加强管理是获得公司型分销渠道成员关系优势的根本

1. 公司型分销渠道成员关系的组建

建立属于自己的营销网络是一项十分艰巨的工作，总公司应根据手中所掌握的资源进行合理布局。

（1）战略。有两种基本战略可供选择：一是"对抗"战略，即与竞争对手硬碰硬，将点布到竞争对手占优势的市场，这种战略有很大的风险，易被封杀，但如果一举成功，即可站稳脚跟，为最终击垮对手奠定牢固的基础；另一种是"避实就虚"战略，即先选择竞争对手的薄弱环节布点，积累力量，待时机成熟之后，再行出击。"对抗战略"和"进实枕虚"战略是公司组建营销网络的两种基本战略。

（2）分支机构数量、人员配备。应充分考虑公司资源、目标市场状况、公司的营销战略等因素，不可盲目求大。分公司或办事处营销人员应尽量实现"本地化"，利用当地的营销关系去开拓市场。

2. 业务管理

分支机构应根据所在市场情况营运，不可照搬总公司模式。加强对分支机构销售政策、促销策略、货款政策、财务管理的监控和指导。总公司对分支机构的充分授权。防止不良债权，谨慎利用信用制度，对客户进行全程监控，发现异动，及时采取措施。

加强流程管理。保持适当库存，定期盘点；进出货严格登记，送货及时、准确；强化财务管理制度；密切关注市场动态，采取适当的营销策略，及时与总公司沟通；等等。

3. 销售人员管理

销售人员管理的内容是：①确定雇员总体规模；②严格招聘雇员；③充分的培训；④明确岗位职责；⑤奖惩管理；⑥强化对客户的管理。关键点是销售人员的培训除了业务技能之外，更重要的是团队合作精神的培养。

4. 加强客户管理

"客户是企业的衣食父母"。笼络住一个客户要花费很大的成本，然而，很多分支机构的经理们却对客户缺少必要的"呵护"，使得遭到冷落的客户频频"跳槽"，给企业造成了惨重的损失。那么，怎样才能留住客户呢？以下几点是绝对必要的：

（1）将心比心，为客户着想，提供优质产品和良好的服务是根本。向客户提供竞争对手所没有的服务，是扼制客户"跳槽动机"极其有效的办法，这可以大大增加他的"跳槽"成本。

（2）永远牢记：老客户要比新客户更重要。

（3）经常带着创意去拜访客户，实实在在地帮助客户解决问题。

(4) 与客户建立互利互惠的"战略伙伴关系"。

不重视客户管理，无异于自己砸自己的饭碗。渠道关系需要精心呵护，不断培土、浇灌，这些工作到位了，自然就会有花开、有果摘。不投入或少投入就想收获，世上恐怕没有如此便宜的事儿。总公司将网撒出去了，就要想方设法把网管好，只有这样，才会有丰厚的回报。

五、契约型分销渠道成员关系

契约型分销渠道成员关系，是指在商品流通过程中参与商品分销的各渠道成员，通过不同形式的契约来确定彼此的分工协作与权利义务关系而形成的一种分销渠道成员关系类型。

（一）契约型分销渠道成员关系的类型

契约型分销渠道成员关系日渐成为渠道建设中引人注目的焦点。制造商或服务企业通过契约这一"文明锁链"将自己的产品、服务或商号、形象快捷地扩散到世界各地。在长期的商业实践中，涌现了以下形式的契约型分销渠道成员关系。

1. **以批发商为核心的自愿连锁销售网络**

由批发商将独立的零售商组织起来，批发商不仅为其零售商提供各种货物，还在许多方面提供服务，如销售活动的标准化、共同店标、订货、共同采购、库存管理、配送货、融资、培训等。这种分销网络往往集中在日杂用品、五金配件等领域，如美国"独立杂货店联盟"。

2. **零售商自愿合作销售网络**

网络成员通过零售商合作社这一商业实体进行集中采购，共同开拓市场，共同进行广告策划。成员间最重要的合作是集中采购，它可获得较大的价格折扣，所得利润按采购比例分配。相对于以批发商为核心组织起来的销售网络，这种关系网络成员间的联系程度要松散一些，合作事项也少，如美国 Topco 协会。

3. **特许经营销售网络**

相对于前两种关系模式，特许经营销售网络是欧美国家中发展最快、地位最重要的一种销售网络。

特许经营销售网络是指拥有某种经营方式、或商标专利权的特许人和特许经营者之间通过契约而形成的关系模式。

特许经营销售网络主要有三种特许模式：①由生产制造商组织的零售商特许专营网络；②由生产制造商组织的批发商特许专营网络；③由服务性企业倡办的特许专营网络。该模式最能体现契约型关系模式的特点，因为特许人和特许经营者之间的特许协议法律效力最明显。例如，美国通用汽车公司建立了若干个根据地区划分的授权专营点，每个授权代理商根据代理协议经销"通用"产品；可口可乐饮料公司特许销售网络；麦当劳通过特许协议成为快餐业王国。

（二）特许经营型分销渠道成员关系的类型

在契约分销渠道成员关系类型中，大概要数特许经营方式最为典型了。《大趋势》

一书作者奈斯·比特先生认为:"特许经营是人类有史以来最成功的营销观念。1865年,美国胜家缝纫机公司首创特许经营式分销网络。20 世纪 50 年代,由于麦当劳和肯德基的加入,使特许经营获得了极强的生命力,迅速拓展到世界各个角落。"

特许经营是指特许者将自己所拥有的商标、商号、专利和专有技术、经营模式等以合同形式授予被特许者使用,后者按合同规定,在特许者统一的业务模式下进行经营,并向特许者支付相应的费用。

作为一种以品牌、管理为核心,以契约规定严格运作的高级营销形式,实行特许经营的企业可以享受到如下好处:①低成本、大规模扩张;②知名度的迅速提升;③短时间内建立起庞大的分销网络;④特许经营网络"大而全,全而细,细而密、密而通",庞大的加盟网络使公司的分销能力快速增强;⑤联合采购,集体行销,取得"规模经济"优势;⑥快速的物流系统、信息流系统和资金流系统是特许经营降低成本的法宝,由于进货批量大,和供应商谈判的周旋余地大,可获得较低的进货价格和各种优惠政策扶持,同时,通过总部的快捷配送,将商品库存压到最低限度;⑦可从众多的加盟店及时获得大量销售第一线信息。

事实上,很多所谓的特许者往往以套取高额加盟费或推销积压产品为目的,利用加盟者"借他人之梯,登自家成功之楼"的心理,大肆发展,使加盟者落入"布满鲜花的陷阱"。因此,准加盟者须认真选择加盟总部,对其做细致的评价。准加盟者必须了解如下的必要信息:①总部的历史、背景、组织结构;②加盟店数量、经营业绩;③特许经营产品或服务的特性、价位评估;④商品配送体系是否健全;⑤有无必要的培训与指导;⑥创业所需投入的资金及日后每月的营业成本;⑦每月上缴总部的费用明细;⑧开展特许经营业务以来开店失败率、店数及原因;⑨诉讼记录;⑩特许经营合同的详细条款。

特许经营者对加盟者最担心的问题,不外乎有:怕砸自己的牌子,怕收不到钱,怕经营技术资产流失和怕加盟者羽翼丰满后丧失控制力。这些问题通过严谨、细致的管理,完全可以避免,关键是特许经营者有没有诚意去做。

特许者的管理职责主要包括以下方面:

(1) 塑造清晰、统一的经营理念。
(2) 评估产品或服务是否长久、具有市场潜能。
(3) 建立详尽的营运手册。
(4) 慎重选择加盟者。
(5) 不要无限制地发展加盟者。
(6) 疏通物流、资金流、信息流、谈判流、助销流等流程。
(7) 定期巡视、引导,给加盟者以技术支持和业务指导。
(8) 确定开店规模,避免恶性竞争。
(9) 合理确定双方的权利义务关系。
(10) 监控整个网络的运作。

第三节 分销渠道成员关系管理规范

一、互惠关系

互惠关系是最基本的管理规范。在营销关系中，相互作用并不意味着每方对另一方的反应是对等的。实际上，它认为一方成员的行为对另一方产生影响。在营销互动关系中，当所有分销渠道成员都从交易中受益时，关系才会更加密切。

互惠关系有三种类型：非互惠行为、对称互惠行为和不对称互惠行为。

（1）非互惠行为是指一个渠道成员的言辞或非言辞行为被另一方所忽略。如果这种情况经常发生，关系就不能保持长久。非互惠行为是单方面的，而不是针对对方行为而采取的。

（2）对称互惠行为说明存在对对方行为的相互了解。在采取行动或做出回应之前，每一方都从对方那里寻找暗示。

（3）在不对称互惠行为中，交易一方的实力比另一方要大得多。附属一方对实力较强一方首先发起的暗示做出回应。

互惠关系的发展视每一方成员对其交换伙伴的认识而定。这些认识来自于渠道内的沟通，这种沟通成为交易双方向对方施加硬性的方式，在交易关系中扮演着很重要的角色。一旦双方忠诚于某种关系，每一方的行为既是对另一方过去行为的回应，也用来激发另一方的未来行为。

二、关系沟通

关系建立后，可通过一系列的沟通来维持。关系沟通具有全体性、协同性和等效性三个属性。

（1）全体性建立在存在一个互惠系统的假定上。在该系统中，一方的变化会影响到关系中的所有其他成员。在渠道系统中，全体性这一属性意味着一个交换伙伴的行为随着其他渠道成员的变化而不同。全体性还说明关系沟通是环状的，会有反馈和回应。

（2）协同性是关系沟通的第二个属性。协同性认为，两方或多方共同合作所产生的价值要大于他们各自产生价值的总和。

（3）等效性认为条条大路通罗马。交易伙伴之间的关系模式部分根据关系沟通属性而定，因此，他们可能建立战略来管理关系沟通。

第四节 分销渠道成员战略联盟

一、战略联盟的概念与特征

分销渠道成员朝一个目标努力的协作将不断增长，战略联盟使得组织可以减少资源和精力（如变得更轻捷），同时又加强了他们的集中营销强度。未来的市场环境需要企业分享资源、共担风险，用更少的投入做更多的事情。意大利 Enichem 公司总裁劳伦诺·讷茨（Lorenzo Necci）先生曾说："总是想单独做事的企业，正如恐龙一样处于危险之中。"避免灭绝的一个方法是开发并维护渠道关系，也就是建立所谓的战略联盟。

（一）战略联盟的概念

战略联盟（strategic alliance）是指一种长期的盟友关系，它在环境内部及成员相互作用过程中提供了一种天然联系，它强调的协作是一种长期双赢的关系。还可以将战略联盟描述为，许多结构内两个或更多的渠道成员在共同目标的基础上进行合作，但是它不仅仅是合作关系，还包括共生关系（symbiotic relationship），他们互相独立又共享利益。正如 CRM 所证实的，战略联盟形成于渠道系统内部，存在于渠道成员之间不同层级或同一层级上。

战略联盟的前提是，一旦形成联盟，战略伙伴应该在渠道交易系统中做得比单个更有效率并取得成果。戴维·雷（David Lei）提出以下概念："战略联盟是两个或更多企业之间形成的具有共同目标的联合体。在这个联合体中，成员希望相互学习并得到技术、产品、技能和知识。"戴维·雷提出战略联盟的概念由以下几部分组成。

1. 联合体

联合体意为一个渠道成员加入或与其他组织联系在一起，以追求共同的目标。因为达成这些目标的时间期限在不同成员之间是不同的，因此这些战略伙伴应该具有共同的目标。

也许可口可乐和麦当劳之间的联盟是对其最好的诠释。当谈及可口可乐公司时，麦当劳的 CEO 麦克·昆兰（Mike Quinlan）说："他们是我们的伙伴。"唐·卡夫（Don Keough）是可口可乐公司的一位高级执行总裁（曾经是麦当劳的一员），也认为，可乐公司和麦当劳的关系是极其重要的战略联盟关系。这种联盟的重要性不仅仅是因为麦当劳是可口可乐的最大客户，该组织联盟还具有同样的目标，那就是与 Tricon 竞争；百事可乐在软饮料方面是可口可乐的最大威胁，它与 Tricon 的必胜客、塔克贝尔和肯德基结成松散的联盟，来对抗麦当劳。

任何一个战略联盟建立的基础都是其各成员间有共同的目标，这一点绝对不容忽视。一个专家指出："没有共同的目标，成员们将不再承认他们一起创造的新价值。因此，当遇见很棘手的选择时，就没有决策的基础，从而导致冲突的发生。"

2. 交换技术、产品、技能和知识

在现在这个剧烈变化的全球市场上，分销渠道合作不再仅仅局限于传统的两方合作，战略联盟经常是几个成员间的合作关系，每个成员都赋予联盟不同的核心竞争力以分享资源和挖掘市场机会。因此，在许多渠道设置中，企业间有共同的市场意识。通用 Magic 公司以通信软件联营而出名，它联合了 IBM、英特尔、Nuance 和 Speechworks 等公司，提供语音识别和电话使用技术。这个网络公司能够灵活地满足市场需求，为诸如美洲航空、Charles Schwab、家世界购物网络和 UPS 提供不同的服务。这些合作伙伴在许多方面进行着激烈的竞争，但是在这个特殊的合作组织中，它们都一起开发并分享新的信息技术。

3. 企业竞争力

像其他的战略联盟一样，通用 Magic 公司在其联盟成员之间互相交换技术、产品、技能和知识。因此，联盟成员在市场中有协同的竞争优势。有人建议说，战略联盟最适合渠道成员形成更优越的竞争地位，而不应该用做其他目的。为了获得这些竞争优势，每个渠道成员必须为联盟贡献自己的价值。

这些贡献的价值不能用尺寸规模来度量。Infonet 服务公司曾经在 46 个国家形成了 100 多个联盟，公司主席兼 CEO 琼斯·A. 克拉多（Jose A. Cullazo）说："你愿意在联盟中投入的资产数量决定了结构。有些资产是明显的，有些则是隐藏的。"透明的资产包括公司建立的分销网络、资金、具体资源、制造能力和购买能力等。但是许多联盟的兴旺不是依靠很少的可见资源，而是靠研发能力、市场接受或管理能力。

不断增长的全球竞争是促进战略联盟发展的一个主要因素。McDonnell Douglas 公司的技术战略业务发展副总裁罗伯特·罗杰斯（Robert Rodgers）指出："公司间不断增长的竞争促使公司间的合作持续增长，不论在哪里，我们都能看到公司间正在形成战略联盟。"

（二）战略联盟的影响力与特征

通用汽车公司是这样建立战略联盟的：与日本的丰田公司在加利福尼亚建造 Corollas 工厂，在英格兰与丰田的竞争对手三菱合作生产风扇，在韩国和大维公司合作制造 Pontiacs 及其他通用汽车。实际上，每个美国汽车制造商都和日本汽车制造商之间有利益关系，包括戴姆勒－克莱斯勒和三菱之间不断加深的关系。除了激烈的竞争外，美国和日本的汽车制造商还积极追求在汽车领域进行协作的可能。美国汽车配件供应者已经和日本配件商达成了两百多个合作协议，它们之间的合作不仅仅局限于战略联盟。福特和德国大众也有在美国南部生产汽车的协议。从公司名称上确定汽车联盟已经变得越来越困难，尼桑和大众之间结成了战略联盟，沃尔沃和雷诺之间又有另外一种联盟。最富有戏剧性的全球战略联盟的例子是汽车制造商协会的成立，这个新的贸易组织包括宝马、戴姆勒－克莱斯勒、福特、通用、马自达、尼桑、丰田、大众 AG 和沃尔沃 AB 等成员。这个组织最基本的目的是向公众宣传其共同的利益，如安全性和对环境保护的责任。此外，该联盟还要维持全球汽车的统一标准。战略联盟的成功远远超出了汽车领域，IBM、苹果电脑和摩托罗拉，德州仪器和松下，沃尔玛和飞利浦电器，仅代表全球一小部分的战略联盟。

1. 战略联盟的影响力

作为一种观念，战略联盟已经不是什么新鲜事物了。然而，最近在全球市场中，它却被认为是最流行的一种有影响力的商业发展模式。在过去 10 年间，它以前所未有的速度快速发展。在美国，1988—2001 年间形成了 4500 个战略联盟，而且国内战略联盟的数量继续以每年 30% 的速度递增。从历史数据来看，这些战略联盟比其他美国公司的投资收益率（ROI）都高。平均来说，除战略联盟以外的更传统的商业发展模式主要采取合并和兼并，这不可避免地成为一种代价高昂的形式，因为它们需要投入大量的时间、资金和人力资源。战略联盟并不是一种刚刚被采用的渠道协作关系模型，它很早就已经出现并获得了长期的发展，它包括从短期到长期的互相作用关系。建立战略联盟的先驱，也是世界重量级企业，可以上推至 20 世纪 20 年代的康宁有限公司，这一点丝毫不存在争议。例如，在 1938 年，康宁和 Owen – Illinois 组建战略联盟，成立了欧文斯 – 康宁玻璃纤维公司。欧文斯对联盟的制造和分销竞争力的提高大有帮助，康宁则负责投入资金和研发技能。康宁最先投入的 1000 万美元已经变成了 3 亿美元，这个联盟已经存在了 50 年。今天，康宁公司超过一半的利润来自于其和韩国、墨西哥和印度的公司建立的战略联盟，它的联盟伙伴多种多样但地位平等，其中包括德国西门子、瑞典的 CIBA – Geigy、韩国的 Asahi 化工，这些企业所处的行业各异，从食品加工到光导纤维制作。康宁成功地应用了战略联盟来抓住市场机会和应对市场挑战。

是什么因素驱使企业把向战略联盟转变当作其达到长期合作的渠道关系的途径呢？也许激烈的市场竞争是最主要的一个因素。分销渠道成员加入战略联盟以保证其达到市场目的和赢利，这些不是它们独自能够做到的。别忘了，每个分销渠道成员只有有限的资源和竞争力，一个战略联盟对分销渠道成员来说意味着新的市场机会。最近有一个对 45 个电子企业的 CEO 进行的商业调查中，超过 85% 的 CEO 承认他们的公司参与了战略联盟。接近 67% 的企业负责人指出，这些联盟使企业的竞争地位占有明显的优势。80% 的人认为，他们的战略联盟的建立是被新的市场所驱动或者是为了强化企业的市场、分销、销售和运营地位。

2. 战略联盟的特征

基于强化竞争地位而结成战略联盟的想法，使战略联盟有以下的特征。

（1）市场进入（Market entry）。战略联盟能为分销渠道成员开拓新市场，这种情况在企业打算跨行业发展时尤其适用。单个企业经常缺乏资源、技术或成功打入国外市场的经验。战略联盟给分销渠道成员提供了克服这些限制的方法，从而可以把他们的经营范围拓展到许多国家。例如，德国制药业巨头 Hoechst 和 Copley 药业公司达成了战略合作关系，将其产品很快地打入美国的卫生保健市场。

（2）经济性（Economy）。战略联盟能为削减浪费和太多应酬活动提供条件，与此同时，企业还能将有限的资源聚集到一起，这样，战略联盟成员就能在采购和资源分配上达到规模经济。飞利浦电器和杜邦公司整合它们的光电介质业务，合作成立了一个投资额为 4 亿美元的合资企业，正如该公司政策委员会一位高层人员所说的："我们不可能自己做所有的事情。"

（3）降低风险（Risk reduction）。战略联盟能减少市场和产品开发潜在的风险，加快新产品上市的速度，如新的成员能够获得技术优势。一种新药进入市场的花费大约为 2 亿美元。通过形成合作关系，制药巨头默克公司帮助杜邦推广其实验化合物，这两家公司的合作还减少了开发新药的风险。默克公司继续在化合物开发上投入资金，而杜邦也从默克广泛深入的分销网络中获益。

（4）赢得市场份额（Gain market share）。公司今天所拥有的高市场份额并不能保证其明天仍拥有相同的市场地位，许多竞争者的失败就在于不能预见明显的竞争威胁。20 世纪 80 年代，大多数的欧洲建筑设备公司将卡特彼勒视为主要的竞争对手，而没有预见到小松、日立和住友将对全球市场产生的影响。20世纪90年代，这些亚洲重型机械制造商很快侵蚀了欧洲企业的市场份额。

（5）扩张（Expansion）。战略联盟能使渠道成员扩张到相关或不相关的行业，它使在特定市场上经验不足的企业能够很快跨越学习曲线，成功地抓住稍纵即逝的市场机会。当 Blockbuster 娱乐公司想超出视听行业扩展自己的业务时，就采用了建立很多战略联盟的方法。它最开始和维珍零售集团在乐器零售行业建立了战略联盟，后来它又重组了一个合资部门，以积极地寻求建立赢利的联盟的机会。

由于战略联盟的特征，MERGE 这个词使我们可以很容易地识别出建立战略联盟的原因；但是，不要把战略联盟这种企业形式和合并或兼并战略相混淆。合并（merger）是两个或更多的企业依法进行的组合，此时所有的资产都转移到一个组织的名下；兼并（acquisition）有点类似于接管一个企业的所有权。MERGE 仅仅强调两个或更多联盟伙伴的混合。战略联盟更高一层的理论基础是通过渠道成员的优势互补创造交换价值的机会以获得竞争地位优势。联盟的交换价值或许并不总是和其投入相匹配，但是对每一方来说，双赢的结果一定可以实现。

二、建立战略联盟

由于战略联盟变得越来越重要，也越来越普遍，因此为建立成功的战略联盟出谋划策的书籍和文章也多了起来，其中不约而同地提到了考虑建立战略联盟时，企业应该仔细评估下面的问题：①追求某个特定的商业目的时，联盟和不联盟各有什么相对优势？当一个企业意识到其缺少在一个特定市场上单独进行竞争的能力或资源时，就会想到采用战略联盟的形式。但并非所有企业都将采用战略联盟作为其实现组织愿望的唯一手段。如吉列，它是剃须刀片制造业的领导者，该公司就避免在其核心业务中使用战略联盟。吉列认为，战略联盟将稀释它对生产技术的强有力控制。②是不是真的可以通过这样的联盟实现真正、有意义的价值交换呢？实际上不能保证每一个企业都从战略联盟中受益。当弱小的企业加入强大企业组成的联盟时，常常发生被兼并的情况。除了资金注入之外，实力较弱的一方没有实现任何交换价值。在这种情况下，联盟成员之间不存在互惠互利。

一旦企业决定建立战略联盟并从中得到好处，通常应遵循一个四步过程才能使战略联盟走向成功：一是达成战略一致性，二是选择合适的战略伙伴，三是制订行动计划，四是评估联盟绩效。为了解释方便，现详述如下。

（一）达成战略一致性

在启动计划前，许多联盟都会遇到一些问题。一个设计良好的联盟是从一个清晰的战略愿望开始的。你也许认为这第一步是很简单的，但是成百上千的战略联盟就是失败在成员们没有共同的目标上；它们没能达成战略一致性。

分销渠道联盟使渠道成员提高库存管理能力、提高处理订单的效率和（或）将营销战略和技巧更好地协调在一起成为可能。为了实现这些结果，渠道成员的战略必须协调；但是，这一点经常被忽略掉。例如 Montedison 和 Hercules 创建 Adria 实验室开发抗癌药物，Montedison 把 Adria 实验室看作一个服务于其现有医药部门的销售和营销的分支机构，而 Hercules 则把 Adria 实验室作为一个独立的、自我发展的并能够销售自己产品的组织。Hercules 认为，Adria 实验室给它提供了一条全球扩张的道路，而 Montedison 的战略则是强化当前计划的实施，即让意大利制造的药品进入美国市场。对 Adria 实验室的不同看法是冲突的主要来源，从而导致联盟关系很快终止。

表面上，实现战略的一致性要做的仅仅是就联盟期望结果达成一个协议。然而，如果联盟成员之间存在不平衡感，则不可能实现战略一致性。一边倒的联盟很容易失败。往往很难将两家或更多家企业的组织文化融合为一个，这个问题在全球性战略联盟中特别严重。协商战略联盟一致性的成功关键是灵活性。但是在谈判过程中，有些组织的文化太缺乏灵活性。

在寻求战略一致性时，对战略联盟而言，另一个两难问题是技术、产品、技能和知识的转化。由于组织文化最具管理性，所以是最容易达成战略协调的一种文化。组织文化在战略联盟形成中的作用可以归纳为以下四个方面：

（1）领导者。领导者把他们的技术传递给其他方，但是却不能很好地接受其他方的技术。在这些组织当中，管理通常是分等级的，具有强大、不可转让的技术、系统和文化等特点。不幸的是，这种联盟成员在战略制定阶段常常很不灵活。

（2）广泛的接受者。广泛的接受者很容易接受其他组织的技术，但却不能很好地把自己的技术传递给别人。这些组织成员通过结成联盟学到很多东西，但在管理技术、产品、技巧或知识的交换方面存在困难。在有这样的合作者的情况下，达到战略协调还是有可能的，但是广泛的接受者必须认清自己的缺点。

（3）旁观者。旁观者在接受或传递交换价值方面不是特别优秀。他们倾向于坚持"我们与他们相对"这一固有思维，这对于战略制定或战略一致性的目标没有什么帮助。旁观企业与众不同的文化阻碍了战略联盟的成功建立。

（4）实用主义者。实用主义者能够履行任何角色；他们具有高度灵活性。实用主义者能从其他组织接受或传递技巧，也很乐意适应其他企业成员的系统；实用主义者在分销渠道协调中的表现最为出色。

虽然战略联盟一般具有长期导向的特点，但是各个联盟成员之间对长期到底有多长有不同的理解。从计划和执行结果来看，美国公司通常认为时间相对较短，这与亚洲公司截然不同，后者常常以 10 年为一个周期加以考虑。联盟参与者必须确信在战略发展过程中，它们期望的时间期限是一致的。

（二）选择合适的联盟伙伴

选择正确的联盟伙伴对形成成功的战略联盟是至关重要的。在联盟中，正如在其他的渠道关系中一样，渠道微观系统影响相互作用过程，成员各自的特点应该合乎逻辑地融合在一起，使其能够互补，并互相受益。一般说来，战略联盟成员应在产品、市场形象或功能技巧上互相补充，并给予联盟或从联盟中得到益处。如果没有可以相互贡献的地方，则会削弱它们的市场力量。经常是弱小的一方通过合资寻求资金注入，或者是由于缺乏核心竞争力而去强化合作关系。

事实上，大多数战略联盟成员的结合都没能一直持续下来，原因在于没有选择到合适的联盟伙伴，从而影响了联盟的寿命期望值。战略联盟要想持久，企业必须首先寻找那些具有长期战略导向的合作者。

（三）制订行动计划

战略联盟一旦形成，其成员一般就会组建所谓的联盟团队（alliance team）并制订行动计划。它是由组成联盟的各个成员的管理人员组成的。这些人部分地代表各自企业的利益，团队成员制订的计划最优先考虑的还是联盟本身利益的维持并使其成功。这是一个很困难的任务，因为团队成员相对自己的组织来说，更要对联盟负责。有时候，他们必须为了维护联盟的共同利益而对单个组织的目标做出让步。

联盟团队制订的行动计划有三个主要功能：一是为战略联盟指定一条道路。它代表联盟的共同愿望，还应该包括公认愿望的具体行动计划。二是确定价值链中的关键环节。如飞利浦和杜邦在战略联盟中各投入1.5亿美元，但是它们忘记了制订统一的目标，只是对4亿美元的光学市场抱有很高的期望。最终双方成员因为联盟缺少联合的市场优势而不再抱有幻想，联盟关系冰消瓦解。三是保证每个伙伴得到公正的回报，它们的利益必须是从协作中来的，如果不是这样，那么几乎没有继续下去的动力。每个成员必须对其他交换伙伴的长期福利负责。

（四）评估联盟绩效

发展战略联盟的最后一个步骤涉及定期评估联盟绩效。不要将这个评估或监督过程误认为是对个别企业活动或整个系统的连续干涉。在这里，绩效评估被认为是联盟伙伴合资协调活动的一部分。它的目的是评估联盟是否在先前预定的道路上前进。为此必须考虑三个问题：①在联盟开始启动时有没有遇到阻碍？②联盟目标怎样调整以适应联盟成员角色的变化？③分销渠道环境的哪些变化会导致战略伙伴重新评估其行动路径？

案例　成功营销成就宝洁霸主地位

一、宝洁公司成功之处

宝洁是全球500强企业，在中国日化行业占据了半壁江山，其营销和品牌战略都被写入了各种教科书，究其成功之处，主要表现在如下方面。

1. 多品牌战略

宝洁多品种战略从香皂、牙膏、漱口水、洗发精、护发素、柔软剂、洗涤剂，到咖啡、橙汁、烘焙油、蛋糕粉、土豆片，再到卫生纸、化妆棉、卫生巾、感冒药、胃药，横跨了清洁用品、食品、纸制品、药品等多种行业。凭借充足的运作资金，以日化联合体的形式来统一策划和统一运作。

单一品牌延伸策略便于企业形象的统一，资金、技术的集中，减少营销成本，易于被顾客接受，但单一品牌不利于产品的延伸和扩大，且单一品牌一荣俱荣、一损俱损。

而多品牌虽营运成本高、风险大，但灵活，也利于市场细分。宝洁公司名称"P&G 宝洁"没有成为任何一种产品和商标，而是根据市场细分洗发、护肤、口腔等几大类，各以品牌为中心运作。在中国市场上，香皂用的是"舒肤佳"，牙膏用的是"佳洁仕"，卫生巾用的是"护舒宝"，洗发精就有"飘柔"、"潘婷"、"海飞丝"3 种品牌。洗衣粉有"汰渍"、"洗好"、"欧喜朵"、"波特"、"世纪"等9种品牌。要问世界上哪个公司的牌子最多，恐怕非宝洁公司莫属。多品牌的频频出击，使公司在顾客心目中树立起实力雄厚的形象。

2. **差异化营销**

宝洁公司经营的多种品牌策略不是把一种产品简单地贴上几种商标，而是追求同类产品不同品牌之间的差异，包括功能、包装、宣传等诸方面，从而形成每个品牌的鲜明个性。这样，每个品牌有自己的发展空间，市场就不会重叠。不同的顾客希望从产品中获得不同的利益组合，有些人认为洗涤和漂洗能力最重要，有些人认为使织物柔软最重要，还有人希望洗衣粉具有气味芬芳、碱性温和的特征。于是，宝洁就利用洗衣粉的9个细分市场，设计了9种不同的品牌。利用一品多牌，从功能、价格、包装等各方面划分出多个市场，满足不同层次、不同需要的各类顾客的需求，从而培养消费者对本企业某个品牌的偏好，提高其忠诚度。由于边际收入递减，要将单一品牌市场占有率从30%提高到40%很难，但如重新另立品牌，获得一定的市场占有率相对容易，这是单个品牌无法达到的。

二、宝洁公司成功的分销渠道成员管理

宝洁公司为什么会成功？是深厚的对市场的了解功夫，体贴入微的消费者需求的把握，新技术和新方法的大量使用，构思独特的广告之术，高效快速的销售执行，大量准确的消费者沟通，审慎的产品推广计划，以及周到的售后服务；当然更包括企业的准确的目标，全员共识的战略，先进的企业文化，核心价值观，以及宝洁独到的选拔和激励人才的方法。这里将重点介绍宝洁公司分销渠道成员管理的独到之处。

宝洁公司的销售部门在1999年之前称为销售部，全国共分为四个销售区域：①华南，以广州为区域中心；②华北，以北京为区域中心；③华东，以上海为区域中心；④西部，以成都为区域中心。每一个销售区域配有相应的区域分销中心（Regional Distribution Center），并有相应的后勤、财务、人力资源和营销行政人员。销售区域的大区经理在1997年前全部由外籍经理担任，1997年宝洁中国有限公司加快了本地化进程，于是这些区域的领导由20世纪90年代初加入宝洁公司并做出卓越贡献的中方人士担任，如北方区经理崔广福先生，系北京大学国际政治系毕业，是宝洁公司最早于大学招聘的管理培训生之一，他本人由于在宝洁公司担任分销商生意系统（Distributor Business System）的项目负责人作出了卓越贡献而得到了晋升，这个分销商生意系统是中国第一个由制造商帮助分销商建立的管理进销存的系统，为提升中国分销商的管理水平和竞争优势立下了汗马功劳，这也是整个分销商管理系统的数据库基础，以后的分销商一体化系统（Integrated Distribution System）和高效分销商补货系统（Efficient Distributor Replenishment）都以此系统为基础。

在这四个销售区域中承担销售使命的是宝洁公司的分销商，这些分销商大多设在地级城市里，如青岛、武汉、哈尔滨等。根据宝洁公司生意规模的大小和分销商的资源，有的城市同时有两个或更多分销商。所谓分销商，与传统意义上的经销商和批发商不同，他除了需要承担销售和回款等传统职能外，还需要承担分销的职能，即将产品尽可能广地卖到区域内可以接触到目标消费者的地方，使消费者便于购买到该产品。这些渠道常常是零售终端、批发市场、夫妻店，也包括一些特殊渠道，如企业客户、酒吧、洗浴中心、美容美发店等。在宝洁公司1998—1999年财政年度80亿元的销售里，分销渠道成员承担了80%以上的份额。

在1999年，宝洁公司也面临了极大的挑战。洗发水方面，联合利华的夏士莲品牌的推出获得了极大成功，同时，舒蕾在终端的攻坚战中也获得了极大的市场份额；洗衣粉方面，雕牌、巧手、奇强以及奥妙等大量攻城略地，使汰渍和碧浪以及宝洁公司众多的合资品牌损失了大量的市场份额；纸品方面，护舒宝品牌面临安尔乐、娇爽、舒而美的竞争而节节败退；舒肤佳生意发展缓慢。同时，单纯的分销商渠道也面临挑战，一方面，国际连锁超市大举进入中国，其运作常常需要越过分销商与制造商直接做生意，而部分分销商也难以承担为其提供销售服务的功能；另一方面，大量的分销商存在，他们的覆盖区域狭小甚至重叠，常常发生窜货，分销商利润下降甚至负利润，分销商自身的发展战略短识、生意规模较小等，迫使宝洁公司重新审视与其合作的分销商。在这种背景下，宝洁公司对中国的销售渠道作了巨大的调整：首先，取消销售部，代之以客户生意发展部（CBD），全面负责客户生意的发展及服务工作；其次，打破四个大区的运作组织结构，改为分销商渠道、批发渠道、主要零售渠道和大型连锁渠道以及沃尔玛渠道。最后，将批发渠道并入分销商渠道，合并成为核心生意渠道。这种按照渠道建立的销售组织，可以使渠道员工集中精力研究该渠道的运作，成为顾问型行销专家，同时可以更好地解决对越来越重要的零售终端的服务。此时的分销商的功能也相应发生改变，宝洁公司提出了全新的分销覆盖服务的概念。全国的分销商数目大大减少，由原来的300多个减少到100多个，减少一半。现存分销商的覆盖区域大大增加，有的客户甚至覆盖了整个省，如陕西百隆、山西八同等。这种调整为生意的发展做好了组织方面的准备。

分销商作为宝洁公司渠道战略的重要组成部分，为宝洁公司中国生意的发展作出了巨大贡献，而且大多现有分销商已经成为宝洁公司生意的战略合作伙伴，他们与宝洁公司风雨与共、同舟共济，始终和宝洁公司站在一起。

1. 分销商渠道发展历程

宝洁公司于1988年在广州成立了广州宝洁有限公司，这是宝洁公司在中国的第一家合资公司。合作方是广州肥皂厂和香港和记黄埔集团。广州肥皂厂有自己的品牌、客户网络以及管理人员，这些是宝洁公司希望借助的，而和记黄埔集团主要帮助解决与中国政府的沟通，帮助解决相关贸易和金融问题。因此，宝洁公司在最初的五年时间里，即1993年以前，选择的代理商大多是广州肥皂厂在全国各地的商业客户，而这些商业客户基本都是国营的百货批发站、供销社或工贸公司。这些传统的贸易企业在多年的计划体制中，建立了层层的商业辐射网络，自省级站、市级站、县级站一直到村级供销社。这个商业网络帮助了宝洁公司最初的业务发展,海飞丝、飘柔的成功推广,就有这个网络的卓越贡献。

但随着生意的初步成功,宝洁加快了各种产品的推出步伐,并提出了全新的分销理念,强调市场工作的4P,即产品、价格、促销和货架的管理工作。而传统的商业客户经营理念落后,又很难改变原来的观念,体制僵化加之员工积极性不高,长期以来形成的拖欠货款的习惯,导致虽然宝洁公司产品供不应求,但宝洁公司对经销商的应收账款却很多。宝洁公司最初的销售人员大多是广州肥皂厂的业务员,销售技巧和理念存在很大的局限性,此时宝洁公司招聘的管理实习生已经得到了专业的培训并已在市场中得到了锻炼,很多人业绩相当突出。在这种背景下,宝洁公司下定决心准备在中国培养具有先进营销理念的、可以承担分销职能的中国分销商。1993年,各地的销售经理们发动了一场寻找分销商的竞赛活动,很多区域甚至设立了分销商拓展的冠军,全国一下子出现了数目众多的分销商,有的城市里甚至同时有四五家分销商。这些分销商有国营商业企业,有集体商业企业,也有已经下海几年的个体户甚至没有做过生意的人。分销商的资格获得要有试用期(Screen Period),一般是一年,期满合格就可以成为正式的分销商。有了分销商后,首先需要给每个分销商划定分销区域,招聘分销商的销售代表,按照商店的类型及商店所在区域分配给相应的销售代表。在此期间,中国几乎每个城市都有宝洁公司的成功的推销队伍。他们骑着自行车或三轮车,载着满满的需要销售的产品奔忙在城市的每个角落——商场、批发市场和食杂店。这样的人海战术使宝洁公司的产品分销率得到了极大提高,并使护舒宝、舒服佳等新产品可以很快分销到每个商店。为了使分销率达到80%和确保新产品的推广成功,以及提高分销商管理人员和销售代表的管理和销售技巧,在此期间宝洁公司为他们提供了大量培训。同时,为推动生意发展和便于销售经理计划和控制生意,宝洁公司推出了分销商基金(Distributor Business Funding)。这期间,随着宝洁公司生意的迅猛发展,各个分销商的生意也得到了极大发展,有的分销商可以销售几千万甚至上亿元。原来分销商的进销存都是手工管理,开票有调拨员,库存有仓管员,出货有销售代表,应收账款有财务人员。但生意的发展使许多分销商不得不增加大量此类人员,以及准备大量相应票据等,大大提高了运营费用,而且信息严重滞后。为解决这个问题,宝洁公司与Platium合作推出了基于DOS系统的分销商生意管理系统(DBS)以及后来的自动订单生成,电子订单以及和宝洁沟通货品有无的高效分销商补货系统(EDR),为了提供给分销商管理人员及时准确的报表的分销商一体化运作系统(IDS)。当然,并不是每一个分销商都可以安装上述管理系统,由于系统安装的标准以及部分分销商退出经营宝洁公司的产品,也有一些分销商高层管理人员的短视等原因,部分分销商没有安装这些管理系统。而这些分销商也在随后的竞争中败北。

宝洁公司在1993—1998年期间,依靠这个高素质的分销商队伍取得了巨大成功。但大量问题也出现了:①分销商数目庞大,有300多家,竞争激烈,窜货严重,分销商生意规模小、利润极低;②连锁零售终端大量出现,他们要求和宝洁公司直接合作;③销售经理们需要应对各个方面的挑战,他们要负责众多品牌的推广、各个渠道的管理、销售代表的管理和分销商的沟通等事宜。这些都促使宝洁公司在渠道上必须变革。

于是，宝洁公司于1999年推出了按照渠道管理生意的改革措施。分销商渠道作为重要的渠道依然保留。由于宝洁公司直接与重要的零售商店和大卖场做生意，分销商主要承担批发市场、农村市场和中小零售店的覆盖工作。宝洁公司为巩固分销商的竞争优势，帮助他们获取更高的销量和利润，减少了分销商的数目，提出了和分销商发展战略伙伴关系的策略。他们帮助这些战略分销商扩大覆盖区域、开办分公司，给分销商配备卡车，开始了车载式销售并给每个业务员配备了掌上电脑进行移动销售，为分销商的分销覆盖服务提供了覆盖服务费，等等。这些措施不仅确立了宝洁公司与现有分销商的战略伙伴关系，更使分销商的销量和利润得到了提高。

2. 分销商管理层的沟通

宝洁公司非常重视与分销商管理层的沟通。一方面，分销商管理层决定分销商的目标、策略和资源，而往往他们又经营着除宝洁以外的其他公司的产品；另一方面，宝洁公司也需要让分销商了解自己的目标、策略以及产品和销售的相关信息。这些都需要宝洁公司的客户经理与他所在的分销商保持非常紧密的沟通，这些沟通可以说服分销商改变他们不利于双方共赢的决定，达成共识。

(1) OGSM沟通。"没有远虑，必有近忧"。OGSM主要目的是在一年或更长时间上的关于目标、目的、战略和执行方面的沟通。这是非常重要的内容。毕竟分销商和制造商是两个独立的经济实体，因此销售人员常常感到与分销商之间存在太多的分歧，使制造商的销售政策难于执行。他们也会感到分销商的执行人员如部门经理不配合自己的工作，难于达成公司的销售目标，等等。但如果在OGSM上达成一致，这些困难会大大减少。

OGSM的沟通一般是在每年财政年度结束的时候。常常需要安排在一个比较安静的地方，如专门的会议室、咖啡厅等。参与的人员常常包括分销商的总经理、负责运作的副总经理、财务总监、储运负责人、人事经理和负责宝洁生意的分公司经理。沟通的内容是了解这个分销商未来的目标，包括总体目标和对宝洁生意的目标，达成目标的策略和具体的行动计划以及负责人和行动的时间。了解清楚后，要在主要方面达成一致。也许有的分销商管理层只有很简单的想法，这种沟通也可以使之具体化。在达成一致后，需要制定一个具体的计划。具体计划由宝洁公司客户经理和分销商分公司经理制定，当然是关于未来宝洁公司的生意在这个分销商的一切事宜安排，如目标、资金、人事等等。OGSM沟通会帮助制造商大大减少和分销商之间的分歧，达成共赢。达成一致一定要遵循求同存异的原则，以共赢为目的，要有耐心和足够的说服力。曾经有一个分销商，为了在扩展覆盖区域、建立分公司这个行动计划上达成一致，宝洁公司与他沟通了五次，并驻扎在当地一个月，最后终于取得一致。现在，该分销商已经在这个地区取得了巨大的收获，每年可以销售过亿元。

(2) 生意回顾。和分销商经常回顾生意是宝洁公司寻求和分销商共同发展生意的另外一个重要途径。生意回顾一定是全方位的，而且要每月、每季度、每年回顾。主要目的是找到生意发展的机会和障碍，以重新规划和计划，取得突破。每月生意应重点和分销商分公司经理回顾，每季度和每年要和管理层回顾，以取得支持。生意回顾的重点应在目标达成、主要成绩和主要障碍方面进行回顾。

(3) ROI 分析。ROI 即投资回报率。为什么要进行投资回报率分析？因为产品在市场中的地位不同，分销商的营业利润率也存在很大差别：领导品牌利润率低，非领导品牌利润率就要稍高。但是，由于领导品牌的销售较快，资金回笼也快，因此品牌的投资回报率是相差不大的，基本是该行业的投资回报率。因此，ROI 分析可以使分销商保持经营宝洁公司产品的兴趣。

总之，和分销商管理层保持经常和敞开的沟通是宝洁公司销售经理了解和帮助分销商的重要途径。经常和有效的沟通不仅会解决合作中的分歧，重要的是可以防止分歧的出现。

3. 分销商基金（BDF）

在与分销商合作中，宝洁公司的贸易政策经常是不同的，如有的制造商喜欢在每笔订单时给分销商返利，有的是年终统一返利；有的根据回款给统一的返利，也有的是不同的产品规格给不同的单品返利；等等。这些奖励和支持政策常常是由分销商使用，而分销商经常会把这种返利直接放到价格里，导致价格混乱，而且不利于分销率的提高。宝洁公司在1999年前不采用这样的贸易措施，而是提供了一种称为分销商基金（BDF）的贸易政策，即每笔订单中宝洁公司将计算出1.5%的额度作为对分销商的分销支持，由宝洁公司控制，根据宝洁公司和分销商协商的计划使用。这种基金支持以下几种销售活动的费用：①分销商销售代表的工资和差旅费；②分销商的促销活动；③分销商的交际费用。宝洁公司成立了专门的贸易促销部门来计算和管理该笔费用。而计划和使用该笔费用的是宝洁公司的客户经理和分销经理。

宝洁公司将根据费用报告进行报销。这样的贸易政策会有几个好处：①专款专用，主要用于帮助提高分销水平；②宝洁公司市场价格相对稳定；③便于客户经理根据市场竞争情况和当地市场实际情况制定有效的促销活动；④便于激励分销商对分销率的重视；⑤便于控制促销费用预算，不会出现超预算的情况。

4. 分销商职能转变及覆盖服务费（CSF）

随着零售终端在中国的迅速崛起，上海联华、华联、农工商等国内连锁企业发展迅速，沃尔玛、家乐福、好又多、Pricemart 等国际连锁巨头的大量布点，迫使宝洁公司必须调整渠道策略。1999年年末，宝洁公司按照渠道架构建立销售组织，但是，分销商依然占据重要地位。到目前为止，宝洁公司依然称分销渠道为核心生意渠道，占据宝洁公司50%以上的销售额。但是由于更多的零售客户和宝洁公司直接做生意，必然会导致现有分销商生意的急剧萎缩，怎么办？宝洁公司提出了和分销商发展战略伙伴关系的战略方针。但是，并不是所有的分销商都乐意和宝洁公司发展这种关系。1999年宝洁公司对现有的分销商重新进行了识别和定位，从现有的300多家分销商中寻找出乐意并有实力和宝洁公司发展战略伙伴关系的100多家分销商进行重点发展，而与其他的分销商中止了合作关系，当然，宝洁公司也付出了代价：当年应收账款迅速上升，呆死账近亿元；生意迅速下降，下降率达30%以上。但宝洁公司坚持做正确的事情，相信这种改革一定会取得成功。

接下来，宝洁公司需要考虑怎样尽快实现由现有100多家分销商覆盖原来300多家分销商的区域的问题了。于是在2000年，宝洁公司说服了分销商去异地开办分公司。

这里充满了乐趣和挑战,有的地方分销商不想去,需要不断地沟通说服他们去;有的地方许多分销商都想去,于是就竞标,选择实力、经验和运作水平高的公司去。此时,由于区域扩大,许多分销商的现金流出现问题。怎么办?宝洁公司增加它们的信用额度,给更长的信用期限,从7天延长到14天。风险如何控制?宝洁公司要求所有的分销商提供固定资产抵押或第三方担保。零售店都直供了,分销商做什么?中小商店的覆盖、县城和农村的覆盖,去做批发市场的生意以及其他特殊渠道的生意。为了更好地帮助分销商执行这些职能,宝洁公司一下子投资两个多亿,帮助分销商购买200多辆依维柯车,用于覆盖中型商店;购买200多辆面包车用于覆盖小型零售店,并配备PDA进行销售拜访。这样做,分销商的运作费用也提高了,如何解决?宝洁公司适时提供了一笔分销覆盖服务费(CSF),即从中小商店的覆盖销量中拿出3%提供给分销商,作为服务费。大大提高了分销商的覆盖利润。

三、分销商的发展方向

在和分销商合作的多年来,宝洁公司一直也在调整整个渠道的策略,从简单的购销关系到重要的分销环节到现在的战略伙伴关系。但未来的分销商将如何呢?这是整个业界在思考的问题,不管是制造商还是分销商,他们都在关注这个问题。

宝洁公司的分销商在几年来就是这样的趋势:大的品牌的分销商的数目将会大大减少,而存在的分销商的生意量也会非常可观。这是因为,一方面有战略眼光的分销商逐渐成熟,另一方面直供的零售客户越来越多。随着分销商的多年积累,将会出现跨区域甚至全国性的分销机构,如山东潍坊百货公司现在已经成为整个胶东半岛的重要的分销公司,而曾经参股宝洁公司中国生意的和记黄埔也在退出合资后成为宝洁公司全国性的分销机构。随着这些分销商数目的减少和覆盖区域的扩大,尽管分销商覆盖的重要的零售终端减少了,但他们的生意却得到了大大发展,如潍坊百货公司,在1999年其宝洁生意赢利约为8000万元,而现在可以达到将近1.2亿元,增长50%。

回顾宝洁公司在中国的分销商发展历程,我们应该看到,宝洁公司一直以来都在建设这种战略伙伴关系:在分销商的基础设施、管理水平和员工素质方面投入了大量资金和时间,而这种投入也带来了很好的效果,宝洁公司的分销商是整个消费品行业最好的分销商队伍之一,这个行业里众多的制造商也往往会选择这些分销商做代理。众多宝洁公司的分销商往往代理着其他竞争对手的品牌,这也培养和壮大了这些分销商的生意,使他们更有竞争力。但是不管怎样,这些分销商总是把与宝洁公司的合作作为最重要的合作。

链接思考

(1)宝洁公司成功分销的秘诀是什么?
(2)宝洁公司的分销渠道成员关系是如何建立和维持的?

本章小结

本章主要研究的是分销渠道成员关系的类型及其管理。首先,了解认识关系营销的实质及特征,明确关系营销的价值判断以及关系营销的模式,在此基础上分析分销渠道成员的五种关系的类型，包括松散型分销渠道成员关系、共生型分销渠道成员关系、管理型分销渠道成员关系、公司型分销渠道成员关系、契约型分销渠道成员关系，并且详细分析了每种渠道成员关系的优缺点以及注意事项。其次，讨论了对渠道成员关系必须进行有效的管理，包括通过互惠关系和关系沟通来进行维持。最后，进行有效的分销要通过建立战略联盟来增强其竞争力，提出了建立战略联盟的基本原理以及步骤。

关键概念

关系营销　评估联盟　松散型分销渠道成员关系　共生型分销渠道成员关系　管理型分销渠道成员关系　公司型分销渠道成员关系　契约型分销渠道成员关系　战略联盟

思考题

(1) 关系营销的概念及特征是什么？
(2) 分销渠道成员关系有哪几种？各有何优缺点？
(3) 五种分销渠道成员关系模式的巩固的原因是什么？
(4) 怎样才能获得关系伙伴的合作？
(5) 什么是战略联盟？形成战略联盟有哪些必要的步骤？

第四章 无店铺零售

本章学习目标

学完本章后，应该掌握以下内容：①了解无店铺零售在我国兴起和发展的因素；②了解无店铺零售业态的类型和基本特点；③了解在我国发展无店铺零售的制约因素；④了解在我国发展无店铺零售中的运营商策略。

在国内零售企业整合、兼并、重组趋于白热化的同时，有别于传统商店的无店铺零售业态正在快速发展。随着"无店铺零售"方式自身的拓展市场、方便购买、提高分销效率、节约流动成本等方面的优势的显现，以及营销方式的多样化和各项环境因素的具备，它必将成为21世纪的新兴营销利器。建立在规范基础之上的无店铺零售业将会蓬勃发展，并成为中国零售业的一个新热点。

第一节 无店铺零售概述

一、无店铺零售的概念与发展

（一）无店铺零售的概念和特征

无店铺零售（Non-store selling）又称无固定地点销售，它是指没有固定的营业场所或营业场地，是生产商和经销商不通过商店，直接向消费者提供商品或服务的一种现代营销方式。无店铺零售可以避开中间商，节省通路成本，能以较优惠的价格回馈消费者。无店铺零售被国内企业视为零售通路的新突破，是社会经济发展的产物，其发展值得营销人员密切注意。

无店铺零售的风潮源自美国，通信零售就是由蒙哥马利·伍德（Montgomery Ward）百货公司于1871年开始的。1886年，施乐伯（Sears）随后跟进，并在业界大放异彩，同时也带动了当时的邮购风潮，使得消费者得以享受在家购物的方便与乐趣。20世纪六七十年代，无店铺零售在欧美、日本等发达国家进一步发展，在20世纪90年代中期被引入我国，由于开始一直不作为一种单独业态被认可，所以也不大被业界关注。2004年10月，我国制定的《零售业态分类》国家标准正式实施，让无店铺零售方式被我国零售业正式承认，从而也掀起了一股无店铺零售发展的热潮。

与传统营销方式相比，无店铺零售避免了中间环节过多、渠道冲突的问题，无须开设店铺、装修设计等，大大降低了经营成本。其主要特征包括经营业态相对比较集中、投资主体以跨国公司和国内大企业为主、经营商品针对性强、目标市场明确、经营方式有较高的技术含量。

（二）无店铺零售发展的因素

1. 有利于无店铺零售的发展因素

（1）技术环境。技术是许多产品和服务开发的基础。每一项新技术的出现都是一种"创造性的毁灭"。而技术环境本身既可能是市场拉动的，又可能是技术推动的。这里的技术创新是指将新技术发明与创造转化为商业运用的过程。技术创新的市场拉动是指市场需求导致对技术创新投入的增加；技术创新的技术推动是指由于新的发明和创造的出现给技术创新提供驱动力。"无店铺零售"是技术密集性行业，尤其是计算机和通信领域的发展对"无店铺零售"的营销方式将产生深远的影响。如今，几乎所有"无店铺零售"公司都需要应用先进的电算化数据库管理系统，从而可以记录顾客特征和历史交易数据，这为营销分析、目标市场成员选择和营销方案的制定提供了技术支持。

（2）经济环境。对商家而言，传统的经销渠道，产品从工厂到达消费者之间经过多次转卖，导致企业经营成本比较高。同时，由于土地费用和建筑费用的高速增长导致运营店铺的成本大大增加，影响了企业投资的回报率和利润率。此外，随着经济全球化、一体化的速度不断加快，生产商所面临的行业竞争也越来越激烈，营销商如何缩减运营规模、降低对人力资源和媒体宣传的广告投入，从而达到降低经营成本和日常开支、获取竞争优势的目的很现实地摆在面前。而"无店铺零售"的绝对竞争优势消除了运营商在土地成本和劳动力成本上的顾虑，不仅营销形式多样，而且还避免了很多中间环节，大大压缩了经营成本。对消费者而言，经济的增长使消费者的收入增加，这使得消费者愿意尝试新的方式。消费者需求的层次、类型逐渐变得多样化了，便利也成了一种可以购买的东西。

（3）社会文化环境。社会文化环境反映的是市场的文化、行为和态度，从一定意义上而言，社会文化背景反映的是一种共性或惯性。社会文化环境因素的变迁十分有利于"无店铺零售"营销者的业务拓展，主要表现为个人价值观、家庭结构、休闲活动、未来预期等几个方面的变化。这些方面的变化几乎影响到各个领域（社会、文化、政治、生活）和各种产品（物质产品、精神产品）的零售。

（4）政治法律环境。政治法律环境主要涉及各种由政府、立法领域的各种力量所控制的因素，这些因素决定了公司从事经营活动的法律制度环境。通过政治与法律程序可以对公司运营和消费者的行为进行强制性的制约。政治法律环境为"无店铺零售"经营者提供了机遇，为"无店铺零售"的迅猛发展提供了坚实的法律基础，有利于其健康、持续、稳健的发展。

2. 不利于无店铺发展的因素

无店铺零售引进我国时日已久，却一直不像美、日等发达国家那样蓬勃发展，综合考虑，主要受以下几点因素的影响：

（1）厂商因素。一方面，厂商通过"无店铺零售"方式销售的一些产品是滞销商品，有的甚至是假冒伪劣商品，这在很大程度上损害了厂商的信誉；另一方面，目前从事"无店铺零售"行业的营销人员大多未经过系统的培训，不讲求经营技巧，更有甚者抱着迅速致富的心态导致缺乏诚信行为的发生，使整个业界不得安宁。这些少数营销商的不良行为使得整个"无店铺零售"形象受损，难以在消费者心目中树立起正规经营、尽职尽责的形象。

（2）消费者因素。首先，随着我国经济的持续发展、人民生活水平的不断提高，物质需求逐渐让位于精神的愉悦与满足，人们仍然视逛街为一种乐趣，甚至是一种休闲活动，这是"无店铺零售"所不能提供的心理满足；其次，人们一向相信眼见为凭，手摸为信，货比三家，择廉购买，凡是无法直接看到或摸到的商品，要说服他们购买，仍然相当困难；最后，陆续发生的一些销售纠纷与困扰，如出现所送商品与实际商品不符、换货不易、缺货、等待时间过长、重复催缴、过分夸大产品功能甚至欺瞒等现象，更使得消费者难以对这种新兴的营销方式予以接受。在2005年7月发布的《中国互联网络发展状况统计报告》中，一项针对有过网上购物经历的网民的调查显示，虽然有超过半数的人表示经常浏览购物网站，但有56.2%的网民表示在未来半年内网上购物的次数不会增加，更有4.4%和0.9%的用户选择了将减少或者不再进行网上购物。

（3）环境因素。首先，"无店铺零售"从订单的取得、商品的配送，到货款的回收，相关配合作业未尽善尽美。如配送作业通过邮局，时间就会拖得较长，削减了消费者的热情与兴趣，而各公司的快递配送服务，在便捷性与普及性上仍待加强。其次，各种法令条款、规章制度的配合层面也存有问题，如道路管理条例使得自动售货机难以全面走上大街小巷，有线电视普及性不强使得新媒体零售少了一项广告利器，这些因素都对"无店铺零售"方式的普及产生阻碍。最后，银行授信机制不配套也使得"无店铺零售"的运作遭到许多现实困难。在美、日等发达国家，各种与"无店铺零售"有关的货款交付，都可以采用信用卡转账，而国内各项金融法规的限制致使银行在转账业务上不能有效地提供配套服务，因而影响了"无店铺零售"的推广。

二、无店铺零售业态类型与基本特点

无店铺零售业态类型与基本特点见表4-1。

表4-1 无店铺零售业态类型与基本特点

业态类型	基 本 特 点			
	目标顾客	商品（经营）结构	商品售卖方式	服务
邮购	以地理上相隔较远的消费者为主	商品包装具有规则性，适宜于储存和运输	以邮寄商品目录为主，向消费者进行商品宣传的渠道，并取得订单	送货到指定地点
电视购物	以电视观众为主	商品具有某种特点，与市场上同类商品相比，同质性不强	以电视作为向消费者进行商品宣传展示的渠道	送货到指定地点或自提

续表 4-1

业态类型	基本特点			
	目标顾客	商品（经营）结构	商品售卖方式	服务
网上零售	有上网能力，追求快捷性的消费者	与市场上同类商品相比，同质性强	通过互联网络进行买卖活动	送货到指定地点
电话购物	根据不同的产品特点，目标顾客不同	商品单一，以某类品种为主	主要通过电话完成销售或购买活动	送货到指定地点或自提
自动售货亭	以流动顾客为主	以香烟和碳酸饮料为主，商品品种在 30 种以内	以自动售货机完成售卖活动	没有服务

三、无店铺零售运营商应注意的事项

随着"无店铺零售"方式自身的拓展市场、方便购买、提高分销效率、节约流动成本等方面的巨大优势的体现，以及营销方式的多样化和各项环境因素的具备，它必将成为 21 世纪的新兴营销利器。在发展"无店铺零售"过程中，政府除了培育几个规范化、标准化的重点企业外，还要鼓励更多的企业从实际出发，采取土洋结合、逐步升级的办法，推进"无店铺零售"的发展。尤其是解决"无店铺零售"要以通讯和网络信息技术为基础，依靠发达的专业化、社会化的物流体系来支撑的问题。运营商要考虑低成本运作，必须因地制宜，逐步开展经营业务，要利用现有的社会资源，切忌大而全、小而全。在具体运作方面，运营商在无店铺零售中应该注意以下事项。

1. **要建立完善的资料库**

唯有掌握充分的市场资料，才能够针对特定目标展开业务，而不会瞎子摸象般地只关注局部。顾客资料至少应包括姓名、地址、电话、公司名称、交易记录、往来记录，以提高整体的运作效率。

2. **产品能够吸引消费者**

由于无店铺零售较少经由大量的广告促销辅助活动，因此，消费者在接触到产品讯息时，对于产品大多是相当陌生的，如何使消费者从抗拒到接受，除了借助于沟通媒介（人员或媒体），产品本身的商品力是关键因素；如果产品具有特色，能够吸引消费者，则整个零售过程会进行得比较顺利。

3. **价格要合理**

无店铺零售号称零阶通路，避开了中间通路的层层利润加成，因此，应该有能力以较优惠的价格提供给消费者。而许多消费者也是基于比价心理，而选择这种购买方式，如书籍邮购八折、杂志订阅比零买便宜，如果无店铺零售所销售的产品价格不具吸引力，或有偏高的现象，则在业务开展上将会遇到困难。

4. **健全迅捷的配送系统**

在无店铺零售里，顾客从订购到收到商品之间所需的时间，对其满意度会有相当大的影响，连带也会影响他是否愿意再采用这种购买方式。因此，货品配送得快不快

（速度）、对不对（是否会送错）、好不好（有没有损坏或瑕疵），就变成一件相当重要的事。在国内，由于大多数送货均以邮寄解决，因此较难及时满足消费者，在许多电视台直销主持人都已能承诺一打电话，产品专人送到府上的情况下，其他无店铺零售业者似乎应该检讨一下自己的配送问题，它是导致无店铺零售无法在国内蓬勃发展的因素之一。

5. 完善的售后服务

"货物出门，概不负责"的传统运作方式并不适合无店铺零售，因为它是一种买卖关系的行业。在其中，顾客关系的维系相当重要，一个满意的客户可以提供潜在客户名单，说服亲朋好友购买，对公司贡献良多。相对而言，不满意的客户对公司的破坏性相当大，尤其是口碑效果对这种销售方式特别重要。因此，货物售出后，一定要提供完善的售后服务，主动联络追踪产品使用情况，并妥善处理顾客的抱怨，使顾客感到满意，如此将会对企业形象的提升相当有帮助，对业务的开展也是一大助力。

6. 完整的营运管理制度

无店铺零售是一种相当专业的销售方式，其中涉及相当多的操作细节，需要企业设计出一套完整的制度，使得一切运作都能够有所依循、有条不紊。例如，人员的招募、培训与奖励（尤其是直销运作），商品的选择，媒体的应用（尤其是通信销售），配送体系的规划，售后服务的管理，等等，唯有透过专业管理，才能够使一切运作上轨道，而不致于杂乱无章。

7. 重视企业形象

商誉的建立与累积，对实际业务的开展很有帮助。在无店铺零售里，厂商与消费者常常是第一次接触，对于陌生的东西，对于新兴的营销方式，人们很自然地就会产生排斥心理，如何降低或消除这种心理呢？商誉在这中间能够发挥其巨大的影响力。雅芳公司跨海来到中国，为何能在业界占有一席之地，因为它是国际知名的直销公司。尤其是无店铺零售所卖的是关系，讲的是交情，要的是口碑，因此，企业形象就显得特别重要。唯有企业珍惜自己的商誉，客户对企业的满意度才能逐渐累积起来。

第二节 邮　　购

一、邮购概述

（一）邮购的起源

邮购是历史相当悠久的无店铺零售手法，是通过邮政来寄售商品的一种销售方式。邮购首先经由名单的搜集与整理，筛选取出符合条件的消费群；然后利用产品目录、传单等媒体，主动将信息传达给消费者，并经由视觉上与沟通信息上的刺激，激发起消费者的购买欲，进而产生购买行动，完成交易行为。邮购是透过"小众媒体"将商品讯息直接传递至消费者个人手上的。

以这种销售方式经营的商业企业称邮购商店，或称售货目录零售业（Catalogue retailing）。顾客通过邮寄订单向邮购贸易机构订货，邮购贸易机构在接到订单以后把商品按照顾客指定的地址邮寄给顾客。款项有的是预付，也有的是接到货物以后才付。

邮购最早出现在美国。第一家邮购商店蒙哥马利·沃德公司创设于1872年，紧接着又出现了规模宏大的西尔斯－娄巴克公司。此后，邮购在美国蓬勃发展。美国现有邮购商店一万多家，1979年邮购销售总额达258亿美元。在西欧，第二次世界大战以后邮购也得到迅速发展。

邮购商店联络顾客的方法有三种：①寄送商品图片或照片的售货目录；②在报纸、杂志登广告；③设置电话售货中心，接受电话订货。

（二）邮购的优点与缺点

邮购的优点是：①费用开支比较低，雇用店员少；②店址可设在租金比较低的地区；③可以大量进货，获得供货者的减价优待；④面向全国，市场广阔，不致因某地经济发生变化而影响营业；⑤可以满足边远地区居民的需要；⑥节省顾客往返商店购买商品的时间与旅行开支；⑦可以根据订货而组织进货；⑧一般价格较低，如信用可靠，易于吸引顾客。

邮购的缺点是：①订购商品不如顾客亲自购买那样可直接挑选；②退货或调购手续比较麻烦；③从订货到发货有相当长一段时间，顾客必须等待；④易毁性商品在邮寄过程中容易损坏，风险较大；⑤印发售货目录费开支大，印出后，又可能经常发生变化，需借其他辅助方法通知顾客。

由于邮购以平面媒体为主要沟通管道，因此，商品必须能在印刷媒体上表现说服力与吸引力（良好的印刷效果当然是必备的要件），以使顾客能一目了然，充分了解商品的特性，并感到安心。因此，商品目录的内容不但要讲求色彩、式样以及编排，最好还能在媒体上提供购买行动，提供新的生活资讯，以刺激消费者的需求与购买欲。为了促使消费者采取购买行动，提供适当的诱因也是相当有帮助的，如提供赠品、特价或限量供应等，使消费者觉得现在不买会遗憾。听起来邮购似乎蛮简单的，其实不然，它有相当多的专业技艺，从名单搜集整理、接受订货、商品配送、货款回收，到事后追踪（包括售后服务的提供），形成一个相当独特的循环，需要用心体会。

二、邮购业务的发展

（一）邮购业务的有效开展

（1）建立完整的顾客名单与相关资料，了解其需求，并定期（或不定期）寄发邮购宣传订单，以维持良好关系。

（2）邮购媒介印刷必须精美，说明务必清楚，除了让潜在顾客一目了然外，还必须具有吸引力与说服力，以促使他们采取购买行动。

（3）提供适当的诱因（如优惠价格或赠品），以促使顾客采取行动。

（4）顾客订购后应立即处理，并通过内部作业管理，使其能在适时的时间收到货品。

（5）加强与顾客之间的接触与沟通，如顾客生日寄张生日卡，逢年过节寄张贺卡，以强化彼此间的关系。

（6）加强售后服务，妥善处理顾客的抱怨与异议，力争与顾客建立起长期的往来关系。

（二）制约邮购业务发展的因素

国内采用邮购方式的公司越来越多，但大多数公司的结果并不理想。究其原因，主要有三个方面：其一是消费者与邮购商之间尚未建立起互信的关系，消费者对于购买的商品，大多认为需要亲自看过、试过才放心；其二是先付款再寄货的信用和监督制度未能建立起来，以至于产生许多货品拖欠、丢失甚至骗财的问题；其三是邮寄交货配合不良，因此常因未能契合顾客馈赠送礼或自用之需而贻误商品销售时机。

第三节 电视购物

一、电视购物的概念

电视购物，是指以电视作为向消费者进行商品推介展示的渠道，通过专门的电视节目或电视广告引起消费者注意，将商品的销售讯息传递出去，激起消费者的购买热情。电视购物与邮购有某种共通性；最大的差异则在于前者走大众媒体路线，后者则使用个人沟通模式。

二、电视购物的现状

电视购物是一种电视业、企业、消费者三赢的营销传播模式，目前是我国电视购物的转型期，存在着电视直销购物（传统电视购物）和电视购物频道（现代家庭电视购物）并存发展、相互竞争的局面，而家庭电视购物的成长将使电视购物真正开始进入黄金时期。

（一）电视直销投诉多、问题多

在 2005 年、2006 年国家工商局发布的消费投诉分析中，电视直销都是"重灾区"，统计表明，有关电视直销问题的投诉高达 2000 件以上，平均每天就能接到这类投诉 6 起以上。电视直销购物几乎已经成为一种引起大面积消费者不满的严重社会问题。

中国消费者协会公布的《2007 年上半年全国消协组织受理投诉情况统计分析》报告显示，2007 年上半年，消费者对商业销售领域的投诉总数下降了 10%，但反映有关电视直销购物的投诉却在增多，存在的主要问题有：①发布不真实的广告，夸大产品效用，用虚假宣传来误导消费者购买；②商品质量问题多，一些产品本身就是"三无"产品，却冒充名牌产品，有些产品为了遮人耳目采用外文包装欺骗消费者；③商品的售后服务难以保障，产品出现问题后，维修、保修不到位，无力承担消费者和经销商的退换，加之异地购物的特点，生产商、销售商、电视购物中心来回扯皮，加大了解决纠纷的难度。

不久前，广州市消费者委员会曾做的一项调查显示：93%的消费者认为电视直销广告太多太滥；高达90%的消费者对电视直销有抗拒心理，对电视直销的广告不信任。

具有讽刺意味的是：电视直销业者们并没有吸取过去的教训。高昂的价格、低劣的品质、"神奇"的功能宣传仍在继续，一切行为的目的只有一个，即快速敛财。可以说，"骗局"几乎成了电视直销在消费者心目中的代名词。

(二) 电视购物前景广阔

以开播电视购物频道为主的现代家庭购物有别于传统的电视直销，它是一种新兴的商品销售方式，按照电视购物的过程，主要可将其分为四大环节，即选择产品、节目制作、呼叫中心、物流配送。购物频道以"教买不叫卖"的方式做节目，以消费者的需求为出发，寓购于教，播出方式采用现场直播和录播两种方式。

以电视台作为运营主体的购物频道，是产品销售的一个平台，是一个无店铺的"空中超市"。多产品、多品牌、大众化是现代电视购物的基础，以央视购物频道、湖南快乐购物为例，其产品供应商不仅包括飞利浦、三星、联想、LG等著名品牌，同时也包括众多中小企业的大众化、生活化的家居商品，商品品种多达上千个。

由于商品品种多、大众化、贴近生活、厂家直销价格优惠、信誉好、品质有保证，因此，电视购物频道一开播就受到了广大消费者的喜爱，电视购物频道的发展也取得了可喜的成绩。以湖南卫视快乐购物频道为例，"快乐购物频道"是2006年3月经广电总局批准的国内第一家全国连锁的电视直播购物频道，它依托全国性数字频道"快乐购物频道"，重点覆盖广州、青岛、杭州、南京、东莞等已经完成数字电视购物专业频道的城市。"快乐购"以连锁的商业合作方式，组建了全国性的购物网络，形成快乐购物频道的综合竞争力。一年之间，逾50万人体验了这种全新的购物模式。据悉，"快乐购"开播一年的总营业收入超过4.6亿元，不仅让国际电视购物同行侧目，同时也吸引了越来越多的商家加入"快乐购"的大平台，在"快乐购"周年庆举行的招商会上，就吸引了全国800多家的供应商。

中国新一代家庭电视购物的诞生和成长，昭示着这个新型消费模式的无限潜力，其惊人的发展速度显示出新一代电视购物的旺盛生命力和广阔前景。

(三) 要加大监管力度

由于目前我国电视直销行业缺乏行业标准，也缺乏行业协会的监管，且针对电视直销的专门立法也相对滞后。因此，在欧美国家几乎不存在的电视直销暴利和虚假广告宣传等问题在我国却较为普遍，可谓鱼龙混杂，且已到了急需整顿的地步。随着一幕幕电视直销骗局被拆穿，消费者的利益和电视媒体的公众信誉度成为最直接的受害者。

2006年8月1日，广电总局、国家工商总局颁发了对药品、医疗器械、丰胸、减肥、增高产品等五类商品不得在电视购物节目上播放的条令，但仍屡次出现违规播放医疗资讯服务和电视购物节目等问题。2007年6月15日，广电总局决定责令宁夏电视台综合频道和甘肃电视台综合频道自6月18日零时起暂停播放所有商业广告，并对存在的问题作出深刻检查，提出切实的整改措施，经总局同意后方可恢复广告播放。可以用"广告风暴"来形容广电总局叫停两家电视台广告播放权事件。广电总局叫停电视台的广告播放权，无疑是一记狠招，目的显然是为了表明整治电视医疗资讯服务和电视直销节目的坚强决心，旨在向各单位宣告：对于违规播放医疗药品广告和电视直销广告的电视台决不手软。

三、电视购物的未来——电视购物专业频道将终结电视直销

有关专家指出，由传统电视直销广告朝专业购物频道转型应该是目前的最佳选择。专业电视购物频道是参照发达国家成功经验、近年来新发展起来、受到国内广大消费者青睐和欢迎的电视购物新渠道，可以预见越来越多的电视台和有实力的企业将进入这一领域。从全球范围看，电视购物被誉为继零售、超市之后的第三次销售革命，在发达国家（地区）消费者当中，拥有很高的诚信度和美誉度。以美国为例，电视购物的销售额普遍占到整个国家全年消费品零售额的8%以上（而我国连1%还不到），发达国家的电视购物，从经营立意、销售商品到售后服务，都有完整健全的法律法规来制约监管，这是它们这个行业未来长足发展的根本之道。

"央视"这个亚洲电视巨无霸播放电视购物节目，标志着电视购物专业频道将是未来电视购物的主要发展方向。一方面，随着"快乐购"、"好易购"等专业购物频道的良好运作，可以预见的是电视购物频道将会加速淘汰电视直销；另一方面，随着我国数字电视在2010年的全面开播，根据数字电视的规定，将不再插播商业广告，因此，未来电视直销广告将不会有生存的土壤，最终会被电视购物专业频道所终结。

在国外，电视购物的发展比较规范，政府也出台了严格的监管措施。例如，在欧洲各地，都可以从各类电视购物频道中收看到电视购物节目。但与国内无孔不入的电视直销节目相比，欧洲的电视购物节目有一个最大的特点：这些节目都在专门的电视购物频道中播出。泰国的电视购物已经属于成熟型行业，有固定的电视购物频道，每天滚动播放各种产品的导购节目，一天24小时不停地播，保证顾客随时可以查询产品信息。韩国电视购物节目很多，这些节目都在专门的电视购物频道中播出，在韩国，名列前三位的电视购物频道有LG家庭购物、韩国CJ家庭购物频道和现代家庭购物频道。而在美国，仅休斯敦市就有七八个专门的电视购物频道。由于政府的严厉监管及专业电视购物频道的规范运作，欧美等国家才不会存在电视直销暴利和虚假广告宣传等问题。

随着我国对电视购物管理力度的加大以及电视购物专业频道的大力发展，困扰我们的电视直销欺诈及虚假宣传等问题亦将会成为历史。

第四节 网上零售

一、网上零售概述

(一) 网上零售的概念

网上零售,是指借助互联网的零售。

随着电脑的日益家庭化以及联机服务的日益普及,对于企业,尤其是那些朝着新型经济转变的企业来说,网上零售前景十分光明。数据显示,我国网民总人数已超过美国,居世界第一位,成为全球网民规模最大的国家。网上零售的潜力可见一斑。

(二) 网上零售的优点与缺点

网上零售的主要优点是:让消费者可以在家里透过各种通讯媒体,获得大量的情报,以便迅速购物,节省时间,同时在货款的支付方面也省略了当面交款的种种麻烦,使营销方式在新的方向上得以延伸和拓展。但它的缺点是:消费者无法直接看到或触摸商品,因而提高了购买风险。

(三) 网上消费者的类型

美国麦肯锡公司的研究表明,在线消费者大体可以分为简化生活型、随意浏览型、网上竞价型、网上尝试型、恪守习惯型和爱好体育型六个类型。每个类型群体都有各自的在线行为特征,如在线时间长短、浏览网页数量、接入的不同网站、平均每页停留的时间等。网站面临的挑战来自于每个群体都有其不同的需求,所以市场营销必须明确自己吸引的是哪部分消费者以及如何根据目标群体设计网站战略。否则,网站就只会吸引一些不能带来利润的访问者,而失去那些最具利润的消费群体。

对于利润取决于交易量的网站,最理想的目标群体应该是简化生活型,这部分网民的在线交易量占全部交易量的50%之多。但简化生活型需要的是便捷的接入和门到门式的服务,因此他们的服务要求高,网站也容易丧失这些客户。同时,这一消费群体希望有大量唾手可得的产品信息、可靠的客户服务和直截了当的回报,并对每一个现象都积极反应,体现在网上行为时,是他们对在线广告和信息的关注。他们看中的是在线交易比离线交易更便捷、更迅速,但厌恶不请自来的垃圾邮件、百无聊赖的聊天室、刺激购买欲望的点击对话框以及所有让他们在线或离线购物复杂化的事物。目前还很少有网站能满足简化生活型消费者。麦肯锡的研究表明,即使经常使用在线购物的用户也仍然认为离线客户服务远胜于在线服务。

二、网上零售的环境因素

网上零售必须有相应的环境因素支撑。网上零售发展的环境因素包括网络环境、商业环境、金融环境、法律环境等。目前我国网上零售市场的这些支撑环境因素尚需培育，进行网上零售项目投资需承担一定的风险。

（一）网上零售的网络环境

1. 网络水平

我国互联网发展速度很快，但发展很不平衡。上网人数比例低，且十分集中。在一些城市，大学校园内的上网人数占该城市上网人数的一半甚至更多。因此，以为互联网的数量规模上去了，网上零售就容易了的想法是想当然的。同时，国内现有网络基础设施差，经常出现网络拥挤、堵塞等现象，无法顺利实现如网上零售所需要的商品三维互动展示及更高的商业要求。互联网应用技术水平低，尚不能满足网上零售商业行为的随意要求而与传统零售方式竞争。在 IPV4 技术环境下，IP 资源十分有限，网络传输速度、网络安全问题一直得不到有效的解决，严重影响了网络的使用。这些都对目前网上零售的发展造成一定的制约。

2. 用户终端

根据中国互联网信息中心（CNNIC）的调查报告显示，我国使用台式计算机上网的网民比例为 96.0%，使用笔记本电脑上网的网民比例为 13.0%。对普通市民来讲，目前的计算机相比其他家电，其使用尚不够普及。对于需要进行网上购物的用户来说，购置电脑是一项额外的支出，影响了网上购物用户数量的增长。此外，网络终端的移动性很差，移动上网及移动电子商务才刚刚起步，严重影响了网上零售的便捷性。

（二）网上零售的商业环境

1. 上网用户的购买力与购物习惯

在上网人群中，将休闲娱乐作为上网最主要目的的网民所占比例最多，达到 37.9%；其次是获取信息，为 37.8%；而上网目的为网上购物的只占 0.1%，即 10 万人左右。这与传统零售业以亿为单位的购物用户数量相去甚远。

网民中 24 岁以下的年轻人所占比例最高，达到 53.5%，这些人很多处于学生时代或刚刚就业，缺乏购买力，35 岁及以下的网民占网民总数的 81.3%，缺乏经济基础的年轻网民依然是中国互联网用户的主力军。网民收入方面，个人月收入在 500 元以下（包括无收入）的家庭网民所占比例最高，达到 34.7%，其次是月收入为 501～1000 元和 1001～1500 元的网民（比例分别为 18.7%、15.2%），低收入网民占据上网人群的主体，上网用户缺乏购买力。

中国传统的购物习惯是"眼见为实"，对钱的观念是"落袋为安"。因此，消费者普遍认为网上购物不直观、不安全。据调查显示：86% 的人表示不会以任何形式进行网上交易；88% 的人表示不打算在网上购物。同时，对于把购物作为乐趣体验的中国人来说，网上购物缺乏传统购物方式带来的满足感和情感交流与乐趣，一时兴起的网络消费体验后，往往又把购物转向传统的专卖店和大型超市、商场，影响网上零售市场的持续增长。再者，消费者在购物时，习惯于对同类商品进行反复比较，同时还习惯于按照使用状态进行比较，如服装的试穿、电器的试用等。在网上购物，消费者或许可以对商品进行更广泛、更全面的选择，但无法直接触摸到任何商品，这很容易使习惯于"眼看、手摸、耳听"的消费者形成不稳妥、不可靠乃至疑虑的心态。因此，要让消费者形成网上消费的习惯，还有较长的过程。

2. 商品品种与市场规模

由于消费者购买习惯和产品特性的影响，网络零售消费者的消费需求主要集中在书刊、音像制品、电脑、数码产品等相关产品上，现阶段的网上零售商店只提供一些同质、方便存储运输、质量较为恒定的该类商品，商品品种受限制，这与网络零售商无法解决运输及售后服务等有一定关系。由于商品品种受限，利润率及销售总额受到限制。虽然书报零售的利润率是所有零售业中最高的，但价格战一打起来，利润优势将不复存在。另外，适合在网上销售的产品的市场份额十分有限。据国家统计局统计，零售业中，音像制品、书刊的销售额加起来和家用电器以及食品的销售额相距甚远。这一类商品的市场份额无法支撑众多网络零售商的发展壮大。

从产品的数量和种类来看，目前网上零售尚无法和传统商业模式竞争，而其提供的商品也无法支持网上零售发展成为重要的零售业态。

3. 商品价格

根据美国哈佛商学院的零售专家马尔科姆·P. 麦克尼欧提出的零售轮定律，网上零售作为一种新生的零售业态，必然要以低档定位、低毛利率、低价格切入市场，才能与已有的成熟的零售业态竞争。国内的大型百货商场打折销售不断，而且动辄买100送50；连锁超市通过低成本扩张也带来了压低商品价格的能力；仓储式购物广场也已经在城市中开始了角力。

而与此相反，由于无传统资源的支撑，整个网上零售交易成本上升。电子商务本质上是用鼠标改造或者整合水泥，它是建立在现有传统资源之上的上层建筑，而现在的众多网上零售网站是先做好鼠标然后才考虑水泥问题。如果网上零售不仅要建立电子平台，而且要重建库存、配送系统，承担高额的人力资源成本，还必须因为订货量过少而承担相当高的向企业订货的价格。事实上，它已经是再建一个传统商业环境，然后在这个传统商业环境里面加上电子平台，成本自然要超过传统的商务交易，缺乏与传统零售业竞争的价格优势。

4. 商品质量与信誉

经过多年的努力，安全、诚信依然是网上零售亟需解决的问题。只要是涉及金钱的交易就必然会存在风险，商业信用问题对网上零售的健康发展起着生死攸关的作用。网上零售的买方比较担心的问题是产品质量、售后服务及厂商信用、安全性有无保障，而卖方则担心虚假订单和送货上门后客户的恶意抵赖。可见，网上零售信用体系的建立是一项长期的社会性工作，在目前中国国情下短期内难以实现。

5. 包括物流配送系统在内的产业链

有关调查发现：在网民进行网络购物的原因中，近半数是为了"购买到本地没有的商品"，这就对提供网络购物服务的商家提出了新的要求。但是，现今，网上商务所需要的产业链不完整，相关系统建设严重滞后，网上零售业所必须的、基于电子商务的物流配送产业起步不久，而且发展很不规范。网上零售从购买落单到货品送抵往往要花费半个多月,而美国只需要一天甚至更短。这对于有些采用货到付款方式的消费者,甚至会因为等不及而取消订单。由于物流配送系统落后限制了网上零售的服务区域,缩小了企业的市场范围,也把网上零售本身最有杀伤力的特性——"无时空性"给抹杀了。开展全国性网上零售服务和建立全国范围内的物流配送系统还很遥远。

(三) 网上零售的金融环境

1. 支付的便捷性

据统计:网民在网上购物时,网上支付的需求比例已增长至八成以上,这说明随着网络市场的发展,网民在网上购物时对支付的便捷性要求更高。事实上,由于目前技术的限制,网上零售企业与各大银行关于网上支付的合作,因为要满足支付安全而不得不牺牲网上支付的便捷性。如果网上零售订单下了后还须上街找银行甚至找邮局填单、验证、点钞,不如就近找家商店买了更痛快。

2. 支付的安全性

中国金融认证中心曾发布的一项调查显示:有75%的用户因为担心安全问题而不敢使用网上银行业务,包括网上支付、身份认证等网络安全问题已成为中国网上零售产业的发展瓶颈。近年来,计算机网络安全问题日益严重,病毒和黑客活动频繁,计算机病毒已发展到第三阶段,计算机病毒不再是一个单纯的病毒,而是以不正当获取利益为目的,包含了病毒、黑客攻击、木马、间谍软件等多种危害于一身的基于互联网的网络威胁。形形色色的"网络窃贼"让广大网络用户防不胜防,也极大地制约着包括网上零售在内的互联网相关产业的发展。

(四) 网上零售的法律环境

1. 立法环境

行业发展的不成熟严重制约了相关行业的立法工作,进而又制约行业的发展。行业法规是一把双刃剑,它既可以维护行业发展的秩序,同时,不成熟的法规也可能伤及、阻碍行业的发展。到目前为止,有关网上零售的相关法律很少,大规模、系统化进行立法的时机尚未成熟。2005年4月1日实施的《中华人民共和国电子签名法》也仅仅是我国电子商务立法的序曲,不能期望一部法律就可规范整个电子商务交易市场。

2. 司法环境

网络环境下的司法实践经验的取得需要一定的过程积累。由于网络的无时空限制与虚拟性特征,给网上零售相关的司法工作带来不便,网络犯罪与惩治网络犯罪的技术较量尚不平衡,司法实践正在不断的探索中。

三、网上零售的问题与对策

(一) 信息不对称导致的信誉度问题

造成信誉度问题的一个重要原因就是信息不对称,它有两方面的含义:一方面是商家不发布虚假商品、销售信息,即商家的信誉度;另一方面是网络购物者提交订单后不无故取消，即买家的忠诚度。对此，首先应该是行业自律，其次是各个商家联合起来组成行业协会，这样会对网络购物的发展具有积极的促进作用。至于购买者的忠诚度，目前商家的解决方法一般会通过先付款，或是预付订金的方式尽量避免由于坏订单带来的损失，但这种方式一般以降低交易成功率为代价。

（二）交易手段制约问题

目前，用户在网络购物支付货款时仍是以汇款为主要方式。这是由于商家与银行的利润问题，导致银行卡支付问题还并未得到根本解决，因此现金流仍是网络购物当前存在的问题之一。一旦该问题得到根本解决，则网络购物的交易额和交易量将会大幅增长，从而促进网络购物的规模发展。

（三）搜索功能解决信息流问题

对于网络商店而言，更多的问题集中在商品的供应上，缺货往往是目前购买者提出的主要问题。这就需要网络商家根据客户对商品的搜索，分析出购买者的商品需求信息。目前，国内有些商家已经可以通过网络商店的搜索功能了解每件商品的查询次数、购买者查询但是店内没有的商品等信息，根据这些信息，购物网站的工作人员再进行商品的采购、补充。通过这种方式，达到供求双方的信息通畅，大大提高了交易的成功率。

（四）形成地域化发展解决物流问题

目前很多网络商店都集中在经济相对发达的大中型城市，主要也是考虑到配送问题。我国的商品配送问题虽然得到了改善，但主要集中在大中型城市，一些小城市还采用比较落后的运输方式。为解决这一问题，网络购物应该向本地化、地域化方向发展，比如有些网络商店通过与本地传统购物商家合作或自己开便利店的方式，解决配送问题，实现优势互补。

（五）培养人们的网络购物习惯问题

网络购物毕竟是一个新生事物，对于习惯了传统购物的人们来说，接受这种方式还需要较长时间，也需要媒体的宣传和引导，培养人们进行网络购物的习惯。目前很多购物网站最忠诚的用户都是具有网络购物习惯的网民，他们不但自身为购物网站带来交易额，同时会把生活中的很多传统购物方式转换成网络购物方式。

（六）降低网络商店门槛问题

对于中国的网络购物来说，真正要发展壮大，必须要让传统企业都进入电子商务行列中。但这首先要为此创造网络环境，降低商家进入网络的门槛，使更多的企业了解网络商店带给他们的便利和效益，让更多的企业进入网络店铺，从而提供更多的网络购物场所，使互联网上的商品更丰富，让用户有更多的选择。

第五节 直 销

一、直销的类型与概念

直销起源于美国,最早萌芽于20世纪40年代,由犹太人卡撒贝创立。随着信息化社会的迅速发展和人们寻求方便快捷购物心理而兴起。现在直销几乎遍及全球所有市场经济发达的国家。目前,直销在全球125个国家及地区发展,全球直销行业总营业额超过1000亿美元,从业人员近5700万人。

世界直销协会联盟成立于1978年,旗下包括57个国家和地区直销协会及欧洲直销联会,是代表全球直销业的自发性非政府组织。

(一)直销的类型

1. 狭义直销

狭义直销(Direct Selling)是指产品生产商、制造商、进口商通过直销商将产品销售给消费者(含单层直销和多层直销)。单层直销有20%的直销公司在使用,多层直销则有80%的直销公司在使用。单层直销是指直销人员(业务员)直属于公司,由公司招募、训练与控制;其中,直销人员彼此之间并无连带关系(如上手与下手),营业额及佣金主要依赖于个人业绩。多层直销是指直销商除了将公司的产品或服务销售给消费者之外,还可以吸收、辅导、培训消费者成为其下线直销商,称为上线直销商,上线直销商可以根据下线直销商的人数、代数、业绩晋升阶级,并获得不同比例的奖金。

2. 直复营销

直复营销(Direct Marketing)也叫直效营销,指产品生产商、制造商、进口商通过媒体(电视购物频道、互联网等)将产品或者咨询传递给消费者。直复营销中的"直",是指不通过分销商直接销售给消费者,"复"是指企业与顾客之间的互动,顾客对企业营销努力有一个明确的回复(买与不买),企业对可统计到的明确的回复数据进行整理加工,由此对以往的营销效果作出评价。

(二)直销的概念

根据我国《直销管理条例》规定:"本条例所称的直销,是指直销企业招募直销员,由直销员在固定营业场所之外直接向最终消费者推销产品的经销方式。"可以看出,该条例指的直销与上面提到的两种定义均相关。由于第一类直销模式中最主要的一种营销模式多层直销即我们平时所称的传销已经被我国禁止,所以上述的两类行销模式的共同点大大增加,即无店铺零售,产品或服务不经过分销商而直接到用户手中。

关于直销概念,世界直销协会的定义是这样阐述的:"直销是指在固定零售店铺以外的地方(如个人住所、工作地点或其他场所),独立的营销人员以面对面的方式,通过讲解和示范方式将产品和服务直接介绍给消费者,进行消费品的营销。"

二、直销的方式

(一) 访问销售

所谓访问销售,是通过直销人员直接到顾客所在地(如住宅或办公室等地)展示产品目录、样品或产品本身,甚至经由亲身操作,以达到面对面推销的目的。这种直销方式在国内有发展下去的机会和趋势。从事访问销售应注意哪些事情呢?首先,必须训练直销人员,以便取得消费者的信任,避免造成消费者的反感与排斥。其次,必须具备完善的管理制度与经营技术,以便降低销售人员流动率,提高其销售能力,并提供能使消费者满意的服务。再次,整个后勤支援系统必须健全,以便及时将消费者所订购的商品送到消费者手上。最后,售后服务与顾客抱怨处理是不可或缺的,唯有透过满意的顾客,访问销售才能持续发展,如果有只做一次交易的不正确心态,无异于自掘坟墓。

(二) 聚会示范销售

所谓聚会示范销售,是利用社会或团体里的意见领袖(或直销人员自己)的名义出面邀请,举行家庭聚会或派对,藉由轻松、愉快的现场气氛,很自然地推荐或示范某些产品,提供相关的产品知识、情报,甚至达到销售的目的。这是一种比较不会对被推销者产生压力的销售方式,比较适合一些有隐秘性的、复杂的、需要示范讲解的商品,如内衣、健康食品等。

既然聚会销售是以少数人为对象、逐渐扩大其影响范围的销售方式,因而,意见领袖的掌握就变得相当重要。在国内,这种方式也被不断的借鉴。聚会销售与访问销售所应注意的事项相差无几,只不过,由于是透过聚会的方式,因此,训练直销人员如何筹备聚会、如何适时导入与产品有关的话题以及更丰富的产品知识,就变得更为重要了。

(三) 多层直销

多层直销也称传销。多层直销人员除了销售商品之外,也致力于招揽他人加入销售行列,借由一牵十、十牵百的滚雪球的效果,建立起一层层的销售网。在其中,上线可以因下线的业绩而获利(抽取某个百分比的佣金),如此可以鼓励直销人员努力拓展自己的直销体系,提高了直销人员的积极性,因而也带动了企业的整体销售。

在我国直销业的发展历程里,由于一些不法业者的"误导操作",使得多层直销被蒙上一层"老鼠会"的阴影,此时的传销已变成了以牟取非法利益的"老鼠会",应当禁止。

我国2005年11月1日开始实施的《禁止传销条例》规定:"下列行为,属于传销行为:①组织者或者经营者通过发展人员,要求被发展人员发展其他人员加入,对发展的人员以其直接或者间接滚动发展的人员数量为依据计算和给付报酬(包括物质奖励和其他经济利益,下同),牟取非法利益的。②组织者或者经营者通过发展人员,要求被发展人员交纳费用或者以认购商品等方式变相交纳费用,取得加入或者发展其他人员加入的资格,牟取非法利益的。③组织者或者经营者通过发展人员,要求被发展人员发展其他人员加入，形成上下线关系，并以下线的销售业绩为依据计算和给付上线报酬，牟取非法利益的。"

"老鼠会"虽然是以类似直销的方式经营，但其间最大的不同在于其招揽会员并非以建立起销售产品的销售网为目的，而是以介绍人头以谋取投机利益为出发点。具体如下：

（1）在直销活动中，直销商和直销企业通常会以销售产品为导向，其整个销售过程始终把产品销售给消费者放在第一位。而传销活动则不一样，传销商和传销企业在开展传销活动的过程中，通常会以销售投资机会和其他机会为导向，在整个从业过程中，始终把创业良机和致富良机的沟通和贩卖放在第一位，与正当的直销活动完全不同的是，他们并不关注和推崇产品的销售。

（2）在直销活动中，直销商在获取从业资格时没有被要求交纳高额入门费，或购买与高额入门费价格等量的产品。而在传销活动中，传销商在获取从业资格时，一般会被要求交纳高额入门费或者购买与高额入门费等价的产品。

（3）在直销活动中，直销从业人员所销售的产品通常会有比较公正的价格体系，这种价格体系是经过物价部门专门批准的，体现出销售过程中的公正性；而且其产品有正规的生产厂家和先进的生产设备及其工艺流程，在出厂被销售的过程中，生产厂家均为其配备了各种齐全的生产手续，有优秀的品质保证。而传销活动中，由于其从业人员本身所贩卖的就是一种投资行为，所以对于产品并不关注，他们所关注的是投资回报的比率问题和投资回报的速度问题，产品在传销过程中只是一个可流通的道具。

（4）在直销活动中，直销从业人员的主要收入来源有两个方面：一是直销从业人员自己销售产品所得到的销售佣金，这是直销从业人员的长期的根本收益，其收入的多少完全由直销从业人员的销售绩效来决定；二是企业根据直销从业人员的市场拓展情况和营销组织的建设情况所给予的管理奖金。而传销活动中，传销从业人员的收入主要来自于其拓展营销组织（发展下线传销从业人员）时收取的高额入门费，而不是来自于长期的产品销售所得到的正常佣金。

（5）在直销活动中，直销人员在其从业过程中通常会有岗前、岗中、岗后的系统培训，其内容包括产品培训、营销技术培训、客户服务培训、政策法律培训等。在传销活动中，传销从业人员虽然也有可能接受在直销活动中所推出的各种教育培训，但是在形式上往往虚晃一枪，他们更推崇在从业过程中大规模的激励活动和分享活动，内容比较单一，多为激励式的观念改变，其目的就是诱导听课者赶快买单从业或者加大从业力量。

（6）在直销活动中，直销从业人员和直销企业通常在其直销系统文化的建设中坚决强调"按劳分配和勤劳致富"等原则，把直销活动当成一种正常的创造财富和分享财富的活动，其传播的观念是所有的收入均来自于自己的付出，主张在营销技术上精益求精。而在传销活动中，传销从业人员和从事传销活动的企业通常在其传销系统文化的建设中坚决强调一劳永逸、一夜暴富等价值观念和原则。

（7）在直销活动中，直销企业和直销从业人员最终的营销目标就是打造一批越来越多的忠诚客户群体，这些消费群体信任公司和公司的产品，愿意长期消费公司的产品，忠实于公司的品牌。而在传销活动中，从事传销活动的企业和传销从业人员的终极目标往往是"捞一票就走、迅速致富"，因而他们采取的方式往往就是"打一枪换一个地方"的机会贩卖，他们并不强调产品的重复消费和发展、维护忠诚客户，不推广忠诚消费者的理念系统。

（8）在直销活动中，直销从业人员的工作在前期主要是开发消费客户并销售产品给这些客户，但随着消费客户越来越多，其工作重心便逐渐进行了转换：由前期的开发消费客户逐渐转为了管理消费客户，并且在管理消费客户的过程中，及时准确地向各种消费客户提供各种消费资讯产品，售卖服务。而在传销活动中，传销从业人员的工作自始至终不会有什么变化，只是围绕着"寻找下线、拉取人头"模式发展下线组织的工作重心展开。

（9）在直销活动中，直销企业通常会要求本企业的直销从业人员了解国家关于直销问题的各种政策法规信息，并自觉遵守各种政策法规，合法缴纳各种税金，尤其是个人所得税。而在传销活动中，从事传销的企业通常的做法则是，截断各种通往从业人员的政策信息流，不鼓励自己的从业人员过多了解各种政策法规信息，也不会反复强调其作为一个公民的责任和义务。

（10）在直销活动中，直销企业和直销的从业人员通常会制定和执行良好的消费者利益的保护制度。这种保护制度一般有三种途径：一是把品质优秀的产品和卓越的服务体系源源不断地提供给消费者；二是在消费者购买企业产品和消费企业产品的过程中，制定适度的冷静期，在冷静期内，执行无因退货制度；三是针对由于企业原因给消费者造成的权益损害，企业制定了良好的赔偿制度，即一旦消费者权益受损，直销企业或直销从业人员必须采取各种形式对消费者进行补偿。而在传销活动中，由于从事传销的人员通常是以产品作为拉取人头、发展下线的道具，所以交易一旦完成，就不允许退货，也往往伴随着各种各样的苛刻条件。在传销活动中，企业基本上不按国际惯例设置正规的冷静期制度，即便有所设置，在实际执行中也会衍生出各种各样的障碍体系。因此，在传销活动中，消费者的正当权益极难得到维护。

案例　饭统网呼叫中心

一、基本情况

北京锋讯在线信息技术有限公司（饭统网）是利用互联网加呼叫中心模式的一个成功案例。有人说饭统网是"餐饮行业的携程"，这种说法非常准确，这不仅仅是对其行业地位的认可，也代表了评价者对其商业模式的准确认识。正如携程和艺龙从事酒店、机票的预订业务，饭统网从事的就是餐预订业务。目前"饭统网"的收入主要来自三个方面：①广告收入；②餐厅加入网站时所支付的会员费；③向餐厅推荐消费者时收取的费用，如顾客通过网站预定了某餐厅的饭局，便会向该餐厅收取一定金额的"返佣"。饭统网呼叫中心在其第三块收入中具有核心作用。

饭统网呼叫中心成立于 2004 年 12 月 8 日，正式引进呼叫中心设备是在 2006 年 12

月8日。多年来，他们的 Call Center 经历了从无到有、自不完善到健全的发展历程。目前，饭统网4007161717客服热线已经深入人心。

饭统网自成立客服以来方便了很多人的生活，他们的愿景是"让预订改变每个人的生活"。目前，客户通过400号码和网上预订来接受统一服务。同时根据客户的需求，客服中心又增加了在线、短信、MSN等多种渠道，方便客户随时预订。根据餐饮行业的特殊性，饭统网安排了7×24小时服务，且保证客户投诉及时处理、不耽误客户正常就餐。值得注意的是，饭统网400电话没有设置IVR（Interactive Voice Response，即互动式语音应答分层服务），这在呼叫中心行业里较为少见。他们这样做既是为了最大限度地把预订电话转变为成功的业务，客户拨打后第一时间转入座席，使得每一个机会都被牢牢抓住，同时也可以保证服务的快捷周到。

2006年12月，饭统网正式引进CRM系统，呼叫中心业务分为呼入、呼出，执行流程化管理，大大地提高了接听比率和服务质量，同时提高了数据质量、建立了内部沟通渠道，为开展市场调查活动等提供了准确数据。另外，通过一线信息汇总，可以准确的分析出客户的喜好、习惯及特点，可以为餐厅提供客户的反馈信息及行业趋势，帮助餐厅更好地经营。基于CRM系统，饭统网建立一系列管理制度和奖惩制度，对员工进行科学化、人性化的管理，鼓励员工提高数据的录入质量。在管理上，通过制定相应的规章制度来规范座席代表的行为，并明确了奖惩机制，同时也对座席进行现场抽查监控，并明确了风险紧急应对措施。

饭统网呼叫中心的主要特点在于能在订餐过程中不断地收集客户信息及反馈意见，并随时与餐厅保持沟通。

二、特色与价值

作为饭统网与顾客无障碍沟通的最佳渠道之一，呼叫中心的作用远不止被动应对客户的提问。饭统网呼叫中心的最大特色就是建立在CRM理念之上，使呼叫中心成为CRM基础数据库与客户之间最便捷的门户和最有效的互动渠道。基于此，呼叫中心的特色主要包括三个方面：

（1）时效性强，翔实、准确、生动的餐厅信息。饭统网向消费者推荐的5000家主流餐厅，都由公司安排客服人员以充分的时间进行一家家的实地走访，以便客服人员具备充分的亲身体会和直观印象。另外，随着客服人员的不断实地走访，他们收集到大量第一手资料，能随时更新补充餐厅信息。

（2）方便为先，提供多种预订方式。饭统网目前有电话、在线预订、即时通讯、短信、WAP等5种预订方式，且保证7×24小时全时段迅速响应的餐饮预订及咨询服务，使客户不受时间和联系方式的约束，轻松自如地享受订餐咨询。

（3）与时俱进，深度进行数据挖掘以求不断提高服务。通过订餐记录对预订过的消费者进行分析，以便更准确地了解客户的口味偏好、地理位置、消费档次等，为今后的推荐累积数据资料，做好相关准备。另外，他们会定期更新美食信息库，共享所有重要的信息数据，使每个客服人员在工作中循序渐进地增长知识，并以餐饮专家级的服务质量，让顾客得到最大程度的满意。

三、运营体制及人员管理

呼叫中心面对的是形形色色的客户，回答的问题也各有不同，如何应对复杂的客户群体和客户不断变化的需求，充当好餐厅与客户间沟通的桥梁？这一切都与呼叫中心的科学管理和缜密的运营体制密切相关。

（1）高标准要求。从运营管理来讲，首先就是按照最高的行业标准来要求。饭统网呼叫中心运行三年后，已经达到了预期目标：电话15秒内接通率达到了95%；电话放弃率少于5%；电话一次性解决率达到了98%。

（2）学习、培训是每天的工作之一。为了满足业务发展的需要，呼叫中心不断招聘新的人员充实到座席队伍中。这些新员工要经过严格的岗前培训。首先，要求员工必须熟悉北京的地理位置、餐厅类型，并亲自到餐厅参观，对餐厅有一个真实的感受；其次，要求员工必须了解客户的普遍需求，中心会对员工所学内容进行考试，经过严格的淘汰，优秀者进入下一轮培训。

饭统网在餐饮行业以互联网加呼叫中心的模式获得了成功，在预订业务中的价值得以充分体现。饭统网呼叫中心的愿景是"让预定改变每个人的生活"，呼叫中心的到来让这个愿景变得越来越清晰，为呼叫中心与社会生活紧密结合树立了标杆。同时，饭统网呼叫中心能够根据餐饮行业的特点，摸索出一套适合自身业务的管理方式，这对呼叫中心未来在更多行业进行更为深入的应用提供借鉴，对呼叫中心的应用创新同样具有指导意义。

（资料来源：《客户世界》2008年1月刊）

链接思考

（1）饭统网呼叫中心的主要特点是什么？
（2）互联网加呼叫中心的模式使饭统网在餐饮行业成功的原因何在？

本章小结

无店铺零售又称无固定地点销售，它没有固定的营业场所或没有营业场地，是生产商和经销商不通过商店而直接向消费者提供商品或服务的一种现代营销方式。无店铺零售可以避开中间商，节省通路成本，能以较优惠的价格给消费者提供商品或服务。其业态主要有邮购、电视购物、网上零售、人员直销等。无店铺零售在我国发展有不少制约因素，政府可从多方面鼓励运营商发展无店铺零售业。

关键概念

无店铺零售　电视购物　网上零售　直销

思考题

（1）如何促进无店铺零售方式在我国的发展？
（2）在具体运作方面，运营商在无店铺零售中应该注意些什么？
（3）网上零售存在哪些主要问题，相应的解决对策有哪些？
（4）直销可分为哪些种类？如何有效地开展直销业务？

第五章 连锁经营

本章学习目标

学完本章后，应该掌握以下内容：①了解连锁经营的概念与类型；②了解连锁经营体系的内容与管理；③了解连锁经营的优势和风险。

美国《财富》杂志公布的美国500强名单中，连锁经营企业龙头沃尔玛的销售收入多次位居榜首，是美国乃至全球最大的企业。在全球经济不景气的状况下，沃尔玛公司的销售额却直线上升，作为世界上最大的超级市场连锁公司，沃尔玛也是历史上第一个名列财富榜首的服务类零售连锁经营公司。分析家认为，服务行业连锁经营领先的时代已经来临了。在现代商业流通市场中，谁掌握了零售渠道，谁就掌握了最终用户。席卷整个零售业的连锁经营此起彼伏，高潮迭起。

第一节 连锁经营概述

一、连锁经营的概念与类型

（一）连锁经营的概念

连锁经营，是指若干个店铺在总部的统一管理下，运用统一形象、统一价格、统一进货、统一管理等方式，实现规模效益的商业组织形态。

连锁经营是近代产业革命带来的经济高速发展的产物，是社会化大生产的产物。在产业革命所带来的经济高速增长的推动下，连锁经营作为一种现代流通业的新的企业组织形式和经营方式，产生于美国，但由于它一不受国家和地区的限制，二不受文化传统、商业习惯的限制，三不受行业、零售业态的限制，所以很快传遍了世界，在一切具备条件的地方和领域都产生了连锁经营。

联想电脑公司总经理杨元庆将连锁经营的特点概括为六个统一：统一的形象，统一的布局，统一的产品销售，统一的价格，统一的服务和统一的管理。

（二）连锁经营的类型

连锁是商业流通的一种形式，连锁经营可以分为以下类型。

1. 直营连锁

直营连锁是资产所有的统一，自己投资超市、直接管理，它是一个企业最初的连锁形式。

2. 自由连锁

自由连锁，是指个体户之间形成一种联盟，但还没有形成一种品牌或共同性。在日本自由连锁发展很快，在大资本进入以后，很多独立的商店受到威胁，最后大家共同组织起来，共同进货，共同享有管理资源，而产权、店铺的所有权仍是自有的。

3. 特许连锁

特许连锁，又称加盟连锁、合同连锁和契约连锁。它与自由连锁有相同之处是店铺的所有权是自己的；不同之处是特许连锁有核心企业，有一个主体企业起主要作用，把自己的特许权，包括商标、商号、专利技术等一整套的经营管理模式，通过合同方式，特许给另外一个企业使用并收取加盟费。特许连锁最适合有专利权、有独特的经营管理技术或有核心的东西支撑的行业。服务行业最适合特许经营的发展。

二、我国连锁经营的现状

随着我国零售业的全面开放，一些国际领先的业态也不断被引入。近年来，连锁超市、便利店、大卖场、购物中心、折扣店、品牌直销广场等新型业态在我国不断涌现，连锁加盟、自由连锁等各种经营方式也迅速推开。

扩大内需是我国经济增长的重要方针，连锁企业成为居民越来越重要的消费场所，必将为扩大内需做出重要贡献。可以预见，连锁经营仍将保持快速发展的势头，并将出现一批管理规范、效益显著的大型企业集团，整个行业将在推进社会主义和谐建设中发挥更大的作用。

目前在中国发展较好的连锁经营零售商家主要有：德国麦德龙、美国沃尔玛、法国家乐福、中国香港的屈臣氏，以及国美、苏宁，等等，可以预期，中国连锁经营零售发展将会越来越好。

第二节 连锁经营体系

一、连锁经营体系概述

连锁经营体系包括运营系统、训练系统、督导系统三个部分，三个部分相互关联又各不相同。

连锁经营的营运系统需要形成标准化，包括总部和分部的一致性和标准化。具体而言，总部要做到规范、实用；而分部不仅要做到规范、实用，还需具备"易复制"的特点。这样才可以确保标准化的实施。

训练系统主要是针对连锁网络，利用训练的方式，进行营运模式、标准的输出，保持连锁分部与连锁企业总部的一致性，迅速实现连锁单位的复制。

督导系统则是依据营运模式、标准，利用专业方法进行监督、控制和评估。

在这三大系统中，运营系统是基础，训练系统起到输出、桥梁作用，督导系统则应起到规范和控制的作用。

连锁经营体系的建设对企业的价值是:建立连锁经营的标准化复制系统、复制方式系统、监督管控系统,使连锁企业可以快速和有效复制。

(一) 运营系统建设

运营系统建设主要包括总部规划与店面运营规划,在总部规划方面,基于原有的组织架构,设置阶段性组织架构,在专卖店面运营方面,进行细致、专业的规范。

连锁经营最大的优势在于能够通过复制方式迅速实现规模经营。但复制的前提是必须具有一个能够盈利的标准化模式,运营体系的关键正是在于形成这样一个适合自身的标准化模式。

店面运营是运营体系梳理和提炼的关键,主要包括选址开店、人员配备、商品结构、销售导购、顾客服务等一系列内容。

(二) 以"5T"模型为中心的连锁企业训练系统

完整的连锁企业训练系统应是一个"5T"模型(架构):①科学系统的制度标准(Touchstone);②实战可视的训练课程(Text);③主动实施的训练实施(Training);④全面完善的训练考核(Test);⑤持续升级的完善工具(Tool)。

(三) 3W1H法督导系统

建立有效的督导体系可以有效遏制"连而不锁,锁而不紧"这个许多连锁经营企业的通病,随着加盟店数量的迅速膨胀,总部对加盟商的控制变得越来越难,往往是"摊子越大,越难管理,有组织,无纪律"。其实,这是连锁经营发展过程中必然要面临的"少年维特的烦恼"。

连锁经营企业可建立督导体系的3W1H法,具体包括WHAT(督导什么)、WHO(谁去督导)、WHEN(何时督导)以及HOW(怎么督导)。

1. WHAT(督导什么)

督导,顾名思义,就是督促和指导,但督导工作并不仅仅是简单的检查、考核,而是要协助加盟商发现单店的经营行为中存在的问题,并帮助其改进完善,进而有效提高经营水平和业绩。

一般来说,督导的内容包括以下方面:

(1) 店面形象督导。①店面形象:店面空间、店面外观、橱窗摆设、店内布局、色彩、陈列设备及用具的维护和选用;②店面容易让顾客进入的程度;③店面展示陈列状况。

(2) 商品管理督导。①店面商品构成:主力商品、辅助商品、刺激性商品(销售性商品、观赏性商品、诱导性商品);②商品陈列配置:空间配置、色彩配置、种类配置;③商品价格;④库存盘点;⑤其他:商品包装、质量、来源、附赠等。

(3) 销售管理督导。①销售状况;②促销状况。

(4) 顾客服务管理督导。①顾客服务程序;②顾客服务内容;③顾客接待技术;

④顾客档案管理；⑤顾客服务的相关硬件状况。

（5）岗位人员工作督导。①仪容仪表：着装、化妆、工作牌佩戴情况；②言谈举止；③精神面貌。

（6）培训工作督导。①培训课时；②培训人数；③培训覆盖率；④培训记录；⑤培训效果。

（7）企业文化宣贯督导。①对企业文化理念的熟知程度；②企业文化活动开展情况。

（8）其他方面的督导。①广告宣传；②合同履行情况；③总部规定的其他事宜。

2．WHO（谁来督导）

一般来说，总部会设置专职的督导员来进行对加盟商的督导，对这个职位的综合素质要求很高，他（她）需要对总部的整个连锁经营体系非常了解，对总部、加盟商的人、财、物等信息全面掌握，不然的话，在很短的时间发现问题并给予指导将是一件"不可能完成的任务"。

对于督导员的素质要求可分为三个部分，即知识、能力和技能。

督导员既可以是总部的专职人员，有时也可以邀请一些高度认同连锁经营体系所销售的产品或服务的忠实顾客来积极参与。

3．WHEN（何时督导）

督导工作是"未雨绸缪"，千万不要等到出了一大堆问题的时候才想到去督导。不同的业态、不同的发展阶段和发展规模决定了督导工作的频次和力度。

一般来说，督导工作可分为日常督导、定期督导和专项督导三种。

（1）日常督导就是日常性工作的督导方式，较多的连锁企业将这部分职能下放给加盟商，平常提交相关表单即可。

（2）定期督导根据不同企业的情况可以分为季度、月度、旬、周为周期来进行，督导员以巡店方式来进行督导，并提出改善建议。

（3）专项督导是根据国家或行业相关政策、法令，针对经营管理环节的某一问题进行专项整治，这时就会安排专项督导，有时候外部人员也会参与督导工作。

4．HOW（怎么督导）

一个好的督导方法能对店员督导起到事半功倍的效果。一般来说，对加盟商的督导方法主要是日常督导和神秘顾客两种。

日常督导就是督导员对加盟商日常经营情况进行监督和指导。神秘顾客，又称影子顾客，是指企业聘请一些"超级顾客"，以顾客的身份、立场和态度来体验加盟商单店的服务，从中发现经营中存在的问题。

在日常督导中，门店巡查是最重要也是最基础的工作。在日常的巡店过程中要特别注意的是工作必须细致化，要求能从所看到的表象中发现门店的日常操作行为是否规范，也要从门店客观反映的实际情况来寻找店长平时的工作痕迹。在平时的工作中要求用"五步法"作为巡店的基本工作流程。

"五步法"即看、听、查、问、反馈的督导工作方法，具体如下：

看，就是通过对门店现场的观察去判断工作是否到位。

听，就是以一个顾客的身份进入门店去充分感觉员工的"四声"服务：顾客买单时的招呼声、报价声、唱收唱付声、道别声。

查，每个门店都有一些基本台账，通过对这些台账的检查可以反映出店长平时的管理水平、管理深度及管理的效果。

问，巡店过程中要非常用心地与顾客、店长及员工进行沟通。要从顾客方面了解他们所需要的商品，了解他们所需要的服务，了解员工工作中存在的问题。

反馈，包括对门店所存在问题的及时解决，也包括对一些涉及其他部门的问题的传达，而且要在下次巡店过程中对这些问题进行反馈。

二、连锁经营体系的"四化"管理

连锁经营的最大特征是化繁为简，谋取规模经济效益，它通过总部与分店管理职能、专业职能的分工、连锁店的分配体系以及通畅的信息网络的建立来实现。具体来说，连锁企业经营管理须实现"四化"（4S）：标准化（Standardization）、专业化（Specialization）、简单化（Simplification）、独特化（Specialty）。

（一）标准化

首先，体现为作业的标准化。即由总公司负责订货、采购，再统一分配到各分店，这种流程对于所有连锁经营体系下的分店均无例外。其次，这种标准化还体现在企业整体形象的包装设计上，如各店所使用的招牌、装潢均应一致，甚至外观、标准字体、用色、标价牌、员工服装、办公用品、广告宣传、商品价格、品质等均应保持统一。一方面，这种标准化使各连锁店均有统一形象对外获取形象利益；另一方面，在总部货源不足的情况下，可由总部向其他分店先行调度，互通性较大，同时，诸如设备器材、人才等也可互补，灵活运用，减少不必要的损失。

（二）专业化

现在的社会已走向专业化分工的体系，而且越分越细。这是提高生产力的需要，也是社会经济发展的必然趋势。连锁店的发展恰好代表了这种分工在商业领域的拓展，体系中每个人的职责均有专业分工，仿佛一条很长的流水线，每人只守一个位置。连锁店的产品开发有其专门的部门，由市场调查部门所获得的资料为依据，再进行试验，而产品在推出之前，还有专业人员制作POP及广告促销，至于分店销售人员负责的商品陈列、销售方式等，只要遵循操作指南即可。如此分工，连锁店效率的配合将是极具竞争力的。

专业化隐藏了这样一个陷阱：员工对自己不负责的东西一窍不通，很多国内连锁经营企业引入国外人才失败的原因就在这里。根据我们国家实际的复杂情况，国内企业需要的是全面人才，而国外人才更多的是些专业人才，因此他们在国外把连锁企业经营得有声有色，而一旦被国内企业引进就如同离了水的鱼儿，鲜活不起来了。

专业化也有它的优点，即可以在一定程度上消灭潜在的竞争对手。连锁经营实际上培养的是流水线上的工人，他们只了解自己负责的那一部分工作，除了企业最核心的高管，一般员工对于企业经营的全貌根本无从得知。这样一来，企业自我保护体系就形成了。

（三）简单化

连锁店由于体系庞大，不论在财务、货源控制还是具体操作上都需要有一套特殊的运作系统，省去不必要的过程和手续，简化整个管理和作业的程序，以期达到事半功倍、以最少投入获得最大产出的经济目的。而事实上，连锁这种形式最有可能从作业简单化上获取利益。例如，如果能将整个连锁店的作业流程制作成一个简明扼要的操作手册，那么就能使所有的员工依照手册规定各司其职。只要手册制作科学，任何人均能在短时间内驾轻就熟。对一家商店而言，制作一个手册亦称技术软件，一个告诉员工"干什么"、"为什么干"、"如何干"，"获取最好"的方式与其产出效果相比都是极经济的。连锁分店的管理依照手册的指导，可以迅速走上正轨。即便是作业指导书，其实也是一种流程。

在连锁店内，简单化、专业化、标准化的目的是要保证"谁都会做"、"谁都能做"。只有在连锁制下，才有可能组建"实验商场"，即无差异的培训基地。任何人员的培训均可在任意一家连锁分店内完成，同时却能胜任另一家连锁店的工作。也正是连锁店简单化、专业化，尤其是标准化的特征，才使各连锁分店有可能以无差异的形象出现在大众面前，累积塑造一个连锁店总体的形象，并充分享受利益均沾的好处。

现在国内大部分连锁店是"三化"（标准化、专业化、独特化），而没有简单化。因此操作程序的执行力不强，资料太复杂，加大了培训的成本和难度。

（四）独特化

由现代权变管理理论和现代营销理论可以看出：企业内部和外部环境是复杂的和不断变化的，企业要适应环境条件和形势的变化，最大限度有针对性地满足消费需求，就不能完全照搬一个业务模式，而不管这种模式在其他地方有多么成功。特别是连锁经营意味着要在不同的地区开设众多的店铺，在不同的环境下，面临不同的经济发展水平、消费心理和购买行为，就应该根据不同的环境实施独特化策略。

零售业经营结构趋同是其低水平过度竞争的重要原因之一。面对此种情况，当连锁企业以统一化、标准化的模式在特定地区目标市场开店而遇到强大的竞争压力时，应以营销创新为主导，在市场细分的基础之上采取有别于竞争对手的独特化或错位经营的策略，避免与竞争对手的正面交锋，通过独特化经营创造新的消费需求空间，提高连锁企业的经营质量，塑造和扩大连锁企业竞争优势，改变零售业打折降价的促销与竞争手法，控制商品经营相对成本的上升。连锁企业还可以在服务功能、商品档次、促销重点等各方面形成较为明显的经营特色，使消费者产生鲜明强烈的对比区别感，并由此诱发其特殊性的需求并予以满足，从而给商家带来新的销售机遇和利益。

简言之，独特化就是要求连锁经营企业要根据企业的发展来设置独特的东西。

第三节 连锁经营的优势与风险

一、连锁经营的优势

(一) 理论优势

1. 优化资源配置

连锁经营的基本要素是"八个统一":统一店名,统一进货,统一配送,统一价格,统一服务,统一广告,统一管理,统一核算。实现这些统一,就使商业企业在经营管理方面互相协调,因而有利于资源的配置,使得企业资源共享,不会出现浪费现象,既节约了费用,又提高了效率。

2. 提高市场占有率

连锁经营要想实现规模效益,必须在分店的设置上多动脑筋。在合适的地理环境中,开设数量合适的分店,这样可以扩大企业的知名度,增加产品的销售量,从而提高产品的市场占有率。连锁经营的规模效益不容忽视,这是发展连锁经营必须重视的关键问题。它是连锁经营最吸引人的优势。

3. 强化企业形象

良好的企业形象可以给企业带来巨大的收益,连锁经营企业通常选择统一的建筑形式,进行统一的环境布置,采用统一的色彩装饰,设计统一的商徽、广告语、吉祥物等,这种形象连锁是一种效果极佳的公众广告。企业要实现规模效益,就要在各地开设分店,让不同地区的顾客反复接受同一信息的刺激,久而久之,顾客会由陌生到熟悉,再到认可,进而发生兴趣,这对于树立与强化企业形象极其有利。连锁经营企业工作人员的统一着装,包装物上统一印刷图案,这些都会给顾客一种整洁、规范的感觉,使顾客愿意光临,而且通过顾客无意识的宣传,提升企业在公众心目中的形象,为企业赢得良好的社会效益奠定坚实的基础。

4. 提高竞争实力

连锁经营的各分店在资产和利益等方面的一致性,使得连锁企业可以根据各分店的实际情况投入适当的人力、物力、财力,来实施经营战略,可以对原先独有的销售措施、广告策划、硬件设施进行不断地改革与创新,使整个连锁企业的经营管理能力始终保持在一个很高的水准上。同时,灵活的经营管理又使连锁企业的优秀管理制度、方法、经验能迅速有效地在各连锁分店内贯彻实施,这些都会大大加强连锁企业的总体竞争力。

5. 降低经营费用

连锁经营企业以顾客自我选购、自我服务的经营方式为主,减少售货劳动,因而雇员相对较少,能够节省成本。在连锁超市中,商品明码标价,顾客可以自由挑选,节省购物时间,也节省企业的经营成本;同时,加快了顾客的流通速度,增加客流量。

6. 增加就业机会

连锁经营企业的低成本、高效率使得所售商品价格大幅度降低，等于增加了消费者的可自由支配收入，使他们能更多地购买其他商品或服务，乃至进行其他方面的投资，从而扩大社会总需求。从社会整体来看，必然会进一步促进社会各行业的就业人员总量的增加，增加就业机会。

（二）物流管理优势

1. 连锁经营物流的系统化

连锁经营物流系统是由采购、仓储、流通、装卸、配送和信息处理六个功能构成的，这些功能相互作用、相互联系、相互制约，它们各自特定的功能有机地结合起来，协调运行，共同产生新的总功能。这个总功能再去协调各个子系统，从而使各子系统在相互联系、相互影响、相互制约中保持协调一致，在发挥各自特定功能的基础上形成系统的总功能，实现商品的流动。

2. 连锁经营物流的合理化

连锁经营物流的系统化是其物流合理化的基础，而物流合理化则是整个连锁经营物流管理所追求的目标。首先，物流合理化可以降低物流费用，减少商品销售成本；其次，物流合理化可以压缩库存，减少流动资金的占用。更为重要的是，通过物流可以提高企业的管理水平。

3. 连锁经营物流的标准化

物流是一个大系统，这样一个大系统的管理是非常复杂的，系统的统一性、一致性和系统内部各环节的有关联系是系统能否生存的首要条件。标准化是物流管理的重要手段，能加快流通速度，保证物流环节，降低物流成本，从而较大地提高经济效益。

4. 连锁经营的配送中心

配送中心是指以客户的需求为先导，围绕商品组配与送货而展开的接受订货、预先备货、分拣、配货装货、准时送货等一系列服务的中枢。配送中心是承担物流专业化管理职能的组织机构，它是连锁经营的核心。这是因为连锁经营的集中化、统一化管理在很大程度上是靠配送中心来具体实施的，通过配送中心的作业活动，不仅可以简化门店的活动，从而降低连锁企业的物流总费用，而且能实现商品在流通领域中的增值，并向门店提供增值服务。

国外的很多企业都努力提高连锁企业的经营水平，以期为全面开进中国市场做好准备。面对现实，我国的连锁经营决不能坐以待毙。努力发展连锁经营，其意义不仅仅在于发展我国的经济，更重要的是，在发展的过程中可以借鉴国外先进的管理经验、先进的技术，甚至可以利用国外的优秀人才。在竞争的过程当中，不断吸取教训和经验，为我国连锁经营的进一步发展做好准备。我国加入 WTO 后的竞争是残酷的，也是全方位的，是观念、技术、管理方法、人才等的综合竞争，发展连锁经营势在必行。

二、连锁经营的风险

连锁经营也不是十全十美的。连锁经营最早产生于 1859 年的美国，已有 100 多年历史，20世纪60年代在资本主义发达国家广泛发展，逐步普及。尤其是随着计算机技术、信息网络技术和应用电子技术的发展，连锁经营在欧美等国家进入空前繁荣阶段。这反映了连锁经营在诸如价格、品牌、渠道等方面所拥有的极大的营销优势，但同时，连锁经营也存在着诸如灵活性降低、营销风险加大等缺陷及其带来的风险。

（一）营销活动灵活性有所降低

随着连锁经营企业规模的增大，企业营销活动面对现实的灵活性会有所降低。市场会变，人们的生活、消费习惯也会发生改变，而大型连锁经营的企业适应市场变化往往需要较长的时间，有一个较长的调整期，会丧失一些营销机会。

营销功能的专门化会使营销组织在一定程度上脱离直接生产和面对消费者的机会，尤其是上层营销人员，因而易造成营销策划脱离市场的弊端，甚至产生官僚主义的习气和引起组织活动的僵硬、滋生形式主义。

企业发展到一定阶段，往往需要重新规定发展方向和进行营销战略规划，庞大的企业和众多职业经理的惯性思维会阻碍企业家的进取意识，造成变革摩擦力，丧失连锁经营改革创新和继续发展的动力。

连锁企业在经营中强调提供统一产品和标准化的服务，过分标准化的产品和服务，使各连锁门店不能随意改变自己的产品和服务，在一些小的市场范围内可能无法有效满足消费者需求，导致产品和服务适应性的缺失。

实际经营中受到总部严格约束，可能导致各连锁门店销售活动的自主灵活性缺乏。

（二）营销风险增加

连锁经营在一定程度上化解营销风险同时，在一些方面却可能增加营销风险。

总部决策失误，会为各分店造成巨大损失。集中统一的营销管理是连锁经营的营销优势，可以使专家的管理才能得以放大，但同时也增加了营销风险，总部的决策会在众多的连锁分店执行，一旦决策失误，会使得"专家失误"放大，为整个企业带来巨大损失。总部会定期派市场专员去检查，一方面可以有效指导各家分店，但是从另外一个方面来说，也会消除各家分店的创新性。

个别门店营销失误也会对整个连锁带来不利影响。连锁经营中存在着"多米诺骨牌"效应，即"一荣俱荣、一损俱损"，个别门店服务水平降低会影响整个连锁企业的声誉，当个别门店出现营销失误事件时，对整个企业的打击可能是致命的。可能会有某家分店因为服务员的态度，或者迫于竞争压力而降价，或者由于某个环节出错而造成产品质量问题，都会引起其他分店的连锁反应。而反过来，如果控制得太死，则又扼杀了分店的自主发展势头。

营销投资的成本加大，导致营销投资回收风险加大。连锁经营企业在营销中，往往会投入巨大的人力、资金，其营销投资是否能回收存在一定风险，这种投资越大，风险也就越大。

（三）营销管理的控制问题增多

营销管理中的控制问题增多，表现在以下两方面。

1. 内部控制问题的增多

连锁经营的企业存在诸多分店，各分店在经营中存在的各自利益可能与总部利益相冲突，在经营中可能存在"违纪"行为，加大了总部营销管理中的控制难度，尤其对于特许经营的加盟店来说，这种冲突更为明显。例如，各分店为节省成本，不按要求维修或更新形象；各分店没有按连锁公司要求进行经营，将公司的统一标识或名字用于不被允许的事情或地方；不按期缴纳费用；等等。这些可能出现的利益冲突会加大控制成本和交易成本，还可能导致合作关系破裂，进一步引起管理成本和交易费用的上升。

2. 企业外部控制问题增多

随着加盟分店的增多，其管理技术、生产工艺等商业秘密被广泛使用，导致管理知识产权和商业秘密被侵害的风险较大，同时也带来了保护手续的繁琐，增大了营销成本。其中，品牌等管理知识产权被"免费"使用的可能性大为增加，在一个大范围的市场内，连锁总部可能无法有效监控这些知识产权被侵犯。同时，连锁加盟店的增加，其知识产权和营销技术的推广，可能制造未来的竞争对手，当一些加盟店退出之后，对本企业的核心经营、管理方式、内容有足够的了解，易于成为未来难以对付的竞争对手。

（四）营销管理有效性有所降低

随着连锁单店数量的增加，企业管理组织体系中纵向的组织层次和横向的管理幅度会增加，根据现代管理理论，这都会造成营销管理中的有效性降低。纵向管理层次增多，一方面，影响信息在高层与基层之间的传递速度，拉大了领导层与实施层的行政距离，给上下层级之间的沟通带来不便，不仅造成程序复杂、手续繁多、公文履行、官僚主义丛生的问题，也带来信息的失真失落率的增大，实践表明，管理层次每多出一级，信息的失真失落率就会增加一倍；另一方面，也使高层营销管理人员远离一线员工，降低彼此的适应性，使得上层管理人员发出指令的难度增加，不易准确指挥控制基层。横向管理幅度的增多同样也会造成管理效率的降低，每一个管理者或管理部门有效管理的对象为3～5个，其有效性会随着管理对象的增多而减少。因此，任何主管人员能够直接有效地指挥和监督的下属数量总是有限的，随着管理幅度的加大，必然会造成指导的监督不力，使组织陷入失控的状态；而管理幅度过小，又会造成主管人员配备增多，管理效率低下。所以，保持合理、有效的管理幅度是连锁经营营销管理所必须要求的。

案例　谭木匠：连锁经营的威力

谭木匠是一家主要生产木梳和镜子的小木制品生产企业，创立于20世纪90年代初期，以十年之功，打造了木梳行业第一品牌。2009年年末，谭木匠公司在香港上市。到2011年，已有1000多家特许加盟店，营业额2.44亿元。

能把木梳、小镜子这种产品做到这样的规模，全国范围内仅此一家，创造了一个不大不小的奇迹。谭木匠最具特色的成功经验是其品牌建设，以及与品牌相配套的产品定位、销售渠道战略。这里仅就其分销渠道战略进行介绍。

一、木梳的分销渠道选择

如何销售木梳，这里有两个选择：一是走平常的分销渠道，二是走连锁专卖店的渠道。

第一种做法的好处是可以把销量做上来，缺点是利润低，品牌也很难做出来。为什么呢？木梳是一种技术含量很低的产品，我们在各地都能看到各个厂家生产的木梳，价格有高有低，但是谁会记得其中任何一家的牌子呢？这种低技术含量的产品，随便一个小作坊都能生产，在街头的地摊上都有销售。如果谭木匠的产品放在中高档的商店里销售，销量少了，甚至连进场费都付不起，要做大销量谈何容易。如果放在中低档商店里销售，只能是低价销售，否则根本卖不出去。如果再考虑渠道成本，木梳依靠传统渠道销售，确实很难有大的突破。

第二种做法的销量相对小一些，但是好处是毛利高，能够塑造品牌，而且经营风险相对较小，加盟店分担了部分风险。此外，销售管理的成本也低了很多，这对一个小企业来说还是很有诱惑力的。等到品牌做起来之后，还可以扩充销售渠道的模式或者延伸产品。

谭木匠选择加盟专卖店的做法是一个创新性的营销策略。要想成功，首先要使品牌有一定的知名度，才能使异地的加盟者闻风而至。所以，谭木匠开始时的销售增长速度会慢一些，这是不可避免的；但每当品牌知名度上升到一个新层次，销量每隔一段时间也会出现一次大的增幅。谭木匠的连锁专卖体系就是这样发展起来的。

二、谭木匠的特许加盟连锁管理特色

1. 稳健的加盟政策

为了发展连锁店，很多品牌把自己吹得天花乱坠，但是谭木匠的做法比较理性，没有不着边际的吹嘘，反而赢得了客户的信任。谭木匠将产品定位为高级木梳，所以专卖店位置很重要，谭木匠要求加盟者必须在繁华商业区有面积20平方米以上的独立店面。谭木匠不希望加盟者"太有钱"，因为"太有钱就不会认真卖木梳"，所以加盟费的门槛比较低，地级城市1万元、省会城市2万元。当加盟店数量增加到一定程度，加盟费也是一笔可观的收入。加盟店进货必须现款现货，概不赊欠，从而避免了财务风险。为了保护加盟者的利益，谭木匠允许在经营期间调换滞销货，对那些合同期满不再经营者，可退一年内存货，收取零售额6%的退货费。

为了确保加盟者的利益，谭木匠还采取了一系列的市场保护措施。对每个专卖店的经营范围和销售价格都进行了统一的划分和严格控制，并且在每个地区都派出了市场督导员，负责监督规范市场。凡是违规经营的专卖店，都将给予严厉的处罚，直到取消经营权。

2. 专卖店特色装修

专卖店的装修不仅对品牌形象产生影响，更会对销售产生直接影响。一个位于繁华商业区的小店，如何才能给过路的人留下深刻印象呢？如何把专卖店装修和产品定位、品牌内涵统一起来呢？这就需要在装修和陈列上下功夫。在这方面，谭木匠确实非常有特色，值得做高端小商品的企业借鉴。

谭木匠在全国统一推广连锁店装潢风格，装潢以红檀木色为标准色，具有沉着、古朴、传统、自然的特质，象征活力、刚强、喜庆和吉祥，加强并投射出品牌形象；门外牌匾写着：千年木梳，万丝情缘，店内陈设的《一段家史》、《品味生活》的故事情节体现出独特的店铺文化。全木制的装饰、温暖的圆桶灯、满墙的梳子和古香古色的色调就如同梳子的质地一般，充满了亲切感和与自然相契合的温暖。

与这种特色相对应的是谭木匠的购物环境。门楣字样的书写、店头全木包装、店内木质展台的精巧设计，所有这些，朴实而有新意，强化了品牌的文化氛围，彰显了独特的品牌个性。在这种氛围中销售的木梳，和那些路边摊或混在杂物堆里出售的梳子相比，使消费者获得了很好的购物体验。

独特的文化氛围和严格的市场管理大大增强了加盟者对谭木匠的信心。通过这种特许加盟的方式，谭木匠逐渐在全国建立了分销网络，等到这个网络越来越密的时候，就达到了与"大分销"殊途同归的效果。高毛利和品牌形象又优于大分销，这就是谭木匠专卖店体系的独到之处。

（资料来源：中国营销传播网，2013-01-29）

链接思考
(1) 连锁经营模式在谭木匠的成长过程中起到了什么作用？
(2) 谭木匠的连锁经营模式对其他企业有什么样的启示？

本章小结

连锁经营是指若干个店铺在统一的总部的管理下，运用统一进货、统一管理或授予特许权的方式，实现规模效益的商业组织形态。连锁经营是近代产业革命所带来的经济高速发展的产物，是社会化大生产的的产物。它产生于美国并很快传遍了世界，其特点为六个统一，即统一的形象、统一的布局、统一的产品销售、统一的价格、统一的服务和统一的管理。连锁是商业流通的一种形式，连锁经营分为直营连锁、自由连锁和特许连锁。

直营连锁是资产所有的统一，自己投资超市、直接管理，它是一个企业最初的连锁形式。自由连锁，是指个体户之间形成一种联盟，但还没有形成一种品牌或共同性。特许连锁，又称加盟连锁、合同连锁和契约连锁，它有核心企业，先有团体再发展网络，有一个主体企业起主要作用，同时把自己的特许权，包括商标、商号、专利技术等一整套的经营管理模式，通过合同方式，特许给另外一个企业使用，并收取加盟费。特许连锁最适合有专利权、有独特的经营管理技术，或有核心的东西支撑的行业。

连锁经营体系包括运营体系、训练体系、督导体系三个部分。三者相互关联又各不相同。其中，完整的连锁企业训练系统应是一个"5T"模型，即：科学系统的制度标准；实战可视的训练课程；主动实施的训练实施；全面完善的训练考核；持续升级的完善工具。

连锁经营的优势明显，主要表现在理论和物流管理两个方面。但同时连锁经营也存在着诸如灵活性降低、营销风险加大等缺陷及其带来的风险。

关键概念

直营连锁　自由连锁　特许连锁　连锁经营体系　"5T"模型　"四化"管理

思考题

(1) 连锁企业如何摆脱价格战的困扰？
(2) 连锁企业经营怎样才能实现"四化"管理？
(3) 如何有效地应用"5T"模型？
(4) 怎样回避连锁经营带来的风险？

第六章 特许经营

本章学习目标

学完本章后,应该掌握以下内容:①了解特许经营的概念与特征;②了解特许经营与连锁经营的区别;③了解特许经营的种类;④了解特许经营的优势。

20世纪90年代以来,我国的连锁零售商业发展迅速。随着连锁零售商业的逐步发展,我国的特许经营开始涌现,一些著名的国际特许经营组织纷纷开始登陆中国市场。特许经营作为一种全新的商业零售模式,本身存在着巨大的优势。

第一节 特许经营概述

一、特许经营的概念与特征

(一)特许经营的概念

特许经营是以特许经营权转让为核心的一种经营方式,是指特许人与受许人之间达成的一种合同关系。在这个关系中,特许权人提供或有义务在诸如技术秘密和训练雇员方面维持其对专营权业务活动的利益;而受许人获准使用由特许权人所有的或者控制的共同的商标、商号、企业形象、工作程序等,受许人自己拥有或自行投资相当部分的企业。

(二)特许经营的特征

特许经营有如下特征:
(1)特许经营是特许人和受许人之间的契约关系。
(2)特许人将允许受许人使用自己的商号或商标或服务标记、经营诀窍、商业和技术方法、持续体系及其工业和知识产权。
(3)受许人自己对其业务进行投资,并拥有其业务。
(4)受许人需向特许人支付费用。
(5)特许经营是一种持续性关系。
上述特征可以从以下三个方面来理解:
第一,特许经营是利用自己的专有技术与他人的资本相结合来扩张经营规模的一种商业发展模式。因此,特许经营是技术和品牌价值的扩张而不是资本的扩张;特许经营是以经营管理权控制所有权的一种组织方式，受许者投资特许加盟店而对店铺拥有所有权，但该店铺的最终管理权仍由特许者掌握；成功的特许经营应该是双赢模式，只有让受许者获得比单体经营更多的利益，特许经营关系才能有效维持。

第二，特许经营是21世纪主流的商业经营模式。作为一种经营方法，它可以向任何行业领域扩张。根据中国商务部的定义，特许经营是指通过签订合同，特许人将有权授予他人使用的商标、商号、经营模式等经营资源，授予受许人使用；受许人按照合同约定在统一经营体系下从事经营活动，并向特许人支付特许经营费。

第三，特许经营的早期是商品商标型特许经营，在这一阶段，特许商向加盟商提供的仅仅是商品和商标的使用权，作为回报，加盟商需定期向加盟商支付费用。这也被称为"第一代特许经营"。中国的特许经营从一开始就是以第二代特许经营即全套经营模式特许为主，而不像国外从第一代商品商标型特许经营起步，逐步发展到第二代特许经营。

在美国，特许经营占零售业收入的40%，年营业额达1兆美元。我国零售业发展特许经营步伐正逐步加快。一批发展稳定的国内便利店企业向市场推出了自己的便利店加盟模式，如华联、物美、苏宁、国美等企业发展了较为成熟的加盟。国外特许品牌加快进入我国市场的步伐，如必胜客、星巴克等国外知名餐饮品牌纷纷向中国投资者伸出"橄榄枝"。

二、特许经营的特许人与受许人的条件

2005年2月1日开始实施的《商业特许经营管理办法》是对国内特许经营的规范，主要内容如下。

（一）作为特许人应该具备的条件

（1）拥有依法设立的企业或者其他经济组织。
（2）拥有有权许可他人使用的商标、商号和经营模式等经营资源。
（3）具备向受许人提供长期经营指导和培训服务的能力。
（4）在中国境内拥有至少两家经营一年以上的直营店或者由其子公司、控股公司建立的直营店。
（5）需特许人提供货物供应的特许经营，特许人应当具有稳定的、能够保证品质的货物供应系统，并能提供相关的服务。
（6）具有良好信誉，无以特许经营方式从事欺诈活动的记录。

（二）作为受许人应该具备的条件

（1）拥有依法设立的企业或者其他经济组织。
（2）拥有与特许经营相适应的资金、固定场所、人员等。

三、特许经营的种类与优势

(一) 特许经营的种类

按不同的划分方法,特许经营可以归纳为如下种类。

1. 按所需资金投入划分

按所需资金投入划分,可分为工作型特许经营、业务型特许经营和投资型特许经营三种。工作型特许经营只要加盟者投入很少资金,有时甚至不需要营业场所。业务型特许经营一般需要购置商品、设备和营业场所,如冲印照片、洗衣、快餐外卖等,所以需要一定的投资。投资型特许经营需要更多的资金投资,如饭店等。

2. 按交易形式划分

按交易形式划分,可分为以下四种:①制造商对批发商的特许经营,如可口可乐授权有关瓶装商(批发商)购买浓缩液,然后充碳酸气装瓶再分销给零售商;②制造商对零售商的特许,如石油公司对加油站的特许;③批发商对零售商的特许,如医药公司特许医药零售店;④零售商之间的特许,如连锁集团利用这一形式招募特许店,以扩大经营规模。

3. 按加盟者性质划分

按加盟者性质划分,可分为区域特许经营、单一特许经营和复合特许经营三种。区域特许经营是指加盟者获得一定区域的独占特许权,在该区域内可以独自经营,也可以再授权次加盟商。单一特许经营是指加盟商全身心地投入特许业务,不再从事其他业务。复合特许经营是指特许经营权被拥有多家加盟店的公司所购买,但该公司本身并不卷入加盟店的日常经营。

4. 按加盟业务划分

按加盟业务划分,可分为转换型特许经营和分支型特许经营。前者是加盟者将现有的业务转换成特许经营业务,特许商往往利用这种方式进入黄金地带;后者则是加盟商通过传统形式来增加分支店,这就需要花费更多的资金。

(二) 特许经营的优势

1. 特许商利用特许经营实行大规模的低成本扩张可获得的优势

(1) 特许商能够在实行集中控制的同时保持较小的规模,既可赚取合理利润,又不涉及高资本风险,更不必兼顾加盟商的日常琐事。

(2) 由于特许商不需要参与加盟者的员工管理工作,因而本身所必需处理的员工问题相对较少。

(3) 特许商不拥有加盟商的资产,保障资产安全的责任完全落在资产所有人的身上,特许商不必承担相关责任。

2. 加盟商借助特许经营"扩印底版"可获得的优势

有业者形象地把加盟特许经营比喻成"扩印底版",即借助特许商的商标、特殊技能、经营模式来反复利用,并借此扩大规模。

（1）可以享受现成的商誉和品牌。加盟商由于承袭了特许商的商誉，在开业、创业阶段就拥有了良好的形象，使许多工作得以顺利开展。

（2）避免市场风险。对于缺乏市场经营的投资者来说，面对激烈的市场竞争环境，往往处于劣势。投资一家业绩良好且有实力的特许商，借助其品牌形象、管理模式以及其他支持系统，其风险大大降低。

（3）分享规模效益。这些规模效益包括采购规模效益、广告规模效益、经营规模效益、技术开发规模效益等。

（4）获取多方面支持。加盟商可从特许商处获得多方面的支持，如培训、选择地址、资金融通、市场分析、统一广告、技术转让等。

四、特许经营与连锁经营的区别

（一）产权构成不同

直营连锁是指同一资本所有，由总部集中管理，共同开展经营活动的高度组织化的零售企业。同一资本所有是区别直营连锁店与其他经营形式的关键，也是特许经营与连锁经营本质上的差别。

（二）管理模式不同

特许经营的核心是特许权的转让，特许者（总部）是转让方，受许者（加盟店）是接受方，特许体系是通过特许者与受许者签订特许合同形成的，各个加盟店的人事和财务关系是独立的，特许者无权进行干涉。受许者需要对特许者授予的特许权和提供的服务以某种形式支付报酬。而在直营连锁经营中，总部对各分店拥有所有权，对分店经营中的各项具体事务均有决定权，分店经理作为总部的一名雇员，完全按总部意志行事。

（三）涉及的经营领域不同

直营连锁经营的范围一般仅限于商业和服务业，而特许经营的范围则宽广得多，在制造业也被广泛应用。

（四）法律关系不同

在特许经营中，特许者和受许者之间的关系是合同双方当事人的关系，双方的权利和义务在合同条款中有明确的规定。而直营连锁不涉及这种合同（分店经理与总部的雇佣合同则另当别论），总部和分店之间的关系由公司内部的管理制度进行调整。

（五）扩张方式不同

特许经营通过招募独立的企业和个人扩张体系，特许者不仅需要吸引潜在的受许者，还需选择受许者，为受许者提供培训和服务，通过直营连锁扩大规模则要筹集足够的资金，配备大批的管理人员。相比之下，特许经营利用他人资产扩大市场占有率，所需资金较少,而直营连锁的发展更易受到资金和人员的限制。

五、从市场营销学"4P"角度认识特许经营

(一) 产品 (Product)

市场营销学中产品的整体概念包括一切能满足买主的需要和利益的物质产品和非物质形态的服务。产品的整体概念包含三个层次:①核心产品;②形式产品;③附加产品。

零售企业产品的整体概念也包括三个层次:①商品;②服务;③环境。调查资料表明,消费者对零售企业有三个期望:一是能获得满意的商品,二是能得到良好的服务,三是有舒适的购物环境。

在零售业中,小投资者加盟特许经营,他们本身没有能力创造名牌,他们选择加盟的特许经营的零售店一般都是拥有较高知名度的商标品牌,通过特许经营,使用公众所熟悉的特许人的服务商标、产品商标、所有权、专利与外观设计,从而吸引消费者。而特许人想开展特许经营,便需要提高自身品牌的知名度,在长期的经营中,形成自己独特的风格,拥有特色的产品。通过产品让消费者知晓、熟悉企业的品牌商标;通过品牌,让消费者对企业品牌下的产品更加信任。因此,其产品定位不仅指产品本身,还在于潜在消费者心目中的印象,即产品在消费者心目中的地位;而且取决于消费者或用户如何认识该产品,取决于他们对产品的评价。没有只卖产品的加盟店,任何成功的特许经营,都在加盟店的产品销售过程中,或明显或隐含地附加了服务,形成自己的品牌特色。

同时,专业分工的协作与特许人、受许人双方联手的共同经营,将充分发挥特许人与受许人的各自优势,从而使共同打造的产品或服务质量更好、性能更优、技术更先进、数量更充裕,使加盟店在为顾客提供更好的产品和服务的同时,增强顾客对企业品牌的忠诚度。

(二) 价格 (Price)

价格是市场营销组合中最重要的因素之一,尤其是零售价格,直接关系到商品能否为消费者接受、市场占有率的高低、需求量的变化和利润的多少。零售价格是消费者购买行为能够发生最具有影响力的因素之一,它既可以促使消费者实现购买,也可以延缓消费者的购买行为甚至消除消费者的购买欲望。而零售企业的特许经营与其相应的价格策略是相互联系的。

零售企业采取特许连锁经营,不仅扩大了其市场,而且扩大了企业品牌的经营规模。有了一定的规模,企业可在其加盟店相对集中的地区建立自身的物流配送中心,采取统一的物流配送。例如,沃尔玛公司基本实现了每半年建立一个配送中心,每个配送中心为100个连锁店提供配送服务,这种以配送中心为轴、区域集中建店的发展战略,使沃尔玛各加盟店都减少了订货成本和运输成本,有助于其"天天平价"的经营策略的实施。采取特许连锁经营,还可以使特许经营的受许人联合起来集中进货,通过大规

模、大批量的采购与供应商协调,在跨国特许连锁经营上,家乐福的成绩相当可观,现已发展到在全球具有9000多家分店的庞大规模。低价格一直是家乐福赖以成功的一大法宝,家乐福一直努力通过各种渠道来控制、降低成本。通过特许经营,家乐福实现了大规模的经营战略,使其能获得现代大商业的规模效应,这种规模效应又可以通过大规模、大批量的采购,享受数量折扣优惠并转化为公司的低成本优势。家乐福强大的规模还可以大大降低其配送成本,同时,强大的规模效应使家乐福的商品周转迅速。家乐福拥有强大的采购能力及与供应商谈判的能力,这就为其商品的迅速周转提供了保证。商品的快速周转,流动资金占用少,大大降低资金的成本。所有这一切,都是家乐福低价格策略的坚强后盾。有了这一切,家乐福才能时时保持低价,对顾客产生极大的诱惑。

(三) 地点 (Place)

零售业是一种地利性产业,零售地点是零售企业的一项重要资源。零售企业的地理位置不仅影响企业收益的高低,也表现出零售企业的市场地位和企业形象,影响零售活动的开展。而对于采取特许连锁经营的零售企业来说,"地点"这一因素尤为重要,它直接决定了加盟店的经营状况,而且在一定程度上影响到企业整体品牌商标及其经营。

零售企业对于加盟店地理位置的抉择主要包括地区、区域和地点等方面的内容。地区抉择是全国性或跨区域经营的零售企业择定其地理位置的关键一步。零售企业在某一地区新建特许经营店,必须对该地区的市场需求量、购买力指数、商品零售饱和指数、市场发展潜力等因素进行分析。所择定的地区必须有一定量的人口,有充足的购买力,能创造充分的需求,同时还必须符合企业的目标市场的要求。

(四) 促销 (Promotion)

零售促销是零售商有目的、有计划地将人员销售、营业推广、广告活动和公共关系四种促销方式结合起来,综合运用,形成一个整体促销策略。而在特许经营的零售企业中,人员销售和营业推广这两种促销方式尤为重要。

零售企业的人员销售是销售人员对消费者实行的面对面的交易与服务,人员销售过程与消费者的购买过程有着密切的联系。在人员销售过程中,始终贯穿着售货员对消费者的服务。销售人员在营销活动中扮演着重要的角色。零售企业开展特许经营,首先会对受许人进行系统的管理培训和指导,通过有效的培训和指导,提高受许人的素质,并对其所经营的特许品牌有充分的了解,在经营过程中,充分有效地运用人员销售这一促销方式,实现企业的经营目标。

营业推广是零售企业为了刺激需求而采取的除人员销售、广告活动和公共关系以外的能够迅速产生鼓励作用的促销措施的总称。特许经营的零售企业开展营业推广,往往会统一各特许经销店,采取相同或类似的促销策略,通过促销,直接或间接地为消费者提供超额价值,刺激消费者需求,鼓励消费者购买,推动和扩大销售活动。

第二节 特许经营的运营体系

一、特许经营的运营基础

(一) 受许方（加盟店主）应具备的条件

受许方（加盟店主）应该具备哪些条件才能与特许方（盟主）的经营理念合拍，共创未来呢？我们在分析麦当劳、肯德基这些著名的特许经营盟主在国外的发展成就和目前国内特许加盟盟主对加盟商的要求后，可列出以下条件。

1. 热爱做生意

绝大部分的加盟店在开业前，都会有盟主总部人员的支持和指导，使加盟店在开业后能顺利营运。但有一个原动力是加盟店主不应忽视的，即你必须拥有一颗热爱这个生意的心。这股热爱，将会在你的经营过程中自然流露，并提供给顾客最好的服务，从而使加盟店的营运显示出蓬勃朝气；顾客也会因你的亲和力光临你的店。

2. 事必躬亲

除非你的加盟店选在办公区域，否则，周末及假日的生意通常会很忙。因为在假日出来购物或消费者客流量会增加，你务必要做好人、财、物的充分准备。但由于加盟商以前所从事的工作性质及各人工作意识的参差不齐，有些习惯了朝九晚五的上班族在刚开始时，对节假日无法与家人分享节日的快乐感到很无奈，或情愿当一名"甩手掌柜"，这将会导致员工缺乏工作积极性从而怠慢顾客。久而久之，顾客也会感受到这种不祥和的气氛，你的生意就会日趋清淡。反之，若加盟店主能不厌其"忙"，事必躬亲，心怀对创业的热忱去迎接和服务顾客，员工和顾客都会被感染，使生意越做越好。

3. 严格遵循盟主特许体系的运作

加盟店营运一旦走上轨道，由于加盟商大都有强烈的独立心，难免会志得意满，而忽略盟主在加盟连锁体系的功劳。事实上，加盟店的成功＝总部50%的努力＋加盟店50%的努力，但就单店"经营上的努力"来说，应该是，经营上的努力＝总部25%的努力＋加盟商75%的努力；此外，加盟成功的本质则是75%归功于总部，加盟店只占25%。因为盟主多年的人、财、物的付出，经营经验的积累，以及在消费者心目中辛苦建立起来的品牌美誉度及知名度这种无形资产，是难以用价值来衡量的。

因此，加盟商必须在经营上努力之外，还首先得感谢和肯定盟主的贡献。所以加盟店店主应与盟主有基本的共识——加盟连锁事业是彼此共同的事业，不要轻言变改连锁加盟体系的经营方式。否则，变了质的连锁加盟公式，只会使加盟店走上失败的道路。

4. 把员工当作加盟店的合伙人

事实上，不管你加盟的行业业态是怎样的，加盟店是无法只靠店主一人之力独撑大局、顺利营运的。因此，加盟店主不仅要随时调整自己的心态，谦恭待人，更要把店内员工视为创业的合伙人，让他们都能感受到店主的真诚、关心而愿意全身心投入工作，这样店主也就不会抱怨员工的频繁流失了。

5. 按盟主的经营手册运行，并随时找出弊端加以改善

一个成熟加盟体系中的加盟商，一般在开始的一年中都会全力依盟主的指导及手册做出成功的经营业绩。但当营运步入正常后，就会松懈，掉以轻心，甚至抱着得过且过的心态，而不再依据营运标准行事，从而导致产品品质及服务质量下降。

为了防止这种消极情形的发生，要成为成功的加盟店主，就应该每日遵照盟主提供的各种手册及规则流程，加强经营过程的管理，随时检讨各环节是否依照手册运行。另外，要善于从实际工作中及时发现问题，找出解决的办法，并呈报特许方修改完善。这种双向的沟通，会使加盟体系更完善，真正体现"双赢"的目标。

6. 加盟者要有强烈的经营意识

虽然加入了盟主的连锁事业，盟主会详细传授经营的方法及诀窍，使加盟店尽量减少自我摸索的时间和风险。但事实上，由于国内投资者普遍对特许经营理解不透彻，加盟商加盟动机、心态及素质的不一，对盟主依赖心过重或自以为是的人仍是多数。为了突破这种心理上的瓶颈，加盟商在决定创业之初及在签署加盟合约时，就应时刻提醒自己不仅是这份加盟事业的投资者，更是加盟店的经营者，有了这种想法和认知，加盟店主在单店营运中的指挥会更有力。这股要做好事业的干劲是经营者不可或缺的心理要素。

7. 加强领导及管理能力

经营者的领导力是加盟店营运的最大力量。不管加盟店的营运是否顺利，经营过程中产生的突发事件都是无法预知的，对这些事件的处理，在盟主的操作或指导手册中，大多没有可以参照的范本，这时，就是考验加盟店主领导及决策能力的时候。

加盟商如果能体察入微，拿捏得当，管理有序，惩罚分明，并在店内下达指令时明确而又果敢，就可带领员工排除一个个的困难或危机。

(二) 特许经营可行性评估的因素

在对现有业务进行特许经营可行性评估时，要考虑以下九个关键因素。

1. 该业务是在一个较大的、发展中的市场中经营的吗

由于市场竞争是不可避免的，因此要维护一个或多个特许经营体系，需要有充足的市场需求。较大的市场将带来可观的收益，使经营该业务成为对潜在受许者有吸引力的商业机会。市场必须提供有利于特许者和受许者发展的空间。

2. 该市场可持续发展吗

市场必须有长期发展的潜力，因为受许者常常签署长期协议并且特许者要为特许经营体系建立一个牢固的基础设施。这意味着时尚业务不适合进行特许经营。因此，特许经营这一理念必须试行一段合理期间，以证明其长期发展的可行性。

3. 利润足以支付每月的管理服务费吗

为在一个合理期限内收回投资和支付每月的管理服务费或特许费，受许者就必须获得足够的利润。如果受许者无力支付管理服务，该业务是不能进行特许经营的。

为评估其可行性，财务预测必须基于目前业务而作出。在目前的经济环境下，尤其重要的是受许者必须能够偿付债务和支付管理服务费。

4. 对该产品可以收取价格外的费用吗

消费者必须乐意支付产品价格外的费用，并以此获得额外服务，平庸的产品难于取得好的特许经营业绩，陷于价格战的产品难于取得好的特许经营业绩。在这些情况下，产品几乎无受推崇可言，取得利润也有压力。受许者在此条件下是不可能发展的。

5. 特许者有充足的资金保障吗

特许者需要资金以试行其理念，发展特许经营和建立必要的基础设施。特许经营开始几个阶段是投资密集期。因此，为避免初期失利，特许者拥有稳定的财务后盾是很重要的。

而且，特许者必须能够承担进行特许经营时的专业方面的费用，包括技术和服务支持费。拟以特许经营方式扩展业务时应考虑这个因素。

6. 有潜力树立一个品牌吗

国际上著名的特许经营项目亦被认为是著名的品牌项目，如肯德基炸鸡和麦当劳。著名品牌进行特许经营也相对容易些，如哈根达斯以特许经营方式开了一系列连锁咖啡店。建立品牌的标准包括独特性以及挖掘消费者推崇该品牌的能力。一个好的品牌很容易得到认可和扬名，消费者很容易记住这一品牌并在心目中占据首位，以确保反复购买。这就是品牌的实质所在。

另一个重要因素是，品牌能否得到保护。知识产权必须尽快得到注册并且不易被复制。要知道，属名难以获准注册（如 The Coffee Place 是一个属名，而 Joe's Coffee Place 更容易得到保护）。

7. 进入市场有实质性障碍吗

独特性是产品可进行特许经营的先决条件之一。一个易被复制的产品为获得成功，就得苦苦争夺竞争优势。虽然有些产品本质上是存在竞争的，但是如果向消费者提供其他品牌所不能或将不能提供的实惠，就可以消除进入市场的障碍。价格竞争很激烈的轮胎配件中心就是一个例子，但通过增加超时服务或车辆服务，该业务的经营者就可能使自己与众不同。

8. 开发投入将会获得满意的回报吗

特许者和受许者必须能够从投资中获得回报。特许者为开发特许经营体系的基础设施而投入资金、产生成本，他所获得的回报必须证明其投入是值得的。受许者需要对投资获得一个合理的回报，否则他将易产生寻求别的商业机会的想法。

9. 有可能发展为特许经营文化吗

很重要的一点是，要有建立适合本体系的特许经营文化的潜力。特许经营文化是开放式的、注重内涵。该文化在本质上必须是灵活的、起辅助作用的。当某组织选择走特许经营之路时，它必须致力于营造一个双赢的情形，也就是说，特许者和受许者为获得成功要相互依赖。

专业的特许者对业务的成功有长远的打算，包括业务未来发展的规划以及不断成功的策略。特许者必须坚信良好的商业道德并身体力行，尤其是受许者们要将大量的资金交给特许者。社团公司常常被认为是很差的特许经营者，就是因为它们没有适当的企业精神。受许者需要在一个灵活环境下获得指导和支持，它们需要指导而不是命令。

二、特许经营运作与规范

（一）特许经营运作程序

（1）对行业进行调查研究。仔细阅读特许者的宣传手册，评价自己对该行业的兴趣，决定适合自己做的行业。

（2）提交申请或资格表。在购买特许经营权之前，向特许者提交申请表或资格表，使他们能够更多地了解购买者的想法。

（3）仔细阅读特许者的详细资料。在通常情况下，特许者应准备统一供给通函（UFOC，详见"特许经营运作程序涉及的管理条例及文件"），帮助受许者对未来的该特许经营权有全面彻底的了解。

（4）向特许者提出问题。通过得到更多的信息，来帮助受许者作出正确的选择。

（5）联络或拜访现有的特许经营者。有着多年经验的特许经营者会提供该行业的状况和良好建议。

（6）与特许者会面。绝大多数人喜欢面对面的交谈，以观察对方的诚意，并直截了当地提出自己的问题。

（7）选择一个有潜力的地点。选择自己认为合适的地方，对其进行人口统计研究，并与现有受许者的情况相比较。要知道，绝大部分的特许者都对选址有控制权。

（8）执行特许经营协议。收到相关文件到正式签订《特许经营协议》，一般需要几周的时间，不要过于草率地作出决定。

（9）参加培训。以放松、开放的心态参加有关特许经营运作的培训班，这也是加入这一行列的重要一步。

（10）开张。接受培训后，要开始为实际运作做准备，如雇佣、培训员工等，然后正式开张。

（二）特许经营运作的规范性文件

1.《商业特许经营管理条例》

2007年1月31日，国务院第167次常务会议通过的《商业特许经营管理条例》对国内的特许经营运作进行了很好的规范。具体内容如下。

第一章 总则

第一条 为规范商业特许经营活动，促进商业特许经营健康、有序发展，维护市场秩序，制定本条例。

第二条 在中华人民共和国境内从事商业特许经营活动，应当遵守本条例。

第三条 本条例所称商业特许经营（以下简称特许经营），是指拥有注册商标、企业标志、专利、专有技术等经营资源的企业（以下称特许人），以合同形式将其拥有的经营资源许可其他经营者（以下称被特许人）使用，被特许人按照合同约定在统一的经营模式下开展经营，并向特许人支付特许经营费用的经营活动。

企业以外的其他单位和个人不得作为特许人从事特许经营活动。

第四条　从事特许经营活动，应当遵循自愿、公平、诚实信用的原则。

第五条　国务院商务主管部门依照本条例规定，负责对全国范围内的特许经营活动实施监督管理。省、自治区、直辖市人民政府商务主管部门和设区的市级人民政府商务主管部门依照本条例规定，负责对本行政区域内的特许经营活动实施监督管理。

第六条　任何单位或者个人对违反本条例规定的行为，有权向商务主管部门举报。商务主管部门接到举报后应当依法及时处理。

第二章　特许经营活动

第七条　特许人从事特许经营活动应当拥有成熟的经营模式，并具备为被特许人持续提供经营指导、技术支持和业务培训等服务的能力。

特许人从事特许经营活动应当拥有至少2个直营店，并且经营时间超过1年。

第八条　特许人应当自首次订立特许经营合同之日起15日内，依照本条例的规定向商务主管部门备案。在省、自治区、直辖市范围内从事特许经营活动的，应当向所在地省、自治区、直辖市人民政府商务主管部门备案；跨省、自治区、直辖市范围从事特许经营活动的，应当向国务院商务主管部门备案。

特许人向商务主管部门备案，应当提交下列文件、资料：

（1）营业执照复印件或者企业登记（注册）证书复印件。

（2）特许经营合同样本。

（3）特许经营操作手册。

（4）市场计划书。

（5）表明其符合本条例第七条规定的书面承诺及相关证明材料。

（6）国务院商务主管部门规定的其他文件、资料。

特许经营的产品或者服务，依法应当经批准方可经营的，特许人还应当提交有关批准文件。

第九条　商务主管部门应当自收到特许人提交的符合本条例第八条规定的文件、资料之日起10日内予以备案，并通知特许人。特许人提交的文件、资料不完备的，商务主管部门可以要求其在7日内补充提交文件、资料。

第十条　商务主管部门应当将备案的特许人名单在政府网站上公布，并及时更新。

第十一条　从事特许经营活动，特许人和被特许人应当采用书面形式订立特许经营合同。

特许经营合同应当包括下列主要内容：

（1）特许人、被特许人的基本情况。

（2）特许经营的内容、期限。

（3）特许经营费用的种类、金额及其支付方式。

（4）经营指导、技术支持以及业务培训等服务的具体内容和提供方式。

（5）产品或者服务的质量、标准要求和保证措施。

(6) 产品或者服务的促销与广告宣传。

(7) 特许经营中的消费者权益保护和赔偿责任的承担。

(8) 特许经营合同的变更、解除和终止。

(9) 违约责任。

(10) 争议的解决方式。

(11) 特许人与被特许人约定的其他事项。

第十二条　特许人和被特许人应当在特许经营合同中约定，被特许人在特许经营合同订立后一定期限内，可以单方解除合同。

第十三条　特许经营合同约定的特许经营期限应当不少于3年。但是，被特许人同意的除外。

特许人和被特许人续签特许经营合同的，不适用前款规定。

第十四条　特许人应当向被特许人提供特许经营操作手册，并按照约定的内容和方式为被特许人持续提供经营指导、技术支持、业务培训等服务。

第十五条　特许经营的产品或者服务的质量、标准应当符合法律、行政法规和国家有关规定的要求。

第十六条　特许人要求被特许人在订立特许经营合同前支付费用的，应当以书面形式向被特许人说明该部分费用的用途以及退还的条件、方式。

第十七条　特许人向被特许人收取的推广、宣传费用，应当按照合同约定的用途使用。推广、宣传费用的使用情况应当及时向被特许人披露。

特许人在推广、宣传活动中，不得有欺骗、误导的行为，其发布的广告中不得含有宣传被特许人从事特许经营活动收益的内容。

第十八条　未经特许人同意，被特许人不得向他人转让特许经营权。

被特许人不得向他人泄露或者允许他人使用其所掌握的特许人的商业秘密。

第十九条　特许人应当在每年第一季度将其上一年度订立特许经营合同的情况向商务主管部门报告。

第三章　信息披露

第二十条　特许人应当依照国务院商务主管部门的规定，建立并实行完备的信息披露制度。

第二十一条　特许人应当在订立特许经营合同之日前至少30日，以书面形式向被特许人提供本条例第二十二条规定的信息，并提供特许经营合同文本。

第二十二条　特许人应当向被特许人提供以下信息：

(1) 特许人的名称、住所、法定代表人、注册资本额、经营范围以及从事特许经营活动的基本情况。

(2) 特许人的注册商标、企业标志、专利、专有技术和经营模式的基本情况。

(3) 特许经营费用的种类、金额和支付方式（包括是否收取保证金以及保证金的返还条件和返还方式）。

(4) 向被特许人提供产品、服务、设备的价格和条件。

(5) 为被特许人持续提供经营指导、技术支持、业务培训等服务的具体内容、提供方式和实施计划。
(6) 对被特许人的经营活动进行指导、监督的具体办法。
(7) 特许经营网点投资预算。
(8) 在中国境内现有的被特许人的数量、分布地域以及经营状况评估。
(9) 最近2年的经会计师事务所审计的财务会计报告摘要和审计报告摘要。
(10) 最近5年内与特许经营相关的诉讼和仲裁情况。
(11) 特许人及其法定代表人是否有重大违法经营记录。
(12) 国务院商务主管部门规定的其他信息。

第二十三条　特许人向被特许人提供的信息应当真实、准确、完整，不得隐瞒有关信息，或者提供虚假信息。

特许人向被特许人提供的信息发生重大变更的，应当及时通知被特许人。

特许人隐瞒有关信息或者提供虚假信息的，被特许人可以解除特许经营合同。

第四章　法律责任

第二十四条　特许人不具备本条例第七条第二款规定的条件，从事特许经营活动的，由商务主管部门责令改正，没收违法所得，处10万元以上50万元以下的罚款，并予以公告。

企业以外的其他单位和个人作为特许人从事特许经营活动的，由商务主管部门责令停止非法经营活动，没收违法所得，并处10万元以上50万元以下的罚款。

第二十五条　特许人未依照本条例第八条的规定向商务主管部门备案的，由商务主管部门责令限期备案，处1万元以上5万元以下的罚款；逾期仍不备案的，处5万元以上10万元以下的罚款，并予以公告。

第二十六条　特许人违反本条例第十六条、第十九条规定的，由商务主管部门责令改正，可以处1万元以下的罚款；情节严重的，处1万元以上5万元以下的罚款，并予以公告。

第二十七条　特许人违反本条例第十七条第二款规定的，由工商行政管理部门责令改正，处3万元以上10万元以下的罚款；情节严重的，处10万元以上30万元以下的罚款，并予以公告；构成犯罪的，依法追究刑事责任。

特许人利用广告实施欺骗、误导行为的，依照广告法的有关规定予以处罚。

第二十八条　特许人违反本条例第二十一条、第二十三条规定，被特许人向商务主管部门举报并经查实的，由商务主管部门责令改正，处1万元以上5万元以下的罚款；情节严重的，处5万元以上10万元以下的罚款，并予以公告。

第二十九条　以特许经营名义骗取他人财物，构成犯罪的，依法追究刑事责任；尚不构成犯罪的，由公安机关依照《中华人民共和国治安管理处罚法》的规定予以处罚。

以特许经营名义从事传销行为的，依照《禁止传销条例》的有关规定予以处罚。

第三十条　商务主管部门的工作人员滥用职权、玩忽职守、徇私舞弊，构成犯罪的，依法追究刑事责任；尚不构成犯罪的，依法给予处分。

第五章 附则

第三十一条 特许经营活动中涉及商标许可、专利许可的，依照有关商标、专利的法律、行政法规的规定办理。

第三十二条 有关协会组织在国务院商务主管部门指导下，依照本条例的规定制定特许经营活动规范，加强行业自律，为特许经营活动当事人提供相关服务。

第三十三条 本条例施行前已经从事特许经营活动的特许人，应当自本条例施行之日起1年内，依照本条例的规定向商务主管部门备案；逾期不备案的，依照本条例第二十五条的规定处罚。

前款规定的特许人，不适用本条例第七条第二款的规定。

第三十四条 本条例自2007年5月1日起施行。

2. 统一特许经营通函（UFOC）及其内容

在美国，为了加强对受许人的保护和对特许人的约束，特许人必须像上市公司要为股东揭示某些公告一样，为受许人提供一份揭示其自身特许经营概况、资料的文件，这个文件在美国被称为统一特许经营通函（UFOC，Uniform Franchise Offering Circular）。

我国虽然没有规定特许人企业必须向受许人出示一份规定格式的UFOC，但却明确地规定特许人必须提供UFOC本身所包含的一些内容。

借鉴美国关于UFOC的规定，对于我国特许经营立法以及特许经营的实际运作都是十分有益的。

关于UFOC的内容和形式，美国联邦贸易委员会有着以下严格的规定。

UFOC内容：①特许经营权所有者，其前任和成员；②商业经验；③诉讼；④破产；⑤特许经营初始费；⑥其他费用；⑦初始费用；⑧产品和服务来源的限制；⑨特许经营商的责任；⑩投融资；⑪特许经营权所有者的责任；⑫区域；⑬商标；⑭专利权、版权、所有权信息；⑮加入实际特许经营运作的责任；⑯对特许经营商销售权的限制；⑰重审、终止、转让、纠纷的解决；⑱公众形象；⑲收入声明；⑳分店清单；㉑财务报告；㉒合同；㉓收据。

附有：①运作手册目录；②分店清单；③财务报告；④特许经营权协议；⑤特许经营供给通函的有效日期；⑥国家权威机构清单；⑦诉讼服务代理人清单；⑧收据。

3. 特许经营总经销权协议

特许经营总经销权协议（Master License Agreement）包括以下内容。

（1）定义：普遍适用于总经销权/特许经营权协议的各种定义；有关总经销权协议的各种定义；有关特许经营权协议的各种定义。

（2）特许经营许可证的授予和期限：许可证的授予；总经销权的区域、区域内的宣传及销售区域内的专有权；许可证的期限、初始期及期限重审。

（3）特许经营权拥有者的责任：初始阶段的培训、设备和供货；机密和所有权文件；咨询/顾问服务；用于转卖的产品；设备/存货清单及供货；年度会议；具有教育意义的研讨会。

（4）特许经营许可证持有者的责任：运作的开始；运作的程序；特许经营权的购买；特许经营的销售；销售授权；产品/服务的销售；由许可证持有者向受许人提供的服务；区域的发展；所有权的标志；区域内商标注册的申请；标志的使用；所有权；财务记录及报告；特许经营销售通告；销售授权通告；季度版税报告；特许经营转让通告；特许经营重审通告；机密性；不竞争契约；广告；税费；一般运作中的费用；保险制度；保护措施。

（5）特许经营许可证持有者应付的费用：初始许可证费；特许经营销售费；销售授权费；季度性版税；特许经营转让费；特许经营重审费；许可证转让费；许可证重审费；滞纳金；计算方法/付款。

（6）利益转让：特许经营权拥有者进行的转让；许可证持有者进行的转让；公司进行的所有权转让、或有限合伙人进行的所有权转让、所有权转让的条件；死亡或伤残终止及违约。

（7）其他：通告及交流；指导法律；自动放弃；本协议的修正；律师费；各方之间的关系；中断；附加说明；复本；许可保证。

第三节 特许经营的发展

一、专家论特许经营的发展

"特许经营是21世纪的主导商业模式。"

——奈思比特（《大趋势》的作者）

"可以肯定的是，在开办新的中小企业和发展现有业务方面，特许经营是目前我们所知的其他任何一种经营方式所无法比拟的。"

——Bill Herkasky（前国际特许经营协会主席）

从国外特许经营发展现状看，特许经营显然已经成为国外零售业的主流模式、商业发展的关键形式以及经济发展的最重要的推动力之一，按照经济发展的普适性规律，在国外取得辉煌业绩的特许经营必将在我国得到快速发展。事实确实如此。

二、特许经营在我国的发展

特许经营在我国起始于20世纪80年代末90年代初，当时一些中国大陆本土企业开始涉足特许经营。李宁公司是特许经营在中国创造的第一个神话；1993年北京全聚德集团成立后，开始探索用特许经营方式发展分店；随后，华联、联华、东来顺、马兰拉面、荣昌洗染等企业都快速地发展了自己的特许加盟店。

如果把特许经营在中国的发展阶段划分为个体自发成长期、产业化规模整体建设期和社会化国家整体战略期，那么，现在正是步入产业化规模整体建设期的中间阶段，其明显的标志是：著名国际特许经营企业开始在中国真正推广特许经营，中国加入WTO后解除了特许经营进入本土的限制，FDS等一批国际知名特许经营专业服务机构进驻中国，亚洲第一所正规化学历式教育的国际特许经营学院成立，中国已大量开展了成功的特许经营展会、研讨会等会议和活动，中国特许经营年鉴等刊物开始出版。

在连锁百强中，特许经营企业61家；百强企业加盟店的销售额达到270亿元，占百强企业总销售的17%，店铺数5400家，占百强企业店铺总数的40%，加盟店的销售额和店铺的发展速度都超过直营店的发展。

中国已被业内专家一致认为是世界上极具潜力的特许经营市场。在国内，近几年也涌现出不少成功的例子：华联超市、联想电脑、连邦软件、全聚德、佐丹奴、马兰拉面、创世服装、小天鹅火锅、恒基伟业商务通、国产乐凯、北京同仁眼镜和杉杉服装等。

从特许加盟者来看，中国已出现创业者阶层，全国下岗人员众多，其中不乏拥有20～30万元资产的中小创业者。这是创业资金的庞大基础，在特许经营为他们提供了大量创造财富、实现创业、做老板梦想机会的同时，他们无疑也为特许经营的发展起到了推波助澜的作用。

尤其是现在，随着中国普通民众失业率的增加、政府支持创业政策的频频出台，在这种压力与动力并存、微观与宏观条件俱备的形势下，作为创业及解决就业最好方法之一的特许经营势必在中国有一个空前的发展。

特许经营法的颁布和国家特许经营战略的建立与实施将把特许经营带入全面社会化的阶段，为中国在新经济时代的竞争中赢取更主动的条件。

总之，依据特许经营在国内短短30年间就已取得的惊人表现看，特许经营在中国的增长势头是有增无减的。从国外和国内的特许经营实践看，可以预言，特许经营在中国的发展必将有一个无限广阔的空间！

案例 席殊书屋败在无法控制加盟店

"这是上海唯一一家生存下来的席殊书屋，但书店已经跟席殊本人没有任何关系了。"卢湾区建国西路上，一片法国梧桐掩映下，席殊书屋隐身其中。

柜台旁的店员想了想，又记起松江区可能还存有一家席殊书屋，但也早已脱离席殊连锁。而在两三年前席殊书屋连锁的鼎盛期，上海至少有12家席殊书屋，分布在普陀、卢湾、浦东等各区县。如今，关门的关门，改名的改名，市区仍挂着席殊书屋招牌的仅此一家。

上海席殊书屋的境遇，是中国第一家也是最大的全国性民营连锁书店现状的一个缩影。这个曾经在全国400多个城市拥有600余家加盟店的书店连锁，目前或者倒闭，或者更换招牌。席殊本人也陷入公司员工、出版社和加盟商的重重追债中。

一、上海已无席殊连锁

建国路席殊书店店员表示，只知道该店目前已经与席殊连锁脱离了经营上的关系。由于"席殊"这个招牌还能吸引很多老顾客，店主一直沿用着这个店名。彼时正值周末下午，店内只有两三个读者在书架前翻书。一名读者拿着两本书到柜台结账时，店员甚至还认出该读者两周前在书店买过一本建筑方面的书。

"现在书的生意都不好做，靠着一些老读者买书，书店的收支刚好能够平衡。"建国路席殊书屋的业务经理马刚算了笔账：不超过50平方米的书店，每月店面租金为10000元，书的利润普遍在20%～25%之间，算上人力成本及物流成本，每天书店的营业额要在3000元以上才能保证不亏本。对于这样一个小店面来说，达到日营业额3000元并非易事。

除了门店售书外，该店还会有一些针对学校、企事业单位的团购业务。由于开店已有多年时间，积累了一批团购的老客户，才保证书店经营勉强维持下来。对于门店附近的一些读者，该店提供免费送书上门。

"有时候老客户点名购买一些市面上难见的书，我们会到出版社按原价购买，再加价卖给读者。"马刚表示，为了维持老客户关系，书店甚至经常做些亏本的买卖。他断言，如果有定位相似的民营书店在相同路段开新店，在如今不断上涨的店面成本及不景气的图书销售环境下，在几个月内关门几乎毫无悬念。

马刚表示，该书店于去年正式脱离席殊书屋连锁。由于各加盟店之前与北京总部的联系仅限于图书采购，脱离连锁后对书店的运营模式并无太大改变。而席殊连锁的店面设计装修及社科人文的品牌定位目前仍保持着，一些老客户对此很有好感，这说明其连锁模式并非一无是处。

二、掌控不力成连锁死穴

事实上，席殊这个名字在中国图书零售业也曾叱咤一时。1998年，席殊成功发展第一家加盟店，随后一年内，席殊书屋在全国各地发展了100多家连锁店。在2001—2002年间，席殊书屋平均每个月发展20多家加盟店，每家店的投资规模当时为12万元。到2002年，席殊书屋的零售网点已经超过了600家，成为国内最大的民营书店连锁。席殊本人也被冠以知识分子、书法家、商界领袖、民主党派人士等诸多头衔。

2002年以后，席殊书屋的销售便开始下滑。2004年，席殊宣布2～3年内将在国内中小企业板上市的重振计划。但2006年2月，席殊员工掀起离职潮，又纷纷通过劳动仲裁、法律诉讼等形式追讨工资和报销费用，加上出版社、加盟商对席殊公司的讨债，席殊用近10年时间打造的庞大连锁体系瞬间解体。

在上海某出版社工作的知情人士向记者表示，根据最初的规划，席殊书屋的盈利点在批发，通过建立自己的连锁店网络进行统一采购、统一配送和统一结算。然而事实上，采购、配送和结算的统一上都存在问题。行业的信用缺失，导致公司的很多应收账款难以及时回笼，而图书物流周期长、成本高的特性，使席殊要为620多家门店提供物流的想法一直难以实现。

此外，席殊书屋在全国多数省市都有网点，分布分散，同时各自的规模也比较小。市场上每年销售20万种书籍，不同地区的消费品种也不尽相同，给统一采购带来困难。独自面对批发商时，加盟店自身的规模也决定了他们拿不到合理的价格，影响着利润。

"鼎盛时期，席殊连锁的年销售额能达到3亿元，但这些资金很难进入总部进行调配。"上述人士表示，由于对各加盟店的掌控不力，除各加盟店所交纳的加盟费用，席殊一直找不到其他有效的利润增长途经，这是导致席殊连锁资金链最后断裂的根本原因。

(来源：中国经营报，2008-08-11)

链接思考

(1) 席殊书店连锁失败的原因何在？
(2) 如何有效地掌控加盟店？

本章小结

特许经营是以特许经营权转让为核心的一种经营方式。特许经营（Franchising）指特许人与受许人之间达成的一种合同关系。在这个关系中，特许人提供或有义务在诸如技术秘密和训练雇员方面维持其对专营权业务活动的利益；而受许人获准使用由特许人所有的或者控制的共同的商标、商号、企业形象、工作程序等，但由受许人自己拥有或自行投资相当部分的企业。

一般而言，特许经营有以下特征：特许经营是特许人和受许人之间的契约关系；特许人将允许受许人使用自己的商号和（或）商标和（或）服务标记、经营诀窍、商业和技术方法、持续体系及其他工业和（或）知识产权；受许人自己对其业务进行投资，并拥有其业务等特征。特许经营的种类可以按所需资金投入划分、按交易形式划分、按交易形式划分、按加盟者性质划分、按加盟业务划分。

特许经营要获得成功，受许方要符合诸多条件并注意可行性评估因素的要求。

特许经营在中国的增长势头有增无减。从国外和国内的特许经营实践看，可以预言，特许经营在中国的发展空间广阔。

关键概念

特许经营　特许方　受许方

思考题

(1) 特许经营有哪些特征？
(2) 特许经营和连锁经营有何区别？
(3) 特许经营受许方有哪些条件要求？
(4) 特许经营可行性评估涉及哪些条件？
(5) 为何说特许经营在中国发展空间广阔，其原因何在？

第七章 分销渠道战略设计

本章学习目标

学完本章后，应该掌握以下内容：①了解分销渠道战略设计理论；②了解分销渠道战略设计程序；③了解分销渠道系统设计；④了解渠道战略模式选择。

分销渠道既是企业满足顾客需要的一种手段，也是企业获得并保持市场竞争优势的重要条件。分销渠道在企业市场营销中具有战略意义，企业应从战略的高度来看待分销渠道，设计出适应不断变化的市场环境、以最低成本传递重要的消费者信息、最大限度地满足顾客需要的分销渠道。

第一节 分销渠道战略设计理论

分销渠道战略设计理论基本有两种：一种是环境影响理论。这是依据企业所处的环境，从企业内部环境和外部环境出发，对企业的分销渠道进行理论指导的理论，该理论包括分销渠道系统环境理论以及企业战略行为理论。另一种是渠道设计成本理论。这是从设计的投入角度出发，把成本因素作为重要的考察依据的理论。随着环境影响论以及渠道设计成本理论的发展，之后又出现了交易成本理论等渠道战略设计理论。

一、环境影响理论

（一）分销渠道系统环境理论

首先，要将分销渠道作为开放的系统来认识，这样设计的分销渠道才能适应环境的变化。分销渠道的系统是由许多相互依存的组织构成的，这些系统的组织成员共同创造渠道的服务产出。但总的来说，一条分销渠道包含两大部分：经营者和最终使用者。前者为垂直结合的营销组织，主要是由制造商、批发商和零售商组成，是渠道系统的经营亚系统；后者由相关市场的消费者（集团购买者和家庭）组成，是渠道系统的用户亚系统。经营亚系统的存在以满足用户需求为前提，其成员要彼此协调、共同发力，才能实现渠道功能并达成各自目标。

其次，分销渠道系统与其他系统一样，有它自身的边界，包括地理边界（如区域市场）、经济边界（如处理产品或服务的能量）、人力边界（如相互交往的能力）等。同时，所有的分销渠道也是一个更大系统及经济分配结构系统的一部分。经济分配结构又是国家环境的一个亚系统，国家及国际环境包括了政治、经济、社会文化、竞争、科技、渠道等环境系统。这些系统及渠道环境系统影响着渠道效率、效益和形态变化。总的来说，分销渠道系统环境理论的影响是多方面的，主要有以下方面。

1. 政治环境

政治环境包括一个国家的社会制度、执政党的性质，政府的方针、政策、法令等。不同的国家有着不同的社会性质，不同的社会制度对组织活动有着不同的限制和要求。这对企业的分销渠道的方式、方法等，具有直接的指导意义和作用。

2. 经济环境

经济环境（发展水平、制度、特征、人口数量、收入水平、消费方式等）及其变化，直接影响分销渠道的规模、结构和行为。改革开放以来，我国经济体制的转换、高速增长和人民生活水平的提高，直接导致原计划经济型分销模式的瓦解，形成了多元化、专业化的网络营销渠道结构。主要由经济发展水平决定的市场规模及渠道支持系统（如运输、通讯、银行信贷等基础设施和服务系统）的发展，对分销渠道系统的构建和创新也有重要影响。

3. 社会文化环境

社会文化环境包括一个国家或地区居民的受教育程度和文化水平、宗教信仰、风俗习惯、审美观点、价值观念等，这对分销渠道模式与运行特征产生了深刻影响。一个国家或地区的渠道结构是其经济与社会文化的历史产物。就拿日本来说，日本的分销渠道具有多层次结盟、严密管理、互相保护等特征，被西方国家视为"渠道壁垒"。其实，这种渠道模式正是日本企业在竞争压力下，以东方式的"家族"、团队文化构造出来的。同时，社会文化环境的变化，常常对分销渠道提出变革的要求。如日益强烈的社会生态环境危机意识要求引进和推广"绿色营销"观念：分销渠道成员要更好地选择经营有利于环保的各种产品（服务），更多考虑以反向营销渠道回收利用废旧物资。

4. 竞争环境

根据美国学者波特（Michael E. Porter）的研究，一个行业内部的竞争状态取决于五种基本作用力，如图7-1所示。这些作用力汇集起来决定了该行业的最终利润潜力，并且最终利润潜力也会随着竞争的合力变化而发生变化。一个企业的竞争战略目标在于使企业在行业内进行恰当的定位，从而最有效抗击竞争的五种作用力并影响它们朝着对自己有利的方向发展。

图7-1　行业内部竞争的五种作用力

与此同时，竞争环境，特别是竞争格局和程度的变化，对企业的分销渠道模式变迁会产生重大影响。西方国家的分销渠道是随着竞争环境的变化，经历了一个逐渐完善和改进的过程。具体来说，就是从20世纪50年代的泛市场分析模式，发展到90年代的矩阵分销模式。图7-2显示了分销渠道的演变阶段，从中可以明确看出，伴随着竞争的加剧，分销渠道由粗（泛市场分销）到细（细分和亚细分化分销），然后又在更高的基础上进行进一步的综合，使矩阵式分销成为渠道主流。矩阵式分销具有更适合当前市场环境发展的优点，它打破了原有的、传统的方式，充分利用已有的和现代的方式方法来共同安排销售网络，使产品充分满足顾客的需求。而为了满足顾客的需求，分销渠道越来越需要渗透到更为细微的目标细分市场。

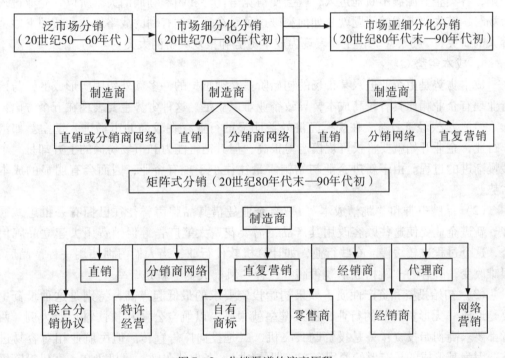

图7-2 分销渠道的演变历程

5. 科技环境

科技环境主要是考察与企业所处领域的活动直接相关的技术手段的发展变化，它对分销渠道的结合方式和运行特点有很大的影响。现代科技日新月异的发展，从多个方面改变着生产方式和流通方式。电脑互联网、家庭电视购物、电子商务等大量新技术的使用，极大改善了企业与顾客、中间商之间的沟通关系，必然导致渠道功能和流程的重新组合和提升。科技手段的应用，可以大大节约销售费用，缩减流通渠道，使渠道结构趋于扁平化，继而使得直销和直复营销渠道得到深化和发展。

6. 渠道环境

渠道环境综合影响渠道成员的价值观和行为准则，形成一种平衡力量，决定渠道结构与行为。例如，消费者的便利导向，经营者的利益竞争导向，以及法律对分销地区、行业封锁、价格歧视、捆绑销售等不公平行为的限制，平衡着渠道的发展。这种平衡力量对渠道的垂直整合有重要的影响，如大型零售商通过兼并与扩张来抗衡大制造商的力量,连锁商店使用自有品牌来抗衡拥有全国品牌的制造商力量,零售商通过联盟(不同类型商店)、连锁(同类商店)方式,以抗衡大公司连锁和制造商的控制。

(二)企业战略行为理论

企业战略行为主要是指企业在进入市场时所采取的行动和方式。而决定企业进入市场的动机在于能够获得竞争优势和超额利润。因此,企业战略行为理论认为,竞争优势和超额利润的存在,是因为该市场存在某种使业外企业无法进入市场的"进入壁垒"。否则,各类企业源源不断地进入,就会使得竞争优势和超额利润消失。所以,企业进入市场时,首先要考虑的问题就是如何突破这种壁垒,占领有利的战略地位。按照卜妙金等人的研究,"进入壁垒"主要表现为成本劣势和报复威胁两大类。

1. 成本劣势

成本劣势是由企业进入某市场的初始阶段必须承担的许多额外费用所形成的,与该行业现有企业相比具有较高成本,导致企业难以立足。这种劣势主要表现在五个方面:

(1)规模经济效益。在规模经济效益明显的行业存在较高的市场进入壁垒。如汽车行业,企业开始就要将投资规模定得很高,但其销售能力和市场份额的上升却是一个缓慢渐进的过程。由于新进企业初始销售量往往小于现有企业,因而会有明显的成本劣势。

(2)品牌声誉和"跳槽成本"。现有企业凭借其品牌声誉往往已拥有一批忠诚顾客。新进企业要使这些顾客改用其产品,需要花费大笔广告等促销费用去建立品牌信誉,这个过程也较缓慢。有些行业,如计算机软件行业,当人们习惯使用一种产品后,很难改变,顾客的"跳槽成本"很高。这种"跳槽成本"就是壁垒。

(3)初始投资和资产性质。如果初始投资要求的最低起点高,特别是这种投资主要是形成"无形资产"的行业,进入壁垒就很高。以航空公司和软饮料行业为例,两者都要求高初始投资:一是投资购买飞机,二是投向广告宣传。但民航业相对容易进入,因为其形成的是有形的通用资产,即使创办一条航线失败,飞机仍在,客机投资仍可收回。但在广告宣传上的初始投资却是无形投资,一旦失败则无法收回,投资越多,风险则越大。

(4)经验曲线与历史优势。经验曲线是在给定的技术和设备规模条件下,由于熟行熟路、熟能生巧所带来的成本优势。在有些行业,积累产量每翻一番,产品单位成本可减少20%或更多,先入企业常具有成本优势。另外,他们往往在原料供应和分销渠道上占有优势,相对而言,新进企业则成本高、供货与分销渠道条件差。

(5)渠道控制。先入企业在渠道控制上占有优势,它们可谓是"捷足先登",常常垄断现有渠道。零售商也往往不愿接受顾客比较陌生的新进企业产品。

2. 报复威胁

报复威胁是指行业内现有企业可能对新进企业采取的报复和威胁反应。例如,业内现有企业可能利用其成本优势,把产品价格定在潜在新进企业的收支平衡点之下,使之无法进入;或利用其渠道关系,卡断新进企业的分销渠道。研究表明,现有企业是否采取报复手段,通常取决于该市场的行业结构。如果企业试图进入的是一个寡头结构的行业市场,遭到报复的可能性就很大。因为在这种情况下,产品成本和市场份额之间有直接联系,而新进企业的市场份额往往要从现有企业手中夺取。

针对以上情况,企业在进入市场时,要做好战略选择并尽量避免报复威胁。一般可采取两种战略:一是选择进入行业的特异部分,或新的细分市场,以差异化产品与市场降低相对成本劣势;二是兼并该行业中的现有企业,尽量避免行业总生产规模过分夸大而导致价格战,尽可能不改变行业现有结构,避免与行业巨头正面冲突。如日本汽车在进入美国市场时,就是采取差异化产品策略,瞄准市场低价部分,以简单、小型、省油的车型,配合相应的渠道,区别于美国厂商的豪华车市场,从而取得了成功。

二、分销渠道设计成本理论

分销渠道设计应当考虑诸多因素,而成本就是其最重要的因素之一。在这方面,各国学者进行了分析,并提出了许多渠道设计成本理论模型,这对提高渠道管理水平意义重大。基于此思想,本书依据美国渠道问题专家巴克林(Louis P. Bucklin)在20世纪80年代提出"分销系统总成本最低原则"理论,来说明渠道设计中应注意的成本问题。

巴克林的理论认为,分销系统设计面临两大相辅相成的制约因素:

第一类因素如消费者需求多变、市场日益细分、产品花色品种越来越多等,要求渠道系统尽可能推迟订货时间,即"延后订货",使订货时间更接近消费时间,减少订货后需求变化带来的货不对路风险。对制造商来说,延后订货意味着它能根据更为确定的需求(订单)来组织生产,将市场风险降到最低,并能减少产品储存费用。因此,分销系统效率的提高,可以通过最大限度的"延后订货"来实现。

第二类因素如生产的规模经济性、消费者购买的随机选择、减少多次进货的较高成本、减少存货断档带来顾客"跳槽"的机会损失等,又要求分销渠道系统通过"尽早订货"来实现。显然,"延后订货"有低风险的好处,但增大了机会成本;"尽早订货"可以产生规模经济效益,但风险较大,分销成本较高。这两类因素相互作用,决定了分销渠道的组织特征,即是由生产者组织流通还是由中间商来组织流通,才能更加合理。这两类因素对分销渠道设计的影响,可用图7-3来说明。

在图7-3中,曲线C表示买方储备成本。供货时间越长,所需备货相应越多,买方的储备成本也就越高。AD'表示由厂房直接向用户(消费者)供货的成本。用户要求的供货时间越短,厂方直接供货成本也越高。因此,AD'呈下降趋势。DB表示由中间商供货的成本,也是一条呈下降趋势的曲线,不过要比厂房供货曲线平缓。这是因为中间商同时经销许多厂商的产品,其单位供货成本通常低于厂商。Q是DB和AD'的交点,其对应的供货时间为OI。单纯从厂商和中间商的供货成本曲线看,当市场允许的供货时间在I点左侧时,由中间商供货较为经济,宜采用间接渠道;如果供货时间超过I点(落在右侧),则由生产厂商直接供货较为经济,宜采用直接渠道。

但是,建立高效的分销系统不仅要考虑制造商和中间商的成本最小化,还应当考虑用户的储备成本最小化。图7-3中,最上面的$DD'+C$曲线是包括厂商、中间商和用户在内的总供货成本曲线。在I点左侧,总供货成本为中间商供货成本与用户储备成本之和;在I点右侧,总供货成本为制造商供货成本与用户储备成本之和。N点是总供

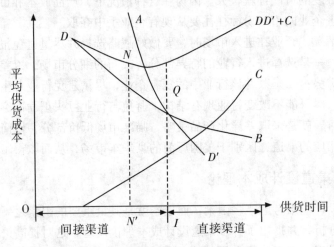

图 7-3 分销渠道设计的总成本分析

成本的最低点，N' 表示总成本最低的供货时间。观察 $DD'+C$ 曲线可见，随着市场容许的供货时间（订货时间）的延长，总供货成本起初是下降的（因为生产规模可以扩大，单位运费也会下降），但到了一定程度后，这种生产和运输费用的节约被逐渐上升的用户储备成本抵消，总供货成本逐步上升。

所以，最佳分销渠道的设计取决于总供货成本曲线最低点 N 的位置。若其对应的 N' 点落在 I 点的左侧，企业一般应选择使用中间商供货的间接渠道方案；若 N' 点落在 I 点的右侧，则应选择厂商直接渠道模式。一般而言，企业产品交易越频繁，每一次供货交易的金额越低，用户越分散，所允许的等待时间越短，使用直接渠道就越不经济，而使用间接渠道就越具有成本优势。

三、交易成本理论

交易成本理论可为企业选择的组织规模多大就是合理而提供依据。对企业的分销渠道方式选择，一方面存在着一定的判断，另一方面，"交易成本理论"也为其提供了相应的参考。面对不同的经济环境，生产不同产品的企业要采用不同的产销结合方式。例如，是采用更市场化的方式让中间商更多行使分销功能，还是用内部化方式将销售活动更多纳入企业组织体系内？显然，不同的企业会采用不同的产销方式，而选择何种方式，主要取决于"交易成本"的高低。

交易成本理论认为，组织与协调商品交换会产生一系列交易费用。这些费用主要来源于三项经济活动：一是买卖双方互相寻找，比较产品质量、厂商信誉等过程引发的调研活动费用；二是与买卖双方商定供货条件的谈判签约活动相关的管理费用；三是协约执行费用。不同类型的产品，其交易费用差别很大。如质量等级简单的矿产品，交易费用很低，而技术复杂的专利产品的交易费用就很高。企业应根据交易费用的高低及市场环境的要求，选择不同控制程度的渠道模式（高度控制、中度控制、低度控制），以取得长期最佳效益。

在分销渠道设计中，要具体分析影响交易成本的各种因素。而具体的因素有专用资产、外部不确定性、内部不确定性以及"搭便车"投机因素，通过对这四个因素的把握，有效地控制分销渠道，就能使企业获得长期效益。这四个因素具体内容如下。

1. 专用资产

专用资产是指为一个或少数几个用户的特殊需要所作的专门投资，包括特殊设备和某些特殊专业知识。这种资产用户面窄，有能力供货的单位极其有限，不存在现成的交易市场。经营专用资产有可能使"市场监督"失效。这是因为专用资产的销售，要求销售单位及人员具备很强的专业知识，生产企业往往要下力气培训中间商，而中间商经培训后发展起来的专业知识本身就是一种专用资产。利用这种资产及其积累的特定经验，中间商完全可能向生产企业讨价还价，抵制其合理要求，或者在为客户服务上偷工减料，最终使生产企业失去控制能力而又难以更换经销商。因此，当这种情况出现概率很大，且这种专用资产对营销成败又举足轻重时，企业选择高控制即统一管理分销组织的方案就比较有利。

2. 外部不确定性

外部不确定性是指企业外部环境的动荡变化和不可预见性。一般来说，外界环境动荡变化要求企业尽量避免高控制的分销方式。因为高控制要求高投入，如收购兼并中间商，建立一体化的渠道系统，一旦建立就难以改变，当环境剧变要求改变渠道方式时，企业就难有选择自由。因此，当环境变化难以把握时，企业最好还是通过与独立中间商合作，来分散或转移风险，保持企业自身的灵活性。

3. 内部不确定性

这种不确定性来自企业内部——实力、管理水平、市场经验等。许多分销活动的投入和产出之间存在不确定性，很难事先预料。如产品在某市场销售不畅，是因为经销商不努力还是企业产品本身存在问题？或企业经营方式有误？都要认真分析。若问题出在经销商，企业就需要加强对经销商的控制来增强其努力程度。但是，加强控制的前提是企业能够对市场做出正确判断。企业的市场营销经验丰富，管理水平越高，应变能力越强，选择高控制分销方式就越有优势。

4. "搭便车"投机

"搭便车"投机是指交易的一方利用另一方的努力获得利益，却不承担必须付出的成本。例如，麦当劳曾指控其法国的一家特许经营店清洁工作低于规定标准，有损麦当劳的形象。这就是说，该特许店利用了麦当劳的声誉招揽顾客，却不遵守麦当劳餐馆的清洁标准，是一种"搭便车"投机行为。一种产品的品牌信誉越高，这种"搭便车"投机行为就越有可能发生。因此，对品牌信誉高、无形资产价值大的产品来说，实施高控制渠道比较有利。

第二节　分销渠道战略设计程序

一、分销渠道战略设计的概念

分销渠道决策与管理已日益具有战略性。经济全球化、科技迅速发展和市场竞争的加剧，迫使企业接收和采纳新理论，如价值链理论、交易成本理论、全面质量管理理论，以更宽广的事业对进入市场方式作了系统的战略调整。许多企业已将分销渠道战略设计理论作为构建、发展企业核心竞争力的重要战略手段。

分销渠道战略设计是指对关系企业生存与发展的基本分销模式、目标与管理原则的决策。其基本要求是：适应变化的市场环境，以最低总成本传递重要的消费者信息，达成最大限度的顾客满意。为此，分销渠道战略设计必须遵循两个价值原则：一是以合理价格向消费者提供值得信赖的产品或服务；二是准确确定细分化的目标市场并以合适的产品或服务满足这一需要。具体来说，分销渠道的战略设计应当主要回答三个方面的问题：一是为达成终端顾客满意，分销渠道一般需要提供哪些服务？二是可以通过何种营销努力来提供这些服务？三是由哪一类机构提供这些服务，可以做得更好，效率和效益更高？

二、分销渠道战略设计的步骤

分销渠道战略设计可分为确定渠道目标、制订渠道方案、选择渠道方案、渠道方案评估四大步骤。

（一）确定分销渠道目标

确定分销渠道目标也就是企业想把分销渠道建设成一个什么样的渠道？是强调速度，致力于快速传递，既缩短渠道路线使产品尽快进入市场，又节省顾客的时间成本；还是体现便利，大面积地接触顾客，加大市场渗透力，使顾客能够就近购买；还是突出选择，增加渠道中产品线的宽度，提供丰富的产品品种规格供顾客挑选，更好地满足顾客的需求；还是重视服务，将服务如送货上门、安装、维修、信贷等放在首要位置，以高质量和周到的服务解除顾客的后顾之忧，从而使产品的销售进入良性循环；等等。由此看来，渠道目标问题实际上是企业准备提供什么样的"渠道产品"，"渠道产品"的实质是服务，渠道的价值由此体现。在实际中，有的企业追求单一目标的分销渠道，更多的企业追求多重目标的分销渠道。

企业的分销渠道目标确定，一般必须考虑顾客需要和一些对渠道选择起限制性作用的因素。

1. 分析目标顾客的需要

企业分销渠道目标首先必须考虑目标顾客的需要，实质上顾客的需要就是企业分销渠道的目标。考虑顾客需要具体来说是了解企业的目标顾客群希望中间商提供什么样的购买服务水平，根据这种购买服务水平来确定本企业的渠道目标。这就需要对目标顾客群的购买对象、购买习惯，包括什么时间、什么地点、如何购买等进行调查研究，了解他们对所要购买的产品的数量、质量和品种、购买等候时间、购买的空间便利、购买时需要的服务类型和水平等信息。

2. 分析影响分销渠道选择的因素

企业要正确地选择分销渠道，制订有效的分销渠道方案，必须对影响渠道选择的因素进行系统的分析和判断。影响销售渠道的主要因素有：

(1) 产品因素。产品的各种特性从不同程度上影响销售渠道类型的选择，主要表现为六个方面。

第一，产品的单价。一般而言，产品单价越低的产品，渠道就越长而且宽；产品单价越高的产品，渠道就越短而且窄。如牙膏、香皂之类的日用品，生产者无法直接满足众多的消费者少量、频繁的购买，只有经由批发商、零售商等中间环节间接销售。而像彩电、空调这些高档耐用消费品，如果经较多的中间商转手，必定增大流通费用造成销售价格的增加，从而影响销路。因此，生产者大多是将产品直接交给大型零售商店或家电商场销售。

第二，产品的消费效用价值。与人民生活密切相关的必需品，要求选择宽渠道，如食品、日用品等，销售网点辐射面要广，尽量使消费者随时随地都可以买到。与人民生活关系不太密切的非日常必需品，渠道可以窄一些，如工艺品、金银首饰等，往往在一个城市只有少数商店经销。

第三，产品的自然生命周期。对一些易腐、易碎、易失效、自然生命周期短的产品，要求其渠道越短越好，如玻璃器皿、鲜活商品等。对一些耐藏、耐碰和长效、自然生命周期长的产品，渠道可长一些、宽一些，如五金工具、纺织品。

第四，产品的体积和重量。体积大而笨重的产品，运输和储存都比较困难，选择短渠道比较经济。体积小且重量轻的产品，运输方便费用低，可选择长一些的渠道。

第五，产品的技术服务程度。对技术性不强、不必提供技术服务的产品，一般选取又长又宽的销售渠道；对技术性强且要求销售服务的产品，渠道越短越好。

第六，产品的市场生命周期。产品处于投入期，为了尽快打开销路、占领市场，可综合选用各种类型的渠道；进入成长期后，可对销售渠道进行适当调整；进入饱和期，则应开辟新的渠道，占领新的市场。

(2) 市场因素对销售渠道选择的影响主要表现在市场环境状况和消费者的购买行为等方面。

第一，市场容量及每次购买数量。市场容量大且每次购买量大，可选用宽而短的渠道；市场容量大而每次购买量小，应选用宽而长的渠道。市场容量小而每次购买量大，可选用宽而短的渠道；市场容量小且每次购买量小，可选用较窄渠道。

第二，市场区域范围和顾客集中程度。一般市场范围愈大，销售渠道越长，如在全国销售或出口销售，可经过多层中间商经销。市场范围小或就地销售，可以由生产者直接销售。顾客比较集中的地区，生产者可考虑设点直接推销；顾客比较分散的地区，则由中间商去开辟市场。

第三，市场规模和发展趋势。市场规模小，但发展趋势大，所选用的销售渠道就有扩展和延伸的余地。市场现有规模比较大，但发展趋势是缩小，所选择的渠道就有缩小和转移的余地。

(3) 竞争者因素。竞争情况对选择分销渠道影响较大，特别是同类产品竞争，需要仔细研究竞争对手选用何种销路。对竞争者已选用的分销渠道或已利用的中间商，生产者应经过综合考虑，作出决策。可以从竞争格局和竞争程度上进行分析。在竞争不激烈或消费者购买模式比较固定和中间商已经习惯的情况下，采用与竞争者相同的渠道策略比较有利。当竞争激烈或各种销路已被竞争者利用或垄断时，一般来说，就尽量采用与竞争者不同的渠道策略和中间商，开辟新的渠道来推销自己的商品。

(4) 生产者因素。生产者自身的条件和需要是影响销售渠道选择的重要因素，主要考虑以下四个方面的因素。

第一，生产者的实力和声誉。生产企业规模大，资金雄厚，声誉高，对渠道的选择就具有主动权和控制权。实力强的生产者可以用奖励中间商的优越条件建立较为牢固的长渠道，也可以建立自己的销售系统，承担流通的职能。势单力薄的生产者，只能依靠中间商销售商品。

第二，生产者的经营能力。生产者拥有足够的具有销售经验和开拓精神的销售员，则可少用或不用中间商；否则，只好依赖中间商。

第三，生产者愿意提供服务的多少。如果生产者愿意为最终消费者服务，则选用直接渠道；如果愿为零售商或批发商服务，则选用间接渠道。生产者为产品提供的服务多而且全面，为商品销售提供方便，会增强中间商销售产品的积极性。

第四，生产者对渠道控制程度的要求。如果生产者要求严格控制产品的零售价格或产品的新鲜程度，应选择窄而短的渠道，否则可选用宽而广的渠道。

(二) 制订分销渠道方案

制订分销渠道方案主要考虑渠道成员的类型、数量、条件和责任。

1. 确定分销渠道成员的类型

从不同的角度出发，分销渠道成员的类型有不同选择。企业首先考虑的是用中间商还是自己的销售队伍，中间商又分为经销商和代理商，代理商包括制造商代理和销售代理，经销商又分为批发商和零售商，批发商和零售商又有不同的类型。确定渠道成员类型需综合考虑渠道目标和企业的实力以及竞争状况。

2. 确定分销渠道成员的数量

分销渠道中应包含的中间商的数量又称市场展露度，一般有以下三种策略。

(1) 密集性分销。密集性分销是指利用众多的中间商将产品分配到每一个合适的分销处的策略。生产者根据产品适用于每一家庭或个人的特点，通过既宽又长的渠道分销产品，以此来扩大产品的销售面。其特点是：间接性强，不必自建渠道；延伸度和扩展度大，中间环节多。密集性分销策略常常用于价廉、易耗、挑选性低、容易储存和保质，而且为每个家庭或个人必需的日常消费品。分销渠道的设置须力求通过中间商发挥大面积辐射的功能，做到凡有人群的空间，就有相应规模的销售网点，就有通道将产品送达。当然，实际上由于交通不便、中转环节过多、流通费用过大等原因，在边远地区，产品仍难以到达。采用这种策略的广告效应好，便于接触所有潜在顾客，亦便于筛选中间商，使那些有能力经销本企业产品和能及时汇账的中间商被选中。但由于把精力分散在众多的中间商身上，也会出现分配工作失控、合作困难等问题。

(2) 专营性分销。专营性分销是指在一个特定市场上只选用一个批发商或零售商的策略。这种策略与密集性分销策略可以说是两个极端。其特点是：渠道短，有的是产销合一的独家商品经营；渗透性差，由于经营者的特种技术性能，外界极难渗透进去与之竞争。专营性分销渠道常常用于具有特殊消费性能或可满足特种需要的消费者群的商品，或者价格十分名贵的商品，如古董、古玩、戏装道具、珠宝、金器等。其渠道通常专门单一，往往一个大城市中少则只有一家，多则也只几家。这种策略往往具有垄断的优势，能加强对市场的控制，能节约销售费用，能与中间商保持密切的经营关系。但也有一些缺陷：由于过分依赖专营中间商，生产者缺乏灵活性；不利于消费者选择购买，会失去许多潜在的消费者；不利于开展竞争，由此会引起一些产销间的纠纷。

(3) 选择性分销。选择性分销是指在特定的市场中选择批发商或零售商经销其特定产品的策略。这种策略是处于以上两种极端策略之间的渠道策略。选择性分销渠道可用于各种各样的产品，尤其适用于一些选择性较强的消费品和专用性较强的零配件以及技术服务要求较高的商品。特别是在消费者能区别不同的品牌时，这种策略更为适用。虽然与密集性分销渠道相比，选择性分销渠道策略的市场渗透力有所削减，但仍有许多可取之处。如能选择能力较强的中间商，做到优胜劣汰，可以密切与中间商的合作，有利于提高工作效率；可以减少经销商之间的盲目竞争，有利于提高商品的声誉。

3. 确定分销渠道成员的条件和责任

在分销渠道方案中所必须规定的分销渠道成员的条件和责任是：

(1) 价格政策。由生产者制定价目表和折扣细目表。

(2) 销售条件。包括付款条件和生产者的担保。

(3) 中间商的地区权利。表明对中间商的地区安排和特许权分配。

(4) 双方的服务和责任。明确规定生产者和中间商各自的服务内容和服务水平以及相应的责任，特别是采取特许经营和独家代理等分销渠道形式时。

(三) 选择可行的分销渠道方案

确定分销渠道的目标之后，就要考虑有哪些分销渠道有可能实现这一目标，尽可能把所想到的方案全部列出。管理者就要对这些方案的优势和劣势进行比较，考虑每种方案的预期成本、收益、不确定性和风险，最后对各种方案进行排序，在此基础上对最终方案进行选择。尽管选择一个方案看起来很简单，只需要考虑全部可行方案并从中挑选一个能最好地解决问题的方案，但实际上做出选择是很困难的。由于最好的选择通常建立在仔细判断的基础上，所以管理者必须仔细考察所掌握的全部事实，并确信自己已获得足够的信息。

(四) 分销渠道方案的评估

通过制定分销渠道方案的步骤，设计出几套可供选择的分销渠道方案。再按照经济性、可控制性和适应性这三个标准对这些方案进行评估，从而确定一个较优方案。

1. 经济性

企业经营的主要目标是获取最大利润，因此经济性目标是首要目标。需要分析每一种分销渠道方案能达到的销售额有多大，分析每一种渠道方案实现某一销售额所需花费的成本。

2. 可控制性

使用不同类型的分销渠道成员，对分销渠道的控制程度有所不同。如利用代理商或较多环节的中间商，企业对渠道的控制力就会下降，就必须采取措施加强控制。因此，需选择相对来说可控性较强的渠道方案。

3. 适应性

适应性主要是指每种分销渠道方案在渠道运行过程中的应变能力。由于市场环境不断变化，渠道成员的条件、能力等也会发生改变，本企业的营销战略也须进行调整，为了能及时进行渠道战略和策略调整，企业应选择具有最大控制程度的渠道结构和政策的渠道方案。在确定了分销渠道策略、选择了分销渠道类型和中间商之后，还必须进行渠道管理，特别是渠道的成员管理和渠道的控制，才能使分销渠道发挥它最大的能量，为企业正常的生产经营活动服务。

第三节 分销渠道系统设计分析

对分销渠道系统设计分析主要包括分销渠道系统的服务水平规划分析、行业模拟分析以及系统方案的决策分析三个方面。

一、分销渠道系统的服务水平规划分析

理想的分销渠道系统，应当以满足顾客的需要、为顾客提供优质的服务为目标。因此，在设计分销系统时，首先要了解目标市场中消费者购买什么商品、在什么地方购买、为何购买、何时购买和如何购买。营销人员必须了解目标顾客需要的服务产出水平，即人们在购买一个产品时想要和所期望的服务类型和水平。由于顾客购买数量、等待时间、空间便利要求、需要的产品种类和服务支持的要求表现出个性化的特点，因此，分销渠道系统的服务水平规划应当有很强的针对性。营销专家菲利普·科特勒认为，服务需求的主要内容有购买批量、等候时间、出行距离、选择范围和售后服务五方面。因此，系统的服务水平规划也应体现在这五方面。

(一) 购买批量

购买批量是指顾客每次购买商品的数量。拿汽车而言，出租汽车公司喜欢到大批量

出售汽车的商场去购车。对于日常生活用品也是如此，小工商户喜欢到仓储商店批量地购物，而普通百姓偏爱到大超级市场购买东西。因此，购买批量的差异，要求厂家为他们设计不同的分销渠道。分销渠道销售商品数量起点越低，表明它所提供的服务产出水平越高。

（二）等候时间

等候时间是指顾客在订货或现场决定购买后，一直到拿到货物的平均等待时间。在现代社会，人们的生活节奏加快，更喜欢那些快速交货的分销渠道。分销渠道交货越迅速，表明其服务产出水平越高。

（三）出行距离

出行距离是指顾客从家里或办公地点到商品售卖地的距离。一般来说，顾客更愿意在附近完成购买行为，但是，不同的商品，人们所能承受的出行距离是不同的。显然，顾客购物出行距离的长短与渠道网点的密度相关。密度越大，顾客购物的出行距离越短，反之则长。市场分散程度越高，越可以减少消费者在运输和寻找与购买商品时花费的时间和费用，提高服务产出水平。

（四）选择范围

选择范围是指分销渠道提供给顾客的商品花色品种数量。一般来说，顾客喜欢较多的品种花色以供选择，因为这样更容易买到称心如意的产品。例如，如果不是单一的品牌崇拜者，他们不愿意去专卖店购买服装，而愿意到集合众多品牌的服装专业店或百货商店购买。分销渠道提供的商品花色越多，表明其服务产业水平越高。

（五）售后服务

售后服务是指分销渠道为顾客提供的各种附加服务，包括信贷、送货、安装、维修等内容。消费者对不同的商品有不同的售后服务要求，分销渠道的不同也会提供不同的售后服务水平。服务支持越强，渠道提供的服务工作越多。

当然，研究目标顾客的服务需求，是为了更好地满足顾客的需要。但要注意，服务水平的提高，意味着成本的增加，可见，目标的最终确定还要考虑其他各种影响因素。

二、分销渠道行业的模拟分析

分销渠道行业的模拟分析包括市场环境分析、消费者分析以及分销渠道现状分析。

（一）市场环境分析

市场环境既包括影响企业发展的微观环境，也包括宏观环境。微观环境指与企业紧密相连，直接影响企业营销能力的各种参与者，包括企业本身、市场营销渠道企业、顾客、竞争者以及社会公众；宏观环境指影响微观环境的一系列巨大的社会力量，主要有人口、经济、政治法律、科学技术、社会文化及自然生态等因素。微观环境直接影响企业的营销活动,宏观环境间接地作用于企业的活动。因此,对于市场环境的分析,应当包括这两个方面的内容。但对于一个企业来说,在行业模拟的市场环境分析中,应当将竞争者放到一个非常重要的位置上来。因为,企业不能独占市场,都会面对形形色色的竞争对手。在竞争市场上,除了来自本行业的竞争外,还有来自替代品生产者、潜在加入者、原材料供应者和购买者等多种力量的竞争。企业要成功,必须在满足消费者需要和欲望方面比竞争对手做得更好。企业的营销系统总是被一群竞争者包围和影响着,营销渠道也应当注意竞争对手的变化,这就要求必须加强对竞争者的研究,了解对本企业形成威胁的主要竞争对手及其策略、力量对比如何,知己知彼,扬长避短,才能在顾客心目中强有力地确定其所提供产品的地位,以获取战略优势。

(二) 消费者分析

消费者即顾客,是企业的目标市场及服务的对象,也是营销活动的出发点和归宿。企业的一切营销活动都应以满足顾客的需要为中心。因此,消费者是企业最重要的环境因素。

按照消费者的购买动机,可将企业所面对的顾客分为生产者市场顾客、消费者市场顾客、非营利组织市场顾客、国际市场顾客、政府市场顾客以及中间商市场顾客等六种。每一种类型市场的顾客,都有其不同的需求和消费特点,而这就要求企业在营销渠道方面制定不同的销售渠道策略,才能更好地满足不同市场顾客的需要。

(三) 分销渠道现状分析

分销渠道现状分析主要包括对供应商与营销中间商两个方面的分析。

1. 供应商

供应商是指向企业即竞争者提供生产经营所需资源的企业或个人,包括提供原材料、零配件、设备、能源、劳务及其他用品等。供应商对企业营销业务有实质性的影响,其所供应的原材料数量和质量将直接影响产品的数量和质量,所提供的资源价格会直接影响产品成本、价格和利润。在物资供应紧张时,供应商更起着决定性的作用。如企业开发新产品,若无开发新产品所需的原材料或设备的及时供应,就不可能成功;有些比较特殊的原材料和生产设备,还需供应商为其单独研制和生产。企业对供应商的影响力要有足够的认识,尽可能与其保持良好的关系,开拓更多的供货渠道,甚至采取逆向发展战略,兼并或收购供应者企业。为保持与供应商的良好合作关系,企业必须和供应商保持密切联系,及时了解供应商的变化与动态,使货源供应在时间上和连续性上能得到切实保证。除了保证商品本身的内在质量外,还要有各种售前和售后服务;对主要原材料和零部件的价格水平及变化趋势,要做到心中有数、应变自如。根据不同供应商所供货物在营销活动中的重要性,企业对为数较多的供应商可进行等级归类,以便合理协调,抓住重点,兼顾一般。

2. 营销中间商

营销中间商主要指协助企业促销、销售和经销其产品给最终购买者的机构,包括中间商、实体分配公司、营销服务机构和财务中介机构。这要根据企业营销渠道的具体情况,选择相应的协助机构,以解决企业分销渠道中的困难和障碍,从而更好地为营销的畅通服务。

三、分销渠道系统方案的决策分析

一般来说,分销只能由生产商、经销商、代理商、辅助商以及顾客等共同来完成。他们一起组成了生产厂商所生产的产品的分销渠道系统,联合起来把产品从生产厂商手中转移到消费者手上,满足消费者需要。可以说,分销渠道系统是为某个生产厂商的商品执行分销职能的一种市场化的合作组织。

而对于企业来说,会根据市场和行业竞争的情况,设计出适合自身情况、符合企业目标的分销渠道系统。在这一系统中,企业要把处于价值链不同环节、各自独立的生产商、经销商、零售商组织起来,通过构建一种相对稳定、谋求双赢的伙伴关系,对他们进行科学而合理的分工,使之成为一个有机整体。但是,组成企业分销渠道系统的渠道通过相互合作、协调、补充、配合,形成了一个包括多种渠道形式的网络形式来共同满足市场需求,从而完成企业的分销任务。因此,这就要求依据一定的标准,对分销渠道系统方案进行选择,最终决定选用最优、最符合企业分销渠道的方案。

依据决策的标准,对分销渠道系统方案的决策分析,主要包括以下七个方面。

1. 采取长渠道还是短渠道

采取长渠道还是短渠道准备通过多少流通环节将商品销售出去,其决定因素主要在于生产和消费在空间及数量上的差异性。对于集中生产、分散消费的商品(如日用品)会采用长渠道,而对于分散生产、分散消费且产销空间距离较大的商品(如产销异地的农产品),其渠道会更长。

2. 采取密集型渠道还是采取选择型或独家型渠道

选择密集分销、选择分销还是独家分销,其决策主要考虑商品的特性,是属于日用品还是属于选购品、特殊品。一般情况下,购买越是频繁,越应增加中间商的数目。

3. 采取开放性渠道策略还是采取排他性渠道策略

采取开放性渠道策略意味着两方面:一是企业将不仅依靠自身的分销力量来销售产品,同时还将选择中间商;二是企业将不断根据变化的市场情况对分销网络进行调整,或者是增加新的渠道销售形式。例如,随着计算机技术和互联网的发展,越来越多的企业在采用传统分销渠道的同时,也纷纷"触网",采用电子商务、网上营销的方式来销售自己的产品,将其作为整个分销系统的一个组成部分。而排他性渠道策略,则意味着企业全部运用自身销售力量来分销产品。例如,运用庞大的销售队伍,在全国各地建立销售分支机构,成立专卖店。

4. 采取单一渠道模式还是多种渠道模式并用

这里涉及两个决策问题:一是用相同分销渠道销售不同商品,还是用不同分销渠道销售不同商品;二是用一类分销渠道还是用多类分销渠道来销售某种商品。对于前者,其要害在于企业产品线中的产品关联度,关联度大的可采用相同分销网络销售不同商品;相反,对于实施多角化战略,企业产品关联度不大的情况,则应考虑使用多种分销渠道。此外,也可以对大客户采取直接渠道销售,而对中小客户通过中间商来进行分销。还可以在不同的地区运用不同的渠道设计，对成熟市场区域可以由经销商负责，而对新开辟的市场则由厂家的销售代表首先进行开拓。使用多种渠道模式，所应考虑的是企业处理多种分销渠道矛盾冲突的能力。多分销渠道并存会引起矛盾冲突，致使分销网络成员不愿积极努力。因此，采取多分销渠道策略时，企业必须采取一系列措施防止渠道冲突。例如，给不同渠道提供不同品种或不同品牌，明确定义各个分销渠道的销售区域，加强或改变分销渠道的价值定位，或通过年终政策加以控制，等等。

5. 选择和确定分销渠道成员，明确各个分销渠道成员的任务

为了实现企业的营销目标，企业在确定了上述问题的基础上就要招募合格的中间商来从事分销活动，并使之成为企业产品分销网络的一个成员。企业选择分销渠道成员时考虑的标准主要有企业规模、销售能力、声誉状况、销售业绩等，同时也要考虑自身的实力和发展战略等因素。与此同时，企业要通过协议的形式给各个分销渠道成员规定明确的任务，如销售区域、销售额度、服务范围等，把处于价值链不同环节、各自独立的生产商、经销商、零售商组织起来，通过构建一种相对稳定、谋求双赢的伙伴关系，对他们进行科学而合理的分工，使之成为一个有机整体。

6. 商流渠道与物流渠道是一体化还是分开的选择

厂家无论使用哪种类型的分销网络，都必须在一定程度上负责组织向中间商或最终消费者供应实体产品，即完成商品实体分配。实体分配，也就是通常所说的"物流"。如果企业的实力强，渠道控制能力强，就可实行一体化策略。当然，企业也可选择社会性物流渠道，如各种物流中心、配送中心等，把商流渠道和物流渠道分开。如美国的埃伯特制药公司为3M公司提供后勤供应服务，为后者储放和运送其医药产品到美国的各个角落。

7. 规划终端建设

终端建设就是依据规划，根据所有的问题，最终形成多个备选方案，以供企业选择合适、合理、科学的营销渠道。

第四节 分销渠道战略模式的选择与实施

分销渠道战略模式的选择与实施的前提是要对其影响的因素进行分析，再依据相应的标准选择合适的模式，最后才将选择的方案付诸实践。

一、影响分销渠道战略模式的因素分析

对于影响因素的分析，可从两个角度来进行：一是有关影响分销渠道战略模式的限制条件，二是内部协调障碍分析。

（一）限制条件分析

1. 产品因素

（1）产品的理化性质。对一些易腐易损商品、危险品，应尽可能避免对此转手、

反复搬运,宜选用较短渠道或专用渠道。一些体积大的笨重商品,如大型设备、煤炭、木材、水泥构件等,也应努力减少中间环节,尽量采用直接渠道。

(2) 产品单价。一般而言,价格昂贵的工业品、耐用消费品、享受品均应减少流通环节,采用直接渠道或短渠道;单价较低的日用品、一般选购品则可采用较长较宽的分销渠道。

(3) 产品式样。式样花色多变、时尚程度较高的产品,如时装、高档玩具、家具等,宜以短渠道分销;款式不易变化的产品,分销渠道可长些。一些非标准品及特殊规格、式样的产品通常要由企业销售部门直接向用户销售。

(4) 产品技术的复杂程度。产品技术越复杂,用户对其安装、调试和维修服务要求越高,采用直接渠道或短渠道的要求越迫切。

2. 市场因素

(1) 目标市场范围。市场范围越大,分销渠道相应越长;相反,则可能短些。

(2) 顾客的集中程度。顾客如果集中在某一地区甚至某一地点(如工厂用户),则可采用短渠道或直接渠道;顾客如果分散在广大地区,则更加需要发挥中间商的作用,采用长而宽的渠道。

(3) 消费者购买习惯。例如,消费者对产品购买方便程度的要求,以及每次购买的数量、购买地点和购买方式的选择等习惯,都会影响到企业选择不同的分销渠道。

(4) 销售的季节性。销售季节性较强的产品,一般应充分发挥中间商的调节作用,以便均衡生产,不失销售时机,所以较多采用较长的分销渠道。

(5) 竞争状况。同类产品应与竞争者采取相同或相似的分销渠道。在竞争特别激烈时,则应伺机寻求有独到之处的销售渠道。

3. 企业自身因素

(1) 企业的财力、信誉。财力雄厚、信誉良好的企业,有能力选择较固定的中间商经销产品,甚至建立自己控制的分销系统,或采取短渠道;反之,就要更为依靠中间商。

(2) 企业的管理能力。有较强的市场营销能力和经验的企业,可以自行销售产品,采用较短渠道或组合渠道营销系统。

(3) 企业控制渠道的愿望。有些企业为了有效控制分销渠道,宁愿花费较高的渠道成本,建立短而窄的渠道。也有一些企业并不希望控制渠道,会根据成本等因素采取较长而宽的分销渠道。

4. 经济形势与有关法规

(1) 经济形势。经济景气、发展快,企业选择分销渠道的余地较大;当出现经济萧条、衰退时,市场需求下降,企业就必须减少一些中间环节,使用较短的渠道。

(2) 有关法规。国家法律、政策,如专卖制度、反垄断法规、进出口法规、税法等,也会影响分销渠道选择。在一些实施医药、烟草和酒类专营或专卖制度的国家,这些产品的分销渠道选择就会受到很大的限制。

（二）内部协调障碍分析

内部协调障碍分析主要是指在分销渠道系统中，存在着诸多的分销渠道成员，这些成员彼此独立，成为相对独立的经济主体，且存在着不同的利益关系。而这些成员为了彼此的利益，往往造成了谈判费用的增加和交易费用的递增，这也进一步导致了分销效率的下降和渠道管理难度的加大。因此，企业在进行分销渠道模式的设计与选择时一定要充分考虑到这些协调障碍因素，具体表现如下：

1. 生产商与经销商之间协调障碍

生产商与经销商的矛盾冲突不少。例如，厂家希望有一个稳定的市场，而一些经销商却低价抛货销售，扰乱市场秩序；经销商不认同厂家的企业文化、不执行企业的整体销售政策，存在市场开拓不力、越权管理、拖欠货款、无法及时反馈市场信息等问题；分销商也可能对厂家产生、供货不及时，厂家对商家的利益考虑不够，售后服务不周到或不力等意见；一些企业着力培养的大客户在销售额达到一定水平并获得一定的市场控制权后，也力图从厂家获得更多的优惠而要挟企业，争夺渠道的主导权；生产商投入巨资建立起来的分销网络正逐渐被日益发展壮大起来的经销商所掌握和控制，使企业有"养虎遗患"之感；等等。上述的矛盾冲突都要很好地予以协调。

2. 经销商之间的冲突

经销商之间的冲突包括互相争夺客户、低价倾销、跨区域销售等。分销渠道成员之间由于地位不同，所以收益也是不均匀的。对一些弱小成员而言，不仅享受不到优惠可能还要承担更多义务。例如，由于进货少，折扣就比较高，遇到厂家清货的时候，由于小本经营，这些弱小成员往往难以承受损失。

二、选择和确定分销渠道方案

选择和确定分销渠道方案，是指企业根据自己目前的实力与环境状况对各个战略备选方案进行可行性分析，对诸多方案进行比较，选定其中相对满意的那个方案。在战略选择过程中，为了减少风险或增大机遇，对某些次要目标及其措施作出适当调整。

企业应当根据以下几个方面的标准，对分销渠道进行评估，以此来选择方案。

（一）经济标准

每一种分销渠道模式都会产生不同水平的销售量和销售成本。因此，生产企业需要考察的第一个问题是：使用企业自己的推销队伍带来的销售量大，还是借助于分销机构带来的销售量大。

同意使用企业自己推销队伍的人认为：企业的推销人员对企业有绝对的忠诚，对企业的产品有足够的熟悉度，他们更富有进取性，推销员的前途与企业命运息息相关，所以选用自己的推销队伍、采用直接销售方式，将给企业带来更大的销售量。在实际活动中，顾客也表示出愿意与企业营销人员直接沟通的意愿，这样既可以全面了解产品，又可以获得技术、资金上的支持。但是借助分销商来扩大销售的人也有自己的看法：分销商的存在是社会分工的必然，其可以动用的人力、物力、财力资源远在生产企业之上。

分销机构深入社会，与顾客有着最紧密、最广泛的联系，信息沟通迅速，分销沟通迅速，分销产品得力，只要给予他们必要的价格折扣或佣金，他们就会比企业的推销人员干得出色。所以企业在进行产品分销模式选择时，必须考虑企业自销或利用分销机构销售的利弊得失。

第二个问题是比较分销成本问题。分销成本的高低是与销售量的大小密切相关的。从理论上讲，在某一个销售量的水平上，无论采用哪一种分销方式，其分销成本应该是相等的。如果实际销售量低于上述销售水平，则利用分销机构比较有利；而当实际销售量高于上述销售量水平时，利用企业自身销售人员及机构更为有利。一般来讲，一个小型企业或是一个大企业在一个很小的区域里销售产品时，就没有必要使用自己的推销人员，借助于分销商的力量是比较有利的决策。

（二）控制标准

由于分销机构本身是一个独立的经济利益主体，他关心的也是自身的经济利益最大化问题，所以分销商的精力主要集中在如何刺激消费者购买方面。一家分销机构承担分销的产品少则几十种，多则成千上万，因此对于众多产品的一些技术问题或相关资料信息缺乏细致、周到的了解，导致不能有效地针对产品特性和顾客特性进行营业推广活动，影响到企业产品的销售量。因此，生产企业在选择分销模式时，要考虑如何对分销机构施以控制的问题。要想使分销机构全力以赴地推销自己的产品，除了在价格上给予一定的折扣条件外，还必须在管理上加强对分销机构成员的控制。

控制程度标准，主要考虑衡量分销机构成员之间的纵向、横向经济关系及分销机构成员稳定性等具体因素。分销机构成员之间的纵向、横向经济关系复杂，如果出现问题，诸如横向关系中的竞争冲突、纵向关系中的利益分配等问题，若处理不当，或由于利益一致而结成的无原则的联合迫使生产企业做出更大的让步，都会直接影响到生产企业的切身经济利益。还有，如果企业所选择的分销机构成员缺乏相对的稳定性，分销商的法律地位不明确，其作为独立的市场行为主体的作用也就很难体现，其分销作用也会因此而受到多方限制，为企业的产品分销工作带来不良影响。

（三）适应性标准

由于市场营销环境的不断变化，每一种分销网络模式都只能持续一段时间，而不能一劳永逸、长久地发挥作用。因此，在一种分销网络模式运行的有效期限内，生产者还必须根据变化了的环境适时进行其他网络模式的选择。当然，从经济性和可控性角度考虑，生产企业最好是利用现有的分销网络模式，只对其中一些不适应环境变化的要素进行局部调整。除非原有的分销网络模式已完全不适用，否则不要轻易舍弃现有的分销网络模式。在实际营销活动中，企业选定的分销商必须承担相应义务，不能随便变动。当然，企业还必须积极采用更适当的分销网络模式。

现实约束是需要考虑的另一个重要方面，法律限制、文化限制和历史沿传的营销方式，都是应当认真评估的重要约束条件。尤其在开展国际市场营销活动时，由于企业将面临完全不同于国内的政治法律、社会结构、文化教育、审美、语言文字、宗教信仰与价值观等方面的客观环境，它们比国内市场更加复杂，其不确定性、不可控性更强。因此，在建立国际销售渠道时更应对现实约束加以注意。

三、编制实施行动计划

分销渠道战略只是规定了渠道的方向与任务，而不可能提出更具体的数量和时间方案。编制实施行动计划就是将战略方案具体化，依据战略方案和战略重点，规定出任务的轻重缓急和时机，进一步明确工作量和期限，并考虑由谁来执行战略计划？在执行战略计划过程中必须做些什么？怎样才能顺利完成战略计划所规定要做的事？不编制具体的实施行动计划，再好的战略也是无法实施的。另外，如果在编制实施行动计划时，事先没有认真研究战略的要求，心中无数，而只是靠汇报材料加减拼凑而成，这种缺乏战略指导的拼盘式计划，其实施效果也不会是理想的。尤其是渠道战略的实施往往还会涉及企业人力资源部门、财务部门、生产部门等方方面面的配合，因此，在明确战略实施需要做哪些事情的基础上，还要求企业各层次的管理者都应对企业内部组织进行全面地考虑，在企业总体经营战略的指导下，提出支持企业战略实施的项目方案，编制出方案的成本预算，制定出执行方案的详细工作程序，要求包括所提方案的时间进度、资源条件、经营预算、企业能力等方面的可操作性内容，以便为经营战略的真正实施做好准备。

编制实施行动计划的内容，应包括以下七个方面：

（1）根据渠道战略所规定的各项目标编制出较为详细的战略项目及其行动计划。如资金筹集计划、人力资源安排计划、市场开发计划、广告促销计划等。

（2）区别各战略项目间必要的顺序和关系。划分重点区域市场、一般区域市场；也可划分钉子市场（问题市场）与规范市场。

（3）确定各战略项目的执行人员及负责人员。对一些重要市场区域应配备得力的销售管理人员和市场开拓能力强的销售人员。

（4）确定各战略项目的实施方法和所需资源。如各区域市场广告的投入、促销方案的制定。

（5）估计各战略项目所需的时间。

（6）与渠道相关成员进行沟通，取得外部分销商的理解和支持。

（7）建立工作目标和考核标准（如销售额、贷款回收、完善的客户开发与管理），对各市场区域实施跟踪，发现偏差，不失时机地予以纠正和解决。

案例　掌控分销渠道就是掌握企业的未来

山东琥珀啤酒安阳地区总代理商（以下简称安阳总代）在全国经销商系统中连续8年排名第一。而当地市场有多达17个啤酒品牌，每年在激烈竞争有许多啤酒品牌撤出，也有一些新的啤酒品牌进入，但琥珀啤酒由于安阳总代的实效运作却一直屹立不倒，在当地占据了40%的强势市场份额。原因在于安阳总代真正掌控住分销渠道。

前期，安阳总代派遣大量业务人员直接铺货进零售终端，形成了相当大的铺市率，再通过一系列宣传推广运作,强力拉动当地市场需求,然后分隔区域洽谈分销商,由分销商向安阳总代指定的零售终端供货,安阳总代业务人员协助分销商开发和维护零售终端,并监控渠道正常运作。安阳总代给予终端零售商和分销商同样的供货价格,并制定统一的零售价格。安阳总代对分销商进行月度考核,依据其进货量、渠道运作规范性、价格维护等方面的几个核心指标达成情况给予相应的返利。此外,安阳总代在广告宣传、促销推广、终端形象建设以及礼品配置等方面积极支持分销商和零售终端商。安阳总代所辖的区域从没发生渠道冲突现象,正是因为安阳总代在当地具有强势的影响力和号召力,掌控住了自己的分销渠道。

从上面我们可以看到这家区域总代理商建立并掌控了一张强力的销售网络,其成功之处在于:规范分销渠道、主导价格体系、分销商的返利激励及考核管理以及推广宣传的支持等。

安阳总代所实施是一种比较规范的分销联合体模式,与下级分销商建立一种长期的战略合作关系,由"让分销商赚钱"转变到"帮分销商赚钱"。安阳总代协助分销商开拓零售终端,并维护客情关系,由分销商负责向指定区域的零售终端供货,分销商其实扮演配送商的角色。此外,安阳总代建立有零售终端信息资料卡,并通过对分销商和零售终端的"进销存明细手册"加以监控产品流向、流速、流量。这样,安阳总代在市场拓展方面由先前建立零售点到编制销售网线最后实现拉动整个市场面。

安阳总代对分销商不采取一步到位的价格政策,而是采取与零售终端同样的供货价格,把渠道利润掌握在自己手中,季度和年度根据一定的考核结果以返利的形式进行再分配。对于零售商,由于规范了零售价格,则保证其合理的利润空间。安阳总代就是以利益为牵导来掌控分销渠道。

安阳总代采取模糊返利政策,使分销商无法明确自己所得返利的具体数字,力求避免分销商事前透支利润,扰乱价格体系。安阳总代除了考核分销商的实际进货量、计划任务完成率外,还对分销商的价格执行情况、定向配送规范性、零售终端投诉情况等,每月进行考核,季度和年度根据结果给予相应的返利。

在激励方面,安阳总代力求提升分销商、零售终端的销售积极性,分阶段拟制出刺激性的激励政策。例如,针对分销商,安阳总代实施车辆赠送激励政策;针对零售终端,采取积分实物奖励政策。但是激励政策的实施也是建立在月度系统考核的基础上,而不仅仅以销售数据为依据。

安阳总代前期一方面强调铺市工作,追求市场覆盖率,另一方面主动开展持续不断的推广宣传活动,用他们的话就是达到"铺天盖地无处不在"的效果。安阳总代自行制作带年历的产品宣传海报、产品宣传吊旗,并安装有产品形象的店门招牌,对零售终端进行大规模包装;雇佣流动广告车在所辖市区、郊县巡游,在商业集中地域安排人员散发产品宣传单等来广泛传播产品信息;还在当地电视台投放产品广告以及促销活动信息字幕广告。针对消费者,安阳总代独具特色地开展十二生肖有奖收集活动,并整合社会资源将每阶段开奖活动搬进当地电视新闻。此外,专门设计诸如起瓶器、钥匙扣、玻璃杯、烟灰缸等助销宣传品,提供给零售终端。这些推广宣传活动很好地营造出市场氛围,拉动了产品的销售。

总之，区域代理商在所辖区域应该从原始的坐商到简单的行商转变为实效的"管商"，主动、创新地建立渠道运作模式、规范分销渠道价格体系、系统实施渠道管理手段和整合区域推广宣传组合，掌控住分销渠道，最大限度地抑制渠道冲突，才能掌握企业的未来。

（摘自《掌控分销渠道就是掌握未来》，慧聪网，2005年3月15日）

链接思考

（1）安阳总代最大的成功之处有哪些方面？

（2）安阳总代是如何选择分销渠道，并如何加以开展业务活动的？

本章小结

依据企业所处的环境以及经济条件，分销渠道战略设计理论基本有两种：一种是依据企业所处的环境，从企业内部环境、外部环境出发，对企业的分销渠道进行理论指导，称之为环境影响理论，包括渠道系统理论以及企业的战略行为论；另一种是从设计的投入角度出发，把成本因素作为重要的考察依据，称之为渠道设计成本理论。随着环境影响论以及渠道设计成本理论的发展，后期又出现了交易成本理论等渠道战略设计理论。分销渠道战略设计是指对关系企业生存与发展的基本分销模式、目标与管理原则的决策。其基本要求是：适应变化的市场环境，以最低总成本传递重要的消费者信息，达成最大限度的顾客满意。为此，渠道设计必须遵循两个价值原则，即以合理价格向消费者提供值得信赖的产品或服务；准确确定细分化的目标市场并以合适的产品或服务满足这一需要。分销渠道的设计程序包括确定渠道目标、制订渠道方案、选择渠道方案、渠道方案评估四大步骤。

分销渠道系统设计的分析，应从分销渠道系统的服务水平规划分析、行业模拟分析以及系统方案的决策分析三个方面来进行。渠道战略模式的选择与实施的前提是要对其影响的因素进行分析，再依据相应的标准选择合适的模式，最后将选择的方案付诸实践。影响因素包括有关影响渠道战略模式的限制条件以及内部协调障碍两个方面；选择和确定方案应当依据经济标准、控制标准以及适应性标准；方案的实施需要各个层级的管理者依据企业总体经营战略来协调配合，支持分销战略的落实。

关键概念

环境影响理论　分销渠道设计成本理论　交易成本理论　分销渠道战略设计　经济标准　控制标准　适应性标准　编制实施行动计划

思考题

（1）试述分销渠道战略设计的理论。

（2）分销渠道战略设计的程序包括哪些方面？

（3）试结合现实具体的相关行业，谈谈分销渠道系统设计分析的内容有哪些？

（4）分销渠道战略模式选择和确定方案依据的标准有哪些？

第八章 分销渠道的组织模式

本章学习目标

学完本章后，应该掌握以下内容：①了解"刚性"纵向一体化组织；②了解"柔性"垂直整合组织；③了解混合垂直整合系统。

分销渠道不是一成不变的，新型的批发机构和零售机构不断涌现，全新的分销渠道系统正在逐渐形成。这些分销渠道系统彼此合作、密切配合，大大提高了企业分销渠道的效率。任何一种分销渠道系统，都需要相应的主体来承担销售职能。这些主体因为分销渠道系统的差异，所从事的职能也有所不同，相应地形成了不同的分销渠道组织模式。

本章对构成分销渠道的组织模式——"刚性"纵向一体化组织、"柔性"垂直整合组织（外购理论，管理型垂直渠道系统，契约型垂直渠道系统）以及混合垂直整合系统进行介绍，然后研究它们形成的条件以及在分销渠道管理中的应用。

第一节 "刚性"纵向一体化组织

一、"刚性"纵向一体化组织的原理

分销渠道的组织形式通常可以从企业"拥有"或者"外购"分销服务来分类。通过"拥有"（自设或控股）组建的分销渠道称为"刚性"纵向一体化组织。所以，如果一个企业不仅从事商品生产，而且拥有（投资设立或兼并控制）分销机构，向最终用户或消费者销售产品，那么，该企业构建的渠道属于"刚性"纵向一体化组织（亦称垂直一体化组织）。采用"刚性"纵向一体化组织形式的企业，承担着供应、生产和销售等多种职能，保持着相对封闭的生产与流通体系。

从历史演变的角度看，商品生产和商品交换唇齿相依，分工难分家，即使后来出现了专门从事商品交换的商业，相当多的商品生产者仍然保持"前店后厂"的经营方式，以便快速地向消费者（尤其是周围的居民）销售商品。早期的产销一体经营方式，是后来纵向一体化组织的雏形。

纵向一体化组织的出现是社会化生产分工的产物。生产是为了消费，满足人们生活和生产的需要。这是社会生产的目的，也是商品生产的目的。人类社会为了提高生产效率，发现了分工合作的生产组织形式，创造了商品生产。商品生产能够促进生产分工的

深入发展，促进生产效率的提高，但是它客观上存在着对商品交换或商品流通的需要和依赖，因为商品生产者不是生产自己需要的产品，而是为满足他人需要而生产。商品生产者要实现其生产的目的，在某些情况下，必须亲自参与和完成商品交换或流通过程，把商品销售给消费者或最终用户，并且通过商品交换获得能够满足自己需要的产品或货币。这样就使得这些商品生产者发展成为纵向一体化的组织。

在现代市场经济中，采用纵向一体化组织形式的企业，通常是为了使其产品能够在最短的流通时间内销售给消费者和最终用户，以最快的速度完成"商品变货币"的转变。企业作为市场经营主体，必须通过有效地组织商品生产和商品交换来实现货币（资本）增值、谋取利润。生产部门应当根据消费者或最终用户的需要，高质量、快速地生产能够满足消费者或最终用户需要的商品。然而，好的商品必须能够在顾客需要的时候及时地销售给顾客，才能够真正满足顾客需要，由此，企业能够有效地实现"商品变货币"，并获得顾客的"奖赏"。这就要求商品销售在时间上及时，在数量上足量。如果错过销售时机，商品长期停留在仓库，不仅占用流动资金，而且可能变质、贬值。通过向流通领域延伸（实行后向一体化发展），采用纵向一体化组织形式，生产性企业能够根据自己掌握的市场需求信息，不失时机地组织商品生产和商品销售，从而迅速实现"商品变货币"。也有一些企业是为了保持与最终用户和消费者的紧密联系，通过后向一体化发展，把"触角"延伸到消费者和最终用户群体中间，建立起市场信息沟通的有效渠道。向消费者或最终用户销售商品的销售机构就是企业的"触角"，它与顾客直接联系，在交际中、在谈判桌上，有大量机会了解消费者和最终用户的情况；而且它是常年的、常规性的与顾客沟通的重要渠道。有了这个信息渠道，企业在适应市场变化、调整产品结构方面，就能够做出正确决策，实现更强的灵活性和创造性。

相当多的生产性企业向流通领域发展，是因为难以找到符合商品销售中某些特殊要求的分销商或零售商。例如，一些产品技术性强的专用设备制造企业（如压力机、数控机床、特种汽车）、个人化专用商品制造企业（如制定西服、特型鞋、定制轿车、房屋建筑与装修、个人配置的电脑和残疾人用品），要求分销商能向顾客提供技术性较强的销售服务，可是大多数分销商由于没有商品制造经验和有关技术人才，向顾客提供销售服务的技术性层次很难提高。另外，产品价值高的那些制造企业（如机床制造企业、造船厂、金玉饰品制造业）需要较快地回收货款，要求分销商或零售商购买货物，并垫付货款，这对于经营资本本来不多，而且要保持一个合理的产品组合结构和适度库存量的分销商或零售商来说，可能是非常苛刻的条件，因而通常只能由生产企业自行组织销售。

在产业用户市场上，生产厂商大多采用纵向一体化的组织形式，投资建立自己的销售机构，由后者把产品销售给最终用户，主要原因就在于技术性服务要求高和产品价值高，很难找到合适的分销商。在消费品市场上，采用纵向一体化组织形式的企业也不少见。尤其在酒店、旅游、医疗、公共交通、美容服务业、餐饮业等服务性行业，受到服务本身的产销一体化性质的影响，有关企业自然地采用着纵向一体化组织形式。但在数量比例上，直接向消费者销售商品的消费品制造企业相对较少。

除了生产企业向流通领域延伸的情况外，也有相当多的流通企业向生产领域延伸

（即实行前向一体化发展战略）。例如，北京亿商集团有限责任公司除从事日用品批发、零售外，还从事服装生产、商业机械研究与制造、商品储运和房地产开发等生产型经营业务；上海联华超市有限公司通过工商联营、定牌监制、投资办厂的方式发展了600多种"联华"品牌的产品，开发、加工了生鲜食品、副食等17个大类近700个品种，还率先把修配、洗染、彩扩等服务项目引进超市，拓展了超市的服务功能。此外，许多进出口公司都有自己的出口商品生产企业，以便适应国际市场需要，专门组织国际性商品生产，保障货物供应。

二、"刚性"纵向一体化组织模式

如果一个企业在经营业务发展中，同时占有商品价值链中的生产与销售环节，它就可以被认为是"刚性"纵向一体化组织的企业。这种企业可能是从生产领域通过实施后向一体化战略发展到目前状态的，也可能是从流通领域通过实施前向一体化战略发展到目前状态的，还可能是从流通领域通过实施前向一体化战略发展到目前状态的。由于生产与销售的社会性和技术性差异，通常都必须进行分工，由不同单位分别来承担生产和销售职能。

组织是有效进行分工合作的保证。在"刚性"纵向一体化企业中，为了有效地组织生产和商品销售，必须认真选择和采用一定的组织模式，以便建立和保持生产部门销售部门之间的分工合作关系，同时赋予各单位必要的权利，促进其有效运转。一般来说，在现实经济中，主要有以下三种"刚性"纵向一体化的组织模式。

（一）直线制组织

直线职权是指管理者直接指导下属工作的职权。这种职权由组织的顶端开始，延伸向下至最低层形成所谓的指挥链（chain of command）。在指挥链上，拥有直线职权的管理者有权领导和指挥其下属工作。这种直线制组织模式，在规模相对较小的企业中采用较多。规模相对较小的企业（如小型私人企业）大多采用"前店后厂"的方式来保持生产与销售之间的紧密联系。比较典型的是那些糕点商店，一边制作糕点，一边销售，制作现场就在店铺后面，商店经理既是销售负责人，也是糕点制作的负责人。可用组织结构图来描述这类企业的直线制组织模式，如图8-1所示。

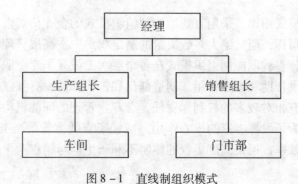

图8-1 直线制组织模式

直线制组织是以经营管理权利和行政事务高度集中为特征的。经理人员是最高权力代表,也是行政事务的具体执行者。例如,企业经营计划、财务管理、人事管理以及市场营销决策,都要由经理人员亲自来筹划和处理,不再设立处理行政事务的职能部门和参谋机构。这种组织的优点是保证统一指挥,容易协调生产与销售部门之间的关系;缺点是经理人员负担重,往往会因能力或精力的限制而不能充分兼顾战略管理、技术开发、市场开发和质量控制。

(二) 直线职能制组织

在经营规模较大的企业,生产部门与销售部门都拥有较大的业务量,因而有较多的人员和设备,管理工作也复杂起来。为了有效利用资源,加强部门管理,这些企业要在管理方面进行分工,组建专业管理的职能部门,并且对生产与销售部门负责人予以较多授权。这就涉及职能职权的问题,职能职权是一种权益职权,是由直线管理者向自己辖属以外的个人或职能部门授权,允许他们按照一定的制度在一定的职能范围内行使的某种职权。直线职能制的组织模式如图8-2所示。

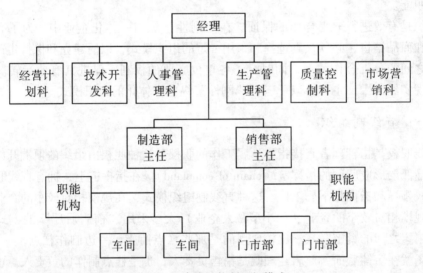

图8-2 直线职能制组织模式

和直线制组织模式相比,采用直线职能制组织模式的企业仍然强调经理对生产和销售两大部门的直线指挥,而且绝大多数决策的制定权集中在高层管理者手上。与直线制组织模式不同的是,直线职能制组织模式在各个层次上设立了专业职能管理机构,为各层次行政管理者提供帮助和参谋作用。制造部门和销售部门没有独立的经营权,但是在行政管理事务方面有相对较多的权利和责任,有专业管理的职能机构提供帮助。设立专业管理职能机构是为了发挥专家的核心作用,减轻了直线主管的事务负担和任务负荷,提高了管理工作的效率,但是高度集权的体制不利于生产与销售两个部门发挥适应市场的主动性和创造性。

(三) 事业部制组织

如果一个企业实行多品种经营甚至跨行业经营，必然有多个生产单位和多个销售单位，那么，在经营组织上发挥每个生产单位和销售单位灵活适应市场的主动性和创造性就特别重要。为此，这样的企业大多采用事业部制组织模式或公司集团模式。有关生产单位和销售单位按照公司制模式建立，通常还可以具有独立的法人地位，拥有较大的经营决策权。但是，他们又是总公司下属的构成单元，在经营战略、企业文化、商标、价格政策、渠道政策和业务分工等方面仍需要服从总公司的安排。作为下属单位的公司制企业通常称为事业部，也称为子公司。事业部制组织结构图和直线职能制组织结构图类似，两者的差异主要表现为下属单位的法律地位和经营决策权大小不同。

在一个规模较大的企业，不同的经营业务或商品价值链环节各自都可以成为一个子公司，因为业务量很大，以至于总公司经理必须对生产部经理和销售部经理充分授权，使其能够灵活适应市场，提高经营管理的效率。

应当说，实行纵向一体化企业，不论规模大小和经历如何，都必须采用一定的组织模式来有效地组织生产与销售活动，提高其运作效率。如果不能做到这一点，那么，企业就不如按照专业化发展原则，在自己擅长的商品价值链环节寻求发展。当然，一个"刚性"纵向一体化的企业究竟采用什么组织模式是有效率的，需要根据自己的经营规模、商品结构、目标市场的特点以及所面临的竞争环境、经济背景等因素，灵活选择。

第二节 "柔性"垂直整合组织

一、"柔性"垂直整合组织的原理

商品价值实现的要求规定了商品价值链不可以断开。如果一个企业自己组织商品销售是不经济的，那么，它必须与社会商业机构合作，以便通过商业机构之手，把商品销售给需要它的顾客。反过来也一样，商业机构通常必须借助生产厂商的力量来完成商品的生产制造，因为它自己来从事商品制造是不经济合理的。

在消费者市场上，绝大多数商品是由商业机构尤其是零售商销售给消费者的。零售商作为专门从事把生产的商品销售给消费者的行业，在现代社会越来越多、影响力越来越大。但是在另一方面，生产厂商向消费者直接销售商品的规模也一直有增无减。

在生产资料市场上，也有相当多商品的生产与销售是由不同的企业完成的。这些企业分别处于商品价值链的前后环节，通过"市场化"的联系，建立起合作关系，进而构成了完整的商品价值链体系。这是一种"市场化"的垂直整合组织。由于能够根据市场变化快速进行调整，因而也称为"柔性"垂直整合组织。

"柔性"垂直整合组织与"刚性"纵向一体化组织的最大差别是组织中的联结力不同。"刚性"纵向一体化组织内部的联结力是同一主体的产权，而"柔性"垂直整合组织中的联结力是不同主体之间的合作意愿。生产企业与销售企业如果都有合作的意愿，就能通过协商谈判，达成合作分销的协议，从而建立相对稳定的商品销售渠道。根据生产企业与销售企业之间合作关系的差异，"柔性"垂直整合组织可以分为管理型垂直渠道系统、契约型垂直渠道系统两种类型。

二、外部筹供（外购理论）

一般来说，把商品销售给最终用户和消费者的活动既可以由生产厂商来进行，也可以由企业外部的商业机构来进行。这就需要厂商与外部的商业机构之间必须达成合作意愿，形成一个完整的商品价值链，以便为广大顾客服务。

一个企业在进入市场那一时刻，通常只是进入创造商品价值链的过程之一或环节之一，它的价值创造活动依赖于其他的价值链环节，即存在对其他企业的依赖。例如，一个最终产品制造企业，向前依赖于需求信息供给和原料供给，向后依赖于商品储运、广告促销、销售和服务。一个企业对别的企业和商品价值链环节的依赖，将迫使它与别的企业或个人进行沟通、谈判和交易。在一般场合，交易可被认为是人们所说的"依赖"、"合作"的代名词。合理的交易会使这个企业向着专业化方向进一步地发展，取得满意的收益。

（一）交易费用的影响

在现实市场上，不合理的交易大量出现，某些企业在这类交易中不能获得预期或满意的收益，于是他们选择内部化的途径，即自己来承担商品价值链上相邻的某些环节的活动，建立一个新的商品价值链。将相邻环节内部化，就是企业实行前向一体化或后向一体化发展；其结果是建立纵向一体化组织，但仍旧是垂直整合的组织形式，这是纵向一体化组织与"柔性"垂直整合组织的过渡组织形式。

许多企业是在极难达成合理交易或者达成合理交易的代价或需付出的努力、投入太大的情况下，才选择内部化的发展方案的。达成合理交易的困难以及克服这种困难所需要付出的代价，从现代产权经济学角度上看，就是市场交易成本。如果没有交易成本，企业完全能够找到至少一个优秀的生意伙伴，达成合理交易。但是在有交易成本的情况下，一个企业要找到合适的生意伙伴就不那么容易，有时可能需要付出非常高的代价或费用，致使企业参与这种交易的收益不抵支出，即得不偿失。因此，可以说，市场交易成本是造成企业选择内部化发展方式，即由垂直整合组织发展向着纵向一体化过渡发展的主要原因和动力。

在现实市场上，信息不对称是造成市场交易成本过高的原因之一。企业组织商品交换的效率在很大程度上取决于是否掌握顾客需要的信息和货物来源的信息。处于流通领域的企业（如零售商）由于直接与消费者或最终用户打交道，了解市场需求信息，而生产厂商一方面可能缺乏与消费者或最终用户沟通的渠道，缺乏顾客需求信息；另一方面，生产厂商通常能够掌握商品供应信息，而流通领域中的企业缺乏这类信息。每一方拥有的独占信息往往成为双方谈判中的秘密武器或竞争优势，而不是双方共享这些信息。于是在双方谈判时，难以达成双方都认为合理的交易条件，或者为此需要花费相当多的时间、精力和费用，造成市场交易费用。

市场不完全也是造成市场交易费用的重要原因之一。在竞争不完全的市场上，生产企业与商业机构之间存在着竞争地位的差异，因此在相互交易的过程中，必然发生权利不平等、利益分配不均等的问题。处于竞争优势地位的一方通常会拥有较多权利，而处于弱势的一方则发现自己被他人控制或权力缩小了。这种竞争地位不平等的状况迫使那些弱势企业付出非常高的交易代价来维护自己的权利，有时这种代价过高以至于这些弱势企业感到参与这种交易无利可图。

因此，处于商品价值链的某个环节的经营主体，当发现依靠其他经营主体进行交易的费用太高而不如通过自己的努力来维持商品价值链的完整时，就会改变原有的"柔性"垂直整合组织，发生前向一体化或发生后向一体化行为，即朝着建立"刚性"纵向一体化组织的方向发展。

（二）职能效率

由前述可知，交易费用是影响分销渠道组织模式的一个重要因素，但职能效率是其影响的又一重要因素。换句话说，在商品价值链上，处于某个环节的企业若要向相邻环节发展，它必须具有足够高的能力使相邻环节的职能高效率地运转。一般来说，这个企业拥有所处的商品价值链环节的专用资源也可以把生产要素集中投入该环节的职能运转中，因此，在其所处的商品价值链环节具有较高的职能效率。然而，这个企业可能没有相邻环节的专用资源（如技术、专门知识、相应人才等），没有承担相应职能的能力。如果缺乏这种能力，就不能使相邻环节有效运转而又没有借助于别的企业的力量，那么它的商品价值链就会出现薄弱环节甚至中断，造成其商品价值实现上的困难。

有关商品销售环节的职能，是由生产厂商还是由商业机构来承担，应当根据谁的预期职能效率或实际效率更高来确定。决定商品销售环节的职能效率的因素有二：一是对消费者的了解，二是对消费者的接近程度。就一般消费来说，商业机构具有较大的预期销售效率。因为商业机构有和消费者进行信息沟通的直接渠道，最接近、最了解消费者需要。不过也有例外。如果生产厂商设立自己的销售机构直接面向最终用户，有了与最终用户或消费者直接沟通的市场"触角"，这时，生产厂商在了解最终用户方面就具有相对优势。有些生产企业是直接根据最终用户或消费者的需要来组织生产的，因而直接向消费者或最终用户销售商品就能够做到最有效率。

贯彻效率原则有助于提高顾客服务水平，减少流通费用，增加销售收入。具体来讲，在商品价值链中处于销售环节的企业如果具有较高的职能效率，意味着能够以较少的投入或成本费用来履行商品销售职能，或者具有较高的规模经济效益。

（三）一个简化的决策模型

这里主要讨论商品销售机构的职能分工问题。不论是由生产厂商还是由商业机构来承担，承担者都要付出一定的固定费用和可变费用。商品销售中涉及的年度固定费用主要由建立商店的场地租赁费、固定资产折旧费、交易与沟通费用、管理费用和财务费用等构成。商品销售中的可变费用包括运输费用、促销费用、销售人员报酬等部分。不同方案的成本费用，能够从一定程度上说明有关主体承担商品销售职能时的效率水平。通过成本分析，商品销售总费用可以简单表示为：
$$C = F + vq$$
其中，C 为总费用，F 是年度固定费用，v 是单位可变费用，q 是商品销售数量。

如果由生产厂商从事商品直销的总费用为 $C_0 = F_0 + v_0 q$，而由外部比较优秀的销售机构来承担商品销售职能的总费用是 $C_1 = F_1 + v_1 q$，此外，再加上交易费用 $C_2 = F_2 + v_2 q$，利用外部商业机构销售商品的总费用是 $C = C_1 + C_2 = (F_1 + F_2) + (v_1 + v_2) q$，那么，有关谁来承担商品销售职能的决策就取决于 C_0 与 C 哪个较小。可能有四种不同的情况：

(1) $F_0 \leqslant F_1 + F_2$，且 $v_0 < v_1 + v_2$，或者 $F_0 < F_1 + F_2$，且 $v_0 \leqslant v_1 + v_2$，因而不论商品销售数量多少，总是有 $C_0 < C$。在这种情况下，由生产厂商来承担商品销售职能更有效率。

(2) $F_0 \geqslant F_1 + F_2$，且 $v_0 > v_1 + v_2$，或者 $F_0 > F_1 + F_2$，且 $v_0 \geqslant v_1 + v_2$，因而不论商品销售数量多少，总是有 $C_0 > C$。在这种情况下，由外部商业机构来承担商品销售职能更有效率。

(3) $F_0 \leqslant F_1 + F_2$，且 $v_0 > v_1 + v_2$，则可以判断，当商品销售总量相对较少时，会出现 $C_0 < C$，即由生产厂商销售商品的效率会比外部商业机构销售商品的效率更高一些。但是当商品销售总量相对较大时，就会出现 $C_0 > C$，这意味着由外部商业机构销售商品的效率相对较高。在这种情况下，选择谁来承担商品销售职能，主要取决于商品销售总量的高低。对于不同销售数量水平，企业做出的决策是不同的。

可以用一个曲线图来描述两个方案的成本变化（如图 8-3 所示）。直线 C_0 代表着生产厂商直接向最终用户和消费者销售商品的成本曲线，其纵坐标截距及年度固定费用为 F_0，直线增长斜率及单位可变费用为 v_0；直线 C 代表外部商业机构销售商品的成本曲线，其纵坐标截距为 F，增长斜率是 $v = v_1 + v_2$。

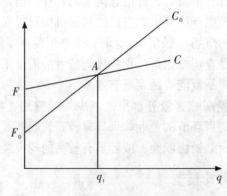

图 8-3 销售成本曲线

两条成本曲线都是直线上升的。但是由于纵坐标截距和增长效率的差异，两条成本曲线有一个焦点 A，在该点，生产厂商销售商品的总费用与外部商业机构销售商品的总费用相等。对应于 A 点的商品销售数量 q_t，它是两个方案相对成本高低变化的分界线，

即在 q_t 的左边，由于商品销售数量相对较少，直线 C_0 低于 C，因而生产厂商承担商品销售职能的成本较低（效率更高）。这是选择生产厂商承担销售职能的基本理由。而在 q_t 的右边，即商品销售数量较大的场合，选择外部商业机构承担销售职能是因为它们执行销售职能的总费用较低，直线 C 低于 C_0。

利用数学方法，可以推导出计算公式。即由 $C_0 = C$，有
$$F_0 + v_0 q_t = (F_1 + F_2) + (v_1 + v_2) q_t$$
通过移项和合并，得到
$$(v_0 - v_1 - v_2) q_t = F_1 + F_2 - F_0$$
即
$$q_t = (F_1 + F_2 - F_0)/(v_0 - v_1 - v_2)$$

q_t 被称为销售职能分工的临界点。由图 8-3 可以看出，如果消费品销售数量低于这个临界点，那么，生产厂商自己来销售这种商品可能是合适的；如果消费品销售数量高于这个临界点，那么，就应当由商业机构来承担销售职能。在消费品市场营销中，这种情况是常见的。

在生产资料市场上，经常见到的可能是另一种情况，即 $F_0 \geq F_1 + F_2$，而 $v_0 < v_1 + v_2$，则可以判断，在商品销售总量相对较少时，会出现 $C_0 > C$，因而，由外部商业机构承担商品销售职能会更有效率。

（4）如果 $F_0 = F_1 + F_2$，而且 $v_0 = v_1 + v_2$，从理论上来说，商品销售职能不论如何分配都不能节约成本。从实践上看，有关商品销售职能的分配决策取决于三个主要因素：

第一，有关费用影响因素的动态与趋势。上述成本费用的比较，严格地说，是静态分析。由于构成有关成本费用的因素是在经常变动的，因此，需要以动态观点对有关成本费用项目进行敏感性分析，观察因素变动对成本费用的影响，借此做出决策。

第二，企业的发展战略。一般来讲，可能有两种基本战略供企业选择：一是纵向一体化发展战略，如向流通领域发展的广东 TCL 公司；二是专业化或水平一体化发展战略，如海信集团科龙公司着重于制冷机器（空调、冰箱）的开发和制造。

第三，商品销售利润的大小。如果商品价格高、利润大，生产厂商往往愿意自己组织销售；如果商品利润较低，对销售职能效率要求较高，生产厂商通常希望由中间商来承担销售职能。

就一般情形来说，生产厂商利用外部销售机构，通常都会比自己销售商品有效地利用流通专用资源，更快和更好地满足顾客需要。如果企业能够有效利用外部销售机构，那么，往往能够获得更大的社会分工的利益。

三、管理型垂直渠道系统

依据营销专家科特勒的观点，管理型垂直渠道营销系统包含两个方面：一是公司式的垂直营销系统，二是管理式的垂直营销系统。所谓公司式的垂直营销系统，是指由同一个所有者名下的相关的生产部门和分配部门组合成的。垂直一体化公司为人喜爱是因为它能对渠道实现高水平控制，例如，西尔斯百货公司从它部分拥有所有权的公司里销售商品的比例超过 50%。希尔温-威廉姆斯公司不仅制造油漆，而且拥有 2000 多家零售网点。巨人食品商店经营软饮料装瓶业务，拥有一家制冰设备厂、一家冰激凌制造

厂，以及一间面包烘房，供应给一家叫"巨人"的商店从馅饼到生日蛋糕的各种食品。而管理式的垂直营销系统的生产和分销由规模大、实力强的渠道成员出面组织。名牌制造商有能力从再售者那儿得到强有力的贸易合作和支持。例如，吉列、宝洁和金宝汤料公司等都能够在有关商品展销、货架位置、促销活动和定价政策等方面取得其再售者的非同寻常的合作。

在科特勒研究的基础上，国内专家对管理型垂直渠道系统也有自己的看法，但总的来说差距不大。根据卜妙金的研究，认为管理型垂直渠道系统是指以一家龙头企业为核心，由处于商品价值链不同环节的众多中小企业自愿参与而构成的、在核心企业的控制下运作的商品分销渠道系统。通过龙头企业，利用一定的管理组织手段，把众多中小企业整合为一个分工合作的整体，有的也被称为"企业集团"或"集团公司"。在管理型垂直渠道系统中，担任"管理者"的核心企业常常是名牌商品的制造厂商，凭借其强大的实力、信誉和品牌知名度，赢得销售商的贸易合作与支持，销售商愿意接受核心企业的指导和建议，因而形成了一个统一的销售渠道网络。就我国的实践来说，管理型垂直渠道系统有三个主要特点。

（一）龙头企业的带动

由于成员之间没有所有权联结关系，因此，龙头企业的影响力就是至关重要的因素。一般来说，龙头企业应当是规模大、声誉好、实力强、经营景气、管理效率高的企业，而且在商品价值链中独立占据某一环节。例如，在三株口服液的销售网络中，三株公司作为龙头企业处于核心地位，是三株口服液的唯一货源单位。又如，红桃K集团公司的销售网络有320多个营销子（分）公司、3000多个营销网络点，覆盖国内市场，而其龙头企业红桃K集团公司是唯一的货源单位。这些龙头企业是生产厂商，他们拥有创新性的产品或服务，拥有知名度高的全国性品牌，而且具有非常大的商品供应能力和质量保证能力，因而能够吸引众多中小商业企业或流通企业共同参与分销活动。

事实上，龙头企业也可以是商业企业。例如，沃尔玛连锁店公司和上万家生产厂商保持着紧密的合作关系，这是沃尔玛能够利用计算机网络有效管理上千家营运机构的重要基础。又如，一些进出口贸易公司、大型连锁店公司通常都有一批合作关系固定的生产厂商，保证及时、足量地供应货物，有的还有合作关系固定的运输商、仓储商等。作为管理型垂直渠道系统龙头的商业企业，应当是唯一的零售单位或批发单位，对其他企业能够进行有效管理和协调，而且具有良好信誉，不拖欠供货企业的贷款。

（二）完善的组织体系

一般来说，龙头企业的竞争力明显高于非龙头企业，非龙头企业有意依赖龙头企业或者说依赖以龙头企业为核心的销售渠道系统而生存。

各个非龙头企业自愿参与销售渠道的合作，需要有一个公平合理的竞争环境和高效率的管理、协调中心，以避免销售渠道系统内部的不合理定价、假冒产品和数量分配。一般来说，龙头企业必须承担管理中心的角色，并指派渠道经理专门负责对合作企业的协调管理。为提高管理效率，通常将合作企业按所在地区或者按所经营的产品组成

"部门",如三株集团的"产品营销中心"、"战区指挥部"等,并配有专门管理者,他们形成一个类似科层式的组织框架,对整个渠道系统进行管理和协调。

(三)统一的营销策略

在以生产厂商为龙头企业的管理型垂直渠道系统中,通常是由龙头企业供应商品、统一品牌和统一包装、规定统一的商品销售价格,并要求各合作单位执行统一的促销策略。龙头企业对有关成员单位进行严密监控,防止出现价格紊乱和策略冲突。

管理型垂直渠道系统具有三个优势:一是组织化程度较高,在核心企业的管理之下,每个合作单位都被安排在一定的科层组织之内,能够贯彻一个统一的营销计划和策略。二是具有一定程度的稳定性和整体性。在核心企业的统一管理和协调下,渠道成员之间能够建立起较高程度稳定性的合作关系,能够形成统一的市场拓展目标和共享信息资源,因而使渠道系统能够避免产权差异引起的目标冲突,具有较高的整体性。三是能避免渠道成员之间的恶性竞争。在核心企业的组织下,渠道成员能够通过与其他成员的相互协作,共同对外,开拓市场,从而获得自身利益的发展,无需抢占内部成员的市场份额。

由于管理型垂直渠道系统是通过核心企业的影响力来统一协调的,因此要求核心企业具备很强大的资源、市场影响力和协调管理能力,当核心企业不具备这些要求时,网络成员之间就会因缺少"领袖"而产生矛盾和冲突,甚至瓦解。

核心企业在管理型垂直渠道系统中起着关键性作用。核心企业除必须具备前述的有关条件外,还要正确运用自己的影响力,包括以下对下属影响力的有效运用:

(1)强制力。如向那些对顾客提供不合格服务水平的销售商发出拒绝供货的威胁。

(2)奖赏力。如向优秀的销售商优先提供短缺商品。

(3)技术专长影响力。如鼓励下属拥有先进的产品促销技能。

(4)声望影响力。如拥有名牌商标和极大声誉。

(5)规制权利。如对销售商的业绩评估标准得到销售商广泛一致的认可。

运用上述影响力的主要途径是制定网络营销计划来加强网络成员的关系和指挥控制。网络营销计划的主要内容有:①制定统一的网络目标;②存货规划;③商品展示指导;④人员培训计划;⑤广告计划;⑥监督检查程序。营销网络计划对营销网络的运行具有重要意义,在良好协调和充分沟通基础上的网络计划,是核心企业管理和控制营销网络的主要依据。

四、契约型垂直渠道系统

契约型垂直渠道系统也称为合同型垂直渠道系统,是指厂商或分销商与各渠道成员通过法律契约来确定彼此之间的分销权利与义务关系,形成一个独立的分销系统。他与纵向一体化渠道系统的最大区别在于成员之间不形成产权关系,与管理型渠道系统最大的区别是用契约来规范各方的行为,而不是用权利和实力。越来越多的厂商和分销商采取了契约型垂直渠道系统,并显示出良好的发展前景。

（一）契约型垂直渠道系统的利弊

契约型垂直渠道系统是通过契约形式将各渠道成员联系起来，形成竞争优势。同时，由于这种系统是非产权型（纵向一体化）系统，各方利益会出现明显差异，从而导致渠道矛盾和冲突。

1. 契约型垂直渠道系统的优势

（1）系统建立容易。对于许多生产企业来说，自己投资组建渠道系统并非一件容易的事，同时涉及产权关系的兼并、收购，契约型垂直渠道系统是在不改变各方产权关系的基础上实行的一种合作，并用契约这种胶合剂使其稳定化，是渠道系统建立的一种容易又有效的方法，组建成本较低。

（2）系统资源配置较佳。契约型垂直渠道系统可以实现较佳的资源配置，使有钱的人出钱，有经验的人出经验，有场地的人出场地。这不是通过新增加生产资料而增加社会财富，而更多的是对现有社会资源进行一种新的排列组合，通过这种排列组合实现最佳的效益和一加一大于二的效果，最终由社会和系统各成员分享。

（3）系统具有灵活性。人们希望一个系统建立后相对稳定，但是随着生产、消费和渠道本身的变化，必然引起企业自身分销系统的调整。由于契约型垂直渠道系统不涉及产权关系，调整起来相对容易，变更起来也具有一定的灵活性，可以及时修改和补充契约的有关条款，以适应不断变化的市场和分销要求。

2. 契约型垂直渠道系统的劣势

（1）与纵向一体化组织相比，契约型垂直渠道系统更难以控制。对于契约型垂直渠道系统来说，没有产权制约使其更加灵活，但同时也带来了难以控制的问题。由于利益目标的不一致，有时渠道成员不遵守契约条款，自行其是，甚至自动脱离该系统，会导致整体渠道系统效益的下降。

（2）与管理型渠道组织相比，契约型垂直渠道系统灵活性稍差。契约使各渠道成员结合成一个系统，各自必须遵守一定规则，并保持一定时间的稳定性。但是，渠道成员水平参差不齐，管理能力也会有很大差异，有些成员在遵守系统规则的条件下，仍不能为整个渠道系统做出应有的贡献，甚至完不成基本的成员义务，这就需要对其进行调整或取缔。但是，契约没到期或其他条件会限制这种调整。而管理型渠道系统没有这些限制，可以随时、及时地进行调整。

（二）契约型垂直渠道系统的类型

契约型垂直渠道系统近年来获得了很大的发展，成为经济生活中最引人注目的发展模式之一。契约型垂直渠道系统有自愿连锁组织、零售商合作组织和特许经营组织三种形式。

1. 自愿连锁组织

自愿连锁组织，是指一批所有权分散的商店，自愿归属于一个采购联营组织和一个管理服务中心领导。管理中心负责提供推销计划、账目处理、商店布局和设计，以及其他劳务项目。各个商店的所有权是独立的，但又把自己看成是连锁组织的一员。其成员大多是小型独立商店，起因在于同产权型连锁店竞争。或者说，批发商制定一个方案，根据这一方案，使独立零售的销售活动标准化，并获得采购经济的好处，这样，就能使这个群体有效地和其他连锁组织竞争。

2. 零售商合作组织

零售商合作组织，是由零售商组织起来，在产权独立的前提下形成的新的商业联合体。所有成员通过零售合作社采购商品并共同规划广告业务，所得利润按成员的采购比例返还分配，有些零售商还从事生产活动。当然，非成员零售商也可以通过合作组织采购，但不能分享利润。

3. 特许经营组织

特许经营组织又称特许连锁，是指在特许人（生产商、批发商或其他机构）和受许者（购买特许权的独立商人）之间的契约式联合。特许连锁的基础一般是独特的产品、服务、经营方式，以及商标名称、专利、良好信誉等。这种形式在快餐业、音像商店、保健中心、美容美发、汽车租赁等服务行业应用广泛。

传统的特许经营系统是制造商倡办的零售特许经营。例如，福特汽车公司特许经销商出售他的汽车，这些经销商都是独立的生意人，但是，同意满足有关销售和服务的各种条件。另一种是制造商倡办的批发特许经营。如可口可乐饮料公司特许各个市场上的装瓶商（批发商）购买该公司的浓缩饮料，然后充碳酸气、装瓶，再把它们出售给本地市场的零售商。一种新的系统是服务公司倡办的零售特许经营，由一个服务公司组织整个系统，以便将其服务有效地提供给消费者。这种形式出现在出租汽车行业（如赫茨、安飞士）、快餐服务行业（如麦当劳、汉堡王）和汽车旅馆（如哈瓦特·强生、拉马德旅馆）。对于特许经营组织，在以下章节里会进一步进行论述。

（三）自愿连锁组织的设计

自愿连锁组织是指分散在各地的零售店，既保持着各自的独立性，又具有共同性的连锁关系，商品采购及其他事务均集中化，以达到共享规模效益的目的。

1. 筹建策略

（1）自愿连锁筹建的条件。自愿连锁组织与连锁商店组织不同，它是多家现存企业合并的结果。这种合并不能随心所欲，必须具备以下相应的条件。

第一，有连锁的必要。自愿连锁组织的出现是市场竞争的必然结果，其直接原因在于大型零售企业采取了连锁店的形式向市场渗透，全方位占领市场，使得众多的批发商和小零售商面临着倒闭的危险，因为任何一家小型独立店都不可能与实力大于自己百倍、千倍的大型店抗争。尽管每个独立店都有自身的利益，而且也存在着矛盾，但为了生存不得不联合起来，通过统一行为，创造规模效益。因此，在筹建自愿连锁组织时，不能违背这一客观要求，要认真分析市场竞争态势、连锁店和独立店的优缺点等。假如眼下某个独立店生意兴隆，或是其萧条原因不在于经营规模，那么就应放弃筹建自愿连锁组织。

第二，有现存可供连锁的商店。筹建自愿连锁组织不是筹建若干新的零售店，而是对现有店进行组合，因此必须具有可供连锁的商店，并且它们都有自愿连锁的要求。

选择自愿连锁对象时，必须选择同行业或经营同类商品的小零售店，它们星罗棋布地分散在不同区域，无力与大零售商店抗衡，资金实力比较弱。这些零售企业条件大体相同，为数众多，都愿意为了寻求共同的规模效益而结合。一个自愿连锁组织选择30～40个小零售店，就可以达到规模效益。有足够数量的小型零售店是筹建自愿连锁组织的前提。

第三，要有龙头企业。由于自愿连锁组织是自愿组合，因此必须有龙头企业，它提出连锁倡议，并且具有较强的经营实力和良好的业务关系，使众多小型零售店能以其为核心进行动作。这个龙头企业起着穿针引线、化零为整的重要作用，没有龙头企业，自愿连锁只会成为一句空话。

在一个自愿连锁组织中可以有一个龙头企业，也可以有几个龙头企业；它可以是零售企业，也可以是批发企业或是生产企业。

(2) 自愿连锁筹建的过程。在筹建自愿连锁组织条件均具备的情况下，可以有序地进行筹建。

第一，确定龙头企业。这里需要解决的问题是谁是龙头企业、有几个龙头企业。由龙头企业成立筹备组，起草自愿连锁组织章程。

第二，招募成员。即寻找分散于各个区域、经营同类商品、有连锁欲望的零售商店，与之进行沟通，讨论完善组织章程，最终达成共识。

第三，成立总店。以龙头企业为核心成立总店，负责履行章程中规定的总店职责。

第四，开始运行。自愿连锁组织的运行要有一套共同遵守的规则，由成员共同签订，发现不妥可随时进行修改。

2. 组织策略

自愿连锁组织主要由总店和加盟店组成，他们必须有一个共同遵守的原则和明确的职能分工。

(1) 自愿连锁的原则。

第一，统一性原则。在自愿连锁体系中，总店与加盟店必须采取统一的经营活动，总店负责指导与协调，加盟店要密切与之配合。加盟成员的各种营销策略都是一致的。

第二，利益共享原则。自愿连锁组织相似于零售合作社，总店依靠其成员的意志行为取得规模效益，向各成员返还。返还形式可以是为成员店培养人才，强化物流系统与信息系统，等等。

第三，协调性原则。各个成员店在营业范围等方面有一定的独立性，成员间也有竞争，但对于过分竞争和两败俱伤的争夺，总店有义务负责协调。

第四，服务性原则。自愿连锁组织由分散小商店组成，他们常常深居街巷，与附近居民有一种天然的联系，其发展与壮大常受到所在地区居民的关心与照顾。因此，自愿连锁组织更强调为本地区居民服务，努力使自己的商店成为社区不可缺少的项目。

(2) 总店职能。

第一，集中进货管理。自愿连锁组织必须拥有自己的批发机构，负责商品的集中采购与分送。

第二，扩展组织规模。自愿连锁组织追求最大的规模与效益，因此总店有责任不断吸收新成员，使成员数量持续增加。

第三，提供信息服务。各个分店向总店汇集信息，总店负责对这些信息进行分析、加工和整理，制定出营销方案，对各分店进行指导。

第四，评价分店业绩。总店负责评价各分店的经营业绩，以便推广成功经验，扭转某些分店经营不善的局面，使整个连锁组织健康发展。

（3）总店与分店的关系。总店与分店的关系的建立与协调，是自愿连锁组织成败的关键。因此，二者必须要有合理的分工。

第一，战略的制定与执行。一般地说，总店负责战略制定，分店具体实施。作为连锁组织的成员，分店不直接参与总部的战略决策，只是致力于分店本身的销售活动。但是，分店有必要向总店反映情况，提出建议。

第二，经营的集中与分散。一般地说，总店在经营上实行严格的管理，采取一致性策略。虽然各分店在资本上是独立的，但经营策略不能脱离整体，以便发挥组织的力量，创造自由连锁的整体效益。

3. 商店转型分析

自愿连锁组织成员数量并非一步到位、固定不变，而是有进有出，如一个面临困境的小型零售店可以试图转型为自愿连锁店。下面结合一家日本食品店的转型实例进行具体分析。

（1）商店现状分析。日本这家小食品零售店地处北陆市的中央商业街，是家庭式商店，已有70多年的历史，知名度很高。商店采取有限公司的组织形态，资本额200万日元，店员有店主夫妇、儿子及三个雇员，营业面积40平方米，经营食品及相关调料等，经营一直很顺利。自从一家著名百货商店在该商业街开办连锁分店后，顾客大量转移，这家小食品店营业额减少了10%～20%，并开始出现赤字，店主不得不考虑如何才能摆脱危机。

（2）决策加盟连锁店。这家小食品店的店主面临着两种生存选择：一是改营其他商品或投资产业，二是加盟某个自愿连锁组织。

改营其他商品，同样面临着百货商店的威胁；投资产业等于重新起步，更是艰难，因此店主放弃了转业念头。小食品店的店主对自愿连锁组织有一定的了解，他感到，连锁经营既可以实现规模效益与大商店抗衡，又可以自行经营自己的铺面。自愿连锁采取统一采购、统一广告、统一送货、统一计算中心、统一促销等共同性行为，可以有力地保护各成员店的利益。因此，店主决定加盟一个连锁组织。

（3）加盟步骤。

第一，选择适宜的连锁组织。在选择连锁组织时，要考虑这个组织的信誉、规模、种类及发展前景。店主经过分析比较，选择了总部位于名古屋的T连锁组织。这个连锁组织已有180家连锁店，其营业额位于日本前20名以内，有较好的发展前途。店主通过一个熟识的批发商介绍，加入了该连锁组织。

第二，分析现状。店主向连锁组织总部提出申请后，总部分区的负责人与店主花了5天时间，将商店现状与连锁规则逐一进行比较。包括：店铺的内外装潢、招牌、通道、店面、店内的色彩、照明器具与照明程度、陈列、货架、进出口通道、商品的结构与数量等。

第三，向连锁靠拢。经过分析后，决定对店铺进行三个方面的改善：一是促进店铺现代化，改变这家店铺已保持了30多年的内外装潢，按照连锁组织的整体特征进行装修；二是减少商品数量，应以目标顾客的需要来组织货源，大幅度地减少商店库存；三是引进销售信息管理系统，加强信息沟通和商品管理，纳入总部的信息网中，提高订货效率。

第四，装修的资金来源。店主筹集了70%，其余30%向银行借款解决。

第五，加盟后的效果。从整体形象看，毫无特色的食品零售转变为现代化的小型食品超级商店。顾客进出口分离，增加了自动门，采取了自主式售卖方式。从商品结构看，生鲜品以外商品有70%从总部进货，大大降低了成本和费用；从营业状况看，顾客迅速增加，营业额提高了30%。

（四）特许经营渠道组织的设计

特许经营系统又称为特许专卖组织，其组织设计包括可行性分析、筹建策略、组织策略、加盟策略等项内容。

1. 可行性分析

特许专卖组织是特许权拥有者与经营者之间通过契约合同结成特许关系的组织。通过这种方法，特许权人扩展事业，取得赢利，经营者利用特许权人的声誉和技术开创自己的事业，避免起步之累。因此，二者是互相利用与促进的关系，都是借他人之台阶使自身发展更上一层楼。

（1）特许专卖组织建立与发展的市场环境。特许专卖组织的建立需要一定的市场条件。尽管特许权制度早在古代商人贩运商品时代就有雏形，但未形成连锁繁衍的态势，特许专卖组织的发展与成熟是20世纪的事，这是由于市场环境的两大变化所致。

经商热为特许专卖组织提供了必要性。商品经济的发展和市场机制的完善，使越来越多的人受到利润与金钱的驱动，对办事业产生浓厚的兴趣。但许多人对市场与经营一无所知，创业不知从何入手，市场竞争日益激烈，打开一个新的生存空间是非常困难的。特别是第二次世界大战后，西方国家一些从战场上归来的老兵，本身有一定的积蓄，又渴望当老板创业。因此他们努力寻找风险小、发财快的行业进行投资与创业，迫切需要有一个顾问参谋，提供一个固定的经营模式。

经营方式的成熟为特许专卖组织提供了可能性。随着资本主义经济的发展，经过几百年的探索，一些企业已经摸索出一套成熟的经营方式，形成了自己的风格与特点，实现了标准化与规范化的经营管理。实践证明，这种方法既有利于企业发展，又可以在竞争中取得优势。这些企业本身也产生了强烈的发展欲望，愿意有偿转让自己的经营方式和运作体系。

正是以上必要性与可能性的出现，促进了连锁专卖组织的形成与迅速发展。一些大企业的中层经理在实践中积累了丰富的经营知识，并逐渐形成自己独特的见解与管理方法，他们中不少人离开大企业，加盟特许专卖组织开创自己的事业。可见，没有经商热潮的出现以及缺乏成熟的企业经营管理经验，就不可能有特许专卖组织的发展。

(2) 特许专卖组织建立的条件。特许专卖组织的建立是有条件的，并非轻易就能获得成功。要想成为特许专卖组织的特许权人，必须经受十年磨一剑的辛苦，创造出自己的名牌。

特许权人必须具有自己独特的商品，此商品或是别人无法模仿，或是申请了专利，在法律特许期间有独家制造的特权，否则，不可能吸引别人来购买特许权。如麦当劳、肯德基的成功都与独特口味的汉堡包和炸鸡密切相关。

特许专卖组织本部必须有灵通的信息和智慧的领导，有能力对各成员进行经常性的指导和维持整个组织正常运行，并对其成员进行培训。保证加盟特许组织的各个成员店与本部观念一致，步调协调。许多特许专卖组织的垮台就是由于片面追求店铺数量，而使一些声誉不佳的商店加盟，最终败坏了整个组织的声誉。

(3) 特许专卖组织适合的行业。提起特许专卖组织，人们常常会想到麦当劳和肯德基，似乎给人一种错觉，认为只有快餐店才适合特许专卖组织。实际上，特许专卖组织包括以下行业：

第一，零售业。从世界特许专卖组织的现状看，几乎涉及了各种零售业。例如，食品店、饮料店、药品店、服装店、鞋店、体育用品店、电器店、办公用品店、礼品店、花店、唱片店、加油站，以及便利商店、超级市场，等等。

第二，餐饮业。世界上著名的餐饮业大都是特许专卖组织，涉及各种类型。例如，速食汉堡包店、比萨饼店、乳品店、冷饮店、巧克力店、酒店等。

第三，服务业。特许专卖组织在服务业的应用更为广泛，它涉及的领域有洗衣业、旅馆业、美容业、旅行社、广告公司、保安公司、搬家业、学校等。

由以上可知，特许专卖组织几乎适合一切商业服务业，但更为适合的领域是那些技术要求比较高的行业和服务性行业。

2. 筹建策略

在进行了可行性分析和行业选择研究后，要着手进行具体的筹建工作。

(1) 总部的筹建。一般地说，特许专卖组织总部不是另起炉灶，而是以自身成功的店铺为基础，扩大其职能，增加其机构。

第一，组织机构。各家特许专卖组织总部都有不同的组织机构。一般地说，应包括四个部门：一是开发培训部，负责新成员店的扩展和人员的业务技术培训，一般设有劳务和训练、新店铺选定、设计与建筑、总务等机构；二是管理指导部，负责对成员店进行经营上的管理与协调；三是市场营销部，负责整体组织的营销策划，以及分销的具体组织，一般设有广告宣传、研究开发、店铺营销等机构；四是综合服务部，负责行政组织方面的各项工作。

第二，准备工作。在发展特许专卖事业之前，总部要编制成员共同遵守的运营手册，对总部人员进行业务知识、组织特征等方面的培训，并根据母体店状况建立标准店铺，以便模仿与推广。

第三，合同范本。特许专卖组织的核心是契约，因此对于合同范本，总部必须事先确定，特许权购买者几乎无权修改合同条款。合同有效期限短的可以是3～5年，长的可达到10年以上。

对于合同内容，由于各个特许专卖组织的特点、能力、经营范围不同，所以合同书有各自的风格。但无论差别多大，都应包括以下基本内容：①商标、商号的使用；②场所的选定与地域划分；③店铺的装潢一致；④设备投资与物资供应等；⑤入伙费和特许权使用费；⑥特许店的职员培训；⑦促销；⑧营业时间；⑨特许店的财务报告；⑩商品供给方式与结算；⑪特许权的转让与回收；⑫合同期限、变更与解除；⑬保守营业秘密；等等。

（2）加盟店的吸纳。

第一，统盘规划。总部在完成上面所提到的各项工作后，就开始吸收特许店。选择特许店关系到整个特许组织的成败，因此一定要慎之又慎。统盘规划是选择特许加盟店的基础。所谓统盘规划，就是在考虑特许加盟店网点合理分布的前提下，进行组织扩展。在空间上实现既没有空白点，又不会招致各店之间的互相竞争。例如，麦当劳和肯德基都不会在同一个商业区设置两个以上的分店。

第二，开店地点的调查。如果申请加盟者的开店地点符合统盘规划的要求，那么接下来就要对这个地点进行调查。

（3）加盟店的设立。调查认可以后，要向特许店申请人公布合同，申请方接受后，双方签字；然后按照合同条款，进行店铺改造施工，对申请人进行培训。这两项工作完成后，就可以开店营业。

3. 组织策略

特许专卖店的组织策略，核心在于总部与加盟店之间的关系要协调。

（1）总部的功能。

第一，系统功能。总部负责整个组织的功能发挥，目的在于使全系统发挥最大的效率，而不是仅关注某一个加盟店。

第二，采购功能。总部负责各个特许店原料、材料及其他物品的采购供应。

第三，商品功能。总部负责开发独具魅力的商品，并以合适的价格与快捷的方式供应给特许店。同时，还要根据市场变化，及时改进商品特色与质量、结构与售卖方式。

第四，培训功能。总部负责对新老特许店的定期培训工作，有固定的教材和培训方法。

第五，促销功能。总部负责整体促销计划的确定、实施及效果评估。

第六，融资功能。总部对于财力出现困难的特许店，要通过协商，采取连带担保的方式，使其取得贷款。

第七，信息功能。总部向特许店提供多种市场信息与资料，作为其经营时的参考。

第八，财务功能。总店代理特许店从事某些日常财务工作，如销售额、成本、费用、利润和工资的计算、福利费用的支出，等等。同时，总店负责统计各店的经营数据，进行归纳与分析比较。

（2）总部与特许店的组织关系。一个特许专卖组织包括一个总部和多家特许店。总部是转让特许权方，特许店是接受方，一对一地签订特许合同使二者关系成立，形成统一的组织。

特许专卖组织的所有权是分散的，经营权是集中的。总部负责经营事务，而所有权分属各个特许店。各个特许店不发生横向关系，仅与总部保持纵向关系。总部按照契约的规定，向特许店提供信息、知识、技术、培训等方面的服务，授予店名、商标、服务标志在一定区域内的垄断权，控制并指导特许店的经营。特许店必须遵守契约，在一定的时期和地点享有总部给予的特许权，从事相应的经营活动。总部依据合同规定，向特许店收取特许权使用费并分享部分利润，也分担部分费用。此外，为了保证合作关系的稳定，总部在每月提供各项服务的同时，还要求特许店按照每月毛利拿出3%～5%，上交总部统一使用。

特许店向总部购进设备和原料，不得自行购买。合同终止后，总部有权收回特许店的一切特许权，特许组织关系废除，特许店还原为独立店。

4. 加盟策略

作为一家独立商店，是否要加入特许专卖组织，应该如何选择特许专卖组织，直接关系到企业的命运与前途。

（1）加盟特许专卖组织的决策。任何一个开始创办商店的人，都面临着两种选择：一是自己创业，二是加盟特许专卖组织。自己创业可以完全按照自己的想法和思路从事经营，最终形成品牌商店，但风险大、困难大，发展缓慢。加盟特许专卖组织可使企业很快起步，但自由度受限制。在进行选择时应依据具体情况而定。

第一，加盟特许专卖组织的优点。加盟特许专卖组织的优点主要是：你只管开店经营，其余各种事情，如店面设计、商品采购等皆由总部负责。具体来说，有以下几个方面：一是管理培训。事实证明，企业失败原因的90%是管理不善。加入特许专卖组织，总部负责对特许店人员进行管理技巧和业务知识方面的培训，开业前和开业中都有定期培训班。培训内容包括企业管理、销售、广告、进货管理、顾客服务、质量检查和账目管理等；培训地点可在总部，也可在附近的模范店。二是驰名的商标和服务。特许店有权使用特许权人在全国驰名的商标，好处是特许店一成立就可以吸引顾客，给人一个清新、高质的良好印象。这是顾客选择商店的重要影响因素。三是产品和服务标准化。特许专卖组织总部经过多年摸索，已经总结出在市场上成功的产品和服务，并形成了一个规范化的系统。特许店利用这些标准化的产品和服务，极易取得成功。四是全国性的广告。每个特许店按月销售额的一定比例或统一费率向总部交纳一定资金，总部采取联合行动，发布全国性广告，内容一致，影响力大，这是独立店很难做到的。作为补充，特许店在自己所处地区也要做地方性广告，一般由总部负责计划与设计。五是财政扶持。有时，特许权拥有者会向特许店预拨一定的经费，作为财政扶持。从美国的情况看，汽车修理特许店能得到总资金数的1/3，奶酪、香肠零售店可得到1.5万美元购置设备。同时，总部还负责帮特许店与银行建立关系，寻找财政来源，向特许店赊销货物，提供短期贷款，利率低、偿还期也较灵活。六是经营方式可靠。特许店不必一切都从头做起。特许权拥有者常是有成功经营史的企业，特许店只要将其成功的经营管理方法照搬过来就行了，这样可以避免独立店普遍易犯的错误，减少失败的风险。另外，总部帮助特许店购进货物、推销产品和服务，使特许店能集中精力以最有效的方式管理企业。七是连锁购买力。由于总部集中进货，可以使特许店以较低的价格得到货物，取得较好的规模效益。八是利润潜力大。特许店的利润潜力较大，就拿麦当劳来说，20世纪80年代初每个店年平均销售达 170 万美元，税前利润率为 18.9%。九是经销区保护。特许专卖组织实行经销区保护的方针，即在一个区域只设唯一的特许店，以保证双方的利益。

第二，特许专卖组织的缺点。特许店受到总部的严格控制，以确保组织内产品和服务质量的统一，这就使得特许专卖组织呈现出若干局限性：一是费用支出和利润分成。加入特许专卖组织常需要投入一笔昂贵的费用，组织规模不同，费用量也不同。这些费用包括经销权许可费、设备用具、招牌、启动资金的定金等，流动资金用于进存货、工资和培训、广告宣传、营业执照、食品许可证、现金储备等。从美国的情况看，小的特许店需投资 11.55 万美元，大店需要 20.85 万美元。使用特许组织的商标、服务标志还需要持续地付费，一般按月或年的销售额比例交纳 5% 左右。另外，交 3% 作为广告宣传费，有的还要交指导服务费，等等。二是自由度受到限制。总部经常对特许店进行监督和检查，实行严格的统一管理，特许店不许擅自改变商店结构、经营方式等。特许店必须向总部或总部指定的供应商进货，有时可能会失去廉价进货的机会。三是经营商品受控制。特许店经营的商品和服务必须经由总部批准，不能自行更改，即使市场上已经滞销也是如此。

第三，加入与否的决策。从宏观上看，特许专卖组织有强劲的发展势头，尽管其利弊兼而有之，但对于刚刚创业的人来说，加入特许专卖组织不失为一个好的选择。据美国小型企业管理部的统计，在开业第一年失败的自营店的比例为 30%～35%，而加入特许专卖组织失败的比例仅为 5%。

（2）特许专卖组织的选择。当你决定要加入特许专卖组织时，并不等于就进了保险箱，特许专卖组织的选择也是十分重要的。组织选择不当，在经营上会遇到许多困难，甚至破产倒闭。在选择特许专卖组织时，应考虑以下几个方面：

第一，选择自己感兴趣的行业。各行各业几乎都有特许专卖组织，这为创业者提供了极大的选择空间，但也容易使创业者只顾赚钱的热门行业，忽视自己的兴趣，这样很难取得成功。因为没有兴趣，就没有动力，就缺乏克服困难的勇气和毅力，会不可避免地产生厌烦情绪。

第二，选择自己接受的企业文化。特许专卖组织是一个文化集团，一旦加入就带上了特许人的商标，必须按照特许人的经营观念从事运作。有的组织甚至连张贴小海报的位置都由总店严格制定，不得由特许店自行作主。因此，在选择特许专卖组织时，创业者必须了解其企业文化是否符合自己的个性，能否接受它的经营观念，是否能志同道合。如果格格不入，只好放弃，否则勉强加盟，会有有劲使不上的不良感觉。

第三，选择具有竞争力的组织体系。这就要分析各方面的优劣势：①商品利方面，看其质、量、价等是否公平合理，顾客对其是否满意。②服务力方面，亲身体验店员的待客方式是否科学有效。③组织力方面，了解该体系的培训时间、内容，以确定制造技术、待客方法、经营态度是否独具特色；了解其指导人员是否经常巡回指导、有没有指导能力、组织内的货源供应是否及时准确等。④促销力方面，了解宣传广告费用多少、方法如何、效果怎样等。

第四，选择投入少、效益高的组织。要分析加盟费的数量，太少有被欺骗的可能，太高可能超出自己的承受能力,要进行多家比较。寻求一个经济效益高,自己经济能力能够承受的加盟店。

总之,要对特许专卖组织的历史、创业以来的业绩及扩大步骤、经营风格、社会信誉、企业文化等进行综合分析与比较,剔除那些"老鼠会"式的公司,选择加入真正具有生机和活力的公司。

第三节　混合垂直整合系统

前面所述的两大类分销渠道组织模式都存在着风险,不论是"刚性"纵向一体化组织还是"柔性"垂直整合组织,都需要资金的投入和物力等方面的支持。因此,为了避免单一的分销渠道模式风险,越来越多的企业采用混合垂直整合系统。具体来说,混合垂直整合系统包括混合渠道与复性渠道两种。

一、混合渠道

混合渠道是指一个企业同时采用两种或两种以上的垂直渠道模式来组织商品的分销,也称为"双重分销"。在"双重分销"中,存在两条以上的垂直渠道,它们销售的是同一种商品,彼此之间存在着一定的竞争。

混合渠道有如下优点。

(一)增加市场覆盖面

增加市场覆盖面的例子很多。例如,广州酒家一方面通过自建的零售网点对外销售月饼、馒头(采用纵向一体化组织模式),另一方面又通过广州市各零售商店销售相同的食品(采用契约型垂直渠道模式)。山东济南的九阳公司既利用九阳牌豆浆机专卖店来销售,也进入零售商店销售九阳牌豆浆机。这些企业通过两种不同的商品销售渠道模式,使企业的产品能广泛地进入各个销售网点,更方便消费者的购买,也就增加了产品的市场覆盖面,扩大了商品的销售量,提高了企业的效益。

(二)降低渠道成本

IBM 把客户分为超大客户、大客户、中等规模客户和小客户等类型,分别视为不同的细分市场。为了使自己的产品能够进入各细分市场,IBM 采用了多达 18 条的分销渠道,按客户类别进行推销分工。这些分销渠道互相补充,提高了企业的营销效率和渠道的运行效果,降低企业的运营风险,也就间接地降低了渠道成本,提高了渠道的运行收益。

(三)更多的定制销售

美国斯迪哈公司生产手提式户外电动工具,所有的产品都用一个品名,并且不为其他公司做私人商标产品。斯迪哈最著名的产品是椅子锯,其产品还有绳子修剪器、鼓风机、树枝修剪器和切割机。斯迪哈公司的产品分销先是通过当地的专营性分销网点，后发展至网络独立服务经销商，是少数几个生产户外电动工具但不经过大卖场、目录销售或互联网销售的公司。所以，这就要求像斯迪哈这样的公司，必须增加技术型推销员以销售更多的复杂设备。

当然，在实际运作中，常常会出现混合渠道模式造成商品分销渠道系统内部的冲突和摩擦，因为，渠道之间的竞争又可能增加渠道成员增加销售的难度，甚至造成客户流失和市场份额的降低，从而引发渠道成员的恐惧、混战和怨恨等心理反应。为防止不合理的竞争现象发生，需要仔细规划各个渠道的规模和成员数量，并且要善于利用经济的和非经济的手段，强化正面激励。

二、复性渠道

为了有效利用渠道资源，企业还可以采用复性渠道策略。复性渠道是指让一条分销渠道上的成员同时承担多种渠道功能（渠道角色），从而使一条分销渠道变为多种流程的执行主体。例如，要求特许经营者在经营过程中注意收集顾客意见和流动趋势，经常向特许人报告市场行情和竞争信息，使特许经营者兼有信息流程执行者的功能；采用管理型垂直渠道系统的企业可以要求各个合作单位除承担开拓市场、销售商品的职能外，还保持一定存货（承担部分物流功能）和垫付货款（承担融通资金的功能）。

案例 从世界工厂到品牌运营商——美的集团海外市场延伸逻辑

2002年，美的集团海外营销收入达到3.3亿美元，产品在100多个国家和地区销售。根据麦肯锡的一份资料显示，美的集团（以下简称美的）海外市场的收入已经占整个集团的收入27%。

一、海外战略：交十年学费

美的总裁何享健将美的国际化分为三个阶段：第一步做世界工厂，不强求把美的品牌推到全球，但在中国打美的品牌；第二步，参股或控股一家国际的二线品牌；第三步，最终成为品牌运营商。

目前美的大部分出口产品都是贴牌生产，自有品牌只占1/3左右。对此，何享健的理解是："建立国际名牌是一个漫长的过程，至少要10年。中国企业可以通过为它打工，慢慢积累实力，提高国际化的能力。这是中国企业一定要交的学费。"

在中国企业的海外战略中，设厂是其中一种主要模式，但美的则坚持不到国外投资设厂。尽管美的集团近年来一直在不断地建立和健全海外分支机构，但到目前为止，美的在海外市场没有任何一家工厂。

在何享健看来，中国特别是珠三角是全球家电制造业最有优势的地方，从政府支持、劳动力资源、综合成本、产业配套、工人素质等各方面来看，都具有其他国家不可比拟的优势，美的不适合到海外办工厂，而且现在也很难看到其他比较成功的例子。美的在20世纪90年代中期曾经在越南试水，开办风扇厂，但经过一两年的论证，最后决定放弃了。因为美的经过调研发现,越南表面看有劳动力工资低等优势,但产业配套能力极差,制造的综合成本未必比中国低。

随着美的海外出口的发展,有迹象表明,美的也正在探讨在适当的时候进行海外收购、设厂。

二、分销渠道:大批发商、大零售商、大制造商

美的的销售渠道比较扁平,大多数是通过海外的进口商分销给当地的零售商。如在欧洲,进口商一般是进口后直接分销给超市,通过渠道分销的比较少。在美国,大的零售商占了销量的80%以上,美国几个主要零售巨头沃尔玛、K-MART订单的量通常都很大。

从前几年几乎全部贴牌到现在30%左右的自有品牌,美的在推广自己的品牌方面不遗余力。1999年,美的耗巨资将使用了十几年的LOGO更换,请朗涛等公司按照国际化的标准设计,改变了原来LOGO带有的风扇时代的痕迹。同时,美的在海外市场进行了大量市场推广,如在意大利足球甲级联赛的赛场上树立广告牌,以推动美的在欧洲市场的影响力。

美的推行面向"大批发商、大零售商、大制造商"的主导营销策略,确保在相对投入比较小的条件下,集中优势力量,使产品进入市场主流渠道。目前美的已成为约20家世界著名的零售集团(如美国的K-MART、HOME-DEPOT、西尔斯等公司)的供应商,而这些零售商为包括通用电气在内的超过10个世界知名的家电品牌提供OEM服务。

近几年,美的不断在海外贴近重点目标客户的地区起炉开火,设立分支机构,通过与客户的接触,获取产品开发和服务的重要信息,并利用海外分公司或办事处及时为客户提供售前、售中和售后服务。美的的美国公司、欧洲公司、中国香港公司以及韩国、新加坡等办事处在贯彻面向"大批发商、大零售商、大制造商"导向的营销策略中,为公司联络和服务了一大批国际知名的公司,使美的建立了一个覆盖面很广的国际市场网络,客户网络质量也进一步提升,推动了业务的长远发展。海外分支机构的建立,实现了美的"沟通信息,服务客户,拓展市场,促进研发"的目标,将公司同客户、生产同市场的时空距离拉近了。

美的在海外战略中一直推动人才本土化的策略。早在20世纪八九十年代,美的就提出了"60年代靠北滘人,70年代靠顺德人,80年代靠广东人,90年代靠中国人,21世纪靠全世界人"的口号。近几年更是推出了"世界人才工程",引进国外资深管理和技术专家、海外归国留学人员,同时派人员到国外深造,如美的和新加坡国立大学建立了合作关系,美的大批高层管理人员到新加坡读MBA,以锤炼他们的国际化视野。美的通过不断地吸纳国际家电行业的营销精英,成功嫁接了海外成熟的营销网络,如美的美国公司聘请的总经理使美的产品成功进入了HOME-DEPOT、沃尔玛等美国主流渠道,销售规模大幅增长。

三、标准化：瓶颈和突破

形形色色的贸易壁垒成为国际上产业保护的通行做法，而中国标准化建设在全球市场上的落后地位，制约了中国产品出口，也成为美的现有出口战略的重要瓶颈。

美的集团副总裁方洪波曾表示，这几年来，美的空调出口呈几何增长趋势，但由于海外技术标准导致的贸易壁垒，使美的在海外市场的拓展中也不时遇到阻碍，遭受订单损失。为此，美的在海外战略的实施过程中非常重视标准化；美的积极跟踪、配合国家标准的推行。美的为了完善企业标准化体系，提高企业经营水平，专门成立了企业标准化管理中心，其主要职责是国家标准的推行和各项企业标准的制定和完善。从家用空调到商用空调，从研发到制造，在提高能效比、节省能源、环保、性能等方面，美的空调在借鉴国内外现有标准的基础上，建立了自己的企业标准体系。例如，在健康空调标准制定方面，美的空调就承担了国家标准制定副组长单位的职责，并直接参与制定空气除菌这个项目的标准建设。美的考虑的是，健康空调国标出台和国家标准化体系完善将是美的突破海外贸易壁垒的重要机会，推动健康空调国标的早日出台，最终美的能从标准化建设中谋取最大的利益。

(摘自《从世界工厂到品牌运营商》，河南报业，2003-11-18)

链接思考

(1) 美的在海外的营销策略是什么？它属于哪一种分销渠道系统？
(2) 标准化对于美的具有诸多好处，这对分销渠道组织系统的选择有何启示？

本章小结

分销渠道的组织形式通常可以从企业"拥有"或者"外购"分销服务来分类。通过"拥有"（自设或控股）组建的分销渠道称为"刚性"纵向一体化组织，通过独立分销机构（即购买第三者的分销服务）销售产品的渠道，称为"柔性"垂直整合组织。"刚性"一体化组织包括直线制组织、直线职能制组织和事业部制组织三大类。

"柔性"垂直整合组织是能够根据市场变化快速进行调整的一类分销渠道组织。它与纵向一体化组织的最大差别是组织中的联结力不同。"刚性"纵向一体化组织内部的联结力是同一主体的产权，而"柔性"垂直整合组织中的联结力是不同主体之间的合作意愿。生产企业与销售企业如果都有合作的意愿，就能通过协商谈判，达成合作分销的协议，从而建立相对稳定的商品销售渠道。根据生产企业与销售企业之间合作关系的差异，"柔性"垂直整合组织可以分为外部筹供（外购理论）、管理型垂直渠道系统、契约式垂直渠道系统和特许经营组织四种类型。

为了避免单一的渠道模式风险，越来越多的企业采用混合垂直整合系统，也称为多渠道营销系统，包括混合渠道与复性渠道两种。其中，混合渠道具有增加市场覆盖面、降低渠道成本和更多的定制销售等优点。

关键概念

"刚性"纵向一体化组织　"柔性"垂直整合组织　混合垂直整合系统　交易费用

职能效率　管理型垂直渠道系统　契约型垂直渠道系统　混合渠道　复性渠道

思考题

（1）结合现实市场，试述"刚性"纵向一体化组织与"柔性"垂直整合组织适用的范围。

（2）契约型垂直渠道系统各种类型各有何特点？其优势、劣势在哪些方面？

（3）混合垂直整合系统之所以存在的原因有哪些？

第九章　分销渠道成员管理

本章学习目标

学完本章后，应掌握以下内容：①了解选择分销渠道成员的条件；②了解分销渠道成员选择的基本原则；③了解确定分销渠道成员的方法；④了解对分销渠道成员培训的内容和方法；⑤了解对分销渠道成员的激励方法。

分销渠道运行管理的现象形态是各种流程的管理，每一个流程的顺利完成都离不开各个渠道成员的合作与努力；而每一个流程之所以表现为不同的形式，除了受外在环境因素的影响之外，更主要的是受渠道成员之间利益关系的左右。因此，提高分销渠道与流程管理的效率，必须处理好分销渠道成员之间的关系。

第一节　分销渠道成员的选择

联合分销渠道成员共同来进行商品分销，可以让生产厂商集中资源和力量发展生产，利用来自分销渠道成员的人力、物力、财力和知识资源来完成商品分销，从而获得更高的生产分工的效益；还可以让分销渠道成员分担商品分销的风险，加强生产与市场需求之间的联系。

不少生产厂商在争取分销渠道成员的过程中发现，联合分销渠道成员不是一件轻松的事情。当然，联合分销渠道成员进行商品分销，绝不是"难于上青天"。作为专门从事商品转卖活动的分销渠道成员，必须从生产厂商那里获得商品；离开了作为商品来源的生产厂商，分销渠道成员将难以在市场上立足。这一事实说明分销渠道成员客观上存在对生产厂商的依赖性，这也是生产厂商能够联合分销渠道成员共同进行商品分销的利益基础和根本原因。真正的问题是，选择分销渠道成员不是为了获得一批商品的销售合同，而是选择商品分销的战略伙伴或合作者，也是对有关分销渠道的功能承担者的战略性选择。选择分销渠道成员的"战略"意义在于，一旦把某个分销渠道成员选择作为商品分销渠道的合作伙伴，就在分销渠道中形成相对应的社会分工或引起分销渠道结构的重组。商品能否及时、准确地转移到目标消费者手上，也影响产品在消费者和最终用户心目中的产品定位，选择分销渠道成员的重要性使不少企业感到压力。因此，选择分销渠道成员一定要认真。

一、选择分销渠道成员的条件

一般情况下，选择分销渠道成员必须考虑以下条件。

（一）分销渠道成员的市场范围

市场是选择分销渠道成员最关键的因素，首先要考虑预先确定的分销渠道成员的经营范围所包括的地区与产品的预计销售地区是否一致。其次，分销渠道成员的销售对象是否是制造商所希望的潜在顾客，因为制造商都希望分销渠道成员能打入自己已确定的目标市场，并最终说服消费者购买自己的产品。

（二）分销渠道成员的产品政策

分销渠道成员承销的产品种类及其组合情况是分销渠道成员产品政策的具体体现。选择时一要看分销渠道成员有多少"产品线"，二要看各种经销产品的组合关系，是竞争产品还是促销产品。一般认为应该避免选用经销竞争产品的分销渠道成员，但如果产品的竞争优势明显，也可以选择经销竞争者产品的分销渠道成员，因为顾客会在对不同的产品做出客观比较后，决定购买有竞争力的产品。

（三）分销渠道成员的地理区位优势

区位优势即位置优势。选择零售分销渠道成员最理想的区位应该是顾客流量较大的地点；批发分销渠道成员的选择则要考虑它所处的位置是否有利于产品的批量储存与运输，通常以交通枢纽为宜。

（四）分销渠道成员的产品知识

许多分销渠道成员被规模巨大而且有名牌产品的制造商选中，往往是因为它们对销售某种产品有专门的经验。选择对产品销售有专门经验的分销渠道成员就会很快地打开销路，因此，生产企业应根据产品的特征选择有经验的分销渠道成员。

（五）预期合作程度

如果分销渠道成员乐意与制造商合作，就会积极主动地推销其产品，这对双方都有益处。有些分销渠道成员希望制造商也参与促销，扩大市场需求，并相信这样会获得更高的利润。生产企业应根据产品销售的需要确定与分销渠道成员合作的具体方式，然后再选择最理想的合作分销渠道成员。

（六）分销渠道成员的财务状况及管理水平

分销渠道成员能否按时结算包括在必要时预付货款，取决于其财力的大小。整个企业销售管理是否规范、高效，关系着分销渠道成员市场营销的成败，而这些都与制造商的发展休戚相关。

（七）分销渠道成员的促销政策和技术

采用何种方式推销产品及运用选定的促销手段的能力直接影响销售规模。有些产品广告促销比较合适，而有些产品则适合通过销售人员进行推销。有的产品需要有效的储存，有的则应快速运输。要考虑到分销渠道成员是否愿意承担一定的促销费用以及有没有必要的物质、技术基础和相应的人才。选择分销渠道成员前必须对其所能完成某种产品销售的市场营销政策和技术的现实可能程度作全面评价，评估分销渠道成员的综合服务能力。

现代商业经营服务项目甚多，选择分销渠道成员要看其综合服务能力如何，有些产品需要分销渠道成员向顾客提供售后服务，有些在销售中要提供技术指导或财务帮助（如赊购或分期付款），有些产品还需要专门的运输与存储设备。合适的分销渠道成员所能提供的综合服务项目与服务能力应与企业产品销售所需要的服务要求相一致。

公司必须为其所设定的营销渠道寻找合适的分销渠道成员。对合格的分销渠道成员的鉴定包括经营年数、经营的其他产品、成长和盈利记录、偿付能力、信用等级和合作态度及声誉。如果分销渠道成员是代理商，公司还要评价其所经销的其他产品的数量和特征及其推销力量的规模和素质；如果分销渠道成员是零售商，公司需要评价其店铺的位置，未来成长的潜力和客户类型，对于零售商而言，三个因素中最重要的因素就是选址。为了实现企业的市场营销目标，各企业都须招募合格的分销渠道成员来从事渠道营销活动，从而成为企业产品营销渠道的一个成员。

二、选择分销渠道成员的原则

为了更好地说明选择分销渠道成员的原则，这里以九阳公司为例加以介绍。

济南市有个九阳公司，是一家专门生产普通家庭用豆浆机的民营企业。在近年来消费者市场普遍增长缓慢的形势下，该公司产品的市场销量仍能以50%的速率增长。除了该公司产品质量过硬之外，其所建立的分销网络也有重要的贡献。

与其他许多成功企业一样，九阳公司开始也走过一段弯路。1994年12月，九阳公司向市场推出豆浆机，很快在济南市场打开销路。1995年春节后，公司销售工作立即向省内其他各个城市展开，主要是以设立办事处的形式进行市场开发，在少数城市通过经销商销售，取得了较好的销售业绩。当年10月，公司又迅速将产品市场延伸至省外，到1996年底，在江苏、东北设立了6家分销站。公司办事处与经销商并重。办事处属于公司派出机构，其业务具有直销性质，经销商属于参与分销的分销渠道成员。两者并存，问题逐步暴露出来。九阳公司本是中小企业，在资金、人员和管理力量方面都不能满足独立发展直接分销网络的条件，而是寄希望于经销商的努力。但是经销商注意到公司办事处的存在，便没有了开发市场、扩展分销渠道的积极性。办事处和经销商彼此不协调，造成产品分销渠道的建设进程缓慢，效率低下，影响了向全国市场的进一步扩大分销。

问题反馈到公司总部，引起公司经理的高度重视。在认真分析公司的目标、条件和联合经销商共同建立分销渠道的初衷之后，公司调整了建立分销渠道网络的策略。明确提出公司建立分销渠道网络的宗旨是寻求战略性合作伙伴并开发市场，即根据目标市场的分布，以地级城市为单位，选择一家经销商作为该地区总经销商。

为了达到共同开发市场、谋求长期发展的目标，公司提出了选择总经销商的四大原则：①被选择作为总经销商的分销渠道成员应当对公司和公司产品具有认同感，具有负责的态度，具有敬业精神；②要选择那些具有较强的经营和市场开发能力以及批发零售能力的分销渠道成员作总经销商；③总经销商要具有一定的实力；④总经销商现有经营范围与公司产品一致，有较好的经营场所。

根据这些原则，九阳公司对经销商进行了认真的挑选。对于不具备条件的分销渠道成员，哪怕其历史更长、规模更大也决不选用。例如，九阳公司在开发重庆市场时，曾有一家大型国有批发企业提议作总经销商。公司在对其进行全面考察后，认为它虽然具有较强的经营实力，但是缺乏必要的负责精神和合作态度，不利于市场开发，因而否决了这项提议。这些原则对于保证分销渠道质量起到了正确的指导作用。

九阳公司要求每个被选择作为总经销商的分销渠道成员与公司签订产品合作分销协议，并设立九阳产品专卖店，采用九阳公司统一制作的店头标志。此外，总经销商不仅要直接零售部分产品，而且要建立本地区内的二级分销渠道网络，拓宽产品销路。同时，九阳公司及时提供广告宣传的支持，负责启动市场，培训经销人员，建立和健全售后服务系统，以协助和推动总经销商的工作。实践证明，按照这样的策略建立的分销渠道网络适合九阳公司开拓市场的需要，有效地推动了九阳牌豆浆机的销售。

九阳公司的案例说明，选择分销渠道成员一定要有明确的目的，要有正确的原则和策略。为了保证分销渠道建设的质量，必须严格考察分销渠道成员是否符合选择条件。绝大多数企业的实践证明，明确建设分销渠道的目标，并且做好深入细致的调查研究工作，全面了解每一个将被选择的分销渠道成员的情况，是选择分销渠道成员的起点和前提条件。

明确目标就是要正确回答这样两个问题：企业是否需要建立这样的分销渠道？企业究竟要建立一个什么样的分销渠道？如果不能正确地回答这两个问题，选择分销渠道成员就没有标准，也没有意义。九阳公司为了开拓各省市市场，把建立分销渠道的目标规定为与分销渠道成员一起"做市场"。

要实现建立分销渠道的目标，就要正确地选择分销渠道成员，使所建立的分销渠道适用而且有效。于是，建立分销渠道的目标被转换成选择分销渠道成员的原则，成为指导选择分销渠道成员的纲领。九阳公司选择经销商的原则是值得参考的。

一般来说，选择分销渠道成员应遵循的原则有以下几个方面。

（一）把分销渠道延伸至目标市场原则

企业进行分销渠道建设，就其最基本的目标来说，就是要把自己的产品打入目标市场，让那些需要企业产品的最终用户或消费者能够就近、方便地购买，随意消费。根据这个原则，分销管理人员应当注意所选择的分销渠道成员是否在目标市场拥有其分销通路（如是否有分店、子公司、会员单位或忠诚的分销商），是否在那里拥有销售场所（如店铺、营业机构），或者是否处于重要的商品集散地（如批发市场）。

（二）分工合作原则

这是指所选择的分销渠道成员应当在经营方向和专业能力方面符合所建立的分销渠道功能的要求。尤其在建立短分销渠道时，需要对分销渠道成员的经营特点及其能够承担的分销功能严格掌握。一般来说，专业性的连锁销售公司对于那些价值高、技术性强、品牌吸引力大、售后服务较多的商品，具有较强的分销能力，但是它们通常不愿意经销价值平平的便利品。各种中小百货商店、杂货商店在经营便利品、中低档次的选购品方面力量很强，但是它们通常不愿意为有关商品做广告宣传。由于经销某些商品需要专门的知识和经验，因而那些不具备相应的知识和经验的分销渠道成员不能被选择为分销渠道成员。只有那些在经营方向和专业能力方面符合所建分销渠道要求的分销渠道成员，才能承担相应的分销功能，使生产厂商与有关分销渠道成员组成一条完整的分销通路。

（三）树立企业形象的原则

商品分销渠道或销售地点不仅是要解决现有商品卖出去的问题，而且要树立企业形象、商品形象，让消费者愿意出较高价格持续购买企业的产品。分销渠道或销售地点是产品市场定位的决定因素之一。在一个具体的局部市场上，显然应当选择那些目标消费者或后续分销渠道成员能够方便地达到、愿意光顾并在那里出较高价格购买商品的分销渠道成员。分销渠道成员中具有较好形象，能够烘托并帮助建立企业形象和产品形象。例如，日本索尼彩电刚进入美国市场时只是寄售于寄卖店（当铺），其产品形象难以提高，销售额自然平平。在一个偶然的机会，索尼销售公司经理卯木肇先生看到一群牛跟在一头公牛的后面行走，顿时悟出利用"领头羊"的道理。于是他取消了在寄售店的销售方式，努力说服当地最大的商场马希尔百货公司经销，并提高了价格。受欢迎的销售地点和有挑战力的价格迅速提高了产品的形象。索尼彩电的销售额迅速提高，也使马希尔百货公司受益匪浅。在市场形象确立之后，索尼公司又把其彩电推荐到中小商店销售，让索尼彩电占有了相当大的市场份额。这个例子说明，商店之间的商品定位差别能够决定一个产品的市场命运。因此，在选择分销渠道成员时，必须注意销售地点对商品形象的影响。

（四）要遵从运行效率原则

分销渠道的运行效率，是指通过某个分销渠道的商品流量与该渠道的流通情况，商品流量越大，则该分销渠道的运行效率越高。一个间接分销渠道的运行效率，在很大程度上取决于分销渠道成员的经营管理水平、对有关商品销售的努力程度以及分销渠道成员的"商圈"。分销渠道成员的经营管理水平直接影响到它的资源利用效率和人员士气，进而影响每一项工作的效率。当它被选择进入分销渠道后，也会影响到整个分销系统的效率。例如，进货管理失去控制的分销渠道成员不是出现缺货脱销，就是库满为患，肯定在商品销售上力不从心。分销渠道成员商圈的大小也是影响分销渠道运行效率的重要因素。所谓商圈，是指一家商店能够有效吸引顾客前来购买的顾客分布范围或数量。商圈大小与有关分销渠道成员的地理位置、所在地域的消费者人群密集程度、分销渠道成员的经营特色、声誉以及市场营销效率有关。商圈是评价分销渠道成员市场地位和商品分销效率的重要指标之一，商圈比较大的分销渠道成员通常有较多的顾客前来光顾和购买。

（五）共同愿望和共同抱负原则

分销渠道作为一个整体，每个成员的利益来自于成员之间的彼此合作和共同的利益创造活动。从这个角度上讲，联合分销渠道成员进行商品分销就是把彼此之间的利益"捆绑"在一起。只有所有成员具有共同愿望、共同抱负，具有合作精神，才有可能真正建立一个有效运转的分销渠道。共同愿望、共同抱负原则告诉我们，要注意分析有关分销渠道成员参与有关商品分销的意愿、与其他渠道成员的合作态度，以便选择到良好的合作者。分销渠道成员的合作态度可以从接待联系人的热情程度、有关文件的处理速度、愿意承担哪些分销功能、声称的利益分割条件、与商品分销渠道建设目标的差距和过去的商业信誉等方面做出判断。

上述原则是从实现建立分销渠道的目标而提出的。它们是一个有机整体，反映着建立商品分销系统、生产厂商共同合作、共享繁荣的要求。按照这些原则来选择分销渠道成员，将可以保证所建立的分销渠道成员的素质和合作意愿，提高分销渠道的运行效率。应当指出，这些原则也是分销渠道成员达成合作协议的基础。在具体选择分销渠道成员之前，要根据上述原则对各个可选择的分销渠道成员进行全面调查和认真分析。尤其是对于长期合作伙伴，必须彻底弄清楚它是谁、它是如何经营的、发展潜力究竟有多大。不了解分销渠道成员，就谈不上选择分销渠道成员。有的分销渠道成员熟悉某类产品的市场特点和营销要点，但是对于其他产品可能一窍不通，因而难以承担相关商品的分销功能；有的分销渠道成员诚实经营，有良好的商业信誉，但是也有一些不法之徒骗人钱财。过去，一些生产厂商以"饥不择食"的方式寻找客户，急于成交，结果上当受骗、钱财两空，要害问题在于不了解对方。这些教训应当成为前车之鉴。对分销渠道成员不仅要彼此面熟，而且要"知根知底"，全面了解。这是选择分销渠道成员建立分销渠道时必须具备的前提。

在选择分销渠道成员的过程中，对以下两种错误的认识应有所警惕并加以规避：

（1）认为分销渠道成员越大越好。这种思想是有害的。"大树底下好乘凉"，但凡事有利有弊。分销渠道成员实力越强，其发言权也越大，跟企业的讨价还价能力也越强。实力强大的分销渠道成员往往会提出苛刻的经销条件，有些甚至令企业难以接受。这是因为：①实力强大的分销渠道成员可能会同时营销竞争对手的同类产品，以此作为讨价还价的筹码。②实力强大的分销渠道成员一般不会投入很大精力去推一个不是名牌的品牌，企业可能会失去对销售的控制权。一方面，企业可以借分销渠道成员的知名度迅速打开市场；另一方面，因为实力不对等，难免受制于对方。渠道控制是渠道成员争夺的焦点，选择了大分销渠道成员，企业很可能会失去对渠道的控制权。

（2）认为选好分销渠道成员，企业就可高枕无忧了。这是一种很要命的错误。这是因为：①分销渠道成员的选择只是渠道建设的一个环节，而不是营销活动的全部。②产品畅销离不开企业和分销渠道成员的协作与努力。③绝大多数企业与经销商之间是纯粹的交易关系，受利益因素的驱使，部分经销商可能会出现"变节"行为（同时经销竞争产品、主要精力转移甚至弃企业而去等），给企业造成重大损失。在纯交易关系的情况下，如果企业对渠道成员缺乏应有的监督和控制，蒙受损失就在所难免了。随着竞争的加剧，新型的渠道关系已经出现，企业常常会与经销商建立战略伙伴关系（如相互支持、相互投资等），双方在软、硬件上全力支持和配合，共同开拓市场。从这个层面来说，选好经销商只是"万里长征"的第一步，大量的工作还在后头（促销、技术指导、人员培训、售后服务等）。更危险的是，过多地依赖分销渠道成员会使企业自身的销售能力下降，丧失对市场变化的敏感性，沦落为"低能儿"，甚至最终被市场抛弃。

总之，选择经销商要如同选聘公司职员那样精心、细心、耐心、诚心，同时必须注意两点：①标准要坚持，保证选择的质量，宁可因找不到合适的经销商而暂时搁置这个市场（除非采取直销），也不要因为急于开辟市场而降低对经销商的要求；②淘汰的时间要尽可能短，不要到市场处于"夹生"状态才淘汰不合适的经销商。

三、分销渠道成员的评价

为了选择可靠的、符合要求的中间商，在选择之前必须全面收集中间商的"个人"资料。一般来说，要收集的资料包括有关分销渠道成员过去和目前的经营特色、历史发展、公司构成和已有分销渠道、公司治理结构、主要负责人的经营管理知识、抱负和魄力、营业场所地理位置、顾客来源和类型、营业规模、过去和现在的供货渠道、与供货商之间的业务关系与现状、回款信誉、债务负担以及公共关系等。资料越是全面，评价和选择就越准确和容易。

经过初步筛选，找出若干可选择作为分销渠道成员的分销渠道成员（即候选人）并进行评价。评价应当是全面的、前瞻性的、实事求是的。"全面"就是要从能否把分销渠道延伸至目标市场、能否满足分销功能要求、是否适合于商品定位、能否保证分销效率和是否有合作愿望和信誉等多个方面，对分销渠道成员进行评价。"前瞻性"是指不仅要看有关分销渠道成员的历史和现存条件，还要分析研究它们的发展战略和未来前景。例如，某些过去拥有辉煌历史的分销渠道成员，可能因放松管理、盲目投资而走入穷途末路；另一些现在实力不强、规模不大的分销渠道成员，由于采取了适合市场发展趋势的经营机制和有效的经营方式，战略正确，强化了管理，则可能前程似锦。这说明光看过去的历史是不够的，必须考察有关分销渠道成员未来的发展前景。"实事求是"就是要求信息全面、资料真实，利用科学方法进行分析，从而得出符合客观情况的、可信度高的结论。

推荐作为候选人的各个分销渠道成员即使符合有关原则的要求，在参与分销渠道建设、承担分销功能方面也有一些条件上的差异。有的分销渠道成员在商品分销上有利条件较多，而不利条件较少；有的则可能有利条件较少而不利条件较多。为了理顺评价的思路，也是为了做出客观评价，有必要把各个分销渠道成员的分销优势（即有利条件）和劣势（即不利条件），按其来源或性质予以分类。简单说来，它们可能来自分销渠道成员的历史因素和战略因素两个方面。由历史因素决定的有利或不利条件，一般属于静态的现存条件，只是一种暂时的因素。事物总是在变化的，只有战略正确，优势企业才能继续保持历史优势。所以，来自战略因素的优势或劣势是动态的优势或劣势，这些因素是影响有关分销渠道成员与商品生产厂商合作态度和分销收益的主要因素。

（一）来自地理位置、历史等因素的分销优势

历史优势或者叫存量优势，是指在过去的经营中取得的因而属于当前已经存在的有利条件。为了建立一个能够让生产厂商生产的商品以快捷、及时、准确送达的方式转移到消费者或最终用户手上的分销渠道，分销渠道成员必须具有一定的来自历史因素的分销优势，包括分销渠道成员的地理位置、经营历史和经验，以及经营范围，等等。

1. 地理位置

如果分销渠道成员处于交通干线上，或者接近于工厂或商品仓库，进货必然容易；如果分销渠道成员处于目标消费者购物活动范围之内，或者说目标消费者能够方便地从分销渠道成员那里购货的话，那么该分销渠道成员的商品销售也有优势。

2. 经营某种商品的历史和成功经验

长期经营某种商品的分销渠道成员，通常会积累比较丰富的专业知识和经验，因而在行情变动中，能够掌握经营主动权，保持销售稳定或趁机扩大销售量。经营历史较长的分销渠道成员通常拥有一定的市场声望和一批忠实的顾客，大多是周围顾客或消费者光顾购物的首选之地。

3. 经营范围

分销渠道成员的经营范围通常有批发商、零售商、批零兼营分销渠道成员和代理商之分。从服务特色上看，通常又有产品（或系列）专业型、顾客专业型和非专门化型三类。产品（或产品系列）专业型分销渠道成员以专门经营个别产品或个别产品系列为特征（如钟表店、服装店、药品店等）；顾客专业型分销渠道成员致力于对某类顾客提供其所需要的商品（如妇女用品店、儿童用品店、会员购物俱乐部等）；非专门化型分销渠道成员通常指那些经营商品种类庞杂、服务顾客广泛的分销渠道成员（如杂货店、百货店）。分销渠道成员的经营范围如果与所要建立的分销渠道功能要求相吻合，就是一种分销优势。经营实力表现为分销渠道成员在商品吞吐规模、市场开发的投资上的行为能量。经营规模大的分销渠道成员销售流量也较大（可以从近年来的销售记录来考察），而在市场开发方面能够保持较高投资的分销渠道成员，其商品销售流量也不会少，因而在商品分销方面具有优势。

来自自身因素的优势一般来说是静态的，可以说明在现有的条件下，有关分销渠道成员进行商品分销经营条件的优势；但是，这些优势可能随着市场环境的变化、时间的推移发生改变。

（二）来自战略和管理因素的分销优势

这方面的分销优势主要表现在分销渠道成员内部和外部的分工合作政策或分工合作关系的变动趋势上。内部的分工合作关系主要是指经营机制、治理结构，而与外部的分工合作关系包括与其他经济组织、消费者（顾客）以及政府的关系。建立良好合作关系的政策能够给企业带来发展机会，而不佳的分工合作关系往往使企业走向混乱和孤立。

1. 经营机制和管理水平

经营机制，是指企业经营者在所有权的约束下，对市场机会或威胁灵活地制定对策，并组织企业职工努力提高经济效益的制度性安排。可以从企业制度形式、经营者拥有多大经营决策权、对所有者和职工承担多大责任等方面来认识和区别不同类型企业。管理水平主要是指计划体系、组织结构、激励机制以及控制系统的完善程度、现代化水平。一般来说，经营机制和管理的优劣主要从是否能适应市场变化以保持企业经营稳定与发展、能否提高资本收益等方面来评价。

2. 经营方式

是否采用先进的经营方式必将影响有关分销渠道成员的市场定位。从批发行业来说，经营方式主要是指为生产厂商提供的订货、收购、融资、分流等功能以及为零售商提供的商品组合、配销、库存、采购等功能的选择，如总经销制、总代理制、分销规划、工商一体化集团等；从零售行业来看，经营方式就是指"零售业态"，主要是指为顾客提供的购物环境特色和零售服务特色，如从杂货店演变出来的"百货店"、从柜台售货方式演变出来的"超级市场"、从单店销售演变而来的"连锁店"。市场竞争推动着经营方式的变迁，新的经营方式总是能够吸引顾客，扩大销售。因此，分销渠道成员的经营方式影响着它的分销优势。

3. 自有分销渠道和商圈

一些批发商、连锁商业企业、仓储式商店等拥有自己的零售商店（分公司、子公司或连锁店）和固定的零售商顾客群，相当于拥有自己的分销渠道。不管是什么类型的分销渠道成员，都应当经常保持一定的顾客流量，维持其商品销售额水平。这个顾客流量就是商圈，与商店的地理位置、经营特色、促销力度、商业信誉和声望有关。商圈越大，说明该企业商品销售量也越大。在商店林立、竞争激烈的现代市场上，经常地保持和吸引一定的顾客流量，主要取决于经营战略，而地理位置的影响在降低。

4. 信息沟通与货款结算政策

分销渠道应当承担多方面的功能，包括信息沟通与货款结算。良好的信息沟通和货款结算关系是保障分销渠道正常连续运行的重要条件之一，因而也可以成为分销渠道成员的分销优势来源。来自战略因素的分销优势是一种动态的优势，只有那些科学管理、重视合作与协调、灵活经营的分销渠道成员才能拥有这种优势。

（三）来自不同经营规模等因素的分销劣势

经营规模大的分销渠道成员通常要支付相当大的广告和促销费用来维持顾客流量和销售额，由于商品多、部门多、人员多、计划与协调管理也复杂得多。这些因素必然引起流通费用（或称为经营费用）的增加；地处闹市的商店通常会面临更为直接的、众多对手的激烈竞争，吸引顾客、培养顾客忠诚的难度会大大增加。不同经营范围常常意味着商品定位的差异、投资的差异，从而形成对某些商品分销的制约。

（四）来自战略和管理因素的分销劣势

落后的经营机制和管理水平以及由不良合作历史造成的声誉低下、商圈缩小等因素，就是劣势。某些经营者表现出来的"唯我独尊"政策、"客大欺商"行为，不利于战略合作，也是一种劣势。落后的经营方式也可能因难以吸引顾客而成为一种劣势。

对每个"候选人"按照其现有经营条件和经营战略来进行分析和评价，目的在于全面认识它们承担商品分销功能的优势和劣势究竟是什么。有些情况下，还要把这些优势、劣势按重要性进一步排序和对比，以便准确地评定每个"候选人"在商品分销中的贡献和价值。

在那些关系重大的影响分销功能的条件方面，某个分销渠道成员拥有较多的优势，无疑它应当作为首选的对象；如果某个分销渠道成员是劣势占主要地位，则应当考虑放弃对它的选择。在那些一般性条件方面，"候选人"所拥有的优势可作为加强选择决心的理由，而在这一方面拥有的劣势可作为降低"录取"的合理性的证据。

对于每个分销渠道成员从事有关商品分销的优势和劣势进行分析和评价，将有利于准确地预测和客观地说明它们能够承担的商品分销功能，为正确地选择分销渠道成员奠定基础。

四、选择分销渠道成员的方法

（一）强制评分选择法

强制评分选择法的基本原理是：对拟选择作为合作伙伴的每个分销渠道成员，就从事商品分销的能力和条件，用打分的方法来加以评价。由于各个分销渠道成员之间存在分销优势与劣势的差异，因而每个项目的得分会有所区别。针对不同因素对分销渠道功能建设中的重要性的差异，可以分别对它们赋予一定的重要性系数（或者称为权数），然后计算每个分销渠道成员的总得分，从得分较高者中间择优"录用"。

例如，一个洗衣机制造工业公司决定在武汉地区采用精选的一阶分销渠道模式（即厂家直接把自己的产品销售给零售商，再由零售商销售给普通消费者）。在汉阳区进行考察后，选出3家比较合适的"候选人"。洗衣机公司希望有关零售商占有理想的地理位置，有一定的经营规模，前来光顾的顾客流量较大，在消费者心目中有较高声望，与生产厂商合作关系融洽，能主动进行信息沟通，货款结算信誉好。各个"候选人"在这些方面都有一定优势，但是没有一个"十全十美"者。因此，洗衣机公司采用强制打分法对各个"候选人"进行打分评价，如表9-1所示。

强制评分法是以对分销渠道成员的评价为基础的。从表9-1的第一列可以看出，各个分销渠道成员的优势与劣势是通过有关评价因素反映出来的。第二列是有关评价因素在分销渠道功能建设中的重要性的量化表现。对应于这一列中重要性系数较大的那些评价因素，对于分销渠道建设来说是"关系重大的"因素；那些重要性系数较小或者在表9-1中被忽略的因素，一般是指对分销渠道建设影响不大的因素。通过打分计算，从"总分"栏可以看出，第二个"候选人"得到最高的加权总分，因而是最佳的"候选人"，该洗衣机公司应当考虑选择它作为当地的分销商。

表9-1 打分评价表

评价因素	重要性系数（权数）	"候选人"1		"候选人"2		"候选人"3	
		打分	加权分	打分	加权分	打分	加权分
地理位置	0.20	85	17	70	14	80	16
经营规模	0.15	70	13.5	80	12	85	12.75
顾客流量	0.15	90	10.5	85	12.75	90	13.5
市场声望	0.10	75	7.5	80	8	85	8.5
合作精神	0.15	80	12	90	13.5	75	11.25
信息沟通	0.05	80	4	60	3	75	3.75
货款结算	0.20	65	13	75	15	60	12
总分	1.00	545	77.5	540	78.25	550	77.75

强制评分选择法主要适用于在一个较小地区的市场上，为了建立精选的分销渠道网络而选择理想的零售商，或者选择独家经销商。

（二）销售量分析法

强制评分选择法要求分销管理人员提出多个评价因素，并且合理地估计有关因素的重要性系数。在实践中，做好这一工作不是一件容易的事情，最容易出现的问题是强调了一些实际上不重要的因素而忽视了那些真正重要的东西。为克服这一缺陷，分销管理人员可以采用销售量分析法。

销售量分析法是通过实地考察有关分销渠道成员的顾客流量和销售情况，并分析它们近年来的销售额水平及其变化趋势，对有关分销渠道成员实际能够承担的分销能力（尤其是可能达到的销售量水平）进行估计和评价，然后选择最佳"候选人"的做法。由于涉及多个"候选人"，因此需要对每个分销渠道成员的销售趋势曲线进行分析，并且估算在产品生命周期内可能达到的总销售量。某个批发商2006—2007年某种商品的销售量如表9-2所示。

表9-2 某批发商2006—2007年某商品销售量

单位：万件

时间	2006年				2007年			
	第一季度	第二季度	第三季度	第四季度	第一季度	第二季度	第三季度	第四季度
销售量	560	620	640	780	800	870	850	920

由于商品销售量与时间变动之间存在强相关关系（相关系数 $R = 0.9691$），所以用线性回归方法可推断出其销售增长曲线方程：

$$Y_t = 755 + 26.7t$$

2007年第四季度对应的 t 值为7，2008年第一季度及以后季度对应的 t 值为自然数

7+2 与季度编号的乘积。如 2008 年第一季度，t 值为 $7+2\times1=9$，对应的销售量预计达到：

$$Y_1 = 755 + 26.67 \times 9 = 989.63 \text{（万件）}$$

如果进一步假设经由该批发商分销本企业的同类产品，产品生命周期是 1 年。那么，该批发商在产品生命周期内（包括四个季度）能够实现的销售总量可由下式计算：

$$\begin{aligned}Y &= Y_1 + Y_2 + Y_3 + Y_4 \\ &= (755 + 26.7 \times 9) + (755 + 26.7 \times 11) + (755 + 26.7 \times 13) + (755 + 26.7 \times 15) \\ &= 4271.36 \text{（万件）}\end{aligned}$$

如果存在另一个批发商，在同样时期内，商品销售总量可达 4500 万件。那么，前面的那个批发商就不是一个理想的"候选人"，应当放弃。这种方法适用于对批发商、零售商的择优选用。

（三）销售费用分析法

联合分销渠道成员进行商品分销，是有成本的，主要包括分担市场开拓费用、给分销渠道成员让利促销、由于货款延迟支付而带来的收益损失、合同谈判和监督履约的费用。这些费用的全部称为销售费用或者流通费用，它实际上会减少生产厂商的净收益，降低利用有关分销渠道的价值。当然，销售费用的大小主要取决于被选择的合作伙伴的各方面条件和特征；可以把销售费用看作说明有关"候选人"被录用的优劣程度的一种指标。

销售费用分析法要求在对有关"候选人"进行考察和评价的时候，注意分析和估算与每个"候选人"合作进行商品分销时的销售费用，通过对各个"候选人"销售费用的比较，来选择最佳的合作伙伴。比较的办法可以有以下几种。

1. 总销售费用比较法

在分析有关"候选人"的合作态度、营销战略、市场声誉、顾客流量、销售记录的基础上，估算各个"候选人"作为分销渠道成员，在执行分销功能过程中的销售费用，然后，直接选择总分销费用最低的"候选人"。对于商品销流量基本相同的同一地点不同分销渠道成员的选择，总销售费用比较法比较适用。

2. 单位商品（单位销售额）销售费用比较法

考虑到商品销售量对销售费用的影响，在评价有关分销渠道成员的优劣时，需要把销售量与销售费用两个因素联系起来综合评价。方法之一，就是以选用某分销渠道成员的总销售费用与该分销渠道成员能够实现的商品销售量（或销售额）之比值，即单位商品（单位销售额）销售费用，作为比较的依据，来选择最佳的分销渠道成员作为分销渠道成员。

$$\text{单位商品（或销售额）销售费用} = \frac{\text{某中间商的总销售费用}}{\text{该中间商的商品总销售量（或销售总额）}}$$

单位商品（或销售额）销售费用能够反映有关分销渠道成员分销的效率，这一比值越小，说明该分销渠道成员的分销效率越高。

3. 费用效率分析法

费用效率分析法的原理与单位商品（单位销售额）销售费用分析法相同，也是以销售业绩与销售费用的比值作为评价依据,来选择最佳分销渠道成员的。与前者不同的是,本方法采用的比值是各个分销渠道成员能够实现的销售业绩(销售量或者销售额)除以该分销渠道成员总销售费用的结果,称作为费用效率。

$$费用效率 = \frac{某中间商的总销售额(或总销售量)}{该中间商的总销售费用}$$

比较费用效率和单位商品销售费用两个计算公式,不难发现,费用效率是单位商品销售费用的倒数。

前述的几个费用分析法都是静态的评价,不能反映有关分销渠道成员在从事商品分销过程中状态的变化。但是在实际工作中,有些变化是明显的,有的甚至是不可忽略的。例如,在某个地区,企业进入之前,消费者对企业的产品不了解,缺乏购买欲望,所以初期有一个造"市场"的任务。有的分销渠道成员主动承担广告促销的功能,但要求生产厂商给予财力上的支持。这意味着对这些分销渠道成员相应的销售费用会比较高,而费用效率暂时可能较低。如果到后来,市场真的出现了,这些分销渠道成员的商品销售量会增加到很高水平,而促销支出可以相对减少,于是费用效率会大大提高。

4. 边际费用比较法

这是一种动态分析商品销售量和销售费用之间关系的方法。基本原理是:对各个分销渠道成员在承担商品分销渠道功能过程中的销售费用进行边际分析,通过判断有关销售费用的变动趋势,来评价和选择最佳的分销渠道成员。下面是一个边际费用比较法的例子。

假设在某个地区市场,可以在比较合适的两个分销渠道成员之间选择一个最佳的经销商。根据考察和预测,两个分销渠道成员在经销企业的商品时,销售费用的变动情况如表9-3所示。

表9-3 边际费用比较

单位:万元

销售量 (吨)	"候选人"之一			"候选人"之二		
	销售费用 总额	边际 销售费用	费用效率 (吨/万元)	销售费用 总额	边际 销售费用	费用效率 (吨/万元)
10	6		1.667	10		1.000
20	12	6	1.667	18	8	1.111
30	17	5	1.765	24	6	1.250
40	22	5	1.818	28	4	1.429
50	27	5	1.852	32	4	1.563
60	32	5	1.875	35	3	1.714
70	36	4	1.944	37	2	1.892
80	40	4	2.000	39	2	2.051
90	44	4	2.046	40	1	2.250

从表9-3中不难看出，随着商品分销量任务的增加，第二个"候选人"的边际费用以更快的速度下降。当商品销售量超过80吨以后，它的费用效率已经高于第一个"候选人"，因而比第一个"候选人"更为可取。

（四）盈亏平衡分析法

通常情况下，分销管理人员应当综合考虑每个分销渠道成员"候选人"的销售量、价格（销售额）和成本三大因素，这三大因素将决定企业盈利能力。用公式表示为：

$$利润 = 销售额 - 总成本$$

因为，销售额是销售一定数量商品所获得的货币收入，等于价格与销售量的乘积；总成本可分解为变动成本和固定成本两项，其中，变动成本是平均变动成本与商品数量的乘积。所以，利润计算公式可改写为：

$$利润 = 销售量（单位价格 - 平均单位变动成本） - 固定成本$$

由上述计算公式可以看出销售量、价格和成本对利润的影响。综合来看，"利润"取值可能为正，代表盈利，也可能为负，代表亏损。当然，每个分销渠道成员在促进商品销售方面都具有一定的潜力，因此，商品销售量可以看作一个自变量。随着销售量的变化，企业对分销渠道成员的销售价格、销售费用也可能有所变化（它们一般属于因变量）。于是，在不同的销售量水平下，各个"候选人"给企业带来的相对盈利能力是变动的。

（五）配额择优法

配额择优法是选择地区总经销商或总代理商的一种有用办法。首先根据目标市场的分布和分销渠道宽度决策，规定各个地区或者各个分销层次所要选择的分销渠道成员个数。在接受分销渠道成员合作意向书以后，对各个分销渠道成员进行考察和评价，从各地区、各层次中选择最佳的必要个数的分销渠道成员。对于每个地区的"候选人"的评价选择，可以沿用前述的若干方法。

第二节 分销渠道成员的培训

分销渠道成员确定后，需要对分销渠道成员进行培训，才能够使分销渠道成员按照厂家所设计的任务去完成工作。生产企业经常为分销渠道成员提供销售和维修人员培训，进行商业咨询服务和帮助。例如，美国福特汽车公司在拉丁美洲培训代理商，训练的内容是拖拉机和配套设备的维修及使用，这一措施大大促进了福特汽车公司与当地代理商的合作关系，提高了代理商的工作效率。而分销渠道成员也常常将接受厂家的培训看成是其成长的一个过程，或是其承担销售任务的一个收益，因此对分销渠道成员的培训也成为培养分销渠道成员忠诚度的一项重要内容。

一、培训的必要性

在当今激烈的市场竞争下，生产厂商与其渠道商之间必须形成更加紧密协作的互动关系，以增强整体对用户的亲和力和吸引力。生产厂商需要在渠道商的帮助下为用户提供全方位的产品和服务，并且希望渠道商贯彻生产厂商的经营理念、统一管理方式、工作方法和业务模式，便于相互沟通与互动；希望渠道商提高售前、售中、售后服务质量，把产品品牌深入用户人心；还希望渠道商及时反馈用户对产品及非产品部分的需求反应，把握产品及市场走向。生产厂商对渠道商的这些要求经双方充分沟通，在得到渠道商的认可之后，生产厂商还必须使渠道商获得相应的能力，这就要通过为渠道商提供相关的培训来解决。

实际上，渠道培训已经成为提高渠道整体核心竞争力的重要手段之一。渠道培训对于 IT 行业生产厂商来说尤其重要，因此，目前的渠道培训工作也以 IT 企业做得最为完善。自从 IBM、HP、诺基亚等公司将渠道培训带入中国以来，愈来愈多的 IT 供应商将渠道培训列为重要的渠道支持政策，各种各样的渠道培训计划纷纷出台，因为供应商已经意识到只有提高渠道的管理水平，使其进入良性的发展轨道，才能提升整体渠道的价值，从而实现企业自身的增值。渠道培训对供应商来讲，至少有以下几点好处：①提升分销渠道成员对产品的了解和认识，提高分销渠道成员对客户信息服务的能力，提升销售额；②在市场竞争中建立自己的标准；③拉近供应商与渠道的关系，加强对渠道的影响和控制，有利于供应商提高渠道成员的忠诚度；④帮助渠道认同供应商的企业文化和经营理念；⑤直接提升渠道的综合竞争力。

二、培训的内容

（一）产品技术培训

产品技术培训主要是要提高渠道的专业化水平。专业化，对渠道而言就是要实现生产厂商与渠道商之间在产品技术、服务体系、业务模型、管理模式等方面的同步。专业化的渠道可以对内提高企业素质，对外提高服务质量，提高用户对生产厂商的信任度。渠道是生产厂商的产品在市场销售这个过程中的执行者，所以渠道商是生产厂商形象的代表，其服务质量所产生的影响对生产厂商至关重要，用户会更多地将其归于生产厂商的服务质量。况且就其对用户的影响来说，在多数情况下服务质量是产品质量的附属物，生产商向渠道商提供相关产品的专业技术、服务支持以及相关的业务运作，是企业专业化向最终消费人群的有效延伸。

关于产品技术的培训一直是渠道培训的重点内容。例如，端对端客户/服务器数据库产品 Superbase 的技术培训的主要内容是介绍如何用 Superbase 的产品构造用户需要的完整解决方案，Superbase 产品与 ERP 等企业内部系统的无缝连接技术，等等。再如，华为 3Com 公司自 2005 年 8 月 27 日～9 月 11 日在全国五个核心城市推出了 39/56 系列交换机、65/85 新增特性、8500 系列交换机重要新功能使用方法及 IRF 新技术等相关技术的免费渠道培训活动。华为 3Com 公司还将培训与合作伙伴的评估等联系起来。首先，参加培训的渠道合作伙伴将纳入代理商评估体系之中，评估结果将影响该合作伙伴以后业务资源及合作机会的获得；同时，是否参加过培训也将成为华为 3Com 向客户推荐运营维护服务商的一个重要依据。其次，通过培训可以提高该渠道合作伙伴在华为 3Com 产品的运营维护方面的实力，从而加大在市场上的竞争力。最后，参加本次培训的人员还将进入华为 3Com 渠道服务体系人才信息库，作为今后各类培训、新产品、新资料投放的首选对象。

（二）销售培训

对于任何一个用户来说，经销商销售人员对产品的理解、对产品能够给用户带来的好处的理解，以及对用户企业本身的应用环境的理解，都将对销售的成功与否起决定作用。销售培训的重点在于介绍产品的功能、竞争优势、竞争对手分析、成功案例分析、产品报价方法及其销售技巧等。

（三）管理培训

管理培训主要集中在企业文化、营销战略、战术及围绕生产厂商经营理念方面的培训，使渠道成员对生产厂商的经营理念、发展目标等有深刻的认识和认同。把生产厂商的思维方式、经营理念及科学的销售、服务理论和技能传递给渠道商。例如，LG 公司在培训中十分重视企业经营理念的培训，LG 把统一经营理念作为渠道建设的立身之本，同时也满足了渠道商"希望 LG 能将好的管理经验及模式介绍给经销商，能与 LG 共同成长"的愿望。

LG 公司的管理培训包括以下内容：一是营销管理认识类，包括 LG 顾客观念、营销中的组织行为、市场导向与战略计划。二是营销机会分析类，包括营销市场信息与衡量市场需求、消费者行为、行业与竞争者的分析，确定细分市场与选择细分市场。三是开发营销类，包括管理生命周期战略、营销战略设计。四是其他类，包括产品线、品牌和包装、产品支持服务、销售技巧、制定年计划、基本员工绩效管理、财务与物流等。

三、培训的方式

（一）建立专门的培训学院

许多有实力的大公司专门建立培训学院，以承担对渠道成员及自身员工培训的职能。

1. 惠普公司的经销商大学

惠普公司是最早进入中国的跨国企业之一，为了提升其经销商的业务、管理能力，惠普公司创建了"经销商大学"。该机构的设立是惠普一直关注其渠道合作伙伴的成长与建设、一切以渠道为中心的管理理念的直接结果。惠普经销商大学共设有技术学院、销售学院、管理学院、师范学院以及为无法参加惠普经销商大学课堂的人员提供培训的远程教育学院，全面提升其经销商的业务管理能力，使经销商与惠普共同成长、进步。

2. 联想公司的大联想学院

联想公司成立了大联想学院，作为专门为代理商提供各类培训服务的机构。1997年，联想公司提出"大联想渠道策略"。即把联想和合作伙伴构建成一个风雨同舟、荣辱与共、共同发展的"共同体"，把联想的渠道合作伙伴纳入联想的销售体系、服务体系、培训体系、分配体系和信息化体系中来进行一体化建设。为了建设"大联想"，加强对渠道成员的培训，1998年正式成立了"大联想学院"。大联想学院的职责就是规划并建立渠道培训体系，策划并组织实施渠道培训。大联想学院培训目标是，提高代理的企业管理水平，协助渠道进行功能转型，保障商务、客户服务、市场宣传规范化，完成新上市产品的培训。

3. 清华同方的经销商大学

清华同方也成立了经销商大学，从产品与技术、市场与营销到管理与文化等对经销商进行系列的培训。清华同方的经销商培训体系以全方位服务为核心，与经销商建立起一种信息沟通思想交流体系，传递清华同方服务理念和服务思想，提高经销商整体服务水平，更好地服务于广大用户。清华同方经销商大学的教师队伍由清华同方和清华大学优秀的人才组成，每期培训后经销商要参加考试，合格者颁发 THTF – CMR 证书。

（二）公开课培训

公开课培训是最为常见的培训方式，常常针对新产品的市场开拓情况，进行定期、不定期的培训。公开课培训由培训师介绍实践经验，面对面授课，互动性强，培训效果更好。

（三）项目现场培训

对于一些技术性强的培训，采取项目现场培训方式，培训效果好。

（四）送经销商到高校参加培训

一些制造商将经销商送到高校参加相关的项目培训。如早期的伊利集团旗下的液态奶事业部曾经选送30多名优秀经销商到清华大学进行学习培训，使经销商接受现代营销理念教育。伊利集团负责人表示，这是基于企业可持续发展战略的长远考虑，经销商是维系企业与消费者最直接的桥梁。经销商眼界与素质的提高将能使企业更加深入地了解消费者的需求，这不仅有利于企业产品战略的调整和创新，也将有利于生产厂商及消费者的三方共赢。

（五）网上培训

网上培训具有突破时间和空间的限制、节约培训成本、培训双方互动性强、实施方式灵活便捷等特点，因而成为一些大型的供应商乐于采用的培训方式。但网上培训缺乏人与人之间面对面的交流，尤其是缺乏渠道成员之间的相互交流和沟通，培训效果受到一定的影响。

四、分销渠道成员认证

对分销渠道成员的认证是目前 IT 行业渠道管理中通行的做法,并常常与培训紧密相连。

(一) 认证的分类

对经销商的认证大致可以分为销售性认证、技术性认证及服务认证三类。

1. 销售性认证

销售性认证是以经销商的销售业绩为主要评价指标。它主要根据经销商的规模业绩分为不同类别,为不同类别的经销商提供差异化的支持。同时,销售性认证也有助于衡量生产厂商与其不同经销商间关系的紧密程度,从而使生产厂商可以更好地使用其有限的资源。例如,微软将其普通经销商分为两类:一是"经销商联盟"会员,二是"核心经销商"。加入经销商联盟的微软产品经销商必须交纳几千元的会员费,微软通过这个形式来界定它的经销商。这样做的目的有二:一是规范经销商队伍,二是希望能给经销商以更好的支持,由于代理商的培训和提供最新的软件产品都需要费用,微软通过入会认证、设立门槛的形式更好地从众多销售其产品的经销商中区分出愿与微软长期合作的伙伴,从而实现资源和支持的集中投放。总体来说,销售性认证有利于生产厂商更好地净化渠道、管理渠道,更有效地使用资源。对经销商来说,获得更高级别的销售认证意味着得到生产厂商更好的支持。这种支持包括更好的价格、更多的培训机会等。但纯粹的销售性认证目前已经有弱化的趋势。一方面,供应商越来越重视经销商的忠诚度,一些新兴的供应商甚至将经销商 100% 忠诚放在选择渠道的第一位,单纯靠销量已经不再能取得供应商的一贯支持;另一方面,竞争到今天,问题的关键在于谁有客户、谁能把握客户,而纯粹的销售性认证主要发生在供应商与渠道商之间,对客户并不具备实质的意义,因而不少公司并未设立纯粹的销售性认证。

2. 技术性认证

技术性认证关注渠道成员的技术实力和支持能力,技术含量越高的产品,对渠道成员的技术认证越必要。思科公司的技术认证较具有代表性,下面以思科公司技术认证为例来了解技术性认证。

思科有十分丰富的产品线,其认证政策也十分周密。思科有对工程师的认证,也有对销售商的认证。对工程师的认证由低到高的顺序是 CCNA、CCNP、CCIE。思科对集成商或销售商的认证是一个金字塔结构,由上而下是金牌代理商、银牌代理商、认证代理商。目前,思科在中国有 24 家金牌代理商,更多的是银牌代理商、认证代理商等。对于金牌代理商、银牌代理商和高级认证代理商,其营业额最低限分别为 600 万元、200 万元和 50 万元人民币,这是一个很容易达到的数字。支持能力的要求是,金牌伙伴要有呼叫中心,提供每周 7×24 小时的技术支持能力,银牌伙伴要能够提供每周 5×8 小时的技术支持能力;金牌代理至少要有 4 名 CCIE,银牌代理要有 2 名 CCIE,同时要有一定数量的其他级别认证工程师。

3. 服务认证

服务认证主要是对经销商服务能力的考核。随着 IT 业的竞争从产品、技术向应用、服务的延展，服务越来越受到供应商的重视。供应商往往会培养一些技术实力较强的经销商，并对其进行认证，通过经销商为用户提供服务。服务认证也因此应运而生。

以方正科技为例，方正科技专门成立了技术服务公司，并以服务为主线对旗下的经销商进行分类：第一个层级是服务联盟。所有方正科技的授权代理商，只要具有加入这一联盟的意愿都可加入，所有申请加盟的授权代理商都要通过国家有关的服务行业资格考试，并遵守方正科技有关的服务政策。经销商通过相应的考试认证后，方正将向其发放《方正科技全程服务联盟成员资质证书》，并为其提供包括定期发放新产品技术资料、定期组织各种形式的技能培训、向有购买意向的用户优先推荐联盟成员在内的各种服务。第二个层级是方正科技全程服务授权服务商。授权服务商能为用户提供更全面的服务。目前，方正在全国约有 300 家授权服务商。

（二）认证的作用

对认证存在的行业来说，认证起着规范行业标准的作用。

1. 对于生产厂商的作用

对生产厂商（认证标准制定者）来说，认证有以下作用：

（1）认证形成技术壁垒，提高了竞争门槛。企业纷纷推出自己认证的原因就在于制定某种标准，并使自己的标准尽可能地被社会所接受。例如，华为是国内首家推出全套完善的认证体系的供应商，由于网络市场竞争激烈、技术要求高，华为要打破思科的垄断就必须首先建立自己的自有知识产权的认证体系。

（2）认证有利于规范渠道。在这方面，认证具有三个功能：①分类功能。如 IBM 在服务器方面通过认证将代理商分为认证行业代理商和区域经销商两类。对认证行业代理商，IBM 主要希望其主攻行业市场；而对区域经销商，IBM 则主要希望其开拓中小城市的三、四级市场。IBM 对认证行业代理的支持主要是对项目的技术支持、销售方面的价格支持，对区域经销商的支持主要是市场基金的支持，满足中低端产品向中低用户的推广。②汰劣功能。供应商往往每年都会对其代理商进行重新认证，通过相关的认证考核，吸纳核心的经销商，汰劣不能达到供应商要求的代理商。③资源调配功能。由于资源的稀缺，供应商往往需要合理调配资源。有调查发现，供应商往往将 80% 的精力投注在 20% 的代理商上，对这 20% 的代理商，供应商不仅要提供物质资源上的支持，甚至需要占用供应商大部分的时间。认证为这些资源的调配提供了合理的依据和公平的标准。

（3）认证是供应商控制经销商的手段。一方面，经销商要通过供应商的各种级别的认证，获得生产厂商更多的资源和更大的支持，经销商必须将其大部分资源倾斜到供应商身上，形成对该供应商的依赖；另一方面，供应商通过各种级别的认证，合理地将大部分资源分配到获得高级别认证的经销商上，对没有获得认证或仅获得较低级别的经销商另眼相看。这样，通过认证，供应商吸引经销商将其大部分资源和能力投入到自己身上。

2. 对于经销商的作用

对经销商来说，认证有如下作用：

（1）通过认证可以获得厂家的政策和资源支持。对经销商而言，在获得不同级别认证的背后是来自生产厂商的不同级别政策和资源的支持。如思科公司，对得到高级认证的代理商或集成商能从生产厂商处拿到更好的价格、更多的信息和支持。当一种产品十分抢手时，这样的代理商肯定能获得更充足的供应。

（2）技术认证有利于提高工程服务的质量。从工程角度讲，拥有更多的认证工程师更有利于项目的完成。例如，经过思科认证的工程师都经过严格的笔试和实际操作考试，对所代理的产品系列有很强的应用能力，这会大大提高其工程质量，增加用户的信任感，减少售后维护的成本。

（3）认证有利于销售。认证被用户所认可，可以在经销商争取订单的竞争中起到充分的作用。认证资格至少给顾客提示以下信息：①我们是这个知名品牌产品的合法销售者；②我们的售后服务是有保障的；③我们的价格应比较合理。可以说，认证是渠道的粘合剂。认证不仅稳固了渠道的框架，而且加固了认证代理商与客户的关系，因为它们之间的信任会因认证而增强。

第三节 分销渠道成员的激励

制造商在选择确定了分销渠道成员之后，只有渠道成员共同合作、密切配合，才能实现制造商和分销渠道成员的营销目标，实现共赢。但渠道成员的管理是跨组织管理，渠道成员有各自的目标，生产商需要给予分销渠道成员激励，才能使分销渠道成员对其尽职尽责。

一、激励的前提

激励的前提是了解渠道成员的需求和问题。

了解渠道成员的需求和问题的常规方法是通过渠道的交流来实现，包括渠道直接交流和渠道间接交流。其中，直接交流有与销售人员交流，与销售商的交流，从公司刊物、产品资料中获得信息，等等；间接交流有从各种商业刊物等各种媒介中获得信息，与政府官员等外界保持联系，等等。但是，这些交流所提供的信息并未通过正规的计划，并且提供的信息也不全面和及时。所以，对于分销渠道经理来说，更有效地获得信息的方法可以从以下四个方面来考虑。

（一）对分销渠道成员进行研究

在实际中，制造商对最终顾客的研究已经非常普遍。对顾客希望得到的产品、品牌偏好、购物行为及其他信息都研究得非常透彻，并且投入的研究经费也较大。但是，对分销渠道成员的研究却非常少见，甚至很多有实力的大的制造商也没有做这项工作。根据估算，制造商对分销渠道成员进行研究的支出不足研究经费预算的1%。但事实上，不对分销渠道成员进行研究会引起他们之间的很大分歧，大大降低分销效率。举例来说，某制造商认为经销商不关心产品的销售情况，因为经销商的销售人员在访问顾客时从来不带制造公司的产品样品。而从经销商的角度看，他们认为制造商不关心对经销商的销售支持，因为制造商的产品样本不适合销售人员携带。如果不针对这个问题进行研究，那双方的误解就不会消除。为此，制造商对经销商的需求及问题进行了研究，发现经销商不愿意带产品样品的原因很简单，因为制造商的产品样品设计是用公文包携带的，而其经销商的销售人员根本不带公文包。知道这一信息后，制造商重新设计了产品样品，使产品样品小到能够用口袋携带，从而使问题得到了解决。

（二）由外部机构进行研究

由外部机构来对分销渠道成员的需求和问题进行研究可以获得完全客观的信息，特别是对于那些没有市场研究部或城市场研究能力有限的制造商来说，依靠外部研究机构可以获得从其组织内部无法得到的专家技能。例如，一家高档酒类生产厂家过去依靠自己的销售人员研究其批发商的效率，但他们的研究结果总是与销售数据及零售反馈不一致。采用第三方研究机构后，通过与零售商的深入交流，了解他们对批发商的态度和看法，生产厂家对批发商的表现有了更真实的认识。这一结果使得该酒类生产厂家能够对其营销渠道进行大的重组。

（三）分销渠道审计

分销渠道经理应该对分销渠道进行定期审计。通过审计，可以了解分销渠道成员对制造商的营销计划的看法，如产品的目标市场、价格策略、新产品的市场开发情况、销售人员的表现等。另外，在进行分销渠道审计时，必须详尽地确定制造商与批发商、制造商与零售商之间的相关条款。

通过定期审计，还要了解哪些是不变的因素，哪些是逐渐消失的因素，哪些是新出现的因素，等等，从而把握分销渠道的发展趋势。

（四）经销商委员会

另外一种了解分销渠道成员需求和问题的有效方法是设立经销商委员会。该委员会应当由制造商最高管理层的代表及渠道成员主要负责人的代表组成。制造商最高管理层的代表应当包括主管营销的副总经理、销售总经理及销售部门的其他高层管理人员；经销商方面的成员应当包括所有经销量为5%～10%的代表。有两位执行主席，一位由经销商成员选举产生，另一位由制造商销售部门的高层管理人员担任。

通过经销商委员会，可以带来三个方面的显著优势：一是通过分销渠道成员参与制订计划，从而能促进分销渠道成员对一些政策的认同；二是通过经销商顾问委员会，使各分销渠道成员有了一个充分讨论相互需求和问题的场所；二是能增进渠道成员的相互理解和信任。

二、激励的方式

从制造商的角度看,对分销渠道成员的激励方式主要有以下方面。

(一) 利益激励

分销渠道成员销售产品的目的是获得盈利,因此对分销渠道成员进行利益激励,增加分销渠道成员的直接利益,激励效果明显。对分销渠道成员的利益激励主要有以下形式。

1. 返利制度

返利,是指厂家根据一定评定标准,对达到标准的分销渠道成员进行奖励的激励制度。根据评判标准的不同,可以分为销售额返利和综合返利;根据返利的方式不同,可以分为现金返利和非现金返利;根据返利的时间不同,可以分为月返、季返和年返。

(1) 销售额现金返利。销售额现金返利是最为传统、最为简单和最为典型的返利方式。它是根据分销渠道成员在销售时段内(月、季、年)完成了生产厂商规定的销售额,就可以按规定的比例及时享受制造商支付的现金返利。这种返利方式最受分销渠道成员欢迎,因为好处能够马上兑现,实实在在。对制造商而言,这种返利制度优点是容易操作、易于管理,弊端是增加了现金压力,缺乏对分销渠道成员的后续控制能力。

(2) 销售额货款折扣返利。这种返利制度仍然以销售额为标准,但支付返利的方式是货款折扣,即返利不以现金的形式支付给分销渠道成员,而是让分销渠道成员在下次提货时享受一个折扣。这是目前较为常见的一种模式,采用这种返利制度,对于制造商而言能够减少自身的现金压力;同时,在对分销渠道成员的返利拉力上形成环环相扣的局面,提高了对分销渠道成员的后续控制能力。但这种返利制度不为分销渠道成员所认可,分销渠道成员认为这种返利制度看得见、摸不着,只是在账面上存在,因此,回应这种返利制度的积极性不高。

(3) 综合返利。这是指厂家通过考察分销渠道成员的综合情况进行返利的政策。综合情况包括销售量、铺货率、安全库存保有量、区域销售政策的遵守、配送效率、及时回款情况、售后服务、价格执行、终端形象,如终端位置、装修、生动化等,根据这些项目,设定综合评判指标和权数,进行定量考核,以此为标准给予返利奖励。这种返利制度考核全面、公平,有利于分销渠道成员在渠道中的规范和渠道的长久发展。但这种返利制度操作起来很烦琐,对分销渠道成员的激励也不够直接有效。总之,返利制度的设计既是希望推进销售和渠道建设,又能够使制造商在渠道关系中获得一定的主动权。它只可能是一种补充的激励制度,在销售困难的情况下,分销渠道成员是不可能为了获得一定返利而冒库存积压风险的。

2. 职能付酬方案

制造商根据分销渠道成员完成的职能、相应的业绩及合作程度给予报酬激励。例如,制造商不是将35%的佣金直接付给分销商,而是安排这样一个奖励计划:完成基本销售任务付20%,保持60天的存货付给5%,按时付款付5%,提供消费者购买信息再付5%,以此激励分销渠道成员对单项任务的完成。

3. 补贴政策

针对分销渠道成员在专项职能中所付出的能力，给予奖励性质的各种专项补贴。如广告补贴、商铺陈列补贴、新品推广补贴等。

4. 放宽回款条件

资金流的管理对制造商和分销渠道成员而言，都是非常关键的问题，因此制造商常常将能否及时回款作为考察分销渠道成员的重要条件，并在合作协议中有明确的关于回款期限的规定。对于分销渠道成员来说，一些有实力的分销渠道成员常常将及时回款甚至提前付款作为其承担职能的重要内容，也是其竞争优势的表现。而对于资金实力不足的分销渠道成员来说，放宽回款条件是极大的优越条件，能够提供充分的激励。

5. 分销渠道建设投入

在分销渠道建设中进行一定的专有资产的投入，承担较长期的责任。如果制造商针对企业和分销商的关系进行必要的投资，能够在这个支持的过程中逐步建立与分销商之间的"双边锁定"。同时，这个支持本身也是对分销渠道成员的极大的物质激励。例如，宝洁（中国）公司投资1亿元人民币用于其经销商信息系统和运输车辆的配置；又如，广州本田公司对4S店的投资给予一定的补贴，成为对4S店的一个特殊的鼓励政策，有的4S店投资1000万元，能够得到广州本田公司200万~300万元的补贴。

（二）参与激励和关系激励

制造商通过和分销渠道成员的及时交流信息，加强沟通，让分销渠道成员参与到渠道计划工作中来，共同制定分销渠道发展规划，明确生产厂家和分销渠道成员在渠道发展的责权利关系，同时进行经常性的感情交流，发展长久的紧密关系，能够对分销渠道成员起到良好的激励作用。

参与激励和关系激励可以表现在以下方面。

1. 建立经常性的磋商和沟通机制或组织

建立经常性的磋商、沟通机制或组织，能够使沟通和交流工作常规化、制度化。例如，联想建立的"大联想顾问委员会"就是经销商参与渠道规划工作的一个交流平台，联想公司定期召开"大联想顾问委员会"会议，征求经销商们对联想渠道建设的意见和建议，共同商讨渠道发展大计，起到良好的沟通和激励的作用。目前许多企业定期召开的经销商大会，除了规划销售任务、宣传企业的渠道政策以外，也听取经销商们对渠道工作的意见和建议，参与激励的效果明显。

2. 定期的高级和中级领导层的会谈

定期的高级和中级领导层的正式和非正式会谈，操作简便，沟通效果好。

3. 遵从渠道关系建设的基本准则，致力于建设成功的渠道关系

建立成功的渠道关系，既是制造商的目标，也是分销渠道成员所希望的。而建立成功的渠道关系，需要双方都遵从一些基本准则，从制造商的角度看，自身遵从这些准则，起表率作用，就是对分销渠道成员重要的关系激励。建立成功渠道关系的基本准则如表9-4所示。

表9-4 建立成功渠道关系的基本准则

准 则	表 述
合作双方应从彼此关系中受益	建立以双赢为结果的关系,使双方都能够成功
每一方都能被尊重	关注于了解对方的文化背景(而不是资产),且要注意所有的行为
不作夸大其词的承诺	合作伙伴应真诚地建立相互的期望
对双方来说努力建立长远关系是重要的	有些行动在短期内不能很快获益,但将会有长期收获
每一方都应该花一定的时间来了解对方的文化背景	了解对方的需求,学习"内部工作关系",欣赏对方的优势
双方应建立关系的维护人	每一方都应任命一个主要联系人,负责双方的工作
渠道保持顺畅的沟通	在主要冲突升级以前,双方能够相互信任地讨论问题
双方共同决策	避免单方面的决定,强迫一方做出决定将造成不信任的感觉

4. 开展经常性的情感沟通活动

策划开展多种形式的非正式活动,加强感情的交流,密切合作关系。这类活动包括定期的走访、节日联谊活动、财年末的答谢活动,甚至是生日祝福活动等。这类活动能够使分销渠道成员获得较强的关系需要的满足。

(三)发展激励

分销渠道成员参与到渠道工作中来,进行一定的渠道投入,不仅希望短期的利益回报,还希望长期的事业发展、不断成长。因此,制造商对分销渠道成员的发展激励在整个激励体系中具有举足轻重的地位。

发展激励主要体现在以下方面。

1. 产品的市场前景好,业务发展潜力大

制造商要与分销渠道成员充分沟通企业的战略愿望和市场开拓的远景目标,让分销渠道成员充分理解和认同制造商和分销渠道成员共同的事业目标,对事业发展有信心,有热情,有自豪感。

2. 制造商渠道管理工作规范有序

制造商可将各优秀的管理方法向经销商渗透。分销渠道成员愿意和大制造商合作,不仅是因为产品流量有保证,能获得好的利润,也因为大的制造商有先进的企业管理理念和管理经验,并且能够将先进的管理经验和方法向分销渠道成员渗透,使分销渠道成员的素质获得提升。

3. 帮助分销渠道成员成长

帮助分销渠道成员成长也符合制造商发展的长远目标,因为随着市场的扩展、企业实力的增强,要求分销渠道成员同步提高,才能提升产品的品牌形象和提高产品的市场总体竞争实力。当然,制造商实力增强以后,也可以发展实力强的新的渠道合作伙伴,但渠道成员不可能完全改换,这样交易成本太大,风险也极大,稳妥之策是辅助原有的渠道伙伴一起成长，使渠道整体获得提高，竞争力增强。辅助分销渠道成员成长，可以通过渠道培训、渠道咨询和诊断、渠道管理指导、提供成长机会等方式来实现。

4. 共同开发新的市场机会

对于新的市场发展机会，如果能够和分销渠道成员共同开发，是提供成长激励的好途径。

（四）渠道支持

制造商对渠道的各种支持措施是制造商渠道政策和渠道管理的重要内容，同时，也可以看成是重要的渠道激励手段。各种渠道支持政策实际是渠道整体运作的基础，有时比实际的各种奖励措施更加重要。

制造商的渠道支持政策常常有以下方面。

1. 信息支持

制造商通过给分销渠道成员提供产品的相关信息，帮助分销渠道成员提高销售能力，扩大销售量。信息服务对于 IT 企业来说尤其重要，因为经销商如果不能先于竞争对手及时掌握最新信息，就会在竞争中处于劣势；如果不能及时向用户提供最新的产品信息和准确的产品性能价格比较，就会失去用户的信任。因此，许多公司都开通专门的经销商互联网站点来提供相关的信息支持。如惠普公司信息产品事业部于 1998 年向各级经销商正式开通了 APCIC（Asia Pacific Channel Information Center）渠道专用站点。服务对象为惠普公司的一级和认证二级经销商。各级经销商可以从 APCIC 上获得惠普公司最新发布的产品信息、市场活动报道、服务支持等，并且一级分销商还可以通过站点查询各自的业务状况，惠普公司也能通过网页平台从经销商那里获得必要信息，在网上进行业务往来。当惠普重点开发某一产品，并将以某种策略进行市场大力推广时，经销商也要全面迅速地掌握信息，并及时配合开展自己的销售活动，抓住机遇以取得较好效益。除了 APCIC 的使用之外，惠普还向经销商提供《经销商纵横》、产品资料等大量信息资源的支持。

2. 市场支持

市场支持是指生产厂商围绕拓展市场而对渠道提供的一系列支持，包括广告、市场推广活动、提高核心渠道向下一级的拓展力度等。在新产品刚刚上市之初，为了激励分销渠道成员多进货、多销售，生产商在促销上应大力扶植分销渠道成员，包括提供广告费用、公关礼品、营销推广费用。有时生产厂商也针对区域提供市场推广活动支持，如帮助个别区域代理召开渠道大会，从会场布置到一切的活动安排，都是生产厂商在做，弥补了区域代理在这方面能力的不足。

3. 技术支持和维修服务

技术支持是指生产厂商针对渠道在技术方面的缺陷所提供的包括技术指导、帮助渠道培训和培养技术人员等的一系列支持。通常生产厂商会用在大区设立专门技术支持人员的方式，对渠道提供技术上的帮助和指导。对于渠道来说，由于技术能力的相对落后，对生产厂商的技术支持依赖性比较强。产品线较多的生产厂商，通常会按照产品线划分技术支持，由不同技术人员负责不同产品线的技术支持。维修服务是分销渠道成员销售的后盾，生产厂商良好的维修服务能够使分销渠道成员专心做销售，没有后顾之忧。同时，优质的售后服务能够在顾客心中树立对产品的信心，促使更多用户向经销商购买产品，并且经销商也能够赢得许多"回头客"。总之，服务完善的维修网络能够提高经销商在市场竞争中的生存能力，如惠普公司自己建立的维修网覆盖全国近 50 个重要城市，有近百家授权维修机构组成，所有授权维修中心的发展、建立都要经过严格的考核、认证，并由惠普公司各地的维修管理中心统一管理。惠普的维修和销售是独立的，强大的维修服务支持使得经销商能专心搞销售，不会担心出现一开始赚钱后来赔钱的局面，增强了经销商对惠普的信心。

4. 融资支持

融资支持是指生产厂商为合作伙伴提供直接的融资，或帮助渠道合作伙伴借用外部资金，包括从银行、租赁公司、投资公司或上市公司等机构获取资金。融资支持的操作方式可以由生产厂商牵线搭桥为渠道伙伴寻找资金来源，或者在融资谈判过程中生产厂商提供信誉担保，最终帮助渠道伙伴获得所需资金。

（五）行使领导权对渠道成员进行激励

不管渠道经理采用哪种激励渠道成员的方法，为使激励项目能够有效执行，他必须保证在任何时候都具有领导权。在汽车行业中，福特公司曾经与其 5000 个独立分销商的关系不紧密，是众所周知的。福特公司在分销渠道中处于绝对领导的地位，正如福特公司客户交流部的副总裁 Tom Wagner 所说："我们以同样的方式进行商务活动已经 50 年了。我们制定政策并将其告知分销商。分销商有两种选择，要么与我们一起前进，要么与我们分道扬镳。"

但一个渠道经理有再大的领导权，也不太可能对渠道进行全面控制，特别是随着竞争日益激烈，而其他一些竞争对手在分销商关系管理方面有了很大的改进的时候，像福特公司的这种说法就值得商榷。为了行使这样的领导权，渠道经理必须正确处理好分销渠道这种跨组织环境所特有的一些挑战，即：①很多渠道系统中组织的松散性；②渠道成员厌恶集中管理的偏好；③缺乏唯一的所有权；④上下级关系没有明显的界限。

（六）运用影响力对渠道成员进行激励

这里说的影响力，是指一个渠道成员使另一个渠道成员做某事，又不需要给予回报的能力，包括以下方面：

1. 胁迫压力

胁迫压力是指在分销渠道成员没有履行合作责任时，生产厂商能够以撤回某些资源、中止供货等手段加以威胁，从而使对方回到合作的轨道上来。只有当分销渠道成员对生产厂商有较高的依赖程度时，这种影响力才具有较大的作用。但使用这种影响力将导致分销渠道成员的不满，并要求赔偿损失。

2. 酬劳诱惑力

酬劳诱惑力是指生产厂商对分销渠道成员执行了特定任务而给予额外报酬的影响力。实施这种影响力，对于完成了特定任务的分销渠道成员来说，可以增加收益，但是不一定具有奖励的作用。分销渠道成员可能是为了获得额外报酬而执行生产厂商所要求的特定任务,而不是自发地承担执行这些特定任务的责任。

3. 法定权支配力

生产厂商可能凭借上下级之间关系和合同约定,要求分销渠道成员完成某些任务,这是法定权支配力。例如,丰田公司与它的经销商签订特许合同时规定,经销商必须保持一定的存货水平。法定权只有在分销渠道成员承认生产厂商的"支配地位"时才具有影响力。法定权支配力与其他影响力的区别在于,有关规定通过正式组织关系或合同关系反映出来,具有法定效力,而其他影响力通常带有"君子协定"的特征。

4. 专家支撑力

对于那些愿意或必须承担技术服务功能,或者树立技术领先形象的分销渠道成员来说,生产厂商自然拥有"专家支撑力"。分销渠道成员必须把生产厂商作为要依靠的专家,并听从生产厂商的指挥,因为如果不从生产厂商那里得到技术和知识的帮助,它的经营将难以有效展开。当然,专家支撑力只有在生产厂商拥有专门知识而分销渠道成员没有的时候才有效。

5. 声誉诱惑力

当生产厂商有良好的声誉,分销渠道成员对它有崇敬心理时,声誉就成了一种重要的影响力。例如,四川长虹、青岛海尔、广东科龙、北京联想和方正等,就有很高的声誉,许多分销渠道成员愿意按它们的要求承担分销渠道功能,为自己能成为它们产品的经销商而自豪。

从总体上说,对分销渠道成员提供的支持、激励要具有针对性。依据企业销售产品的不同和企业选择分销渠道成员的不同,为分销渠道成员提供的支持、激励也会有所不同,任何一家企业在为分销渠道成员提供支持之前,都要分析激励对象即分销渠道成员和其他分支机构的需求,然后设法满足。如果不分析分销渠道成员的需求情况随便采取一种激励手段,其激励效果可能不会很好,有时甚至会起负面效果。企业还要确定好合理的激励水平,因为激励可能带来销售量增加,但也需要花费生产企业的人力、财力。

对分销渠道成员的激励方法见表 9-5。

表 9-5 对分销渠道成员的激励方法

相互交流方面的激励	工作、计划、关系方面的激励	扶助方面的激励
1. 向经销商提供最新产品 2. 定期的私人接触 3. 定期的信息交流 4. 经常磋商	1. 对经销商的困难表示理解 2. 经常交换意见 3. 一起计划工作 4. 承担长期责任 5. 安排经销商会议	1. 提供销售人员以加强销售队伍 2. 提供广告和促销方面的支持 3. 培训其推销人员 4. 提供市场调研信息 5. 融资支持

案例　金蝶渠道伙伴生态链

"产品领先，伙伴至上"是金蝶一贯坚持的渠道发展战略。金蝶行业操作系统（Business Operating System，BOS）不仅引发了管理软件的第三次革命，而且还促使渠道伙伴生态链发生了实质变化。金蝶渠道伙伴的角色正在发生重大的变化，在扮演"服务者"的同时还可以扮演"产品制造者"的角色。

1. 金蝶七类渠道伙伴及其在营销过程中的角色

金蝶渠道伙伴分为产品经销伙伴、咨询联盟伙伴、授权服务伙伴、授权培训伙伴、解决方案伙伴、行业增值伙伴和行业开发伙伴七大类。金蝶渠道体系定位了各级伙伴的赢利模式和成长路线，如表1所示。

表1　金蝶七类渠道伙伴及其角色

渠道伙伴类型	定义	商机	咨询	销售	实施	培训	服务	行业方案	行业产品
产品经销伙伴	这是指与金蝶签署产品代理协议，通过地区授权销售金蝶产品实现盈利的伙伴	★	★	★			★		
咨询联盟伙伴	这是指具备面向金蝶ERP客户提供独立的战略规划、管理咨询等服务业务的顾问机构。通过项目合作分成		★			★	★		
授权服务伙伴	这是指通过金蝶实施服务认证体系，并具备较强的为客户提供系统服务能力的伙伴				★		★		
授权培训伙伴	这是指能结合金蝶软件产品在培训领域进行合作并按照约定比例进行利润分配的组织机构					★	★		
解决方案伙伴	这是指能够提供满足客户需求的信息化方案的伙伴。该方案并可与金蝶ERP方案形成互补，满足客户的整体信息化需求。该伙伴通过提供互补的方案实现产品经销的获利	★		★			★	★	
行业增值伙伴	这是指具备一定的行业关系背景，并通过自身的行业增值能力销售金蝶产品并实现赢利的伙伴	★	★	★			★	★	
行业开发伙伴	这是指能够通过金蝶BOS平台或可集成平台开发，形成与金蝶ERP互补的行业模块产品的伙伴。该行业产品以约定的合作模式在金蝶渠道销售，并按比例获取利润				★	★	★	★	★

2. 渠道伙伴成长培训

金蝶为渠道伙伴的成长提供全方位、持续性的培训与支持。在金蝶大学专门设有伙伴培训学院,针对不同阶段成长性伙伴的能力要求,提供从标准培训到能力培训再到高级培训等一系列课程。

通过分析伙伴的能力纬度和管理架构,提供一系列的标准培训课件,针对产品技术、实施服务、市场营销及管理能力等方面进行密集培训。依托金蝶总部、区域中心、机构三层联动的培训体系,金蝶快速提升了伙伴员工的综合能力,帮助伙伴培养了具有专业素质的人才。金蝶伙伴培训能力模型见图1。

课程设置		培训对象
营销管理类	增值培训	伙伴高层
行业知识 职业素养 营销类 实施服务类	专业培训	面向所有 伙伴员工
基础产品类KAD 认证课程	认证培训	面向所有 伙伴员工

图1 培训能力模型

对不同类型的伙伴根据其需求特点,开展有针对性的培训,如表2所示。

表2 七类渠道伙伴的培训策略

类型	市场培训	产品培训	营销培训	实施服务培训	管理培训
产品经销伙伴	√	√	√	√	√
授权服务伙伴	√	√		√	
授权培训伙伴	√	√			
解决方案伙伴	√	√	√	√	
咨询联盟伙伴	√			√	
行业增值伙伴	√	√	√	√	
行业开发伙伴	√			√	

3. 金蝶BOS与渠道伙伴共赢天下

作为中国企业应用软件的领导者,金蝶将致力于营造一个健康发展的产业生态链系统,实现"共生、共赢",做大、做强中国企业应用软件市场。对于伙伴来说,除了传统的通过客户化开发和指导用户进行二次开发以外,行业方案伙伴、产品合作伙伴(Product Partner,PP)、应用开发商都可以基于金蝶BOS对信息化解决方案进行更深入的行业细化，并能和金蝶 ERP 系统紧密集成。一方面为金蝶的客户提供了更全面、更深入的解决方案，另一方面也为金蝶的合作伙伴提供了更多的发展空间和利润增长点。

对于咨询公司，金蝶 BOS 实现了业务模型与应用实现的隔离，咨询公司可以利用企业建模工具直接实现软件系统的业务建模，这些模型与技术平台实现无关。这样，咨询厂商就从单纯的方案提供者，转变为业务模型的设计者，不需要经过技术人员的理解、转换就可以直接为系统识别。咨询公司的价值链则进一步延伸到了"系统内部"，相当于将咨询和部分实施工作合二为一，既提升了咨询服务的有效性，也增加了咨询公司新的利润来源。通过金蝶 BOS 的模型开发工具，金蝶咨询服务伙伴可以实实在在地看到其中的价值。

对于具备一定开发能力的系统集成商、行业开发专家，金蝶 BOS 也为他们提供了新的商机。系统集成商、行业开发专家可以利用 BOS 集成开发环境，采用模型化的方法快速构建特定行业解决方案。相对于传统的行业解决方案开发模式，金蝶 BOS 集成开发环境已经为行业开发提供了丰富的应用框架，包括元数据、基础服务、工作流引擎。这样，行业解决方案就不需要重新开发这些基础框架，同时从流程设计到对象设计等大量的集成开发工具使行业解决方案的开发非常便利，模型编译器使模型可以直接运行。这就使行业解决方案的开发方式发生了彻底的改变，而且确保了行业解决方案的高效率、低成本，降低了行业解决方案的开发风险。更重要的是，行业开发专家开发出来的行业解决方案与金蝶 ERP 自然实现无缝集成。金蝶将聚焦中小企业市场，继续坚持"开放性、成长性"的渠道合作模式，形成与伙伴携手决战蓝海共赢天下的局面。

链接思考

(1) 试对金蝶改进经销商服务的激励活动做出评价。它有哪些优点？是否存在缺点？你将有何不同做法？

(2) 在分销渠道管理中，如何对分销渠道成员进行目标、品牌与利益的组合激励？

本章小结

分销渠道成员管理涉及选择渠道成员，企业必须根据渠道建设的目标和任务确定渠道成员的选择标准，然后依据规范化的方法对渠道成员进行招募和筛选。渠道成员确定以后要对渠道成员进行培训，包括企业文化培训、管理培训、技术培训、销售培训等，以使渠道成员能够按照企业的要求完成相应的渠道工作，一些管理先进的企业还对渠道成员的素质情况进行相应的认证管理，以促进渠道成员综合水平的提升。本章还探讨了分销渠道成员管理工作中对渠道成员的激励，包括进行良好激励的前提和从制造商角度对渠道成员进行激励的方式。本章的重点是分销渠道成员的选择、分销渠道成员的培训以及对分销渠道成员的激励。

关键概念

分销渠道成员选择　分销渠道成员培训　分销渠道成员激励

思考题

(1) 制造商选择分销渠道成员的标准有哪些?
(2) 分销渠道成员培训内容和方法有哪些?
(3) 分销渠道认证分为哪些种类?
(4) 制造商如何对分销渠道成员进行激励?
(5) 分销渠道支持通常包括哪些内容?

第十章　分销渠道组织管理与冲突管理

本章学习目标

学完本章后，应掌握以下内容：①了解分销渠道组织管理的重要性；②了解选择分销渠道成员的重要性；③了解分销渠道权力的配置；④了解分销渠道冲突的成因与管理策略；⑤了解窜货的成因与处理。

在前面的章节中，我们介绍过如何设计能满足目标消费者需要的富有效率的分销渠道，即"顾客驱动型渠道"。然而，设计理想的渠道还不是现实中良好运作的渠道。要使设计好的渠道能够良好运作，还必须进行资源和组织管理。本章讨论分销渠道管理中的几个重要问题：分销渠道组织管理、分销渠道冲突分析、分销渠道冲突管理策略和分销渠道窜货的处理。

第一节　分销渠道组织管理

一、分销渠道组织管理的重要性

（一）分销渠道组织管理是实现渠道系统目标的重要环节

分销渠道（简称渠道）是使产品或服务能被使用或消费而配合起来的一系列独立组织的集合体，这一集合体可称之为"超组织"。与单一组织比较，"超组织"的组织成员具有明显的"游离性"和组织系统的"不稳定性"。许多渠道成员往往强调自身的独立性，甚至不认为其是某一渠道的一部分。他们之所以加入某一渠道，是因为这一渠道系统能为其提供较低的"附加成本"。所谓低"附加成本"，是指分销渠道成员彼此合作，为目标顾客提供服务所付出的成本低于他们各自为顾客提供服务的成本之和；或者说，在相同条件下，"超组织"能为目标顾客提供更好的服务。渠道成员可以从中获得更多的好处。但是，这种低附加成本利益来源于渠道成员的合理分工和良好合作。"超组织"成员之间个体目标的差异性和独立性，使渠道的总体效率、效益受到挑战。如何使渠道成员合理分工、密切合作，是摆在渠道管理者面前的重要任务。

分销渠道的组织管理，就是根据渠道计划和渠道组织设计的要求，建立正常的渠道秩序，促进渠道高效运转，实现渠道设计功能，使渠道成为一个高利润、高顾客满意度的分销系统的管理过程。

有效的"顾客驱动型渠道"组织管理，是建立在渠道战略计划和组织设计基础上的。分销渠道组织管理与渠道战略设计、分销渠道组织计划等构成分销渠道管理的整个过程。分销渠道管理过程如图10-1所示。

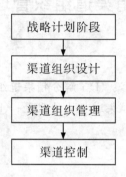

图10-1 分销渠道管理过程

（二）分销渠道组织管理通过对渠道资源的合理配置，使渠道成员分工明确、结构合理，渠道总体功能得到良好发挥

分销渠道组织管理承担了渠道构建和运行管理任务。渠道的构建过程本质上是渠道的资源配置过程，而渠道的运行则是这些资源发挥其应有功能和作用的过程。分销渠道组织管理者按照渠道战略设计的要求，选择渠道成员，划分各自角色，协调角色冲突，使渠道人力、信息和物力资源系统发挥作用，保证渠道系统的服务产出水平和效益的提高。

（三）分销渠道组织管理通过整合各类资源，有效提高系统运作效率

分销渠道资源是渠道运行的基本条件，包括一定质和量的人、财、物、信息等有形和无形资源，在渠道系统中往往是由渠道成员分别拥有和支配的。渠道管理者通过正确选择渠道成员，使渠道获得最好的组织资源；通过管理手段和信息手段（如权力、承诺、信任、契约等）整合各种资源，可以使渠道成员之间产生协同运作效应，不断提高渠道的整体活力和效益。

二、选择分销渠道成员

（一）选择分销渠道成员的重要性

选择渠道成员是组织管理的重要任务。根据渠道目标和渠道分工的要求，要选择那些有能力并乐意互相配合去履行渠道角色责任的组织和个人作为渠道成员。正确选择渠道成员之所以重要，主要是因为：

（1）分销渠道是一种"超组织"系统，其成员往往具有较强的独立性。他们必须能独立做好承担的业务并与其他成员通力合作。因此，对合格渠道成员的要求很高。

（2）"顾客驱动型"渠道具有明确的目标和分工要求。不同的渠道（即使是同一渠道，由于环节和角色不同）对渠道成员的要求也不同，根据不同标准选择合适的渠道成员非常重要。

（3）可供选择的渠道成员客观上存在资源和能力的差异。认识其差异并据此选择、分配其履行的渠道角色、责任，至关重要，也很复杂。

（4）可供选择的渠道成员由于其经营战略、经营目标、经营风格的不同而存在着不同的合作目标和意愿。只有选择那些具有较强合作意愿的成员加盟渠道系统，才能减少渠道摩擦和降低有关风险。

在许多情况下，渠道成员一旦选定就很难轻易变动。改变或辞退渠道成员可能会冒很大风险，甚至是法律方面的风险。

（二）对分销渠道成员的管理工作

对分销渠道成员应做好三方面的管理工作：一是渠道系统的角色分工；二是渠道成员的具体选择；三是选定成员的角色定位。

1. 明确分销渠道系统中各种角色的地位和要求

明晰所要组建的渠道系统中各类成员的角色分工要求，是选择渠道成员的基础。渠道中要配置什么样的成员和要配置多少成员，根本依据就是渠道的角色构成、角色分布和角色要求。渠道系统对不同的角色有不同的资源和能力要求。只有明晰的角色分工体系，才有可能去选择适合要求的渠道成员。

分销渠道的角色分工在渠道战略计划、组织设计中已有原则规定。在渠道的组织管理过程中，这些原则要求要进一步明晰和具体化，以便制定相关标准和选择渠道成员。表 10-1 列出了宝洁公司与其经销商的职能分工要求，这些要求有利于制定经销商的选择标准。

表 10-1 宝洁公司与经销商之间的职能分工

渠道重要职能	宝洁公司与其经销商职能分工
商业计划制定	宝洁公司的销售经理直接进驻各地的经销商公司内，他们负责制定销售目标、计划并评估经销商的业绩
库存管理	宝洁公司在经销商身上投资建立经销商商业系统，该系统有助于经销商更有效地管理库存
仓储提供	宝洁公司的产品和促销品全部存储在经销商的仓库中
零售覆盖	宝洁公司的零售覆盖大部分由经销商完成，即由经销商去拓展并管理二级批发商和零售商
实体分配	与宝洁公司合作的经销商都是当地实力雄厚的批发商，他们不但拥有自己的仓库，而且拥有一定的运输能力，可以负责产品运输
信用提供	对下级批发商和零售商的信用均由经销商提供
促销设计	所有宝洁公司产品的促销活动由宝洁公司自己设计
促销执行	对促销活动的执行，宝洁公司只提供指导，具体操作由经销商完成

2. 分销渠道成员的选择

分销渠道成员的选择工作能否顺利进行，主要取决于两个因素：一是能否掌握一定数量可供选择的对象，二是是否有明确具体的选择评价标准。

不同的公司，在吸引合格的渠道成员方面的能力是不同的。有的公司会有许多对象希望加盟其分销渠道，可供选择对象很多；有的则不然。拥有著名品牌的公司，一般会有许多中间商乐意加盟，因而也拥有足够的渠道伙伴资源；一些新品牌，往往费很大努力也难以找到足够数量的中间商。如果没有足够数量的渠道对象可供选择，渠道管理者就有必要调整渠道组织设计，甚至变更渠道战略。

选择分销渠道成员，需要确定相关的选择和评价标准。这些标准有绝对标准和相对标准。绝对标准是与渠道目标相关的角色要求，即所选择的渠道成员必须能胜任其所承担的角色责任。相对标准是指在一定的测度下，对渠道对象在资源、能力和态度等方面的相对优势要求。许多渠道管理者会乐意制定渠道成员选择的相对标准，并寻求有关的评价方法，但往往忽视了绝对标准的要求。这不利于渠道目标的实现，不利于使渠道成为真正的"顾客驱动型"渠道。

选择渠道成员的相对标准测度，主要分两大类：一类是反映资源和能力的测度，如经营范围、经营历史、经营业绩、经营方式、经营管理水平；另一类是反映其合作意愿和态度的，如声誉、沟通情况、对渠道文化的认同、经营战略和目标等测度。对于渠道中不同环节的渠道成员会有不同的测度和标准，不同的公司对渠道成员的具体要求也会不一样。例如，惠普公司在选择一级经销商方面的要求和标准是：①有多年销售笔记本电脑的经验；②有良好的资金运转能力以及一定的资金实力；③具备在行业用户中推广产品的积极性和能力；④有良好的市场分析、市场预测能力；⑤能够对惠普的企业文化、经营理念有一定深度的认识，并能将惠普经营理念贯彻到具体的销售和渠道建设中去。

3. 分销渠道成员的角色定位

分销渠道管理者选择了合适的分销渠道成员后，还需要做好其角色定位工作。所谓渠道成员的角色定位，是指明确并赋予渠道成员相应的角色地位、角色责任和角色权利。不同的渠道对完成渠道功能的各层级的渠道成员有不同的政策和要求，这些政策、要求在渠道战略和渠道结构设计中已经有具体的反映和体现。但这些体现在角色分工上的渠道政策和要求，充其量只能反映渠道管理者的意志和愿望。渠道能否按所要求的效率运作，还取决于其分销渠道成员在各自的位置上对这些政策和要求的理解、认同和支持。因此，渠道管理者在选择了合适的渠道成员之后，要进一步明确其角色地位和要求。这是分销渠道成员正常地进行相互之间有效沟通和交流联系的前提，否则，分销渠道成员的行为就有可能偏离渠道目标要求而引发渠道冲突。

分销渠道成员的角色定位一般可采用两种方式：一种是用正式合约的方式；另一种是非正式合约方式，即所谓"默契合约"的方式。渠道管理者一般要求通过正式合约来规定和明确分销渠道成员的角色地位、角色功能和角色责任。借助正式合约对分销渠道成员的角色行为作出规定，不仅可以强化分销渠道成员的角色责任和规范分销渠道成员的角色行为，而且还可以有效地预防成员之间因目标不一致所带来的冲突。正式的合约是渠道管理者和渠道其他成员之间非常正式、有效的沟通方式。通过这种沟通，相互认可彼此的目标，并使个体目标与整个渠道目标协调一致。这实际上就是彼此承认并遵守既定的"游戏规则"，为渠道成员的合作提供了基础保障。不过，当分销渠道成员之间相互信任程度较高及相互依赖程度大致相同时，渠道管理者则有可能采取非正式的合约即"默契合约"来代替正式合约。非正式合约是双方对自身角色行为的一种承诺。但是，即使采用非正式合约形式，渠道管理者与其他分销渠道成员就各自的角色地位、角色功能、角色责任等方面做好充分的沟通也是非常必要的。不然，各自的目标不同、理解不同，也会破坏这种难得的"默契"而产生摩擦。

渠道成员的配置，建立了分销渠道成员的相互关系，即渠道关系。渠道关系的维持和发展，需要其他的一些资源保证，这其中权力资源是不可或缺的。

三、分销渠道权力配置

作为"超组织"的分销渠道成员是不会自发地进行合作的。几乎每个渠道成员都在独立地追求自己的利益，因而会使渠道的总绩效降低。通过渠道权力的作用，可以使各自利益不同的渠道成员进行合作。渠道管理者拥有一定的渠道权力是有效开展渠道管理、实现渠道良好运作的重要保障。

所谓分销渠道权力，是指渠道成员得到其他成员为其做事的一种力量。渠道权力的正确运用，对有效管理和控制渠道的总体运作，提高效率，实现渠道目标，有重要意义。

（一）渠道权力的分类及整合

渠道权力主要有付酬力（reward power）、胁迫权（coercive power）、专家力（expert power）、声誉力（referent power）、法定权力（legitimat power）等五大类。

1. **付酬力**

付酬力是指渠道成员在另一个成员完成特定工作任务后能给予某种有价值的东西的能力。付酬力的基础是受报酬方认为付酬方所拥有的资源是有价值的，而且相信自己执行被要求的义务后就能获得此项资源。渠道成员提供的报酬项目通常包括：提供能带来高利润的产品，促销津贴和其他补偿，功能性折扣计划，地区独家经销权，等等。

2. **胁迫权**

胁迫权是指渠道成员在另一成员没有很好地完成合作任务时，威胁撤回某种资源或终止合作的权力。胁迫权对象是那些有能力执行渠道功能而又没有很好完成的渠道成员。胁迫权可包括诸如减少利润、取消承诺的酬金、推迟交货等权力和措施。实际上，胁迫权可视为付酬权的对立面。需要特别指出的是，使用威胁和制裁的手段通常被认为是"病态的"，从长远来看，这种权力的影响力是最弱的。

3. **专家力**

专家力是指某一渠道成员由于具有某种其他成员所不具有的专业知识而产生的对其他成员的影响力。实际上，专业知识是因渠道分工、专业化和相对优势而产生的。譬如，由于批发商具有较多专业知识，许多零售商非常依赖批发商的专业建议。通用食品公司（现在是卡夫特食品公司）就曾尽心培训批发商掌握其研究出来的提高仓库储存能力的方法，还向销售其产品的超级市场介绍如何提高商场营业面积利润率的方法。

4. 声誉力

声誉力是指渠道成员因其他渠道成员对其有很高的敬意，并努力维护与其业已建立的良好关系而产生的影响力。例如，一家公司有望获得 TCL 和索尼公司的彩电代理权，如果这家公司发现代理 TCL 彩电和索尼公司彩电的投资回报率是相同的，而且两家在促销支持、服务人员培训等方面都相差无几，这家公司选择了 TCL 的产品，可能是因为成为 TCL 的代理商是令人自豪的。这就是 TCL 对这家公司享有较高的声誉力。

5. 法定权力

法定权力是指渠道成员因其他成员认为其有权对自己施加影响和进行指导，而自己有义务尊重其意见和指导所产生的影响力。渠道中最大的企业一般被视为渠道领袖，是因为该企业有最大影响力。由于法律要求合约双方必须遵守合约条款，因而合约中就规定了合约双方所应有的法定权力。

以上这些权力尽管具有相对独立性，在实践中却通常是结合起来使用的。这样会产生相应的协同效果。例如，法定权力有助于专家力的提高，声誉力可提高付酬力的使用效果，胁迫权有时可有力保障法定权力的运用。专家力、声誉力、法定权力在使用时通常结合付酬力，以求通过奖励来加强渠道成员调整行为的愿望。另外，这五种权力之间也存在矛盾和冲突。例如，胁迫权会造成声誉力的损失，也会伤害专家力的作用。渠道管理者应该有效地整合运用各种权力方式以提高权力效能。

（二）权力的来源和权力的分配

渠道权力是因拥有和控制其他渠道成员所追求的资源而产生的影响力。能产生渠道权力的资源，包括各种资产、管理经验、特色、关系和地位等有形与无形资源。每个具有资源优势的分销渠道成员都拥有相应的权力。这些权力之所以产生，是因为其他渠道成员对这些资源具有依赖性，是其达到目标所必须利用的。权力的大小取决于其他成员需要借助这些资源去实现其目标的重要程度，对这些资源的依赖程度越高，资源拥有者的权力就越大。

分销渠道成员中存在着彼此依赖的渠道关系。这种依赖关系是渠道形成的原因，也是渠道运作的条件。因此，分销渠道成员在渠道中各自都具有相应的角色权力，分销渠道成员承担渠道角色所必须拥有的资源的多少，就决定了分销渠道成员的渠道权力的大小。分销渠道成员彼此依赖，使渠道权力能有效调节成员的行为，使之朝着协作的方向努力；分销渠道成员彼此的权力约束，使他们有可能彼此协作，提高渠道的运作效率。

但是，由于分销渠道成员拥有的资源数量和质量存在差异，渠道权力在他们中的分配是不均衡的。有些分销渠道成员在渠道中的权力更大一些，有些分销渠道成员的权力要小一些；有些成员可以使用多种权力手段，有些则权力单一。具有最多最大权力的渠道成员就会成为渠道领袖。

（三）渠道权力的发展

渠道权力是渠道成员在渠道系统中地位和实力的具体反映。渠道成员拥有的权力手段多、权力大,说明其地位高、实力强。因此,分销渠道成员往往会通过对新的权力手段的获取和对原有权力手段的加强来发展权力。

渠道权力的发展有赖于可依赖资源的增加。分销渠道成员可以通过必要的投资来增加资源,实现渠道权力的发展。例如,有些分销渠道成员通过投资"创新",获得了专家力或者使专家力得到了发展;有些渠道成员通过"购并"方式的投资,同时取得了专家力、付酬力和法定力。麦当劳一直不遗余力地做品牌形象广告,使该品牌对特许经营商具有巨大吸引力。这种品牌投资,使麦当劳获取了声誉权力。

分销渠道成员做好权力投资工作是至关重要的。通过有目标的投资,分销渠道成员可以改变自己在渠道中的权力地位。但是,只有当这种投资比其他渠道成员的投资更正确和更有效时,渠道成员的权力地位才会有所改变。

(四) 渠道权力的博弈分析

权力是依赖性的反映,即一方得到多少效用以及在其他地方寻找这种效用的难易程度。然后,一方为另一方提供效用的多少可以被分为五种权力基础(奖励、强迫、专长、法定、认同)。分销渠道成员对此五种来源的投资越大,效用也越大。但是,如果分销渠道成员可以接触到其他竞争者,那么竞争者的权力基础就决定了这种效用的稀缺性。下面用依赖程度来讨论权力平衡的问题。

1. 净依赖程度

在前面的分析中讨论了影响者对受影响者的权力,我们把这种权力概念化为受影响者对影响者的依赖性。但是,依赖从来不是单方面的,影响者和受影响者是相互依赖的,所以每一方对另一方都拥有权力。为了全面理解权力,除了要看到双方的依赖之外,还要评估一下净依赖程度,因为双方的权力并不总是处于平衡状态。

高度的相互依赖相当于双方彼此拥有高度的相互权力。在这种情况下,每一方都可以利用对方,这样就可以增进协调,促进合作。高度的相互依赖有利于创建并且保持战略渠道联盟,渠道成员有可能创造非常高的附加价值。一般说来,较大的并且平衡的权力是达成协调一致、促进合作的有效方法。其原因有两个:一是双方都可以促使对方形成并且实施创造性的、双赢的方案。非平衡的权力最大的一个缺点,就是较弱的一方没有办法让较强的一方对它们之间这种关系性资产给予足够的投资,对外依赖较少的一方会减少投资(除非其转向其他关系非常困难),这样就不利于附加价值的创造。二是较高且平衡(对称)的权力可以制止剥削。这种关系下没有较弱的一方,双方都很强大,每一方都可以迫使另一方平等地分享收益。这样,公平团结的规范逐渐形成,从而更容易使双方达成协调一致。所以,这种对称的依赖增进了双方适应对方的意愿的程度,提高了双方的功效。

上面讲了这种"高-高"方式的相互依赖关系,但在分销渠道中,还普遍存在一种"低-低"方式结合的依赖关系。也就是说,当相互依赖程度很低的时候也存在对称性——双方对对方的需求都不大。带有"低-低"方式依赖关系的渠道(双方都是可有可无的)倾向于按照古典经济关系的路径运行。

2. 不平衡的依赖

不平衡的依赖是指一方对另一方的依赖程度高于（或低于）后者对前者的依赖程度。在这种不平衡的依赖情况下，权力的天平偏向于依赖较低的一方，依赖较高的一方就有可能被剥削。在这种情况下，依赖性较高的一方在经济方面和非经济方面都将受到损失。即使渠道中权力较大、依赖性较少的成员并不企图占有依赖性较高一方应得的奖励时，这种情况也经常发生。

在分销渠道中，较弱的一方、依赖性较高的一方对被剥削的忧虑总是存在的。他们经常担心自己受伤害，而且很容易怀疑较强的一方是否有不良的意图。因而，相对于相互依赖的对称关系来说，不对称关系中的信任和承诺程度都较低，并更容易产生冲突。

如果分销渠道成员被牵涉进不平衡的关系，弱小的一方可以采取三种应对措施。假如，当 B 依赖于 A，而 A 不依赖于 B 时，那么，B 可以通过减少对 A 的依赖来对付这种危险的环境。这三种方法如下：

（1）发展 A 的替代者。在渠道中，这是三种应对措施中使用得最为普遍的一种。当渠道成员对外的依赖程度增加时，因为害怕受剥削，他们会发展抵抗性的权力。例如，当部分销售代理商（制造商的代表）改变自己的运营方式以适应被代理人的要求时，就产生了不平衡依赖的潜在危险。为了平衡这种依赖性和权力，一些代理商不遗余力地教育客户，培养客户对代理人的忠诚性。这意味着在必要的时候，代理人可以诱导消费者转向另一个品牌。代理人有能力更换被代理人，因为它可以带走客户。另外，除了向下游发展抵抗性权力外，还可以从上游企业着手发展替代者。在必要的时候，可以增加一个供应商。许多渠道成员有意识地保留一个多元化的供应商名单，这样在某个成员企图利用不平衡的权力时就可以迅速作出反应。例如，美国的汽车经销商曾经一度只代表一种品牌的汽车，这使得他们高度依赖该汽车制造商。如今许多汽车经销商拥有多个门店，每个门店销售一个牌子的汽车，甚至一个门店销售多个牌子的汽车。这种多元化的品牌组合，使经销商成功地降低了对单个制造商的依赖程度，从而使得他们可以抵制来自制造商的压力。因此，多元化减少了被盘剥利用的风险。

（2）组织一个联盟来反击 A。在这种战略中，需要引进一个第三方。要做到这一点可以用很多种方法，欧洲的一种通行做法是签署一项合同，该合同规定在出现争端的时候可以诉诸强制性的第三方裁决。第三方通常是私人联盟，但有时候也可能是政府部门。美国的汽车经销商就是利用这种策略获得了成功。经销商们组织起来游说州立法机构，使许多州的名为"法庭经销商日"的法律获得通过。这些法律通过制定新的诉讼依据和对苛刻的供应商的处罚措施，限制了汽车制造商向经销商施加压力的能力。

（3）退出。第三种应对措施是退出业务并因此退出合作关系，不再寻求来自 A 所能提供的利益，也就不再受到威胁。但是，这种战略的前提是不再重视 A 所能提供的价值。许多渠道成员认为，退出某种业务而把资源改投别处（如卖掉自己的汽车经销权）的战略是不可思议的。但是，这是脱离对 A 的依赖性的最终办法。

较弱的一方可以通过以上三种方法减少自己的依赖性来调整不平衡权力，但最有创造性的战略应该是增强对方对自己的依赖性。也就是说，通过提供更大的效用或者使自己更加不平常表现为稀缺资源的话，就可以使对方增强对自己的依赖性。

3. 容忍不平衡依赖性

如果说容忍不平衡依赖性是指在不平衡的关系中，较弱的、依赖性较大的一方接受这种环境，并且努力争取在这种环境里做到最好的一种表现行为。那么，接着会怎样？较强大的一方总是具有剥削性吗？较弱的一方总会倒霉吗？是否应该不惜一切代价避免不平衡的关系？

对此，我们认为不平衡的依赖并不总是有害的，尤其是在一种稳定的环境下，因为对渠道的要求不高，有时候不平衡依赖就可以起到很好的作用。例如，尽管存在这样不平衡的依赖，美国的百货商店还是在一个稳定的（可以预测的）市场环境中得益于一个受供应商支配的关系。当需求可以预测时，百货商店通过与主要的供应商紧密合作来尽量避免跌价。但是，在不可预测的环境下，支配性的供应商变成了一种负担。商店没有权力强迫支配性的供应商采取灵活手段来应对需求波动。如果商店可以获得高度平衡的依赖，它就可以要求某些待遇；如果某个商店的依赖性较低，那么，该商店可以很容易地改变供应商。在这种情形下，商店的处境都要好得多。

另外，如果依赖性较少的一方自愿限制滥用它的权力，那么，不平衡的权力关系也可以工作得很好。当较强大的一方比较公平地对待较弱的一方时，可以改进相互关系的质量，渠道也可以有效地运行。某个分销渠道成员如果不公平地对待别的成员，就会削弱它的名誉，而且使得以后吸引、保留和激励其他分销渠道成员也变得非常困难。公平对待的表现有两种形式：

一种形式是分配性公正（distributive justice），这是指各种奖励如何在渠道成员之间分配。例如，许多汽车经销商依赖制造商的强力品牌，也在这些品牌上投资很多，一旦经销商转换代理品牌或者不做这笔生意时，这笔投资是难以收回的。这样，经销商依赖制造商，但制造商对于经销商的依赖很少，他们通常可以找到许多有意做代理商的候选人。由于经销商是较弱的一方，他们很容易怀疑制造商在剥削他们，这种猜疑的结果不利于彼此关系的发展。如果制造商按照经销商认为公平的方式分配利润，这种关系恶化的倾向可能就会避免。

经销商在权衡分配上的公平时，并不只是考虑绝对报酬。他们还把自己从这种关系中得到的利益同自己对关系的投入、同行可得利益、机会成本以及另一方的投入进行对比。如果经销商投资很少、其他经销商得益也很少、经销商的资源没有更好的用途、制造商对于彼此的关系投入也相当多，在这种情形下，经销商认为即使制造商获利很多、自己得益较少也是"公平的"。相反，如果经过这些比较，经销商认为他们得到的应该更多，那么，即使他们的报酬很高，他们也不会满意。

另一种公平的形式是程序性公正（procedural justice），这是指较强大的一方在正常的日常运营程序上对待较弱一方的方式中隐含的公平性。例如，当汽车制造商与汽车经销商经常进行双向沟通、以中立的形象出现并欢迎讨论不同观点的时候，汽车经销商就认为他们的供应商在程序方面是比较公平的；同时，供应商的人员（与经销商打交道的人员）如果对一些事情能够作出解释、态度比较礼貌、对于渠道成员所处环境比较了解的话，经销商也可能会感到供应商在程序上比较公平。

所以，尽管存在内在不平衡的依赖，这些公平的表现形式还是有助于缓和渠道关系的。事实上，由于分配上的公正可能不容易观察清楚，而程序上的公正经常是比较容易被观测到的，这使得程序上的公正比分配上的公正更能说服较弱的一方相信彼此的关系是比较公平的。

四、承诺、信任与契约机制

发展分销渠道成员之间的信任和承诺关系，对分销渠道成员的合作和整条渠道的运作都是非常重要的。信任可以减少渠道成员感觉中的不确定性，增加合作的可能性。承诺也可以使分销渠道成员之间加强合作，提高彼此的满意程度，提高对关系团体的认可程度，降低渠道成员脱离关系团体的可能性。

信任和承诺对开创、维护一种富有成效的、长期性的渠道关系有非常重要的作用。分销渠道成员应该从渠道关系的开创阶段就关注发展和维持成员间的信任和承诺。这种渠道成员之间的信任和承诺关系，是既不同于市场交易关系，也不同于垂直整合结构关系的一种新型关系，能使渠道成员之间的协作和交易成为一种"关系交易"。所谓"关系交易"，是指在交易过程中彼此能充分考虑到与对方的交往历史，强化和突出交易各方所形成的共同利益的一种交易行为。在这种新型的关系交易中，个体能够利用团体的力量。因此，个体能关心团体的长期利益并约束、抑制个体只追求自己利益的行为动机，从而形成团体的和谐和协调发展。这些正是渠道整体功能发挥所需要的。

渠道承诺可分为钟情承诺（affective commitment）、道义承诺（moral commitment）和权宜承诺（calculative commitment）。钟情承诺，是指分销渠道成员对发展和维护成员之间的承诺关系是乐意的、积极的。道义承诺是指渠道成员认为维护成员之间的承诺关系是理所当然的。权宜承诺是指渠道成员认为自己不得不维护成员之间的承诺关系。以上三种承诺中，钟情承诺要比道义承诺有效，而权宜承诺往往对成员维护和发展渠道关系起消极作用。

对渠道成员来说，努力提高成员之间的信任程度和彼此的承诺水平是维护和发展渠道关系的重要责任。一般情况下，价值共享、提高渠道的总体绩效和强化沟通，都有助于提高渠道成员之间的信任程度。但渠道成员的机会主义行为（如窜货）则会降低彼此的信任水平，破坏良好的信任关系。价值的高度共享、利益均沾和中止关系的高成本，则有助于关系承诺水平的提高。信任和承诺又是互相促进、互为消长的关系。

分销渠道成员之间的信任和承诺往往可以通过诸如抵押、投资之类的机制来反映和保证。通常来说，涉及有形资产的承诺是可靠的承诺。因为，这种承诺伴随资金的投入，因而增加了彼此的"跳槽"成本，有利于彼此尽力维护原有的承诺关系。

第二节 分销渠道冲突分析

一、分销渠道冲突的概念与分类

对分销渠道成员的冲突进行研究和分析，解决渠道冲突问题、理顺渠道关系是渠道组织管理的另一方面的重要内容。

(一) 分销渠道冲突的概念

分销渠道冲突，是指某分销渠道成员意识到另一个分销渠道成员正在从事会损害、威胁其利益，或者以牺牲其利益为代价获取稀缺资源的活动，从而引发争执、敌对和报复等行为。

一般地说，渠道冲突是一个渐次发展的过程，这一过程主要包括以下五个发展阶段：

(1) 潜在冲突阶段。这是冲突的早期潜伏状态，表现为分销渠道成员之间目标的差异、角色不一致以及对现实的认知差异和缺乏有效沟通等情形。

(2) 知觉冲突阶段。分销渠道成员开始认识到与其他成员之间存在着潜在冲突。

(3) 感觉冲突阶段。在这个阶段，开始出现以一方或多方的紧张、压力、焦虑和敌对情绪为特征的冲突，但尚未出现冲突行为。

(4) 明显冲突阶段。这时表现为分销渠道成员之间行为上的冲突。分销渠道成员之间出现争执，甚至出现抵制、报复等对抗行为。

(5) 冲突余波阶段。表现为冲突得到解决后所产生的一些积极的或消极的影响。

渠道管理者在渠道关系开创之初，对冲突的客观存在应有足够的认识和必要的准备。不要等到冲突行为发生时才忙于寻找对策，不然会影响冲突问题解决的效率和效果。

冲突和竞争往往被混淆，实际上，冲突和竞争是有区别的，用一个例子可以说明这一点。例如，有两个人同时去应聘一个职位，如果两者都以尽量展示自己实力的方法力争得到该职位，那么，他们在进行竞争；如果其中至少有一个人通过其他方法，如设法阻止另一个人去应聘，或在另一人应聘时捣乱，那么，他们之间就发生了冲突。具体到渠道关系中，当一个渠道成员需要跨越的障碍是另一个渠道成员而不是市场时，该成员就面临着冲突。在分销渠道中，成员之间的适度竞争不仅不会产生消极影响，而且有可能使顾客获得更好的产品和服务，有利于整个渠道组织绩效的提高。如果竞争发展到竞争双方相互诋毁、不择手段时，竞争就会演变成为冲突。

冲突并不一定是坏事，有合作才会有冲突。渠道成员的合作和冲突共同根植于渠道成员的相互依赖中。除非渠道成员拒绝与任何其他成员合作（这几乎是不可能的），否则渠道冲突是不可避免的。有些冲突，会进一步明确彼此的角色作用和角色定位，更好地理顺彼此的合作关系。但冲突对合作关系的意义是以冲突水平较低而且能够得到合理解决为条件的，激烈的、经常性的冲突会破坏合作关系。

冲突与权力密切相关。渠道冲突的根源在于渠道成员的相互依赖，这是因为他们需要利用他人的资源，不仅仅是资金，还有专业技能和市场通道等方面的资源。这种建立在资源上的相互依赖关系产生了彼此的权力关系。由此可见，相互依赖关系在为渠道成员提供合作必要性和冲突可能性的同时，也为处于两极的渠道成员提供了针对彼此的权力。而且，在渠道关系中，渠道成员为了各自的利益，会努力去扩大其自主权，这样就会产生干涉行为，而干涉容易产生冲突。一般情况下，相互依赖性越严重，对渠道目标干涉越多，潜在的冲突也就越多。

（二）分销渠道冲突的分类

发生在分销渠道关系中的冲突，可以按照以下四种标准进行分类。

1. 按照渠道成员的关系类型，可分为水平冲突、垂直冲突和多渠道冲突

水平冲突是指同一渠道中同一渠道层次的中间商之间的冲突。这种冲突可能出现在同类中间商之间，如两家超级市场，也可能出现在同一渠道层次的不同类型的中间商之间，如超级市场和百货公司。

垂直冲突是指同一渠道中不同层次的成员之间的冲突，如批发商与零售商之间的冲突、批发商与制造商之间的冲突。

多渠道冲突是指当某个制造商建立了两条或两条以上的渠道向同一市场出售其产品（服务）时，发生于这些渠道之间的冲突。例如，康柏公司对其传统的分销渠道进行调整，建立了邮寄和超级市场两条新渠道，因而遭受了传统经销商的抵制。

2. 按其产生的原因，可分为竞争性冲突和非竞争性冲突

竞争性冲突是指两个或多个分销渠道成员在同类或类似的市场上竞争时发生的冲突。例如，两个批发商在同一区域市场的竞争，同一区域的超级市场与百货公司之间的竞争，制造商自有零售店与并存于这一市场经销本企业产品的零售商之间的竞争。

非竞争性冲突，是指分销渠道成员在目标、角色、政策及利润分配等方面存在不一致引发的冲突。例如，经销商、代理商对制造商的定价和促销政策持不同意见而引发的冲突，两个代理商为获得制造商较优惠的政策而相互诋毁，等等。

3. 按照其显现程度，可分为潜在冲突和现实冲突

潜在冲突是指分销渠道成员由于在目标、角色、意识和资源分配等方面存在着利益上的差异和矛盾，而这种差异和矛盾还没有导致彼此行为上的对抗的一种冲突状态。

现实冲突是指分销渠道成员彼此之间出现的相互诋毁、报复等对抗行为的冲突状态。

潜在冲突之所以存在是因为分销渠道成员彼此的合作和分工而产生的相互依赖性，以及各自利益上的差异性。潜在冲突会因为渠道设计不良或者环境变化，特别是渠道成员基于各自利益考虑而对渠道关系的种种干涉而发展成为现实的冲突。渠道管理者在开创渠道关系阶段就应了解潜在的渠道冲突以及考虑如何在将来处理这些冲突，这样有利于减少现实的摩擦和冲突。当然，有许多事情是难以预料的，在渠道运作的过程中，会有事先预料不到的事件发生而引发渠道成员冲突。这时，就需要渠道管理者及时地去识别并化解冲突，以免延误有效化解冲突的时机。

4. 按其性质，可分为功能性冲突和病态性冲突

功能性冲突，是指分销渠道成员把对抗作为消除渠道伙伴之间潜在的、有害的紧张气氛和病态动机的方法时的冲突状态。这种冲突具有建设性。功能性冲突一般具有下列特征：一是调和冲突无需多大的成本；二是相异的认知可产生新的、更好的观点；三是攻击行为并没有失去理智或不具破坏性，冲突有利于提高整体绩效。

病态性冲突是指分销渠道成员之间的敌对情绪和对抗行为超过了一定限度，并因此对渠道关系和渠道绩效产生破坏性影响的冲突状态。当分销渠道成员之间缺乏理解或者渠道中出现强制的官僚主义的渠道管理行为时，这些行为会导致渠道成员追逐"个体利益"的倾向（即所谓的渠道机会主义行为）。病态性冲突对渠道关系具有破坏性，会带来严重的消极后果。病态性冲突分散了成员为实现目标而作的努力。渠道资源不是主要用于实现既定目标，而是用来报复对方所采取的行动。这种冲突会导致成员彼此不信任、不满和敌对。旷日持久的冲突会在渠道组织中造成一种不良风气，影响渠道绩效，甚至会引起渠道关系的破裂。

以上按四种分类方法对冲突行为作了归类和分析，目的是从不同角度去考察渠道关系中的冲突问题，找出妥善的解决方法。分销渠道成员应投入时间和精力去设计好渠道构架和"游戏规则"，以降低潜在冲突发展成为现实冲突的可能性。在每个渠道关系阶段，渠道成员都应能了解"事先"和"事后"冲突发生的原因并采取相应措施以确保冲突是"功能性"而非"病态性"的。

二、分销渠道冲突的原因

分销渠道成员之间发生冲突的原因多种多样，归结起来主要有三个方面：一是目标不相容，二是归属差异，三是对现实认知的差异。

（一）目标不相容

一般来说，渠道中的成员为了提高自己的效率或节省成本，愿意为渠道的整体目标贡献自己的力量。但在如何达到渠道的整体目标上，或者说在渠道的运作过程中，各个分销渠道成员都会有各自的主张和要求。这些主张和要求源于并表现于各自不同的个体目标的设置上，从而产生个体目标与整体目标的差异。当分销渠道成员个体目标出现不相容时，冲突就会不可避免地产生。

对于这种因目标不相容而发生的冲突，最好能够设计一份高效的合同，这份合同能反映各成员的特征、环境的不确定性和彼此监督而付出的成本大小。通过设计这一理想合同，统一和平衡各成员的目标，并使各成员的行为符合彼此的目标要求。

（二）归属差异

归属差异是指分销渠道成员在有关目标顾客、销售区域、渠道功能分工和技术等方面归属上存在的矛盾和差异。这些矛盾和差异若处理不当，就容易产生冲突。

1. 目标顾客的归属差异和矛盾

目标顾客是分销渠道成员履行渠道角色功能和实现渠道目标最为关注的对象，拥有目标顾客意味着拥有销售机会。在渠道运作过程中，分销渠道成员往往会因为争夺目标顾客而引发冲突。公司面向目标顾客的销售队伍不可能与分销商共享同一个目标顾客，一个顾客在一个场合也只会与公司的某一渠道进行交易，这样，就容易引起渠道的水平冲突、垂直冲突和多渠道冲突。

2. 销售区域的归属差异和矛盾

销售区域的划分往往会给渠道运作带来大量的问题。销售区域的划分使分销渠道成员面临在销售同一品牌时所要碰到的竞争和冲突，其本质是渠道成员在经销制造商的品牌时能否获得足够的销售额和利润；同样的，公司的销售组织内部也面临着这个问题。解决这个问题的唯一方法是精确而又合理地划分销售区域，以便让现有的销售商即使在品牌内竞争加剧的情况下也有机会发展自己。但是，这个问题往往不易解决。

3. 渠道分工的差异和矛盾

分销渠道成员经常在渠道分工上产生争执和冲突。一些零售商试图将部分渠道功能和成本移交给供应商而达到精简的目的，例如，百货公司要求一些服装供应商在提供服装的同时为服装配好高质量的衣架，以免花时间和金钱为衣服配置衣架。一些制造商要求零售商提供技术支持和服务，例如，在隐形眼镜业，强生公司和博士伦公司要求眼镜专业店提供顾客视力校准服务。渠道分工的差异和矛盾往往因不符合公平原理而产生，解决这方面冲突的重要方法是对渠道成员进行正确的角色定位并给予公平的待遇。

4. 技术的差异和矛盾

这里的"技术"不仅仅指硬件和软件的应用，还包括运用于投入、转化、产出的整个过程的技术（如营销技术），问题是分销渠道成员对技术的理解、掌握和运用情况是不相同的。以营销技术为例，零售商和批发商注重的是如何经营，特别是渠道的后勤保障和人力资源的工作；制造商注重的是体现其营销导向的战略层面的行为，而对一些耗费精力的、琐碎的经营细节不太在意。这样，普遍存在于分销渠道成员之间的对营销战略、战术的理解及掌握能力上的巨大差异，就会引起大量的渠道冲突。

（三）对现实认知的差异

对现实认知的差异是指分销渠道成员之间对渠道中事件、状态和形势的看法与态度存在分歧。当分销渠道成员对如何实现渠道目标，或者对如何解决他们之间存在的问题持不同的意见和主张时，冲突就有可能发生。分销渠道成员对现实的认知差异主要包括：对现实事件当前状况的理解，对其未来发展的可能性的预测和进行抉择时对信息的掌握情况，对各种抉择后果的认识情况以及对目标与价值观念理解，等等。渠道成员的认知主要取决于其先前的经验以及可获取信息的数量和质量。对于现实理解的差异所引发的冲突，最好的解决方法是加强和改善沟通。通过有效的沟通，协调对现实的理解和看法，以促进彼此的观点协调一致。

四、分销渠道冲突水平及其影响

分销渠道冲突可依据其强度、频度和问题的重要程度划分为高、中、低三种水平。

冲突的强度，是指冲突双方争执的激烈程度；冲突的频度，是指冲突发生的频繁程度（或频率）；冲突问题的重要性是指引起冲突的问题的重要程度。以冲突的强度、频度和问题的重要程度分别作为 X，Y，Z 三维坐标轴，就很容易画出反映冲突水平的三大区域：即高水平冲突区、中等水平冲突区、低水平冲突区，如图 10-2 所示。

第十章 分销渠道组织管理与冲突管理

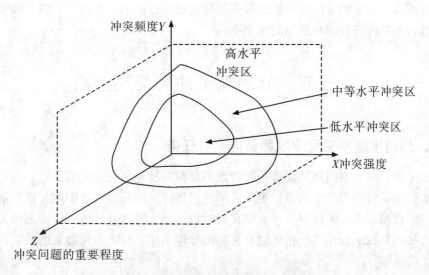

图 10-2 分销渠道冲突水平示意

分销渠道冲突的水平不同，对渠道效率的影响是不一样的。它们之间的关系可用图 10-3 来表示。从图 10-3 中可以看出，在 $O-C_1$ 的冲突水平上，冲突对渠道效率是没有影响的，此时的冲突一般只是表现为不满和抱怨，而且双方较少发生争执，没有发生行为上的对抗。在 C_1-C_2 范围内，冲突水平越高，渠道效率越高。此时，冲突双方已经发生了行为上的冲突，但这种冲突只是为了消除渠道成员之间潜在的、有害的紧张气氛和病态对抗而发生的冲突。这样的冲突又称为功能性或建设性的冲突。当冲突水平超过 C_2 点时，则冲突水平越高，渠道效率越低。此时，冲突行为表现为成员之间相互对抗和报复。出现这种情况往往是因为渠道成员之间缺乏理解或者强制的、官僚主义的渠道管理行为造成的。这种冲突对渠道效率是有破坏性的，被称为病态型冲突。

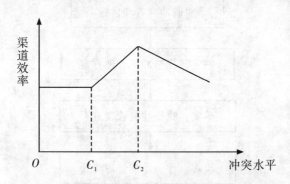

10-3 分销渠道冲突水平和渠道效率之间的关系

一般认为，对渠道效率不产生影响的冲突是低水平冲突，对渠道效率产生积极影响（有利影响）的冲突是中等水平冲突，对渠道效率产生消极（不利）影响的冲突是高水平冲突。尽管难以界定低水平冲突、中等水平冲突和高水平冲突的临界点，但冲突水平及其对渠道效率的影响分析为我们开展渠道冲突管理提供了一个指导思想，即渠道管理者应努力将渠道冲突控制在适当的水平上。

第三节 分销渠道冲突管理策略

一、分销渠道冲突管理过程、内容和任务

对于分销渠道冲突问题，渠道管理者既不要存有杜绝冲突发生的幻想，也不可视冲突为洪水猛兽，对冲突产生恐惧，更不可消极对待冲突问题，对发生在分销渠道成员中的冲突现象视而不见，贻误解决冲突的良好时机。渠道管理者应该正视冲突作为渠道合作的副产品而存在的合理性，积极做好冲突的管理工作，预防和化解渠道冲突，确保渠道健康、高效运作。

（一）分销渠道冲突管理过程

分销渠道冲突管理是指分析和研究渠道合作关系，对预防、化解渠道冲突工作加以计划、组织、协调和控制的过程。分销渠道冲突管理过程一般有以下几个环节（如图10-4所示）。

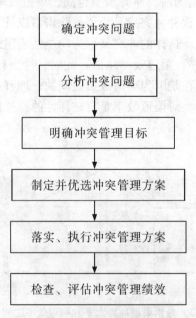

图10-4 分销渠道冲突管理过程

1. 确定冲突问题

确定冲突问题主要应做好以下几方面工作：一是端正对渠道冲突的认识，确信冲突存在的客观性和不可避免性，树立冲突管理思想和意识；二是区分潜在冲突问题和现实

冲突问题；三是区分功能性冲突问题和病态冲突问题；四是确定可调和冲突问题和不可调和冲突问题；五是弄清冲突的现象问题和冲突的本质问题；六是仔细界定竞争问题和冲突问题。

冲突问题能否被发掘和确认，与管理者掌握的资料信息的量和质有关。建立有关冲突的调研分析制度，构架有关冲突管理的信息系统，是确定冲突问题的依托和条件。

2. 分析冲突问题

分析冲突问题主要有两方面的内容：一是分析产生冲突的原因（也叫原因分析）；二是分析冲突可能产生的影响（也叫影响分析）。冲突的原因分析有助于寻找到有效地解决冲突问题的方法和措施；冲突的影响分析有利于界定冲突的性质，有利于冲突资源的配置和利用。

3. 明确分销渠道冲突管理目标

渠道冲突管理目标一般可分为预防性目标、缓解性目标、化解性目标和无冲突目标等四类。预防性目标是指预防冲突发生和预防冲突恶化的目标。缓解性目标是指降低冲突水平的管理目标。化解性目标是指消除和解决冲突问题的目标。无冲突目标可能是扩张性的，即通过购并而使渠道成员之间的合作关系变为渠道成员的归属关系；也可能是紧缩性的，即中断与某一渠道成员的合作关系甚至摒弃该渠道系统，根除产生冲突的基础和条件。

4. 制定并优选渠道冲突管理方案

渠道冲突管理方案应该包含实现冲突管理目标的策略措施和有关的工作流程、制度与资源准备，以及评估和检测标准等方面的内容。

5. 方案的落实执行

主要是选择适当的人员，在适当的时机全面推行和落实管理方案。在这一阶段，有关资源的配置到位并采取相应的激励和控制措施等，对确保方案执行关系重大。

6. 检查、评估冲突管理绩效

这一阶段主要是做好冲突管理的检查和效果评估工作，以找出工作差距，进一步完善冲突管理措施，提高冲突管理水平。

（二）渠道冲突管理的主要内容与任务

分销渠道冲突管理的主要内容包括：预防和避免冲突；控制冲突水平，避免病态冲突发生；利用冲突资源，激励渠道成员；化解冲突危机，舒缓渠道合作关系；切断冲突源头，调整渠道关系；等等。

分析分销渠道冲突管理的主要任务是预防渠道冲突的发生和及时有效地解决现实冲突问题，以提高渠道的整体运转效率，实现渠道管理目标。

分销渠道冲突管理贯穿于整个渠道管理过程。从渠道的战略计划、组织结构设计到渠道资源的配置和运作管理，都要体现渠道冲突管理思想并落实有关冲突管理措施。有效的分销渠道冲突管理则必须是从渠道战略计划入手，在组织结构设计中加以体现，在渠道资源的配置和运行管理中得到落实和执行的分销渠道冲突管理过程和系统。

为了更有效地预防和解决渠道冲突，渠道管理者应做好以下几方面的工作：

（1）做好渠道战略计划和渠道结构的设计工作。许多渠道冲突产生的根源在于渠道战略不当和渠道结构设计不合理。

（2）做好分销渠道成员的选择工作。具有良好的合作意愿和具备相应的资源条件，可以减少和避免分销渠道成员间的冲突。

（3）明确分销渠道成员的角色分工和权力分配。通过正式合约明确分销渠道成员行为的"游戏规则"。

（4）建立有效的分销渠道成员之间的交流和沟通机制。有效的沟通可减少彼此间的不理解和不信任，有利于加强合作。

（5）合理使用渠道权力，防止权力滥用。冲突的发生往往产生于权力的过分干预。

二、信息加强型与信息保护型的策略

（一）信息加强型策略

信息加强型（information-intensive）策略，是指通过渠道成员之间充分的信息交流与沟通，实现信息共享，从而达到预防和化解渠道冲突的目的。此策略的核心思想是通过分销渠道成员之间的充分沟通，加强彼此的信任，建立和维护彼此间的良好合作关系，从而达到减少冲突机会、弱化和降低冲突成因和冲突水平等预防和化解冲突的目的。

1. 信息加强型策略的实施和应用的方法

（1）邀请分销渠道成员参与本企业的咨询会议或董事会议。奔驰公司的营销委员会就有7个经销商成员。他们经常可以就奔驰公司的新车型提出他们的评价意见并为奔驰公司的营销战略出谋划策。这种做法可以促进渠道成员的信息交流，达到互相尊重和互相理解，有助于减少冲突。正如通用汽车公司的一家广告代理商的发言人所说的："你不可能完全排除冲突和争议的发生。但是，如果大家工作在一起，最起码可以在某种程度上得到预防和减轻。"

这一做法由于公司吸纳了"局外人"来进行现状分析、制定目标和行动计划，甚至参与计划的调整和执行，公司可能会改变原有的决策制定过程，甚至不得不对其政策、计划加以折中以满足其合作成员的要求，获得他们的支持。

（2）分销渠道成员间通过交换人员（互派人员）来加强沟通。这种做法涉及一段时间内双边或多边职员相互流动。例如，沃尔玛和宝洁公司之间人员的互换和流动，我国许多制造商派员到经销商处去帮助理货；等等。由于深入对方机构里工作，因此增强了相互了解。当互换人员回到各自的工作岗位后，更容易从对方的角度考虑问题，从而有利于加强彼此的理解、信任和合作。但是，这种互换行为有可能泄露公司的秘密，因而需要特别的指导。与泄密的风险相比，由于被派去别的渠道成员的机构去工作的员工可以带回渠道网络的信息和他们对渠道运作的见解，还能够得到锻炼和培训，因此是很值得的。

（3）渠道成员之间共享信息和成果。这种做法是因为渠道成员之间共同分享某一方所拥有的技术、信息从而加强了彼此的合作关系。例如，克莱斯勒公司的一个铸件供应商向它推荐用塑料组件来代替金属组件,使克莱斯勒每辆汽车的成本降低 3 美元。这个供应商因为不再生产金属组件而受到损失,但克莱斯勒非常感谢这个供应商的帮助,作为回报,与此供应商签订了新的订单合同。这种信息共享的方法需要彼此愿意将信息与他人分享,而且信息流动要畅通。

(4) 渠道成员之间的彼此信任和授权。这种做法是分销渠道成员之间彼此分享各自的权力。例如,某瓷砖制造商授权其批发商和零售商指定一位熟悉其公司产品的代表具有决定其产品销售金额 1000 元以下幅度的调整权。

(5) 建立会员制度。通过会员制度,加强彼此的定期沟通和意见反映,以化解和预防会员间的冲突。

以上这些信息加强型策略措施,经常被整合利用。例如,3M 公司为其办公产品分销渠道设计了 10 种不同的方法以预防和化解渠道冲突,这些方法包括:①参加行业组织;②建立经销商建议委员会;③邀请渠道成员参与计划制定;④定期互访考察;⑤鼓励双方员工建立私人关系;⑥召开市场需求咨询洽谈会;⑦分销渠道成员协调会议;⑧举办全国办公用品研讨会;⑨与经销商合作开展市场研究;⑩经常举行非正式的小型碰头会、与个别分销商见面会。

信息加强型策略的应用是以信任和合作为条件的。而这种策略的有效应用,又能起到进一步加强渠道成员之间的信任和合作的效果。

2. 应用信息加强型策略的企业解决渠道冲突的方式

一旦发生渠道成员之间的冲突,应用信息加强型策略的企业,一般有两种解决渠道冲突方式:

(1) 协商的方式。在信息加强型策略下,由于双方有较好的信任和合作基础,因此,如果双方出现冲突问题,彼此会进行充分的信息收集,开诚布公地交流意见和信息,心平气和地协商,以求相互理解、相互让步,最终达成对彼此目标和意见的认同,消除彼此的意见分歧。这种方式就叫作协商的方式,即以充分交换意见的方式实现冲突双方对彼此目标和意见的认同以达到解决冲突的目的。

(2) 说服的方式。如果冲突双方是以劝说对方接纳其意见来消除分歧,这种冲突化解方式就是说服的方式。采用说服方式的情况下,每一方都希望通过为对方提供有价值的建议和参考来减少存在于双方之间的分歧和差异。如果不能有效地说服对方接受自己提出的意见,冲突双方也会基于彼此的信任和合作关系而寻找能兼容双方利益的新目标。

(二) 信息保护型策略

信息保护型(information-protecting)策略,是指冲突双方不是通过协商、说服等充分沟通方式来达到彼此谅解和理解,最终达成共识、解决冲突,而是各持己见、互不相让,需要第三方介入来解决冲突的策略。这种策略的核心思想是渠道成员对各自的信息加以保护,不与其他成员共享。使用这种策略的具体方式主要有调解、仲裁和诉讼等。

1. 采用调解的方式

冲突双方需要请彼此认可的第三方来帮助他们达成共识。在调解的过程中,调解者会引导冲突双方寻求彼此能接受的可行方案。

调解的结果可能是成功的，即冲突双方能达成共识。成功的调解一般包括下列程序：澄清冲突双方争议的问题；寻找双方达成协议的条件；规劝双方达成协议；监督协议执行。调解有利于冲突双方有更多的沟通和理解，也是较为友善的方式，对双方的关系不至于有太多的不利影响；而且，调解方提出协议，不但是化解冲突的依据，还有可能是冲突双方以后进行交易的最好准则。

调解也可能失败，即冲突双方没有接受第三方善意的调解方案。调解无效，或者不能按调解结果行事，都叫调解失败。这就意味着冲突双方的努力已不能达成任何的冲突解决方案了，这时，他们就有可能被迫采用仲裁或诉讼方式来解决争端。

2. 采用仲裁方式

用此方法解决冲突，一般会令双方都满意。但是，由于仲裁结果有约束力，一般情况下，冲突双方都较倾向于采用仲裁的方式而不是诉讼的方式去解决争端。因为，与法庭审判相比，仲裁有许多优越性：可以尽快地解决冲突，不会泄露商业秘密，较少的成本支出，等等，更有利于冲突问题的最终解决。

3. 采用诉讼方式

诉讼需要花费大量经费，也可能会旷日持久，但却不失为解决冲突的一种方式。

三、运用分销渠道权力解决分销渠道冲突的途径

分销渠道权力不仅能表明渠道成员在分销渠道系统中的地位和作用，更重要的是能处理分销渠道冲突。应用分销渠道权力解决分销渠道冲突问题，主要有以下几种方法和途径。

（一）合理使用分销渠道权力，减少分销渠道冲突

冲突往往与干预太多有关，而干预的基础是权力。因此，能否恰当地行使权力，是关系到能否有效地避免冲突发生的问题。许多学者对渠道权力的合理使用作了大量有益的研究。如果把权力分成胁迫权力和非胁迫权力两大类，那么，使用非胁迫权力有利于建立信任和加强合作，而使用胁迫权力往往会导致不满，甚至冲突。因此，在权力的应用上，要慎用胁迫权力、多用非胁迫权力。

（二）利用分销渠道权力预防分销渠道冲突

可以利用奖励权来减少分销渠道成员利益之间的差异，也可以利用法定权来约束利益冲突，还可以利用专家权实现利益共享，利用声誉权满足其他成员的心理追求。这些权力的使用都有利于防止冲突发生。

（三）利用分销渠道权力化解分销渠道冲突

一旦冲突发生，渠道权力也可以起到化解冲突的作用。例如，在同一销售区域使用多个代理商会引起利益冲突，因为这些代理商不得不为争取相同的顾客进行激烈的竞争。这时，由于制造商对是否采取密集分销策略具有法定权，因此，制造商可以运用这

种权力来协调与代理商之间或各代理商之间的利益冲突。制造商还可以通过增加功能性折扣或销售奖励等方法行使奖励权，以化解与分销商的利益之争。当然，分销渠道成员也可以使用胁迫权达到化解冲突的目的。胁迫权的使用，最好的办法是让冲突的另一方了解到具有胁迫权的一方具有这种权力而又不打算使用这种权力，除非其一直用不合作的方法去对待渠道的合作关系。

第四节　分销渠道窜货的处理

一、窜货的概念

窜货，又称"倒货"或"冲货"，就是产品越区销售，它是经销网络中的厂家分支机构或中间商受利益驱使跨区域销售产品，从而造成市场倾轧、价格混乱，严重影响厂家声誉的恶性经营现象，其根本原因在于目前厂商之间单纯的买卖经销关系。商品流通的本性是从低价区向高价区流动，从滞销区向畅销区流动。因此，同种商品，只要价格存在地区差异，只要同种商品在不同地区的畅销程度不同，就必然产生地区间的流动。

二、窜货乱价的直接原因

（一）价差诱惑

目前，许多企业在产品定价上仍然沿用老一套的"三级批发制"，即总经销价（出厂价），一批、二批、三批价，最后加个建议零售价。这种价格体系中的每一个阶梯都有一定的折扣。如果总经销商直接做终端，其中两个阶梯的价格折扣便成为相当丰厚的利润。如果经销商比较看重利而不太注重质量的话，那么这个价格体系所产生的利润空间差异就非常大，形成了让其他经销商越区销售的基础。

（二）销售结算便利

很多厂商采取与客户以银行承兑汇票为主的结算方式的销售策略，尤其在家电行业，如长虹股份有限公司。从安全角度看，银行承兑汇票对厂家来说是一种比较理想的结算方式。但是，使用银行承兑汇票或其他结算形式（如易货贸易）时，经销商已提前实现利润或成本压力较小，出于加速资金周转或侵占市场份额的考虑，就会以利润贴补价格，向周边市场低价冲货。

（三）销售目标过高

当企业盲目向经销商增加销售指标时，也很容易诱导或逼迫经销商走上窜货的道路。很多企业对某个产品在某个区域的市场消费总量不进行科学预测和理性判断，单凭感觉和过去的经验，盲目确定指标。这导致经销商在完不成指标的情况下，只能向周边地区"开闸放水"甚至"泄洪"，其结果是引起周边地区的经销商也砸价窜货，推波助澜。

（四）经销商激励不当

为激励经销商的销售热情，提高销售量，现在很多企业都对经销商施行"年终奖励"等返利措施。通常，厂家与经销商在签订年度目标时，往往以完成多少销量，奖励多少百分比来激励经销商，超额越多，年终奖励（或称返利）的折扣就越高。于是，原先制定好的价格体系被这一年终折扣拉开空间，导致那些以做量为根本，只赚取年终奖励就够的经销商为了获得这个百分比的级数差额，开始不择手段地向外"放水"。

（五）推广费运用不当

推广费是企业在运作市场时的一种基本投入。一些厂家因为缺乏相关的企划人才，又懒得跟经销商争论，往往会同意经销商的要求，按一定销量的比例作为推广费拨给经销商使用，厂家只是派人看看经销商有没有运作，而运作效果如何往往要等结果出来后才能评判，故不太好说。至于经销商是否将厂家拨给的推广费全部用于推广，其实根本无法掌握。因此，推广费由经销商自己掌握后就变相为低价位造成新的价格空间，给"越区销售"提供"炮弹"。

三、窜货的常见表现形式

（1）分公司为完成销售指标，取得业绩，往往将货销售给需求量大的兄弟分公司，造成分公司之间的窜货。

（2）中间商之间的窜货。因甲、乙两地供求关系不平衡，货物可能在两地低价"抛货"。

（3）为减少损失，经销商低价倾销过期或即将过期的产品。

（4）更为恶劣的窜货现象是经销商将假冒伪劣产品与正品混同销售，以多占市场份额，获取不正当的利润。

四、窜货问题的解决

窜货是令所有渠道管理人员头疼的问题，一旦发生窜货，辛辛苦苦打下来的市场就会被冲击得七零八落，如果处理不当，将使企业蒙受巨大的损失。窜货将导致企业的价格体系混乱，使中间商的利润受损，导致分销商对企业产生不信任感，对分销的产品失去信心，甚至拒售。同时，由于窜货导致的地区价格差异悬殊，使消费者对产品产生畏惧心理，对企业的品牌造成损害，而竞争性品牌可能乘虚而入，取而代之。对窜货问题的解决，可以从以下几个方面考虑。

（一）稳定价格体系

建立合理、规范的级差价格体系，同时加强对自己有零售终端的总经销商的出货管理。为使各地总经销商都能在同一价格水平上进货，应确定厂家出货的总经销价格为到岸价，所有在途运费由厂方承担，以此保证各地总经销商具备相同的价格基准。

（二）以现款或短期承兑结算

从结算手段上控制商家因利润提前实现或短期内缺少必要的成本压力而构成窜货风险。建立严格有效的资金占用预警及调控机制，根据每一商户的市场组织能力、分销周期、商业信誉、支付习惯、经营趋势以及目标市场的现实容量、价格弹性程度、本品牌市场份额等各项指标，设立发出商品资金占用评价体系，以便铺货的控制完全量化，将发出商品的资金占用维持在一个合理的水平，避免因商家占用较大而形成窜货的恶性"势能"。

（三）有利有节地运用现金激励及促销

从激励经销商的角度讲，销售奖励可以刺激经销商的进货力度。但正如前面提到的，涉及现金的返利措施容易引发砸价的销售恶果。因此，销售奖励应该采取多项指标进行综合考评，除了销售量外，还要考虑其他一些因素，如价格控制、销量增长率、销售盈利率等。为了防止发生窜货现象，甚至可以把是否窜货也作为奖励的一个考核依据。同时，返利最好勿用现金，多用货品以及其他实物，促销费用也应尽量控制在厂商手中为宜。

（四）制定合理的销售目标

制造商要结合经销商的市场实际情况，制定合理的年终销售目标，这样才能避免因目标制定过高而导致经销商的越区销售。

（五）规范经销商的市场行为

分销渠道建设和管理者与各地经销商之间是平等的企业法人之间的经济关系。分销渠道管理制度不可能通过上级管理下级的方式来实施，只能通过双方签订的"经销合同"来体现，即用合同约束经销商的市场行为。①在合同中明确加入"禁止跨区销售"的条款，将经销商的销售活动严格限定在自己的市场区域之内。②在合同中载明级差价格体系，在全国执行基本统一的价格表，并严格禁止超限定范围浮动。③将年终给各地总经销商的返利与是否发生跨区销售行为结合起来，使返利不仅成为一种奖励手段，而且成为一种警示工具。

（六）加强市场监督

设立市场总监，建立市场巡视员工作制度，把制止越区销售行为作为日常工作常抓不懈。对发生越区销售行为的经销商视其窜货行为的严重程度分别予以处罚。市场总监的职责就是带领市场巡视员经常性地检查巡视各地市场，及时发现问题并会同企业各相关部门予以解决。市场总监是制止越区销售行为的直接管理者，一旦发现低价越区销售行为，他们有权决定处罚事宜。

很多企业对销往不同地区的产品外包装实行差异化，如在产品的外包装上印上"专供××地区销售"等字样，或是实行商标颜色差异化，这样便于监督和查处窜货现象。同时，对越区销售行为一定要严惩不贷，一旦发现，要根据情节严重程度进行处罚，对于情节严重者，甚至要中断合同关系。

总之，对于越区窜货现象，首先要识别其产生的真正原因，通过提高企业渠道管理水平，做到"防患于未然"。同时，对于市场上出现的越区窜货行为，一定要及时处理，决不可听之任之。

案例　家电企业渠道的"凤凰涅槃"

在"渠道为王"的年代，渠道，始终是每个家电企业孜孜不倦求抢占的战略制高点。作为市场化程度最高、发展最成熟的行业，国内家电业曾经是中国制造业的骄傲与希望，国内家电企业在较短时间内就占领了大量的市场，逼得跨国知名品牌节节退守。然而，在表面的繁荣背后，却是"山雨欲来风满楼"，隐藏着深刻的危机。仅在应对家电连锁巨头"横征暴敛"方面，就足以让每个家电企业过得并不舒心。

家电连锁巨头竟成"紧箍咒"。在"渠道为王"、大卖场（K/A）主宰渠道的年代，家电连锁巨头成为家电企业们心头永远的痛。由于买方市场的形成，以及终端零售企业的蓬勃兴起，家电销售商的力量逐渐显示出比制造商更大的成长性。渠道权力中心逐渐呈现向家电销售商转移的趋势。

资料显示，短短几年，以国美、苏宁、五星、大中为代表的家电连锁企业以迅猛之势横扫全国，成为家电业价值链中最强势的一方，基本上垄断了占家电零售业60%的一、二线市场。拥有丰富的渠道资源与终端资源的销售商，在渠道运营过程中掌握了越来越多的主导权，同时也对家电企业提出越来越多的市场决策权，这些渠道新贵们必然要求在渠道体系中拥有更多的权力。激增的进场费、展台制作费、广告费、店庆费、促销费等有如套在各制造企业头上的"紧箍咒"，压得利润本已非常微薄的家电企业更加喘不过气来。面对供过于求的市场环境，获得相对优势的渠道商向上游制造商要利润已是大势所趋。

或许我们从国美的案例可以看出一些端倪。根据国美的公告显示，2001—2004年，国美电器其他业务利润伴随着主营业务收入的增长而快速增长，且增速远高于主营业务收入增幅。国美电器2002年其他业务利润增长率达249.33%，是其主营业务收入增长率的3.51倍；到2004年，国美电器其他业务利润增长率虽有所下滑为64.5%，但仍是其主营业务收入增长率的1.83倍。所谓的"其他业务收入"实际上就是国美向供应商收取的各种费用，如上面提到的进场费、店庆费等。在公告中，2001—2004年国美电器其他业务利润在净利润中所占份额均超过100%，这也意味着如果没有其他业务利润，国美电器实际上将是亏损的。因此，我们可以看到，国美的利润主要是通过收取供应商的返利和通道费，以及占用供应商资金进行"无成本融资"来实现的。

面对销售商如此的强势作风，一大批家电生产企业尽管怨言颇多，并且多次要求整顿家电行业的市场秩序，还生产商以生存空间；但是，在面对连锁巨头的巨大市场销售量时，更多的家电生产企业最后还是选择了沉默与忍受。

如何面对不利局面？鉴于渠道对于企业发展的重要性，渠道的"脱胎换骨"或许是家电企业明智的抉择。

1. 自立门户冲破"紧箍咒"

面对强势的销售终端与连锁巨头,家电生产企业最先想到的自然是自立门户。事实上,面对连锁巨头的高速扩张和肆意盘剥,对国内家电制造商来说,适当调整渠道发展战略,尝试自建渠道,另谋出路,也许是明智之举。

格力和TCL是家电制造商自立门户的先锋。格力,作为国内最大的空调生产企业之一,一直以"另类"的面貌独立独行于家电行业中。在与家电连锁企业"较劲"的名单中,我们经常可以看到格力的身影。早在2004年,格力就因为在定价等方面与国美产生激烈的冲突,造成了在某些地区的国美分店的格力空调只成为摆设。然而,"格力国美事件"暴发后,格力的销售业绩并没有如某些人士认为的"将受到毁灭性打击",反而取得"单日销量突破1万套"的辉煌业绩。是什么因素使格力面对强势如国美的连锁巨头,能够保持如此强硬的态度并掌握主动地位?答案就是格力的"股价制区域性销售公司模式",它是格力与省级格力空调经销商组建的一个股份制的销售公司,而其他公司的区域销售公司完全是自己的二级法人公司。把区域内大的经销商捆在了自己的船上,最大限度地利用当地的渠道资源强化自己的销售,这种渠道模式在过去的近10年中给格力的成长起到了关键性的作用,也使格力在与国美的博弈中掌握了主动权。

TCL也是家电企业中谋求自建渠道网络的典范。尽管家电连锁巨头们基本上已经抢占了家电销售量60%以上的一、二线市场,然而,毕竟受能力与时间所限,在比较偏远且消费能力不强,但人口基数大的三、四线市场的影响力并不大,这为家电企业自建渠道留下了巨大的空间。TCL首先看到了这样的发展机会。2005年,TCL成立了一家名为"幸福树"的电器连锁卖场,全力攻占三、四级市场,它实际上是一种以厂家为主导的加盟连锁模式。尽管"幸福树"未来的发展仍存在一定的争议,但它不愧是家电企业摆脱连锁巨头控制、谋求持续发展的一种尝试,这或许为正在彷徨的家电厂家指明了前进的方向。

在连锁巨头"挟消费者以令厂家"的威胁下,其他众多生产厂家也是纷纷"揭竿而起",选择自立门户修渠道。除了格力与TCL之外,美的不惜成本,打造自己的4S体验中心,海尔、春兰也都有专卖店。家电企业的这些举动除了是企业自救行为之外,同时的确有反抗一些连锁商盘剥厂家的意思。

从创业初期的自建渠道,到依靠连锁商家,再到重新自建渠道,家电企业在十几年间经历了一次渠道回归。TCL市场部的人士也表示,厂家自建渠道确实是一种无奈的回归。自建渠道通常使制造商背负一个沉重的包袱,带来一系列的问题,即渠道建设与管理成本太大;渠道缺乏创新,众多的二、三线自建渠道市场一直沿用多年以前的多级代理制销售模式,强调个人关系而非渠道制度,造成渠道反应速度慢,经营效率低下。

不过,虽然问题重重,但是连锁巨头的"苛捐杂税"已经严重威胁到制造企业的利润与生存,因此,家电制造商也不得不进行尝试了。渠道回归的背后,是家电企业试图摆脱连锁商家控制和盘剥的努力,也是寻找新的生存空间的一种尝试,以期在与家电连锁巨头的博弈中能够逐渐赢得话语权。

2. 电子渠道能否成为救命绳

如今,诸多家电制造企业纷纷涌入电子渠道的大潮中,试图探索一条摆脱传统渠道经销商的独立之路。

海尔是国内家电业在电子渠道的先行者。早在2000年前后,海尔就已经推出"网上订购"的概念,并专门成立了网上销售渠道和直销中心,方便消费者在线购买。广阔的市场区域与范围、方便而快捷的交易处理过程、较低的销售与分销成本等优势使海尔的电子化获得一定程度的成功。尽管仍然存在争议,目前海尔电子渠道至少能够解决这样一些问题:①减少对销售连锁巨头的依赖;②与终端消费者有更多面对面的直接接触机会,除了增加产品销售的概率,还能够获取最真实的用户信息,了解消费者的需求与预期;③减少营销费用,而营销费用的减少无疑就是利润率的提升;④有助于企业与品牌形象的宣传和提升。

当然,电子渠道由于物流基础薄弱、价格偏高、存在产品质量和售后服务得不到保障、退货不方便、送货时间不确定以及消费习惯等问题,尚未成为家电产品销售市场主流。不过,电子渠道与密布终端的专卖店、社区店的结合,真正实现了"鼠标+水泥"的整合,必将对家电企业渠道的建设起到积极的推动作用。

3. 家电企业渠道整合或许是最终归宿

家电企业为了摆脱在产业链条中的不利地位,在渠道上进行不断创新。但是到目前为止,无论是自立门户建设专营店、抑或是利用电子渠道服务于终端消费者,都产生了一定的问题。例如,自建渠道网络的建设与管理成本太大且家电企业的经营效率低下;电子渠道要成为销售市场主流可能仍需一个相当长的培育时期,并且引入电子渠道已经在制造商渠道体系内引发激烈的多渠道冲突⋯⋯

家电生产企业为了摆脱家电连锁企业的控制,从事自建专卖店、成立电子渠道的尝试是必要的;但是,每个家电企业肯定不会、也不可能忽视了家电连锁企业的巨大销售能量,毕竟,占家电总销售量60%以上的一、二级市场是一个多么大的诱惑啊!况且,一、二市场的开拓还非常有利于家电企业和产品品牌的宣传和提升。所以,对各种渠道的综合管理与整合是非常必要的,渠道整合将会是家电企业渠道未来发展的大趋势,是实现家电企业渠道"涅槃"的最大动力。

(摘自《家电企业渠道的"凤凰涅槃"》,中国营销传播网,2006-02-13)

链接思考

(1) 如何看待家电企业渠道冲突?
(2) 家电企业该如何突围?

本章小结

分销渠道资源配置和冲突管理是分销渠道管理的重要内容。它与渠道战略计划和渠道组织结构设计构成分销渠道管理。

一旦设计好"顾客驱动型"的渠道系统方案，就需明确并有效地配置能为最终顾客提供优质服务的各种渠道资源。由于渠道成员分别拥有为最终顾客服务的各种条件，渠道资源的配置首先表现为对渠道成员的筛选和定位。不同的渠道成员通常有不同的目标，需要通过组织管理加以协调。有效的组织管理需要发展和运用渠道权力，发挥承诺、信任和契约机制来产生协同效应和效果，确保渠道的良好的运作。因此，渠道资源的配置管理内容应包含权力分配及运用相关的承诺、信任和契约机制。

不管渠道成员如何努力，渠道冲突总是存在的。冲突产生的原因很多，主要包括目标不相容、归属差异和对现实认知的差异等三个方面。冲突并不完全有害，应具体分类，妥善处理。一些冲突若不及时引导和处理，就有可能发展成为"病态的"冲突，影响渠道整体绩效，甚至摧毁已建立的渠道关系。

有效解决渠道冲突，需要遵循一定程序，其过程包括确定问题、分析问题、提出目标、制定并优选方案、执行方案和评估结果等六个阶段。解决渠道冲突，包含预防和化解冲突两大任务。完成该任务有三种策略。高风险的策略是信息加强型策略，包括渠道外交、加入贸易协会、高层人员互访等预防性措施和协商、劝服等化解措施。这一策略需要高度的信息交流，要冒一定风险。低风险的策略是信息保护型策略。这一策略主要采取调解、仲裁、诉讼等措施。由于涉及较少的信息流动，信息保护型策略风险较低，但可能会降低渠道成员的合作意愿。最后，权力的本身也是解决冲突的策略之一。权力可以用于预防冲突，也可用于化解冲突，恰当使用权力可以减少冲突的发生。利用非胁迫权力可以预防冲突发生和化解冲突，利用胁迫权力可以迅速解决冲突问题，但要注意使用方法。除非对方坚持不合作，不然，最好不要使用胁迫权力。

窜货是分销渠道冲突的常见形式之一。在分析窜货成因的基础上，提出若干解决窜货的措施，如稳定价格体系、以现款或短期承兑结算、有利有节地运用现金激励及促销、制定合理的销售目标、规范经销商的市场行为、加强市场监督等。

关键概念

分销渠道组织管理　分销渠道权力　分销渠道冲突　窜货

思考题

(1) 什么是分销渠道组织管理？它在分销渠道管理中处于什么地位？

(2) 如何正确选择分销渠道成员？

(3) 什么是分销渠道权力？有哪几种权力形式？

(4) 分销渠道冲突有哪几种类型？为什么会产生分销渠道冲突？

(5) 解决分销渠道冲突的程序是怎样的？有哪几种分销渠道冲突预防和化解的策略和措施？

(6) 窜货的成因及对策有哪些？

第十一章　分销渠道物流管理

本章学习目标

学完本章后，应掌握以下内容：①了解物流及分销渠道物流管理的概念；②了解物流系统的内容；③了解运输方式的选择和决策方法；④了解仓储管理的基本内容；⑤了解库存管理的技术方法。

在企业的商品分销活动中，物流管理处于十分重要的地位，它承担着转移商品、加工与传输信息资料、提供促销品和财务支持等功能，这对企业满足顾客需求，赢得竞争优势具有重要作用。

第一节　分销渠道物流系统的设计

商品分销离不开实体分配。作为分销渠道的重要功能之一，组织商品运输与仓储，将商品适时适量地从生产地转移到消费地，将有利于及时、方便地满足消费者或用户的需求，同时又能为企业赢得利润，合理、高效的物流能够通过对整个生产和流通结构的协调与完善带来巨大的利润，被称为除物质资源的节约、劳动消耗的降低以外的第三利润源泉。因此，企业必须重视物流管理，对商品从生产地向消费者的整个移送过程进行策划、实施和监控。

一、物流的概念

物流（Logistics），是企业营销能力的一个重要组成部分。企业的营销组合是产品、价格、促销和销售的组合，以此为消费者提供价值。物流是对消费者需要的有形产品或无形的服务进行适时的传送。

美国物流协会（C.L.M）对物流所做的定义是："以适合于顾客的要求为目的，对原材料、在制品、制成品与其相关的信息，从产出地点到消费地点之间的流通与保管，为求有效率且最大地'对费用的相对效果'进行计划、执行、控制。"

我国在《物流术语国家标准（征求意见稿）》中，将 Logistics 译为"物流"，定义是："以最小的总费用，按用户要求，将物质资料（注：包括原材料、半成品、产成品、商品等）从供给地向需要地转移的过程。主要包括运输、储存、包装、装卸、配送、流通加工、信息处理等活动。"

物流有狭义、广义之分。狭义的物流，是指商品实体在空间上发生位移，即商品实体从生产地移动到消费地。广义的物流，是指与商品实体有关的所有流通活动，除商品的运输、仓储活动之外,还包括配送、流通加工、包装、装卸搬运、保管、物流信息处理等活动。

二、物流系统的构成

在现代市场经济条件下,能够高效运作、重视满足顾客需要的专业性物流企业或运输、仓储机构得到了充分的发展,形成了相对完善的物流专业服务体系。这种条件使越来越多的生产和商业企业在组织商品实体分配时,已不再仅仅依靠企业自身的力量来进行,而是趋向寻求与相关专业性公司合作,以提高效率、节省费用。在这样的条件下,企业产品分销中的物流活动往往通过企业物流管理部门的统筹组织或委托专业储运公司、保险公司、经销商等内外部门和机构共同参与完成。这些部门机构一起构成了产品分销渠道的物流系统。

(一) 企业物流管理部门

作为商品分销活动主体的企业物流管理部门是物流活动的统筹组织、实施和监控者,是企业物流活动的中枢。物流活动的各环节能否顺利、高效、成功地实施,取决于该企业物流管理部门有效的筹划、组织和管理。因此,企业物流管理部门必须在物流活动的全过程有效发挥职能作用。它不但要充分处理好分销计划制定、存货管理、物流系统规划建设等"内部"管理工作,而且要力求使各部门、机构高度合作配合,处理好诸如储运公司的选择、联系,发货险别的选择,投保,经销商的发货、销售等物流的具体业务,保证物流活动的顺利进行,提高物流效率,以尽可能低的成本达到实体分配的目标。

(二) 经销商

在许多场合,经销商本身也是很重要的物流组织者和实施者,经销商的数量、分布、销售效率等都与物流有密切的关系。企业物流管理部门应与经销商保持良好的关系,相互协作,共同完成产品从生产领域向消费领域的转移。

(三) 储运公司

有些规模较大、物流业务多的企业,为了物流活动的便利,往往自设储运机构。但大多数企业无自己的储运部门,在物流活动中,一般通过雇用外部的专业储运机构来完成,这有利于减轻企业负担,增强企业工作效率。

(四) 保险公司和财务金融机构

企业在开展物流活动时,往往需要金融、保险机构的支持。例如,需要金融机构提供资金融通,以支付管理、包装、装卸运输、储存保管、保险等费用;需要各种保险服务,以避免物流过程中因可能发生的潜在风险而造成的损失。

三、物流管理

物流管理是后勤管理的一个重要组成部分，同时，它也是分销渠道管理的一个重要组成部分。物流管理是指为满足消费的需要而对商品实体从生产地向消费使用地转移过程中企业所进行的计划、组织、指挥、协调和控制。

物流管理的基本任务就是建立起组织和激励各个部门共同承担和执行物流活动的系统机构，联系与协调各有关机构的活动，使物流活动合理化、系统化，以最少的时间、最好的服务、最少的投入量、最多的产出量，完成产品从生产地向消费地的转移。物流管理的对象包括运输、包装、储存、保管、装卸搬运和物流信息。

（一）运输

商品运输的任务就是实现商品实体的空间移动，解决商品在生产地与消费者需要地在空间上的分离问题，创造商品的空间效用，满足消费需要。商品运输需要通过一定的运输工具，沿着一定的运输路线和流动进程来完成。

（二）包装

为了保证商品完好无损地运送到消费者手中，一般都要对商品进行不同程度、不同方式的包装。从营销的角度讲，包装有运输包装和销售包装之分。运输包装的作用主要是便于运输、储存、检验，并保护商品，减少其在运输途中的损坏；而销售包装的作用则是便于购买、使用，便于零售，凸显商品的特点，促进商品销售。包装既可以在生产领域完成，也可在流通领域完成。

（三）储存

商品从生产地向消费地移送过程中，由于运输力量的限制、运输工具的转换、等待销售等原因，需要在生产厂家或中间商的仓库中停放一段时间，这便是储存。储存既可以创造商品的时间效用，即被保存到顾客最需要的时间销售，可以卖出非常有利的价格；但也可能引起交货迟延、商品变质、资金积压等负面效果。

（四）保管

保管是物流中的一个重要环节，包括在商品运输、储存和流通加工过程中的放置、编号、记录、维护等活动，主要作用是维护商品品质、防止损坏和变质。

（五）装卸搬运

装卸搬运是指对商品运输、保管、包装、流通加工等物流活动进行衔接的中间环节，包括装卸、堆垛、入库、出库以及连结以上各项运作的短程搬运。装卸搬运是随运输和保管而产生的必要物流活动，在物流活动的全过程中频繁发生，因而，如何改进商品包装和运输工具以减少商品损坏，是该流程的一项重要任务。

(六) 物流信息

物流信息包括发货信息、商品在途运输信息、库存信息、包装和加工信息，是整个市场信息的一个组成部分。它是企业提高效率、降低成本、取得竞争优势的有力依据，企业应重视物流信息的搜集、整理、分析，加强信息基础设施建设，促进物流信息"快速、准确、全面、灵敏"地传递和交流。

四、物流管理活动的程序

物流管理活动的程序见图11-1。

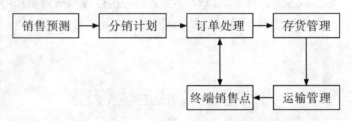

图11-1　物流管理活动程序

(一) 预测销售量

预测销售量要根据企业过去一段时间的销货量、企业的营销目标、市场需求的变动情况等，进行分析和预测，确保目标期的销货量，以此作为企业制定分销计划和确定存货水平的依据。

(二) 分销计划

企业分销计划是以销售预测为基础，根据企业的销售目标和渠道结构等，对商品分销工作包括时间、销售区域、商品种类的数量，以及物流承担者和所需费用等问题进行统筹安排，制定一个可行的行动方案，以便物流工作有条不紊地进行，把商品及时、安全地送到市场和消费者手中。在分销计划的实施过程中，有必要分阶段进行检查、调整，以确保整个分销计划的顺利完成。

(三) 订单处理

订单处理，是指从接受订货到发送交货的全过程，主要包括订单的接受、审核，将联运单分送至各有关部门，按单配货，安排运输，开出收据，收进货款等。这一过程能否做到准确、快速，服务热情周到，会直接影响到顾客的满意率，进而影响到下一次订货。在现代企业的物流活动中，运用了越来越多的现代科技手段用来加快订单的处理。

(四) 存货管理

存货的多少影响着销售的顺畅或阻滞，销售部门一般都希望存货越多越好以保证不脱销，但存货数量太大，势必增加仓储费用和资金占用。存货管理的一项中心内容是确定存货水平的决策。存货水平决策的结果会直接影响顾客满意程度和销售的顺畅或阻滞。因此，物流管理部门必须在增加存货、保证迅速完成订单的情况下所能增加的销售和利润，以及为了保持这一存货水平所需的成本之间进行权衡，比较得失，以确定一个合理的存货水平，并根据销售和市场状况及时予以调整。

（五）运输管理

运输管理是物流管理部门依据企业的分销计划、贸易合同、销售状况等对物流中的商品运输工作制定的行动计划。其内容包括统筹安排、确定运输工具、路线、商品品种和运量、装运时间、起运地、目的地以及每项活动的执行者和所需费用等，以使商品运输工作有计划、有目的地进行，确保商品能在规定时间、地点由生产地转移到消费使用地。

第二节　商品运输管理

商品运输，是指企业利用各种运输工具以实现商品在空间中的移动。运输管理是商品分销中物流管理的主要内容，它关系到消费者需要的商品能否及时地、安全地、低成本地转移到消费者手上。运输管理的主要职能是选择合适的运输方式和运输方案，并安排和执行运输计划。运输管理应贯彻以下五项原则。

(1) 快捷：用最短的时间、最快的速度将货物送达目的地。
(2) 准确：实物与订单相符，同时防止少发、多发。
(3) 安全：保证货物、运输工具和工作人员的安全，控制损耗。
(4) 节省：控制、降低运输成本。
(5) 完整：保证货物的品质和外形不受损。

一、商品的运输方式

商品的运输方式主要包括铁路运输、公路运输、水路运输、管道运输和航空运输。

（一）铁路运输

铁路运输是最主要的货运方式之一。其特点是运量大，运输成本低，速度快，安全可靠，受气候和自然条件的影响较小，在货物运输中具有较高的连续性和准确性。其缺点是线路和车站固定，不能直达每个生产企业（如果销售地点或使用单位不在铁路沿线，就需要再转运，不但会增加运输费用和时间，而且会因增加装卸活动增加损耗），机动灵活性差，待运时间较长，在车站的到发编解作业比较复杂，货物易损坏。一般来说，大宗散装产品如长途运输煤、沙、矿物和农林产品等，一般用整车装运。

铁路运输分为整车运输、零担运输、混装运输和集装箱运输。

1. 整车运输

整车运输是指根据被运输商品的数量、形状等因素，选择合适的车辆，以车厢为单位的运输方法。在确定运输种类时，首先应考虑是否具备整车发运的条件，凡能整车发运的，尽量采用整车发运。整车货物每车为一批，一批托运的货物必须发货人、收货人、到站、发站和装卸地点相同。整车运输的处理，绝大部分在车站货场进行，有铁路专用线的企业及仓库，也可在企业或仓库进行。整车运输的车辆一般都由铁路部门提供，而一些专用车辆（油罐车、自邮车等）由企业自备。

2. 零担运输

零担运输又称小件运输。这种运输方法在待运量少而不够一个整车装载量时采用。需冷藏、保温或加温的货物、危险货物、易污染货物等，按规定不能零担托运。对于零担托运的货物，必须按照运输部门的要求，根据国家标准或专业标准进行包装，没有统一规定包装标准的，发货人应与车站共同研究制定货物运输包装暂行标准。

3. 混装运输

混装运输是将几种相对数量不大的货物拼装在一起，组织整车运输的方式。需要注意的是：易腐货物和非易腐货物、危险货物和非危险货物、相互产生影响的货物、运输条件不同的货物、运价率或保价率相差较大的货物，不能进行混装运输。

4. 集装箱运输

集装箱运输使用集装箱运输的货物，以每张货物运单为一批，每批必须是同一箱型，至少一箱，最多不得超过一辆货车所能装运的箱数。

（二）公路运输

公路运输的通道是公路，工具是汽车，又称为汽车运输。公路运输的优势在于：公路纵横交叉，汽车四通八达，且机动灵活，简捷方便，尤其是在短途货物集散运转上；同时，可以实现直达，即"门到门"运输。此外，公路运输还是对其他运输方式的补充，即其他运输方式（如车站、码头、机场）的货物集散都离不开公路运输。

公路运输的缺点是运输能力小，不适宜装载体积过大、质量过重的物品，受道路和气候条件影响比较大，在车辆运输过程中震动较大，尤其是在路况较差的条件下，很容易造成货物损坏、丢失，成本费用较水运和铁路运输要高，超过一定的运输距离，运费会明显增加。一般来说，小批量、短途的运输靠公路。

汽车运输也有整车运输、零担运输、混装运输和集装箱之分，从其组织形式上看，汽车运输分为自备汽车运输和营业性汽车运输。自备汽车运输是指企业使用自己的汽车运输自己的商品的运输形式。在我国，大部分企业都拥有自己的运输车辆，它们全部或部分承担本企业的商品运输任务。营业性汽车运输是指以汽车运输为营业手段，专门为用户提供商品运输的运输形式。

自备汽车运输大多不能完全满足本企业的要求，需求助于专门的营业性汽车运输来弥补自己运输能力的不足，这正是营业性汽车赖以生存的根本。同时，由于企业对一些特殊商品的运输缺乏相应的特殊车辆，而这些商品的运输又不是经常发生的，因此，企业没有必要购置这类车辆，故这些商品的运输也由营业性运输部门承担。

(三) 水路运输

水路运输的通道是海、江、河等，工具是船舶。水路运输包括海上运输和内河运输。水路运输的优点主要是运输成本低、耗能少、运输通过能力大。其缺点是运输速度慢，受到水域、码头、港口、船期等条件的限制，不能直接抵达收货单位，必须由港口中转，并且受季节、气候等自然条件的影响较大。一般来说，对于运输体积大、价值低、不易腐烂的产品，如沙、煤、粮食、矿产、石油等，水路运输是一种极为经济合理的运输方式。

海运是国际商品运输的主要方式之一。海上运输的经营方式主要有班轮运输和租船运输两大类。班轮运输是指船舶在固定的航线上和港口之间按事先公布的船期表航行，从事运输业务并按事先公布的费率收取运费的一种运输的经营经营方式。班轮运输具有固定航式（固定航线、固定港口、固定船期和固定运费率）方便供货方、手续简便、能提供较好的运输质量等优点。一般来讲，为了保证船期、提高竞争力，班轮船舶的设备较全，都有自己的专用码头、仓库和装卸设备，并有一套专门的管理制度，因此货运质量较有保证。班轮承运人通常在码头交接货物，并负责货物的转口工作。

租船运输是指没有预定的船期表、航线、港口，船舶按租船人和船东双方签订的租船合同规定的条款行事的一种运输经营方式。租船运输一般用来整船装运货价较低的大宗货物，如谷物、石油、化肥、木材、水泥等。租船运输在海上运输中占有重要地位。据统计，国际海上运输总量中，租船运输量约占4/5。租船运输无固定航线、固定的装卸港口和船期，双方的权利义务由双方洽商并以租船合同的形式加以确定。租船运输受租船市场供求关系制约，船多货少时通常运价都很低，反之则高。与班轮相比，由于其运价是竞争价格（班轮是垄断价格），故租船运价较班轮低，对于低值大宗货物的运输，采用租船较为有利。当然，运价也和运输量大小有关，整船装运的运量大，单位运输成本必然较低。此外，只要是船舶能安全出入的港口，租船都可进行直达运输。

(四) 管道运输

管道运输是一种不需要动力引擎，运输通道和运输工具合二为一，借高压气泵的压力推动货物在管道内向目的地输送的运输方式。管道运输具有迅速安全，货损货差小，运输货物因无需包装而可节省包装费用，成本低，管理较简单，不受地面气候条件影响，可连续作业等优点。管道运输具有高度的专业性和专用性，在普通货物运输中是使用不上的，只适合运输诸如石油、天然气、化学品、水煤浆等气体和液体，具有固定资产投资大、机动灵活性差（永远单向运输）等局限性。一般来讲，管道大都由管道所有者用来运输自有产品，不提供给其他发货人使用。我国的管道运输目前多用于运输原油和天然气。

(五) 航空运输

航空运输在商品运输中所占比重较小，但其重要性越来越明显，对于那些体积小、价值高的贵重物品如科技仪器、珠宝等，鲜活商品如鲜花、活鱼、珍贵动物等，以及要求迅速交货或要作长距离运输的商品,是一种较为理想的运输方式。航空运输的优点主要是速度快,安全可靠,能缩短货物在途时间,确保货物质量完好;其缺点是运输能力小,成本高,灵活性差。因此,除少量、高级、急需物品运输外,适用范围较小。

目前,航空运输经营方式主要有班机和包机运输。班机运输是在固定航线上定期航行,具有固定始发站、目的站和途经站的运输方式。由于班机运输是定期开航,故收发货人都可确切掌握起运和到达的时间,保证货物迅速投放市场。其不足之处是舱位有限,且运费昂贵。

包机运输有整架包机和部分包机两种。整架包机是指航空公司或包机代理公司,按照双方事先约定的条件和运费率,将整架飞机租给租机人,从一个或几个航空站装运货物至指定的目的地的运输方式。其特点是可运送大批量货物,运费相对较低。部分包机是指几家航空货运代理公司(或发货人)联合包租一架飞机。适用于1吨以上又不足整机的货物,运费比班机低,但运送时间比班机时间长。

二、影响运输工具选择的因素

上述各种运输工具各有优点和缺点,在具体决策采用何种运输方式时,必须结合自己的经营特点和要求、商品性能、市场需求的轻重缓急程度,对各种工具的运载能力、速度、频率、可靠性、可用性和成本等因素作综合考虑和合理筛选。一般来讲,应重点考虑以下因素。

(一) 商品性能特征

商品性能特征是影响企业选择运输工具的重要因素。一般来讲,粮食、煤炭等大宗货物适宜选择水路运输;水果、蔬菜、鲜花等鲜活商品,电子产品,宝石以及节令性商品等适宜选择航空运输;石油、天然气、水煤浆等适宜选择管道运输。

(二) 运输速度和路程

运输速度的快慢、运输路程的远近决定了货物运送时间的长短。而在途运输货物犹如企业的库存商品,会形成资金占用。因此,运输时间的长短对能否及时满足销售需要、减少资金占用有重要影响,运输速度和路程也是选择运输工具时应考虑的一个重要因素。一般来讲,批量大、价值低、运距短的商品适宜选择水路或铁路运输,批量小、价值高、运距长的商品适宜选择航空运输,批量小、距离近的适宜选择公路运输。

(三) 运输能力

运输能力一般以能够应付某一时期的最大业务量为标准。运输能力的大小对企业分销影响很大,特别是一些季节性商品,旺季时会使运输达到高峰状态,若运输能力小,不能合理、高效率地安排运输,就会造成货物积压,商品不能及时送往销售地,进而使企业错失销售良机。

(四) 运输密度

运输密度，包括各种运输工具的班次，如车、船、飞机的班次，以及各班次的间隔时间。运输密度对于商品能否及时运送，使其在顾客需要的时间到达顾客手中，对争取顾客、及时满足顾客需要和扩大销售至关重要，因此是影响企业运输决策的一个重要因素。企业在选择运输工具时，必须了解各种运输工具的运输密度，使企业能尽量压缩商品的待运期，抢时间争速度，加快货物运输。

(五) 运输费用

企业开展商品运输工作，必然要支出一定的财力、物力和人力，各种运输工具的运用都要企业支出一定的费用。因此，企业进行运输决策时，要受其经济实力以及运输费用的制约。例如，企业经济实力弱，就不可能使用运费高的运输工具，如航空运输，更不可能自设一套运输机构来进行商品运输工作。

(六) 需求的缓急程度

在某些情况下，市场需求的轻重缓急程度也决定着企业应当选择何种运输工具。例如，对于急需的商品（特效药、新鲜食品等）必须选择速度快的运输工具，如航空或汽车直达运输；反之，可选择成本较低而速度较慢的运输工具，如水路运输等。

三、商品运输方案

企业的运输决策，首先面对的问题是要制定合理的运输方案。一般来讲，企业的分销渠道系统有：单一工厂/单一市场，单一工厂/多个市场，多个工厂/多个市场。

(一) 单一工厂/单一市场

单一工厂/单一市场，即企业仅有一个制造厂，并仅在一个市场中营销。这个市场既可以是一个县城，也可以是一个城市、地区、国家。这些单一工厂一般按照近产近销的原则，在当地生产，直达运输，这样运输工作量将会大大减少。但在某种情况，工厂也可设在离市场较远的地方，那里的地价、劳动力、能源和原料价格可以抵消高额的运费。因此，工厂是设在离市场近的地方还是远的地方，要根据相对的运输及加工成本统筹考虑。在陆运方面，铁路、公路四通八达的现实条件，让企业可以从多个运输方案中来选择。可以采用——比较法，看哪个方案的费用最低。费用最低的方案就是企业所要选择的最优运输方案。

如果工厂所在的地域市场范围很小，那么，给顾客送货上门的成本与生产成本相比很小，就可以忽略不计。但是，如果工厂所服务的市场地域范围大，运输成本很大，就不能忽略，而应该把整个市场加以分割，形成单一工厂/多个市场情形，以确保应有的顾客服务水平。

在需要多次转运、运输路线分段衔接的场合，人们常用图上分析法来寻找最优方案。图上分析法，又称最短路线法，是把每个转运环节当作一个节点，把每段运输路程看作一个箭线，用一个平面图把这些节点和箭线连接起来，构成一个网络图，运用网络计算法，不难找到它的最短路线。

(二) 单一工厂/多个市场

单一工厂/多个市场，即企业仅有一个制造厂，但在几个市场内营销。在现代营销中，这种情况较为普遍。当企业在多个市场开展营销活动时，有以下几种运输方案可供选择。

(1) 直接把产品运送到顾客手中。直接运送主要适用于体积大、笨重、价值高、季节性强、易腐烂变质的商品或者客户很少且分散、每次购买量很大的场合。

(2) 将制成的零配件运到各个市场装配。

(3) 运用整车货运方式将商品运到靠近市场的中心仓库，再由中心仓库分销转运到各个市场。

前两种运输方案的运输决策方法可参照"单一工厂/单一市场"的运输决策方法。

在第三种运输方案中，企业的一个重要决策是决定设置中心仓库的地点位置。这一决策不仅对商品流转速度和流通费用产生直接影响，而且关系到企业对于顾客的服务水平和服务质量，最终影响到企业的销售量和赢利水平。中心仓库的位置如何，确定成了决策的核心问题，确定仓库的位置有以下几种方法：

第一，从运输量出发确定仓库的位置。商品运输量是影响运输费用的主要因素之一。由于各个市场销售商品的数量不同，所需运输的数量也就不同。一般的经验是，使仓库尽可能接近运量较大的市场，从而使较大的商品运量走相对短的路程。该方法就是求出本地区实际商品运量的重心所在位置，故也称为"重心法"。计算公式如下：

$$X = \frac{\sum_{i=1}^{n} X_i \cdot T_i}{\sum_{i=1}^{n} T_i} \quad Y = \frac{\sum_{i=1}^{n} Y_i \cdot T_i}{\sum_{i=1}^{n} Y_i}$$

式中：n 为网点的数目，X_i，Y_i 为各点的位置坐标，T_i 为第 i 个地点的运输量，X，Y 为仓库设置地点的坐标。

该方法通过求出仓库地点的 X 和 Y 坐标，就可获得仓库地点的具体位置，但对于用地的现实性和候选位置缺乏全面考虑。例如，当最适合的选址为车站、公园、河道或其他建筑物时，选址就难以实现。故遇到这种情况时，可在这些最合适地点的最近区域内选择可以实现的仓库位置。

第二，从运输距离出发确定仓库的位置。商品运输距离与运输费用有直接的关系。该方法是通过合理选择仓库位置，使这一地区内仓库到各地点的总距离最短，故又叫"最小运距法"。计算公式为：

$$X = \frac{\sum_{i=1}^{n} X_i}{n} \quad Y = \frac{\sum_{i=1}^{n} Y_i}{n}$$

式中：n 为网点的数目，X_i，Y_i 为各点的位置坐标，X，Y 为仓库设置地点的坐标。

第三，从运输费用出发确定仓库的位置。运输费用是由全部运输量乘以运输里程和单位运价所确定的。运输量越大，运输路线越长，单位运价越高，则运输费用也就越高。用该方法确定仓库位置，是将商品运量、运输距离、单位商品运价综合起来考虑，使总的运输费用最小。计算公式如下：

$$X = \frac{\sum_{i=1}^{n} C_i \cdot X_i \cdot T_i}{\sum_{i=1}^{n} C_i \cdot T_i} \quad Y = \frac{\sum_{i=1}^{n} C_i \cdot Y_i \cdot T_i}{\sum_{i=1}^{n} C_i \cdot T_i}$$

式中，n 为网点的数目，X_i、Y_i 为各点的位置坐标，T_i 为第 i 个地点的运输量，C_i 为仓库到各点的单位商品运价，X、Y 为仓库的位置坐标。

在计算中，需先设一个仓库的初始位置，在此基础上不断反复计算，直到仓库位置最佳为止。

以上介绍的方法，在实际运用中的一个主要限制因素是不能反映条件的改变。因为它假定了仓库所处的工作环境是静止的。但是，各种因素总是在不断发展变化，如运量的增加或减少、市场规模的扩大与缩小、交通运输条件的改善等。因此在确定仓库位置时，还必须考虑到周围环境的变化对仓库位置的影响，对各种影响因素的发展变化作出预测。当各种因素发生较大变化时，仓库位置也应随之不断移动。当然，处理这类问题时需要用更复杂的计算方法。

仓库既可以自建，也可租赁，租赁的弹性大、风险较小，多数情况下比较有利，只有在市场规模较大而需求稳定的情况下，自建才合算。也可以考虑分散建立几个仓库形成一个系统。

无论采取哪种方法来确定仓库位置，都必须作一些前期准备工作。这些工作包括：①在特定地区的缩尺地图上设立一坐标，在地图上标明各市场（服务对象）所在的位置。②掌握各市场点的总运输量。由于各点的运输量在不同时期会有波动，因此要对所采用的数据进行研究，并将所确定的数据标在地图各点的旁边。③掌握每一吨每公里的运费水平。

在完成上述准备工作，掌握了必要的资料后，便可选择适当方法来确定仓库的位置。建设仓库后，单一工厂/多个市场的方案就简化为单一仓库/单一市场的情况，可以采用前述"单一工厂/单一市场方案"的分析方法来选择最优化运输方案。

（三）多个工厂/多个市场

多个工厂/多个市场，即企业设有多个制造厂以及分销系统，并在多个市场中营销。为了适应消费分散的特点、节约运费，生产应尽可能在消费地进行。这样就会形成多个工厂为多个市场服务的情况。

如何把每个工厂生产的产品用最短的运输路线、最少的运输费用送到消费者手上？可从以下方面考虑：

（1）在每个市场上都设立一个制造厂或装配厂，实行当地生产、当地销售。例如，一些汽车制造企业（如通用汽车公司、丰田汽车公司等汽车巨头）利用国际上原料关税低于成品关税的惯例，在主要的销售国家建立装配厂，在当地进行装配并销售。

（2）在若干市场之间设立一个制造厂或装配厂，就近供货。这实际上是"单一工厂/多个市场"的组合。

无论如何设置制造厂或装配厂，都要把经济效益放在第一位，只有目标市场的需求足够大，同时具备建厂的一些条件，如土地、劳动力、原料等，才可以建立生产基地。

四、商品的合理运输

所谓合理运输，是指在实现物质产品实体从生产地至消费地转移的过程中，充分有效地运用各种运输工具的运输能力，以最少的人、财、物消耗，及时、迅速、按质、按量和安全地完成运输任务。合理运输的标志是运输距离最短、运输环节最少、运输时间最短和运输费用最省。组织合理运输，不仅可以节省运输能力，挖掘运输潜力，提高运输效率，缓和运输紧张状况，而且可以减少装卸次数，减少货物途耗，节约运输费用，加速商品流转，使社会商品储备量相对减少，提高社会经济效益。

在组织合理运输时要注意避免不合理运输。

（一）不合理运输

凡是运输过程中出现多余的劳动消耗的那一部分运输就是不合理运输，其表现形式主要有以下几种。

1. 对流运输

对流运输是不合理运输中最突出的一种，分为明显对流和隐蔽对流。明显对流是指在同一运输线路上，沿正反方向，同时运输同一品种、同一规格的商品，或是可以相互替代的商品。隐蔽对流易被人们忽视，它是指在具有同一起讫点的平行运输线路上，沿相反的方向运输同一品种、同一规格或可相互代用的商品。对流运输常见的一种派生形式是倒流运输，是指一批货物或一批货物中的一部分，由发站运抵到站后，又从到站运回发站。倒流运输不合理的实质在于多占用了运输工具和运输通道。

2. 迂回运输

由于各种原因，不按最短线路的运输，即在长于最短距离的方向所进行的绕道运输，称之为迂回运输。绕道运输形成的原因很多，但多数是选择运输线路不当引起的：如出现道路施工、事故、自然灾害等情况，绕道运输是实现运输目的的较理想的方法，但是这一方法毕竟是在更多的动力和运费开支基础上进行的，因此应尽快恢复正常。

3. 重复运输

凡对一批货物或其中的一部分进行两次以上的发运，引起运量的重复计算的运输就是重复运输，即一批货物从发货运抵到站，不经任何加工和处理，又重新装车运往别处。重复运输会造成商品在流转过程中不必要的中转，不仅浪费装卸人力、设备和时间，造成车辆无意义地停留，增加车站货场的取送编解作业，而且延长商品的在途时间，增大了商品受到损坏和发生变化的可能性。有时对于消费量较小的商品，进行必要的集中再发往用户，虽然也是一种重复运输，但对于提高运输工具的利用率、减少企业商品的积压有利，可不视为不合理运输。

4. 过远运输

除因资源分布和生产力布局现状所要求的长距离运输外，在商品供应上舍近求远，造成不必要的远程运输谓之过远运输。在实际工作中，如何区分过远运输的界限，并不是显而易见的。人们目前还不能将全部商品定出一个合理的运输距离标准，某种商品的运程是否过远，要细致分析该种商品的性质、消费情况及资源分布等才能确定。由于天然资源分行状况所决定的长距离运输，是物流中的正常现象。如果因运输较远增加运输费用，但仍然能保证获得廉价或高品质的资源，则不能认为是不合理的运输，这是因为运输费用只是社会生产费用的一部分。节约运输费用的目的不在于运输本身，而在于它是为了达到最大限度地节约社会劳动和保障生产和消费之间的连续性，满足人们消费需求的手段。

5. 无效运输和虚置运输

无效运输是指被运输的货物含有较多无用的成分，如煤中的秆石和灰粉、原油中的水分、原木的树皮等，对这些无用成分的运输就是无效运输。原料生产基地的加工能力不足，是产生无效运输的主要原因。虚置运输是指车（船）的几何容积和标记载重量没有被充分利用，造成运力的空驶浪费。

6. 分散货流

分散货流是指把本来集中的货流加以分散，即可以按整车发运的却按零担发运，可以组织直达运输的却组织中转运输。分散货流不仅增加了运输部门的作业量，而且增加了货主的运费支出，延长了商品在途时间。

（二）实现合理运输的途径

1. 合理规划生产力布局和运输网配置

由于工业布局的不合理，某些地区的某些商品产需极不平衡，加大了物流量。生产力布局的状况对货物运输的数量、方向、距离具有决定作用：经济合理地开发和利用各种自然资源是工业布局首先要考虑的因素；工业布局与运输网配置应力求协调均衡，避免过分集中，以防止因运输能力跟不上而影响生产的发展；也应避免过分稀疏而造成运输能力的浪费。

2. 物流和商流分离

物流和商流分离是现代货物流通的一大特点，它可以消除许多不合理的运输现象，使商品所有权虽经多次交易，但商品实体的空间位移最短、时间最少、费用最低，即直接从生产地运往消费地。也正因为物流和商流的分离，使得用户在选择供货渠道时，必须考虑其真正的发货地在何处。用户就地就近选择供货单位，也是实现合理运输的途径之一。

3. 严格按照合理流向图组织运输

合理流向图又称标准流向图，它是根据某种商品的资源和消费的分布情况，运用运筹学方法和电子计算机，制定货物周转量最小的供需联系方案，并结合各地区各种运输方式的能力，对该商品的供应范围和调运路线经济地加以划分和确定，用流向图规定下来，作为运输部门组织供销和运输的共同依据。

4. 组织直达运输和直拨运输

直达运输,是指由商品生产地组织货物运输时,将货物由起运站、港直接运达目的地,中途不换装,不改变列车或船队的编组的一种运输方式。直达运输能缩短商品在途时间,加速运输工具的周转,提高利用率,降低运输成本。直达运输一般是指运输里程较远、批量较大、跨省(地区)进行的货物运输。

直拨运输是指各商业、商品企业在组织货物调运过程中,对当地生产或由外地到达的货物,不进中转仓库,采取直拨的办法,把货物直接分拨给用户以减少中间环节。具体做法有:就厂直拨、就车站(码头)直拨、就库直拨、就车(船)直拨。直拨运输手续费一般较少,在大中城市批发站、中转站所在地办理的直拨运输业务。

5. 大力开展联合运输和集装箱运输

联合运输,简称联运,是指铁路等交通部门在组织货物运输过程中,把两种以上不同的运输方式或工具联合起来,实现多环节、多区段相互衔接的运输。发货单位办理联运托运后,中途变交通工具或过境,均由承运方负责。联运的优点是可以简化货运程序,缩短商品在途时间,提高运输效率。联运的形式按各种运输方式在联运中的组合,可分为水陆联运(铁路水路联运、公路和水路联运)、公铁联运、水陆空联运等。

在同一运输方式中,由于各运输企业分散,独立经营,也可组织不同运输企业的接力运输。按联运对象不同,可分为货物联运和旅客联运。货物联运中又可按商品的品种不同分为煤炭、粮食、木材、钢材、矿石等大宗商品联运,集装箱联运,混杂货物联运等。按地区与国别不同,分为国内联运和国际联运。按组织方法不同,可分为干线联运和干支联运。

集装箱运输是一种现代化的运输方式,它能确保商品运输安全,缩短装卸时间,加速商品周转,节省包装费用,简化运输手续,具有安全、迅速、经济、便利的特点,对现代运输起到了极大的推动作用。为了充分发挥集装箱的优越性,集装箱联运出现在各国家之间的各种运输方式中,成为当前海陆空运输的主要方式。

6. 提高技术装载量

提高技术装载量是组织合理运输,提高运输效率的重要内容。它一方面是最大限度地利用车(船)载重吨位;另一方面是充分使用车(船)装载容积。其主要做法如下:

(1) 改进装载技术。通过合理配置货物、紧密装载、定型装载、改进物品包装等手段提高车(船)技术装载量。

(2) 轻重配装。因为重体货物能充分利用车辆载重量,而不能充分利用车辆容积;轻体货物能充分利用车辆的容积,但不能充分利用车辆的载重量,若采用轻体货物与重体货物配装的方法,可以同时最大限度地利用车辆的载重量和容积。同一车内两种货物的装载量可通过以下公式计算:

$$P_1 + P_2 = P \quad P_1/r_1 + P_2/r_2 = V$$

式中:P——车辆标记载重量(吨);

P_1——重体货物装载量(吨);

P_2——轻体货物装载量(吨);

V——车辆全部有效容积(立方米);

r_1——重体货物比重(吨/立方米);

r_2——轻体货物比重(吨/立方米)。

例如,储运公司利用 30 吨棚车向某地发运两种可配装的商品,重体商品比重为 0.7,轻体商品比重为 0.25,则一辆 30 吨棚车的配装数量应为多少?

解:据公式(30 吨棚车有效容积设为 58 立方米)

$$P_1 + P_2 = 30 \quad P_1/0.7 + P_2/0.25 = 58$$

则: $P_1 = 24.1$(吨) $P_2 = 5.9$(吨)

为了使用方便,根据某些轻重配装货物的比重,利用以上计算公式,编成各类车辆简明配装表,在装车时无需再进行计算,只要知道装配商品的比重,即可在配装去中直接查出轻、重体商品配装的数量。

第三节 仓储管理

一、仓储管理的概念

"仓"也称为仓库,是指存放物品的建筑物和场地,具有存放和保护物品的功能。"储"表示收存以备使用,具有收存、保管、交付使用的功能。商品生产与商品消费之间时间、空间上的分离,企业多品种成批生产的特点,运输能力的制约,等等,都要求一定的商品储存。商品储存通过提供各种场所和设备来收储和保管商品,以满足商品供求、周转上的需要,实现生产与消费在时间上的衔接。"仓储"则为利用仓库存放、储存未即时使用的物品的行为。简言之,仓储就是在特定的场所储存物品的行为。

商品流通中客观存在大量的商品不断地停留在流通的各个环节,造成资金积压和仓储费用的增加。因此,企业必须对商品储存进行科学的管理,使商品储存在数量、品种结构、地理分布和时间长度等各方面能适应消费者的需求,保证分销渠道的畅通。

仓储管理是一门经济管理科学,同时也涉及应用技术科学,故属于边缘性学科。仓储管理就是对仓库及仓库内的物资所进行的管理,是仓储机构为了充分利用所具有的仓储资源,提供高效的仓储服务所进行的计划、组织、控制和协调过程。仓储管理具有明显的战术性特点。但是很多市场营销管理人员不够重视仓储管理,在分销渠道的组织中也不重视商品储存要求,只是到商品脱销了或者发现资金周转减慢了的时候,才认识到仓储管理的重要性,这是缺乏营销系统观念的反映。

二、仓库管理

商品储存的基础是仓库。对于储存时间稍长的商品,都必须放进仓库,以防止风吹雨打、日晒夜露带来的自然损失以及可能发生的被盗损失。于是,商品储存管理的重要内容之一是与仓库相关的管理,而不单是商品本身。努力使仓库的种类、规模、选址适合于商品特点和企业分销战略的要求,对于保证分销渠道的顺畅和正常运转,具有十分重要的作用。

仓库管理的内容主要有三个方面：①仓库的管理，涉及有关仓库类型选择、仓库规模和数量、地址选择等；②商品储存定额的管理，即有关最高储存量、最低储存量、进货批量定额的制定与执行管理；③库存的管理，指订货组织、仓库的日常管理。

（一）仓库种类的选择

应用现代科学技术条件发展起来的仓库有许多类，它们分别适用于不同的商品和不同的经营情况。按不同的标准可将仓库划分为不同的类型，企业应根据自己的经济实力、营销战略及市场的特点，对仓库进行选择。

1. 按是否拥有仓库的所有权来分，可分为营业仓库与自有仓库

营业仓库是指仓储企业投资建设和经营的，货主单位需要付费、取得其使用权才能使用的仓库。一般来说，营业仓库拥有以下优点：①需要保管时保证有场所，不需要保管时，仓库场地不浪费；②有专业人员保管货物和进行出入库管理；③不需要建立仓库的资金，减少资金占用；④可以及时根据市场的变化改变仓库，比较灵活。但是营业仓库需要较大的商品储存费用，而且功能相对单一，不便于企业增设其他某种辅助设备和服务功能。

自有仓库是指货主单位自己投资建设和管理的仓库，其优点是：①可以设置本企业所需的特有设施；②对顾客能做到服务周到；③依靠机械化，能做到节省劳力；④能综合处理收货、保管、出货，能作为流通仓库使用。但是，建立自有仓库需要一笔较大的建设资金，此外还要培训和管理有关的仓库人员。使用自有仓库还是营业仓库，应考虑到企业公司的业务、产品的特点及使用仓库的方法、频率等方面的要求。

2. 按仓库作用为标准来分，可分为保管仓库和流通仓库

保管仓库只对货物进行一般的储存、保管。流通仓库是面对厂商的仓库，是集中消费者需求进行经营的仓库。

相对保管仓库而言，流通仓库能实现货物的迅速发送。它具有以下优点：①建立迅速发送体制，加强企业销售；②能适应大量生产商品的输送，使工厂到流通仓库之间进行大量定型的计划发送成为可能，可以降低输送费用；③具有先进的情报网，能迅速准确地掌握流通过程中的库存情况，防止库存过剩或存货不均情况；④流动仓库作为销售据点，确立了生产厂商直接销售体制，省略了中间流通过程，有利于成本管理。

为了节约仓库用地，同时也是为了提高仓库利用效率，一些新型的仓库纷纷问世。例如，高空间、多层架构的立体仓库，采用升降机存取货物，并配备电脑进行自动化管理，大大提高了单位用地面积的仓库使用率；配送中心式仓库除了提供商品储存功能之外，还进行商品分类、加工、包装、配销和送货等活动，为零售商店提供方便；货仓式商店，既做仓库，又做商店，不仅减少了仓储成本，同时也以低价格赢得了零售商和消费者的欢迎。

（二）仓库规模及位置的确定

仓库规模是指仓库能够容纳的货物的最大数量或总体积（总面积）。直接影响仓库规模的主要因素是仓库的商品储存量，商品储存量越大，则仓库的规模也应越大。另外，商品储存的时间或商品周转的速度也影响仓库的规模，在储存量不变的前提下，周转速度越快，所需仓库的规模就越大。

仓库位置的选择是一个困难的问题，除了从运量、运距、运费出发来优化仓库的位置外，还要综合考虑如下因素：

（1）客户条件。首先要考虑顾客的地理分布。如果顾客集中于某个地方或者分布于其周围地区，在那里设立仓库必然能够达到理想的效果。其次也要考虑顾客需要情况及未来是否发生变化的情况。

（2）自然地理条件。该地区是否可能设置物流中心，有无特殊的阻碍其建设的水文、地质、气候等自然条件。

（3）运输条件。该地区可以采用哪些运输方式？适合于哪些运输工具？装运和卸载服务是否全面？成本有多高？

（4）用地条件。地价是否合理。

（5）法律制度条件。是否符合法律、规定等。

显然，只有顾客密集分布、交通与装运条件方便、地价低廉等主要条件得到满足的地方，才是合适的设置仓库的地方。

三、仓储定额管理

仓储定额是指在一定条件下，根据商品供应能力、运输条件和销售需要，为保证正常销售所制定的商品储存数量或者时间的标准。企业在经营过程中究竟需要多少储存量，是仓储管理中一个比较复杂和困难的问题。储存量过少，导致脱销，不能及时满足消费者的需求；库存量过大，又造成库存商品积压，影响企业资金周转，增加流通费用。

制定储存定额必须从影响商品储存的各类因素出发，对企业实际库存需要进行周密的调查和科学的分析和计算。

（一）储存定额的表现形式

1. 最高储存定额

最高储存定额是对商品储存数量允许达到的最高水平所做的规定。这个规定的主要目的是防止仓库储存过多，以提高仓库利用效率。如果储存过多，既占用资金，又给仓库管理和利用带来不便。

2. 最低储存定额

最低储存定额是对商品储存数量允许达到的最低水平所做的规定。这个规定是考虑到商品销售具有连续性而供货是间断的，为了防止在组织进货的过程中出现商品脱销而必须储存最低储存定额的商品数量。

3. 保险储存定额

保险储存定额是为了防止商品需求非正常变动造成的影响，避免商品脱销，保证连续销售而建立的商品储存。非正常的商品需求变动主要包括自然灾害造成的对某种商品需求的突然增加、政治或社会性突发事件对商品需求带来的影响、商品新用途的发现所引起的需求增加等等。

4. 经常储存定额

经常储存定额是企业满足日常销售或生产需要的商品储存量，通常称为周转储存量定额。

5. 平均储存定额

平均储存定额是指平均库存量，计算公式为：

$$平均储存定额 = （经常储存量/2） + 保险储存量$$

6. 进货批量定额

进货批量定额是指每次订购的商品数量。在有关订购的货物进入仓库之前，仓库储存量通常不断降低至最低储存量，在货物入库后，商品的仓库储存量迅速上升，达到最高储存量水平。

7. 进货隔期定额

进货隔期定额是两次订货之间的时间间隔定额，计算公式为：

$$进货间隔期定额 = 进货批量定额/日均销售量$$

8. 订货提前期

订货提前期是指组织订货过程中，从发出订单到最后货物入库、可供销售为止全过程所用的时间。作为一个仓储定额，是考虑到订货周期的影响，在有关商品经常储存量用完之前就采取订货行为的提前时间。提前订货，必须分析顾客需求的连续性、日均销售量以及从发出订单到收到货物的各种活动所需要的时间。

部分商品储存定额，既可以商品数量的形式来制定，也可以商品储存时间的形式来规定。例如，某种商品的最大库存期限、最小库存期限。

（二）储存定额的控制方法

控制商品储存定额的目的，是以最低的成本建立满足生产和销售需要的库存。常用的储存定额控制方法有定量进货控制法、定期进货控制法及 ABC 分类库存控制法。

1. 定量进货控制法

定量进货控制法是指以商品经济进货批量和安全订货量为基础的储存量控制方法。具体操作方法是，当库存量降低到订货点水平时，按经济进货批量开始订购商品，补充库存。订货开始的时间是不确定的。

定量进货控制法首先要确定商品经济进货批量（订货量）和订货点储存量。订货点储存量包括进货前周转储备量和保险储备量两部分。进货前周转储备量是指发出订单后在新的一批商品可供应销售之前，维护正常销售所必要的商品储备量。其数量等于日均销售量与订货周期的乘积，即：进货前周转储备量 = 日均销售量 × 订货周期。

同时，为了防止商品脱销，避免商业资源浪费，还需要确定一个保险储存量。定量进货控制法所确定的订货点商品储存量可用下式计算：

$$订货点储存量 = 订货周期 × 日均销售量 + 保险储存量$$

每次订购或进货数量等于经济进货批量，可以用图 11-2 进一步直观说明定量进货控制法的工作原理。

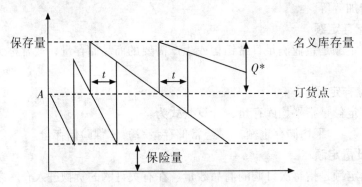

图 11-2 定量进货控制法示意

在图 11-2 中，企业规定了一个订货点储存量 A。当储存量降至订货点水平 A 时，开始按经济进货批量订货。在所订购的货物尚未进库之前，仓库储存量继续降低。由于正确地估计了订购周期（即从发出订单到货物入库为止的时间），因而在正常周转储存量即将用完时，有新订购的货物入库，增加商品储存量。虚线表示名义库存量，它是由订货活动引起的。在商品实际入库以后，名义库存量等于实际商品库存量，因而出现实线与虚线交点的情况。

2. 定期进货控制法

定期进货控制法是指以销售周期为基础的库存控制方法，进货周期和进货时间预先确定，商品储存的数量要根据库存情况临时确定。在定期进货控制中，要在规定的日期，通过实际盘点计算库存量，然后根据具体库存情况，发出订单。定期进货控制法对每种商品都规定了最高库存定额。在事先确定的检查时间检查库存，只要低于最高库存定额就发出订货单，补充库存（工作原理如图 11-3 所示）。

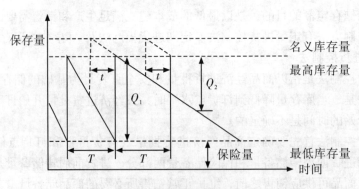

图 11-3 定期进货控制

在图 11-3 中，T 为平均每批货物的销售周期，即任意相邻的两次订货之间的时间间隔，是固定的。但每次订货的数量是变化的，订货的数量取决于最高库存定额与现有库存定额之差。计算公式如下：

商品订购数量 = 最高库存定额 - 现有库存量 + 订货周期 × 日均销售量

最高订购定额 = 销售周期 × 日均销售量

在定期库存控制中，最重要的是确定最高库存定额和销售周期。最高库存定额可以按上面的公式计算来确定。销售周期则可以参考经济进货批量求得的进货间隔期，并根据每一商品的经营特点和货源情况，适当延长或缩短。

定期库存控制与定量库存控制相比，缺点是一般库存水平较高，在确定保险库存量时需要考虑整个检查期的需求变动情况。

3. ABC 分类库存控制法

ABC 分类库存控制法，是采用按一定指标（如销售量、配送中心的出货量、进货量等）对商品进行分类。例如，根据每年销售额的多少，按各品种销售额指标的大小依次排列，并分别计算各品种销售额占总销售额的比例，再按大小顺利排列并累计相加，然后描绘出这些品种的两种累计率的对应图，该图称为 ABC 曲线。如图 11-4 所示。根据图中曲线倾斜的变化程度，可将斜率最陡区域的品种群定为 A 群，A 群的销售额约占全部销售额的 70%；其次品种群定为 B 群，B 群销售额约占全部销售额的 20%，剩余的平坦线区域内的品种群定为 C 群，C 类群约占销售额总体的 10%。然后在此分类的基础上，按照 A、B、C 群的顺序，寻求管理的不同对策。

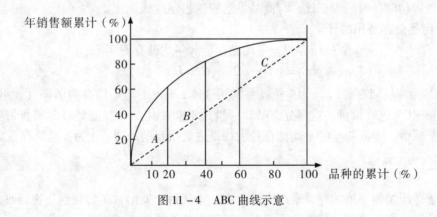

图 11-4 ABC 曲线示意

四、经济进货批量

经济进货批量是指既能满足市场需求，保证企业销路顺畅，又能使商品储存费用最低的每次商品订购和入库的数量。制定经济进货批量有许多方法，其中最为普及也最为重要的一种方法是经济批量法，即通过综合考虑储存费用和订货成本费用，来确定能够使有关总成本达到最低的进货数量。

（一）商品储存费

商品储存占用了商品资金，造成一定的利息损失，同时也占用仓库面积，增加储存费用。从提高经济效益的角度上看，商品储存是最难攻克的障碍之一。人们可以通过科学的进货管理、库存管理，来降低商品储存成本费用。

1. 商品储存费用的内容

商品储存费用是自建仓库或租用仓库企业因商品的储存而付出的一定费用,这种费用主要包括四个方面的内容:

(1) 仓储费用。商品的储存常要有一定的地点,需要有光、热、冷冻、安全、防锈、防腐等专门的处理设备。企业租用仓库,则向专业的仓储企业支付商品储存费,即所谓的"保管费"。

(2) 资金成本。储存的商品占用资金,必然带来资金成本(即利息)。对于批发商和零售商来说,收购商品并加以储存也是企业投资的一种形式。当然,在储存方面的投资必然使企业丧失投资于其他方面的机会与收益,造成机会成本。

(3) 税金与保险费。税金是指按规定交纳的各种款项金额。保险费包括三个方面:一是库存商品的保险费;二是为仓库的固定资产和流动资产向保险公司投保而支付的保险费;三是为非生产性固定资产和流动资产向保险公司投保而支付的保险费等。

(4) 报废损失。储存于仓库的商品经常面临着损失的风险。这主要是指因自然灾害和责任事故而造成的损失,包括风、火、水、地震等灾害,商品的变质、霉烂、破损和有生命商品的死亡,以及有关人员的贪污、盗窃和破坏等造成的损失。

以上这四个方面就构成了企业的商品储存费用。从总体上看,这些费用与采购量成正比,与货物储存时间成正比,与商品发运或销售速度成反比。

2. 商品储存费用的计算

$$商品储存费 = 平均储存量 \times 年均储存费用率$$

$$或者: C_i = (A + Q/2) \times C_p \times I$$

其中: C_i 为商品储存费; C_p 为单位商品购买成本; I 为平均年储存费用率(元/单位库存价值); Q 为进货批量,这部分商品储存量是不断变化的,在满足日常销售需要的过程中不断减少,因而年度的平均储存量大约是进货批量的一半; A 为保险储存量。

(二) 订货费用

订货费用是为了增加存货所产生的成本,指从每次发出订单到收到货物验收入库过程中所发生的成本费用,如订货手续费、谈判与签约活动费、收货、验收、入库及货款发付手续等所需的费用。一般来说,订货费用可用下述公式计算:

$$订货费用 = 订货次数 \times 每次订货费用$$

$$订货次数 = 年度需求量/进货批量$$

$$或者: C_o = (Cs \times D)/Q$$

其中: C_o 为每次订为订货费用, D 为全年需求量, C_s 每次订货费用, Q 为进货批量。

(三) 经济进货批量的制定

上面分析表明,组织商品订货、租赁仓库要发生订货组织费用,其大小与订货次数成正比;商品在库储存要占用资金,要精心保管,因而要发生储存费用,其大小则与储存商品的数量成正比。这两种费用之间存在一定矛盾,如为降低订货组织费用而减少订货次数,必然要求增加采购和进货批量,因而引起储存费用的增加;为减少储存费用而压缩采购进货批量,则会增加订货次数,进而使订货费用上扬。如何控制这两种费用?解决办法之一是将有关费用进行综合分析,制定一个合理的采购进货批量。

订货费用与储存费用都是随着进货批量大小而变化的。订货费用随进货批量(订购量)的增加而降低,储存费用随订购量的增加而增加(如图11-5所示)。这两条曲线垂直相加,即得总费用曲线(U型曲线)。从总费用曲线的最低点作垂直于横轴的直线,即得经济进货批量,或称为经济订购量。

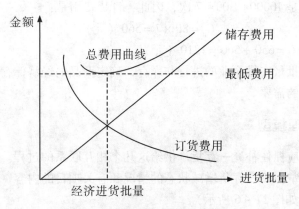

图11-5 经济进货批量决策示意

经济进货批量可用数学分析方法推出。假定进货批量为 Q,那么,平均库存量为 $(A+Q/2)$,平均库存金额为 $C_p(A+Q/2)$,全年储存费用为 $IC_p(A+Q/2)$;每次订货费用是固定的 C_p,全年进货次数为 D/Q,则全年订货费用为 DC_s/Q,仓储总费用是商品储存费用与订货费用之和,因此,仓储总费用 C 的计算公式是:

$$C = IC_p(A+Q/2) + DC_s/Q$$

经济进货批量是使全年总仓储费用为最低的进货量,计算经济进货批量可以通过对总费用曲线函数求导数获得。令:

$$dC/dQ = 1/2 IC_p - DC_s/Q^2 = 0$$

得:

$$Q^* = \sqrt{\frac{2DC_s}{IC_p}}$$

总费用的最低点是对应进货费用与储存费用的交汇点,即进货费用等于储存费用时的总费用最小。因此,经济进货批量还可以通过使两费用相等求得。通过数学处理也可以得出该结果。

这就是希望获得的经济进货批量的计算公式。其经济含义是,如果每批以 Q^* 的批量订购进货,则可以使仓储总费用即储存费用和订货费用之总和达到最小。在实际工作中,经济订货批量总是选取一近似值,这是因为总费用曲线在经济进货批量附近相对比较平缓。在这一范围内,进货数量的变化所引起的总费用的变化很小,因此,可以灵活地取近似经济进货批量的整数,作为经济储存量。

例如,某企业生产某产品,年销量为10000件,产品单价为100元,平均储存费用为1%,订货费用为每次80元,求经济进货批量。

已知：$C_p = 100$ 元，$I = 1\%$，$D = 10000$ 件，$C_s = 80$ 元，代入上述计算公式，得：

$$Q^* = \sqrt{\frac{2 \times 10000 \times 80}{1\% \times 100}} \approx 1265 \text{（件）}$$

即经济进货批量是 1265 件（为组织进货和管理上的方便，不妨取近似值 1300 件）。按照这个批量组织进货和仓储，则储存费用是：

$$C_i = 1300/2 \times 1\% \times 100 = 650 \text{（元）}$$

因为订货次数是 $10000/1300 \approx 7$ 次，因此，订货费用是：

$$C_p = 80 \times 7 = 560 \text{（元）}$$

仓储总费用是 $C = 650 + 560 = 1210$（元）。

按照经济进货批量安排企业的进货与库存，确定商品的经济储存量，可以保证以最低成本来满足销售的需要。

五、库存管理模型

库存管理模型应抓住补充—存货—供给这几个相互联系的过程。为了确定最佳库存的管理模型，需要掌握每日存货增减状态的情况和有关项目的内容。确定库存管理模型可采用如下步骤（如图 11-6 所示）。

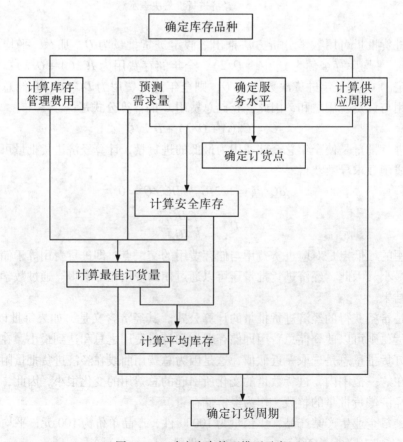

图 11-6　确定库存管理模型示意

（一）确定库存管理品种

不同的连锁企业对库存范围的理解不同，各企业没有必要对库存的定义完全相同。连锁企业在进行库存管理时，首先应根据本企业的具体情况，对库存作出具体规定，然后再根据需要进行管理。例如，有的连锁企业将配送中心、门店所有的商品者定义为库存对其管理，而另外的连锁企业则仅将配送中心的商品定义为库存，门店的商品由门店自行负责。当然，作为库存的商品，根据其特点、管理方法等还可以再进一步分类，这将有助于顺利开展库存管理工作。其中常见的分类方法是ABC分类法。

（二）预测需求量

预测需求量时，首先要选择预测方法。预测方法不是越复杂越好，它主要是用来提高重要品种物品的预测准确度，对其他种类物品要采用简单作业的方法。其次要确定预测期间。预测期间可以分为按年和按供应期间两种类型。但要注意，需求量变动小的品种，预测期间要加倍，才符合总成本的要求。预测值和实际值完全一致的情况很少，所以，还要考虑预测的误差值。

由于实际和模型之间存在一定差异，必须对模型进行修正。具体的预测方法如下：①掌握过去调查的实际需要量的分布状况和趋势；②用统计分布理论作近似模型，进行简单的预测；③当用分布理论做不出模型时，使用指数平滑法进行预测，采用这种方法，更要注意历史资料。

（三）计算与库存管理有关的费用

在划分商品品种的基础下，计算各类商品库存管理费用分为两步：首先，要掌握在库存管理中的所有费用；其次，对费用进行计算。

识别库存管理费用是很困难的，这是因为采用会计记录，难以按品种种类划分费用。而且会计上的费用划分是具有一定原则的，是固定的连续使用的，但是与库存有关的管理费用，却因周围情况和安排计划时期的长短而变更项目的内容。对于跨部门的费用和机会费用等，一般采用经验方法和统计手段。

库存管理费用一般包括与订货有关的费用和与保管有关的费用。

（四）确定供应间隔期

供应间隔期是指从订货到交货需要多少天，又称供货期间。它主要是根据供应商的情况决定其内容。如果是从制造商处直接进货，必须充分了解制造商生产过程、生产计划、工厂仓库的能力等，并进行全面的相互讨论后再确定供应时间。

对于其他供应商，更有必要加深相互了解。供货期间长，意味着库存量增加，所以连锁企业希望供应期短。另外，由于供应期间有变动，则要增加安全库存量（安全库存量与供应间隔期的平方根成比例）。因此，为了满足交易条件，就要确定有约束的安全供应期间。作为模型所规定的供应间隔期，是平均供应间隔期和标准误差（如标准偏差等）指标，如果达到正常的程度，那就是理想的、最大的供应间隔期。

(五)确定订货点

订货有两种方式:一是定期订货方式,二是订货点订货方式。

定期订货方式是指在一定期间内补充库存的方式,这种方式适用于管理重要的品种。定期订货的做法是每周、每月或三个月为一个订货周期,预先确定订货周期,以防止缺货。其公式如下:

$$订货周期 = 平均一次订货量/单位时间内平均需求量$$

订货点方式是指库存降到订货点时的订货,订货点是指在补充库存之前仓库所具有的库存量(如图11-7所示)。

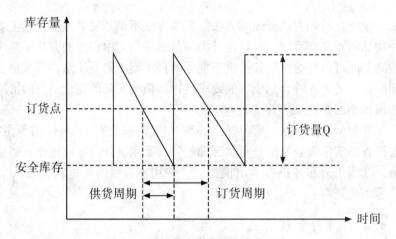

图11-7 订货点库存量的变化示意

订货点的库存量要满足订货期间的需要量。其表示如下:

当需要量和供应期间没有变动时:

$$订货点 = 供应期间的需要量 \times 供应时间$$

当需要量和供应期间发生变化时:

$$订货点 = (供应期间的需要量) + (该期间变动所需要的预备库存量)$$
$$= [(单位时间内平均需要量) \times (供应时间)] + 安全库存$$

(六)计算安全库存

安全库存是指除了保证在正常状态下的库存计划量之外,为了防止由不确定因素引起的缺货,而备用的缓冲库存。如果不确定因素过多,就会导致库存过剩。不确定因素主要来自两个方面:需求量预测不确定和供应间隔不确定。其计算公式如下:

$$安全库存 = (安全系数) \times (根据需要及供应期间等变动确定的库存量)$$

(七)确定订货量

年库存管理的总费用和订货量关系密切:订货量越大,库存与库存有关的保管费用越多。由于订货次数的减少,与订货有关的各项费用也相应减少,所以,订货费和保管费随着订货量的变化而变化,反映出反方向的变动关系。保管费用和订货费用之和的总费用是最小值时,对应的订货量就是经济订货量,其公式是:

$$Q = \sqrt{\frac{2R \cdot C}{P \cdot i}}$$

式中:Q 为经济订货量(平均每次);

R 为年需求量;

C 为平均每次订货费用;

P 为库存物品的单价;

i 为年保管费与库存物品金额的比率。

(八)确定平均库存

平均库存是指在某一定期间内的平均库存量。一般采用下列公式计算:

平均库存量=(订货量/2)+安全库存量

案例 沃尔玛:做好物流和配送是成功之道

沃尔玛集团(Wal-Mart Stores Inc)是世界500强企业之一,是全球最大的零售企业。2008年2月25日,沃尔玛副董事长麦克·杜克(Michael Duke)宣布,中国供应商生产效率的提高抵消了由于通胀和人民币升值而造成的成本增长。杜克指出,2008年该公司将从中国采购总价值90亿美元左右的商品,与去年的采购量相当。这一数字不包括沃尔玛间接从中国购买的商品。沃尔玛近两三年来在中国的采购额一直稳定保持在90亿美元左右。虽然沃尔玛的一些商品生产地已经由中国转移至其他国家,但同时另一些商品生产地却转移到了中国,这样保证了其在中国的总采购量保持平稳。

沃尔玛的经营有六条基本原则:①抓住做生意的本质,即客户需要什么,要给客户提供正确的产品;②如果希望顾客到你的店里来,要使购物对客户来讲变得简单,顾客没有很多时间,价格必须是合理的;③他们一定要最快找到自己要根据不同的地点销售的不同产品;④所需的产品;⑤需要适当数量的产品,也就是说不能出现没有货的情况;⑥要保证质量,才能赢得顾客的信任。沃尔玛每天都在按照这六条基本法则运营。

可以说,沃尔玛的成功,除了其在全世界拥有众多店铺进行规模化发展外,还有一个决定性的因素就是其拥有一个强大的物流配送与支撑系统。这种强大的后勤支撑系统大大降低了沃尔玛的运营成本,扩大了其利润空间,是沃尔玛达到最大销售量和低成本存货周转的核心。沃尔玛前任总裁大卫·格拉斯曾说过:"配送设施是沃尔玛成功的关键之一,如果说我们有什么比别人干得好的话,那就是配送中心。"

1. 建立无缝的物流系统

目前在中国,沃尔玛在物流方面面临的挑战,就是要建立一个无缝的物流系统,能够及时、方便地把货物配送到各地,这与沃尔玛在其他地区面临的挑战是一样的。沃尔玛最终要做的,就是在世界其他地方能做到的,在中国也同样能做到。

沃尔玛在美国的成功经验是任何地点都要有同样的运营体系。一般来说，货物会送到各个配送中心，再送到终端客户的手中。沃尔玛会分析在哪个环节上可以降低成本，减少时间，提高效率。在美国，沃尔玛有完整的物流系统，是24小时运作的，并且采用了最新的技术。另外，还有13个地区分销中心、7个配送中心。沃尔玛有不同样式的配送中心，它们的价格非常低廉，工作效率也很高。比如沃尔玛的服装配送中心，就侧重于高档的服装产品业务。沃尔玛还使用产品返还的方式提高物流效率，通过退回某些产品，促使供货商降低成本。

沃尔玛的进货渠道很多，在美国也有进货的配送中心，例如，希望在一个固定的时间内进货，就采取大批量的进货方式。沃尔玛有一个内部配送系统，所有有关的货物都要通过这个系统送达，通过这个系统降低了成本。

沃尔玛是墨西哥最大的零售商。它在墨西哥有一个配送中心，还有一个现代化的车队，这是在运货方面降低成本的手段之一。沃尔玛还实现了310万公里无事故的运输成绩，这个方式也是节约成本的一种手段。

沃尔玛运货的策略主要是以集装箱的方式运货，沃尔玛觉得低于集装箱容量的运输是不经济的。沃尔玛也有在夜间运货的方式。沃尔玛会事先制定运货计划，与用户做好沟通，也就是说配送程序要非常准确，这样就能避免有关的检查成本，货物运到配送中心，立马就可以入库。

2. 降低营运成本

沃尔玛把物流中心和配送中心整合起来，整合的物流系统能够提高效率，降低成本。但对于一个大型零售企业来说，采购、服务等各个环节都要配合降低营运成本的宗旨。

山姆会员商店是沃尔玛的成功范例。按照沃尔玛的宗旨，通过很好的物流系统为山姆会员商店提高效率将是降低营运成本的最好手段。沃尔玛只选择那些适应需要的产品、高质量的产品，同时又能满足企业会员的需要和个人会员的需要。在会员商店里，降低成本是最为重要的，并在降低成本的时候扩大销售量。一旦成本降低，产品的价格也会下降，这在每个国家都是一样的。沃尔玛还有自己所谓的山姆哲学，其哲学理念之一就是提供最好的服务，如果做不到，就索性不提供这种服务。2007年，沃尔玛在中国开设了30家店面，使得在中国的店面总数上升至101家，其中包含3家山姆会员店。

沃尔玛也通过全球的采购系统，尽量降低费用。降低人力成本也是沃尔玛成功的重要因素。另外，沃尔玛在进行自有品牌开发方面也取得了非常好的成绩，也在一定程度上降低了成本。

链接思考

（1）为什么说沃尔玛的成功跟它建立了高效的物流配送体系有关，假如没有这样的体系，其运营会出现什么样的状况呢？

（2）沃尔玛的山姆哲学理论在中国的零售企业是否可行？试述理由。

本章小结

企业满足顾客的需要不单纯靠分销活动，还需要实体分配即物流管理。事实上，在现代企业的分销管理中，物流管理是商品分销管理的一个重要内容。

狭义的物流是指商品实体的空间位移。广义的物流包括与实体运动有关的全部流动活动，如运输、仓储、流通加工、包装、保管和物流信息管理等。为高效率地完成物流职能，越来越多的企业不再单纯依靠自己的力量，而是尽可能地动员经销商、储运公司、财务金融机构和保险公司共同来从事实体分配。当然，参与实体分配的机构越多，企业就越要谨慎地做好物流管理工作。

所谓物流管理，是指为高水平地满足顾客需要，对商品实体从生产地点向顾客使用地点的转移过程所进行的决策、计划、组织执行、激励和控制活动。其基本任务是建立组织和激励各个部门共同承担和执行物流职能的系统机制，联系与协调各有关单位的活动，使实体分配过程更加合理化，以最少的时间和投入、最好的服务、最高的工作质量，来完成物流活动。基本要求是：促进合作、规模适当化、运送及时、库存合理化、节省费用。物流管理的主要职能是：预测销售量、制定分销计划、订单处理、进行仓储和运输管理。

运输管理是物流管理的主要内容，它关系到商品能否及时地、安全地、低成本地转移到顾客手上。其主要职能是选择合适的运输方式和运输方案，并安排和执行运输计划。当今企业在组织物流时，常用的运输方式是铁路运输、公路运输、水路运输、管道运输和航空运输等。由于不同方案的成本、运量、速度和可达性不一样，因此，企业要根据商品特征、运输费用、市场需求的轻重缓急程度来加以选择。商品运输方案与生产组织方式有关，一般有单一工厂/单一市场、单一工厂/多个市场、多个工厂/多个市场三种方式可供选择。

商品库存能够为顾客创造时间效用。然而不合理的库存会占用大量资金、占用仓库设置和空间、需要投入人力和物力加以保管，因此要加强仓储管理。仓储管理的内容包括仓库建设、储存标准制定、出入库管理、信息管理和日常保管。仓库建设决策首先要回答企业是否需要建设自有仓库的问题，如果需要，则要决定建设多大规模、在什么地点建设等。仓库储存标准即定额有许多内容，大体上是有关订货、进货等方面的库存商品数量或者行为时间的标准规定，其中的关键是进货批量标准。为了有效地降低仓储费用，应当用经济原则制定进货批量标准，其结果就是经济进货批量。

为有效地控制商品储存量，可以采用定量进货控制方式或定期进货控制方式。此外，还要运用ABC分类库存控制法加强库存品管理，做好仓储信息管理、出入库管理和日常商品保管工作。

关键概念

物流　物流管理　经济订货批量　定量进货控制法　定期进货控制法　ABC分类库存控制法　库存控制　仓储管理　仓储定额

思考题

(1) 假设你被聘用为某品牌啤酒的分销经理，该啤酒的主要销售对象是娱乐场所和高档酒店餐饮企业，谈谈你为该公司设计物流系统的初步想法和理由。

(2) 某品牌饮料在我国南方城市供不应求，产品脱销；但在北方城市却卖不出去，产品大量积压。出现这样尴尬局面的问题的原因在哪里？你认为企业应当如何应对这样的局面，把损失降到最低？

(3) 以某企业为例，计算其经济进货批量。并与企业实际进行对比，分析两者之间存在差异的原因。

第十二章 分销渠道信息管理

本章学习目标

学完本章后，应掌握以下内容：①了解分销渠道信息系统结构；②了解分销渠道主要信息流程；③了解分销渠道信息系统开发与管理。

数字化的分销渠道缩短了生产与消费之间的距离，电子商务改变了工业时代传统的、物化的分销体制，如何在旧的分销体系崩溃之前建立以互联网为基础的分销体系、如何将数字化的分销渠道与传统的分销体制有机地结合起来、如何在网上和客户建立长久的合作关系，是现代企业在21世纪相当长一段时间内必须面对的问题。

本章主要是在信息全球化的大背景下，首先对渠道信息系统的概念、功能以及结构等方面进行论述，其次分析了促销信息流程，最后结合现代计算机信息技术，介绍了如何开发与管理渠道信息系统。

第一节 分销渠道信息系统结构

一、信息的概念及功能

从认识论的角度说，信息是指事物运动状态以及运动方式的表象，广义的信息由数据、文本、声音和图像四种形态组成，主要与视觉和听觉相关。数据通常指数字，实际包括计算机所能处理和生产的任何数字、文字、符号等；文本指书写的语言，可用手写，也可用机器印刷；声音主要指可听到的说话的声音和音乐，无线电、电话、唱片、录音机等是用以处理这类信息的产品；图像是看得见的形态，包括照片和图画等，可以是艺术性的，也可以是实用性的。文本、声音和图像在计算机中被简化为"0"和"1"的原始单位时，它们变成了数据。因此，数据是信息的基础。

在管理科学中，通常认为"数据经过加工处理就成了信息"。为了理解信息的这一定义，需要对信息和数据加以比较。信息和数据是两个联系密切又有重要区别的概念。数据是记录客观事物的性质、形态和数量特征的抽象符号，如文字、数字、图形和曲线等。数据不能直接为管理者所用，因为其确切含义往往不明显。信息由数据生成，是数据经过加工处理后得到的，如报表、账册和图纸等。信息被用来反映客观事物的规律，从而为管理工作提供依据。

为了对信息有更为深刻地了解，可参考图12-1。从图12-1中可以看出，数据经过加工处理后，就得到了信息。

图 12-1 数据转化信息的过程

当然，信息和数据也不是绝对分开的。例如，一个企业的销售量，对于有的人来说只是一组数字而已，但对他的竞争对手来说，就是信息。

信息对人类社会有三大功能：一是中介功能。作为认识主体的人，要通过对认识事物的终结及信息的接收和加工，才能认识到客观对象的本来面目。二是联结功能。由于客观事物表露信息的一般性，使人们对客观事物有了共同的看法，检验客观事物有了共同的标准，信息把个人联结为社会。三是放大功能。信息与知识的第一次产生，需要投入雄厚的财力和巨大的智慧，信息一旦产生，便可以学习、可以复制，大大节约了社会资源，促进社会经济可持续发展。

信息的特征有：①可扩散性，信息通过各种传递方式被迅速散布；②可共享性，信息可以转让，但转让者在让出后并未失去它；③可存储性，信息可通过体内储存和体外储存两种主要方式储存起来，个人储存即是记忆；④可扩充性，随着人类社会的不断发展和时间的延续，信息不断地得以扩充；⑤可转换性，信息可由一种形态转换成另一种形态。

二、分销渠道信息系统的概念、特点及结构

（一）分销渠道信息系统的概念

在对信息概念了解的基础上，结合分销渠道的特点，得出分销渠道信息系统的概念：它由人、设备和程序组成，它为渠道营销决策者收集、挑选、分析、评估和分配所需要的、及时的和准确的信息。

在分销决策的过程中，营销经理需要影响分销渠道的宏观与微观环境开发信息，分销渠道信息系统的任务是评估经理人员的信息需求并适时提供所需信息作为决策的依据，如图 12-2 所示。

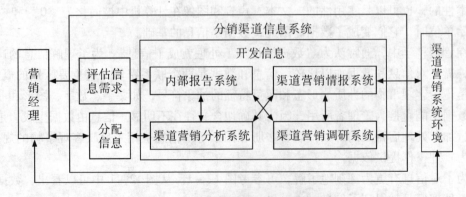

图 12-2 分销渠道营销信息系统示意

(二) 分销渠道信息系统的特点

1. 目的性

在产出大于投入的前提下,为分销管理决策提供必要的、及时的和准确的信息。当然,那些与分销管理决策无关的、杂乱的信息,数量再多也无济于事,这也是分销管理者所不需要的。

2. 及时性

及时性包含速度和频率,在激烈的竞争中,信息传递的速度越快就越有价值,而且频率要适宜。低频率的报告会使管理者难以应付急剧变化的环境,频率过高又会使管理者面临数不清的大量数据。准确的信息要求信息来源可靠,收集整理信息的方法科学,信息能反映客观实际情况。

3. 系统性

渠道信息系统不是零星的、个别的信息汇集,而是若干具有特定内容的同质信息在一定时间和空间范围内形成的系统集合。它在时间上具有纵向的连续性,是一种纵向连续作业的系统;在空间上具有广泛性,内容全面、完整。企业必须连续地、大量地、全方位地收集、整理有关信息,分析其内在联系,提高信息有序化的程度,为分销管理人员提供真正反映渠道营销环境变化的信息。

4. 社会性

分销渠道信息系统反映的是人类社会的市场活动,使营销活动中人与人之间传递的社会信息,是信息传递双方能共同理解的数据、文字和符号。伴随着市场经济的发展和经济全球化,营销活动的范围由地方性扩展为全国性、国际性,信息的传播更是空前的广泛。

(三) 分销渠道信息系统的结构

总的来说,分销渠道信息系统由四大部件构成,即信息源、信息处理器、信息用户和信息管理者,如图12-3所示。

图12-3 分销渠道信息系统的结构示意

1. 信息源

信息源是信息的来源,即信息所表达的事件的发生地和行为主体。一般包括以下内容:

(1) 市场信息。主要包括社会需求变化,用户对产品品质、价格、交货期的反馈信息,以及竞争对手情况、消费趋势等方面。具体来说,有以下五个方面。

第一,竞争信息。这主要指相关市场上的竞争产品和竞争者的信息,其主要内容有:与本企业生产同类产品的厂家数量增减和实力变化情况;各类竞争项目的市场状况;市场上对竞争力强的产品予以综合评价;替代产品竞争情况;等等。

第二,用户需求信息。这是指用户对产品的要求和售后评价,主要包括:用户使用产品的目标和条件;产品对用户的适用性;用户对产品各个方面的具体要求;用户敏感点;等等。

第三,产品开发信息。这是指有关未来产品变化方向的信息,主要包括:与本企业产品有关的新技术发展动向;新产品创意的收集;新产品对市场需求的刺激状况;顾客对哪些新产品产生拒绝行为;其原因是什么;新产品投入市场后对老产品产生的影响;产品市场寿命周期的变化情况;等等。

第四,市场开发信息。这是指与未来企业目标市场的发展与扩大有关的信息。如企业现有产品是否可向原来没有需求或需求甚少而未来会产生需求或需求增多的市场迈进;潜在市场的需求动向;市场上还有哪些未满足的需求;原有市场的变化趋势;市场占有率和覆盖率的变化情况;等等。

第五,行情信息。如市场价格走势、商品销售速度或增长速度、整个市场物价水平、供求关系信息等。

(2) 顾客档案信息。这是指有关顾客私人背景的一些信息,如顾客的国籍、性别、年龄、宗教信仰、职业、收入、家庭住址等方面。收集顾客档案信息有可能涉及顾客的隐私,所以需要把握分寸并征得顾客的同意,防止对顾客造成伤害。

(3) 营销网络成员的信息。营销网络成员既是信息的提供者,也是企业考察的对象,有关营销网络成员的信息也可以通过营销网络自身收集到。营销网络成员的信息主要包括营业实力和营业特征两个方面,具体包括成员的销售业绩、银行信用、竞争地位、资信声誉、服务力量、营业面积、顾客评价、与政府关系等。营销网络成员的信息也可通过其他商业机构如银行、咨询公司得到,但主要还是通过营销网络收集。

2. 信息处理器

信息处理器是指担负信息收集、加工、传输、保存、更新等职能的承担者,由人和机器两大部分组成。负责收集信息的人包括企业的销售人员、渠道成员和市场调研人员,负责信息加工的人主要是指信息分析人员和研究人员,此外还有资料传输人员、保管人员等。位于信息处理器中的机器主要包括计算机网络的各种软硬件,除此之外,还有市场调研中的仪器设备、收发信函情报的仪器设备等。

3. 信息用户

信息用户是指信息的使用者,他们利用信息制定决策。在商品分销系统中,生产厂商、中间商、辅助商、顾客等共同来完成商品分销职能,把产品从生产厂商手上转移到消费者手上,满足消费者需求。在渠道信息系统中,他们也是信息使用者。信息用户可分为外部使用者和内部使用者。其中,内部使用者主要是指生产企业中的各级管理者;外部使用者主要是指各级经销商、代理商、辅助商及顾客等。

(1) 生产厂商。作为分销系统所销售商品的来源,生产厂商在分销系统中占据不可替代的基础地位。一方面，生产厂商要根据中间商的要求，及时、保质、保量地供应商品；另一方面，要努力与顾客建立良好的分销关系，在建立和维护分销系统方面发挥主动作用。要想有效地发挥这些作用，生产厂商就要充分利用好渠道信息系统。一般来说，渠道信息系统的主要服务对象和受惠者是生产厂商。

（2）中间商。中间商包括批发商、零售商、进出口商、代理商，是在商品流通领域专门从事商品买卖或帮助实现交易的那些商业机构和个人。他们在分销系统中通常占据主体地位，中间商的分销能力及其发挥程度、中间商的组合状况以及与生产厂商之间的关系等因素，对分销系统的整体效率具有决定性的影响。他们能否制定正确的行为决策，在于他们是否有效地利用渠道信息系统，获得所需信息。

（3）辅助商。运输公司、仓储公司、保险公司、银行、市场营销研究公司、咨询公司、广告公司等被称为辅助商。辅助商与中间商都是独立于生产厂商的市场经营主体，在分销系统中起着帮助把生产厂商出产的产品销售给消费者的作用。两类主体之间的区别在于，中间商要直接参与或帮助商品所有权转移，而辅助商则不直接参与商品所有权的转移，只是为商品交换提供便利，或为提高商品交换的效率提供帮助。

（4）顾客。亦即消费者和用户。任何分销系统都必须包括商品的顾客，这是因为他们是分销的目标，也是商品价值和使用价值的实现者。消费者或最终用户对分销系统起着导向作用，整个系统的运作最终要根据消费者或最终用户的需要和要求来组织。只有消费者或用户的需要才对生产厂商、中间商和辅助商具有真正的吸引力，通过这种吸引力，各个市场经营主体得以联合起来，构成一个有机的分销系统。

随着计算机和网络通信技术的发展、电子商务的兴起，生产厂商正逐步与其中间商、辅助商建立起战略合作伙伴关系，通过共享渠道信息系统，以增加合作伙伴的整体竞争力。同样，消费者也越来越在渠道信息系统中起着导向作用，参与到渠道信息系统中。

4. 信息管理者

信息管理者负责信息系统的设计实现，在实现以后，他们负责信息系统的运行和协调。主要包括系统分析员、程序设计员、开发人员、网络管理人员、操作人员、用户等。

三、分销渠道信息系统的总体结构

分销渠道信息系统的总体结构包括内部报告系统、渠道营销情报系统、渠道营销调研系统以及渠道营销分析系统四个子系统。

（一）内部报告系统

内部报告系统提供企业内部信息，以内部会计系统为主，同时辅之以销售报告系统，集中反映订货、销售、存货、现金流量、应收及应付账款等数据资料，营销管理人员通过分析这些信息，可以发现一些新的问题或新的机会，及时比较实绩与预测目标的差异，进而采取切实可行的改进措施。

内部报告系统的核心是"订单—发货—账单"循环。订货部门要及时处理推销员、经销商和顾客提交的订单，仓储部门及时发货，发票、运单和账单或其复印件应及时分送有关部门。销售报告系统应向公司经理及时提供全面、准确的生产经营信息，以利于掌握时机，更好地处理进、销、存、运等环节的问题，使企业在市场竞争中处于有利地位。新型的销售报告系统的设计，应符合使用者的需要，要求及时、准确、简单化、格式化，实用性、目的性很强，真正有助于渠道营销决策。

（二）渠道营销情报系统

内部报告系统主要用于向管理人员提供内部运营"结果资料"，而渠道营销情报系统则用于提供外部环境的"变化资料"，帮助渠道营销主管人员了解市场动态并指明未来的新机会及问题。

收集外部信息的方式主要有以下四种：

（1）无目的的观察。无既定目标，在和外界接触时留心收集有关信息。

（2）有条件的观察。并非主动探寻，但有一定目的性，对既定范围的信息做任意性接触。

（3）非正式的探索。为取得特定信息进行有限的和无组织的探索。

（4）有计划的收集。按预定的计划、程序或方法，采取审慎严密的行动，来获取某一特定信息。

营销情报的质量和数量决定着企业营销决策的灵活性和科学性，进而影响企业的竞争力。为扩大信息的来源和提高信息的质量，企业通常采用以下措施改进信息收集工作：

（1）提高营销人员的信息观念并加强其信息收集、传递职能。

（2）鼓励与企业有业务关系的经销商、零售商和中间商收集和提供营销信息。

（3）积极购买特定的市场营销信息。

（4）利用多渠道、多形式了解竞争对手的渠道营销活动情况，包括参加有关展销会、协会、学会，阅读竞争者的宣传品和广告，购买竞争品，雇用竞争者的前职工。

（5）建立内部营销信息中心，改进信息处理、传递工作。

（三）渠道营销调研系统

渠道营销调研指系统地设计、收集、分析和报告与特定渠道营销环境有关的资料和研究结果的活动。菲利普·科特勒曾将营销调研定义为"通过信息而把消费者、顾客、大众及营销人员联结起来的职能"。这些信息是指营销机会与问题，被用以开展、修正和评估营销活动，监视营销绩效，增进对营销过程的了解。

渠道营销调研系统和市场营销信息系统在目标和定义上大同小异，研究程序和方法有共性。

（四）渠道营销分析系统

渠道营销分析系统指企业以一些先进技术分析市场营销数据和问题的渠道营销信息子系统。渠道营销分析系统通常由资料库、统计库和模型库三部分组成。

1. 资料库

资料库中存有有组织地收集到的企业内部和外部资料，营销管理人员可随时取得所需资料进行研究分析。内部资料包括销售、订货、存货、推销访问和财务信用资料等；

外部资料包括政府资料、行业资料、市场研究资料等。

2. 统计库

实施一个规模庞大的营销研究方案，不仅需要大量的原始资料，而且需要统计库提供的平均数和标准差的测量，以便进行交叉分析。因此，营销管理人员为测量个变数之间的关系，需要用运各种多变数分析技术，如回归、相关、判别、变异分析以及时间序列分析等，统计库分析结果将作为模型的重要投入资料。

3. 模型库

模型库是由高级营销管理人员用运科学方法，针对特定营销决策问题建立的包括描述性模型和决策模型的一组数学模型。描述性模型主要用于分析实体分配、品牌转换、排队等候等营销问题；决策模型主要用于解决产品设计、厂址选择、产品定价、广告预算、营销组合决策等问题。

四、分销渠道信息系统的功能结构

一个渠道信息系统从使用者的角度看，它总是有一个目标，具有多种功能，各种功能之间又有各种信息联系，构成一个有机结合的整体，形成一个功能结构。

渠道信息系统的基本功能是为企业有效地组织商品分销及整体市场营销活动提供现实的和历史的真实、可靠、充分的情报资料。为履行这一功能，渠道信息系统就要承担市场情报收集、行情预测、接受和管理顾客订单、编织分销计划与实体分配计划、绩效分析与评估、文件输送等职能，并且要建立能够有效执行这些职能的子系统（或称为模块或工作部门）。在总体结构的基础上，可进一步细分渠道信息系统，也就是建立其子系统。一般来说，在分销渠道信息系统的功能结构要建立促销沟通、市场预测、销售订单处理、库存管理、应收账款、送货服务、客户服务、绩效管理等子系统（见图12-4）。客户服务子系统功能结构见图12-5。

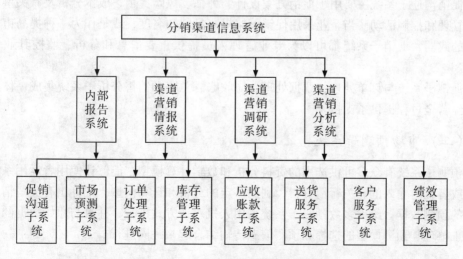

图12-4 分销渠道信息系统功能结构

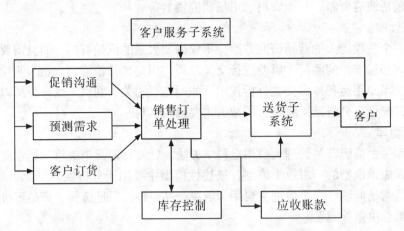

图 12-5 客户服务子系统功能结构

图 12-4 和图 12-5 不仅直观地说明了分销渠道信息系统的构成,也可用于说明各功能子系统之间是怎样联系和运作的。它们好像是企业渠道管理过程的一个缩影。整个流程自左至右展开,企业进行促销、需求预测等活动以后,客户就通过电话、信件、电子信函等方式发生订货行为,销售订货子系统处理客户的各种订货请求;同时启动企业的库存控制系统,检查是否有存货满足顾客需要或者是通知生产;然后再通过送货子系统把产品送到用户手中。其中,货款的收回发生在订单处理或送货子系统中。由于客户服务活动发生在产品的售前、售中、售后整个过程中,因此客户服务子系统作用于整个渠道信息系统的过程中。对于细分的各个职能子系统的功能,其内容简要如下。

(一) 促销沟通子系统

促销沟通子系统主要用于促销方案设计、评估、风险提示、成本分析及有关事务列表等管理和控制活动。当企业采用促销策略提高品牌知名度,或是作为一种提高市场占有率的武器,促销子系统都可以为专业管理人员提供重要信息和分析、监控其业务的帮助。

促销子系统与订单处理、票据处理、应收账、总账和销售分析子系统集成一体,为企业经营全过程提供了支持。

(二) 市场预测子系统

预测子系统有众多可供选用的资料分析和数学计算模型,能够让使用者运用系统已有的或者临时输入的有关行情资料,利用一定的分析和计算模型,推算出有关行情未来变化的预测数据。绝大多数预测子系统采用人机对话方式进行,并且与原始数据的调查与加工整理、预测模型的选择和预测信息传输结合起来一同进行。

(三) 订单处理子系统

订单处理子系统具有解答顾客查询、生成报价表、接受顾客订单、分析订单可接受性和订单编号、信息传送等功能,能够帮助使用者迅速、正确地处理和分发顾客订单,从而提高服务质量。它与应收账款模块、存货管理模块联合使用,能够快捷地完成订单处理的所有详细的工作。

(四) 库存管理子系统

库存管理子系统能够保证存货的准确性、通知组织进货或存货合理水平,并且跟踪货物的流向。该模块通过销货和生产数量的记录分析来管理位于各个仓库的货物(包括订单项中的货物)。通过库存分析产生订货建议报告和制作购货单,并能够在管理人员的指令下发送有关信号,从而避免缺货情况的发生并且降低库存量,使管理者对库存成品、原料、采购品、半成品做出更好的规划及控制。同时能够提供精确、详细的统计资料给会计、计划及其他管理部门使用。

(五) 送货服务子系统

送货服务子系统用于制作送货任务清单、优化配送方案、行车路线、顾客售货凭证以及销售服务通知、收款通知等,使公司能够从顾客最近的仓库或工厂提取货物,正确地、及时地、安全地、低成本地送交顾客所需要的货物。

(六) 客户服务子系统

该子系统主要提示客户服务并制作服务任务清单。包括客户的基本资料管理,信用管理,客户的售前、售中、售后的服务管理等。

以上介绍的是分销渠道信息系统中的几个主要模块。它们和其他的支持性技术模块相互作用、相互影响,共同构成了渠道信息系统。

五、提高分销渠道信息系统运行效率的途径

建设分销渠道信息系统不是目的,目的是要利用这一系统为企业正确制定分销决策提供可靠依据。因此,在分销渠道信息系统建设过程中和建设以后,都要强调有效运行原则,并建立有关评价标准。所谓有效运行,就是能够持续正常地执行预定的功能,满足分销管理部门对所需信息的需要。如何保障分销渠道信息系统的有效运行呢?主要抓住以下五个方面。

(一) 强化对员工的道德教育,提高员工的素质

人是分销渠道信息系统的主体。对于这一点,需要有清醒地认识。在广泛采用电子计算机信息系统以后,有些人产生了一种糊涂的看法,认为信息系统的主体是机器而不是人,人成了计算机的附庸。依照这种说法,在计算机信息系统中是人为机器"打工",人为机器服务,而不是机器为人服务。按照这样的思路来设计和管理信息系统,是不可能掌握信息系统的操纵权和主动权的,自然也谈不上让信息系统为管理和决策提供可靠依据。

同时,还应充分发挥人的主动性和能动性,发挥人在设计、操作和管理分销渠道信

息系统中的积极作用。当然，人必须具有较高的品行素质和业务素质，拥有设计、操作和管理渠道信息系统的必要知识和技能，并且具有敬业、创业精神。

（二）重视技术进步，采用先进的技术手段

在渠道信息系统建设和管理中，必须大量运用先进的科学技术成果，用先进的技术武装各个模块，强化信息系统功能。技术手段是人的能力的延伸和放大器，重视人在信息系统中的主导地位与重视科学技术成果的运用没有矛盾，是人们有效利用科学技术的必然选择。

（三）重视调查研究分析，科学地进行市场投资

建设分销渠道信息系统是一项相当规模的投资。与其他任何投资项目一样，投资发生后就会发生资本的沉淀，不可能马上回收。这就要求在投资前，应当开展有效的生产研究，并认真分析企业对分销渠道信息系统的需要和要求，充分论证资金投向和投入规模的合理性。论证分析的底线是避免发生投资失误，高要求则是所建设的系统投入运行后能够产生较高的投入产出效果。

（四）实事求是，合理划分功能模块或工作部门

分销渠道信息系统是一个社会分工体系，是众多个人和机构相互合作的整体，绝对不是一个人或者一个小组就能够开展所有工作的。要使信息系统有效运行，必须对系统职能进行合理分工，进行有效的规划，并结合企业的现实状况，实事求是地、恰当地划分系统功能模块或工作部门，以便有效地组织系统内的合作，保障有关功能的正常发挥。

（五）强化现代管理理念，有效控制系统的运行

只要是包含劳动分工的系统，都离不开管理和控制。分销渠道信息系统的运作也是这样，系统的有效运行首先依赖于管理的有效运行，没有有效的管理就不成其为一个有效运行的系统。上述各项提高系统有效运行的途径，都要以科学、有力的管理学为基础，都要将现代管理理念充分地结合到实际工作中，这样才能使得系统的有效运转得以落实。因此，重视管理理念、加强管理是分销渠道信息系统建设和运行的重要前提。

第二节 分销渠道主要信息流程分析

一、分销渠道主要信息流程的概念及功能

分销渠道信息流程是指在分销过程中，为了引导相关的商业活动所形成的信息传播的过程。这个过程对于分销过程来说，已经变得越来越重要了。因为，谁需要什么样的产品，谁拥有了这种样子的产品，市场交易条件发生了哪些变化，都需要信息沟通过程

来实现。

首先，为了设计合理的分销渠道信息系统，有效地组织信息收集、加工和整理，要认真分析分销管理以及整个企业的市场营销管理过程中有哪些决策以及他们需要哪些信息。通过这个分析，可以明确分销渠道信息系统收集整理和传递信息的具体任务。信息系统设计人员应当询问分销渠道信息系统使用者，尤其是那些主要的使用者，了解他们的决策任务和信息需要，征询其对信息系统功能模块设计的意见。各个层次的信息使用者也应当主动地参与信息流程分析活动，明确地提出本部门、本职工作对有效信息的要求。

其次，对于信息系统设计人员来说，需要进一步研究如何适合使用者需要的信息。例如，对信息系统输入的信息是什么，对于所取得的信息又要通过哪些加工整理工作，既不改变原有信息的内涵又便于使用者接受并使用，等等。通过这一活动，就可以对有关信息的收集、加工、传送等流程过程有比较全面地认识，在此基础上可画出有关信息的流程图。

最后，优化信息流程是信息流程分析的重点。所谓优化信息流程，就是从各种可行的信息收集、加工处理、解释说明和传送的流程组织方案中，根据企业的现实条件、可能出现的变化以及提高决策质量的要求，选择实用性最强、操作最方便、费用最低、效果最好的流程方案。多数情况下可通过比较分析相同信息的不同流程图来作出选择。当然，优化工作的前提是能够列举出多种可行的信息流程方案或流程图，并且有合适的评价标准和评估方法体系。

由于信息来源和信息使用方式对不同信息而言存在差别，因此，信息流程分析需要逐条信息地进行。例如，市场价格信息流程与顾客需求信息流程就存在多个环节的不同，因此，应当分开进行分析，不能用一个流程图来代表两个信息流动过程。

二、分销渠道信息流程的类型及内容

（一）信息流程的类型

依据分销渠道信息系统的功能结构，渠道信息系统的每个子系统都会形成一个信息流程。因此，信息流程有诸多模块，主要包括促销子模块、市场预测子模块、订货处理子模块、送货服务子模块、客户服务子模块等。

（二）促销信息流程分析

促销信息流程是企业为进行广告、宣传、销售促进等促销决策和对有关促销活动效果进行监控，对所需信息的收集、整理和传送过程。具体来说，应当包括以下三个方面的具体信息流程。

1. 促销方案制作信息流程

促销方案制作活动中，通常需要获得促销对象（如广告受众）的信息、媒体信息、创意构思、投入产出比率资料以及测试、评估结构资料等，收集、加工和整理有关资料就构成了促销方案制作中的信息流程，如广告创作信息流程、宣传方案和销售促进

（或营业推广）方案设计信息流程等。

2. 促销活动计划与组织信息流程

不论是发布广告，还是组织公共宣传或是销售促进活动，都必须有计划、有组织、有准备地进行。尤其在分销渠道中组织促销活动，通常需要多个渠道成员共同配合，因此，有关促销活动的计划、组织者以及成员分工、过程控制方式等方面的信息，必须及时传递到各个渠道成员的手上。

3. 促销效果反馈信息流程

有关促销活动开展以后，顾客有什么反应？渠道成员有什么意见？这些问题的答案本身就是信息，收集、整理和传送这些信息就构成了促销效果反馈信息流程。

一般来说，促销信息流程可参考图 12-6 所示。

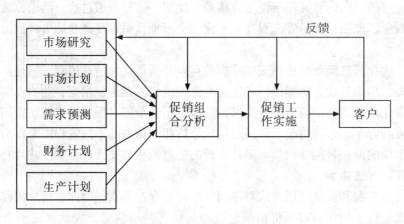

图 12-6　促销信息流程

由图 12-6 可知，促销信息流程是封闭的流程。企业根据市场调研资料、销售态势信息、财务计划、营销战略和生产发展计划，进行促销组合分析，在此基础上制作促销方案，然后组织实施。至此，促销信息流程并没有结束，它还要继续从市场上（顾客那里）获得促销效果信息，反馈到促销组织部门、方案设计部门和分销管理部门，以便对促销过程进行密切的监控，并有利于改进今后的促销方案设计和组织管理。

（三）市场预测信息流程分析

分销管理中经常涉及寻找多少零售商、给他们制定多大销售配额、如何组织实体分配等问题。解决这些问题的关键就是要进行市场预测，尤其是进行顾客需求预测。通过分析最终顾客（消费者和最终用户）的地区分布以及他们的消费特点，推断和估计他们在近期可能发生的需求，进而判断企业如何组织商品分销、如何进行实体分配便能达到满足顾客需要的目的。为了正确作出市场预测，分销渠道信息系统就要合理组织市场预测信息流程。

市场预测信息流程承担着为有效进行未来市场需求、价格走势和市场占有率分布等方面的预测提供可靠资料和信息的职能（见图 12-7）。

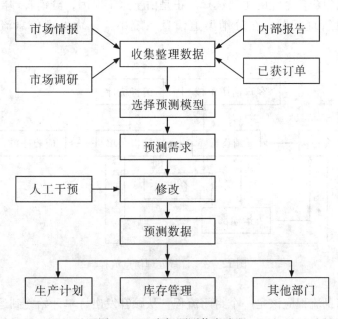

图 12-7 市场预测信息流程

从图 12-7 可以看出，市场预测信息流程包括收集整理数据、选择预测模型、预测需求、修改、预测数据等若干环节，因此会发生大量的信息流。

(1) 收集整理数据，滤除不合理数据。数据的来源主要有企业内部报告、已获订单、市场调研以及有关企业外部的市场情报。在收集和整理数据时，要求系统提供很强的编辑功能，比如某环节缺少一个原始数据，就要用前后时期的平均值代替。

(2) 选择预测模型，以准确表达需求行为，从而改善预测精度。因为市场预测信息子系统应该是一个自维护系统，所以不仅要建立初始预测模型，而且当得到一个新的数据后能自动调整模型，使之适应新的情况。要做到自动调整，必须对预测有严密的监控，这种监控要靠各种跟踪信号。

(3) 人工干预，是指为了增加预测的准确性和精度，根据指标的设定，对有关的数据进行修改和调整。

(4) 将修正后的预测数据传给生产计划部、库存管理及其他部门。

在实际预测中，通常联合采用多种方法，如销售人员预测法、专家意见预测法（德尔菲法），采用各种方式来对同一对象进行预测，收集不同单位的预测结果，分析预测误差，以便改进预测的精度。由于不同的预测方法需要使用不同的数据资料，因此在预测信息流子系统中，应当有为各个预测者提供必要资料的能力，这样就增加了该子系统中的信息流通量。

(四) 订货处理信息流程分析

企业的商品销售不外乎两种方式：一是根据市场预测来组织货源和进行销售，二是根据顾客订单来组织货源，进行销售。一般来说，第二种方式的销路可靠，企业没有经营风险,因此成为众多企业的主要选择。正是由于这个原因,分销管理部门最为关心的是顾客订货信息管理问题。在分销渠道信息系统中,订货处理信息流程见图12-8所示。

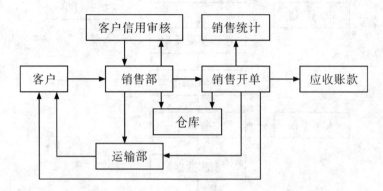

图12-8 订货处理信息流程

订货处理信息流程应该是一个封闭流程,从顾客发出订单开始,到运输部门把商品送达顾客手上、财务部门收回货款为止。就图12-8所示的流程而言,订货处理信息流程包括以下步骤。

1. 客户订货

客户可以通过电话、邮件、E-mail或上门洽谈订货。通常可能发生顾客索取报价、要求咨询的情况,在接受订货模块中就要设置回答顾客的问题、提供顾客所需的报价资料和其他参考资料的功能。在顾客正式提出订货单以后,公司销售部门要登记顾客情况和订单,并作初步评估。如果顾客订单是明显不能满足的,或者某些交易条件是明显不能接受的,应当与顾客及时联系,请其修改订单。如果没有相应问题,就认为是可接受的订单。

2. 销售

销售部门收到可接受订单以后,必须马上进行顾客信用审核,以便判明交易是否存在风险。审核顾客信用一般由金融财务部门进行,通过收集顾客代表资格的证明材料和顾客过去的交易记录、付款纪录以及现行财务状况等资料,判明拜访者及顾客代表是否能够真实地代表其所声称的顾客,分析顾客是否真正存在需要、是否具有支付能力、是否会及时付清货款。只有通过了信用审核的顾客订单,才能够正式接受,销售部门才能授权下属机构进行销货交易。

3. 授权进行交易

正式接受顾客订单以后,销售部门要根据顾客订单制作多联式提货单,并把多联式提货单和其他交易资料分送仓储、运输和开单等部门。仓储部门根据提货单和有关资料,快速清查库存货物,组织包装。如果发现存货量不足以满足顾客需要,就要通知销售部门,让其与生产部门直接联系,以便及早备齐顾客所需货物。

4. 运输

运输部门根据已授权提货单安排运输工具从仓库或从工厂取货,编制运输路线,并把发运清单转送开单部门。

5. 销售开单

开单部门核对提货单与发运清单,依据企业的产品价格目录资料开出账单寄送给客户(列明销售物品品种与数量、价格、运费、税项、销售折扣、付款方式等),然后把账单副联转送财务部门、销售部门、仓储部门。

6. 应收账款

财务部门将有关销售账单信息登记到客户往来明细分类账中,进行应收账款登录,并组织有关单位收进销售货款。仓储部门依据销售账单登录存货记录,反映库存存货的减少。

综上所述,订货处理信息流程是所有权转移流程、商品实物转移流程、货款转移流程三者的集中反映,在此过程中,还有大量的管理信息的流动。由于信息重要而且流程相互交叉,合理安排有关信息流程、优化订货处理,对于提高顾客接待质量、及时满足顾客需要、有效防范交易风险以及加强经营控制,具有重要意义。

(五)送货信息流程分析

送货信息流程是订单处理信息流中的一个重要组成部分,与实体分配管理密切相关,送货信息流程可见图12-9所示。

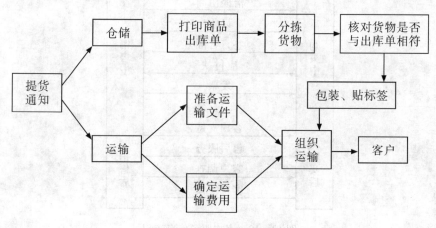

图12-9 送货信息流程

从图12-9可以看出,送货信息流程应当处理好三个方面:

(1)销售部门在对客户订单进行初步评估和信用审核后,要制作提货单(或称为提货通知),分别发往仓储部门和运输部门。

(2)仓储部门根据提货单,制作商品出库单,指示仓库职员对顾客所需货物进行清点和分拣,核对货物是否与出库单相符。"货""单"相符,"单""单"相符,仓储部门就可在提货单上签字,表明拣货作业的完成和货物等待运输。此外,还要对货物进行包装、贴上标签,通知运输部门。

(3)运输部门根据销售部门的提货单和仓储部门的运输通知,制作装货单,组织运输工具装载货物,在核实物品品种、数量、随送资料和其他物品后,指示运输人员向顾客送货。

当商品数量多、运输距离较远时,运输任务通常委托给专业运输商,由后者从仓库直接提取货物,制作装货单。装货单有三个重要作用:一是作为货物实体转移到运输商手上的证明;二是企业向顾客开出售货发票、收取货款的依据;三是企业向运输商支付运费,向保险公司进行货物保险的依据。

(六) 客户服务信息流程分析

客户服务贯穿于商品分销全过程,其服务信息流程也贯穿在整个渠道信息系统之中,从为顾客提供咨询信息的售前服务开始,到最后保证顾客满意消费的售后服务,信息流和服务活动都紧密联系(见图12-10所示)。

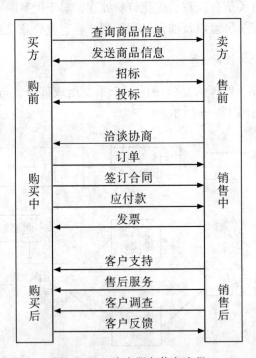

图 12-10 客户服务信息流程

分销活动是与顾客服务紧密结合的活动,能否让顾客满意、能否培养顾客的忠诚、能否树立企业形象,都取决于服务质量的高低。分销实践中经常发生服务质量让顾客不满意的事件,例如,不少销售人员缺乏商品知识,对顾客的询问不能正确回答;接受顾客订单后不能及时交货,或者因为缺货让顾客空手而归;售前服务不到位,商品销售到顾客手上后发现不能使用;从顾客那里收到货款以后,就不再提供销售服务;向顾客提供的销售服务有"缩水"问题,与企业宣传的不一样。有些销售人员粗暴对待顾客,奉行"货物出门,概不负责"等落后的经营理念,更是让顾客反感。

为了避免发生这类不愉快的事件,分销管理部门必须加强顾客服务质量管理。图

12-11 介绍了客户服务质量控制过程。

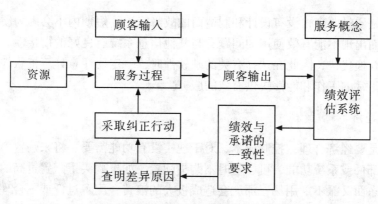

图 12-11　客户服务质量控制过程

图 12-11 的服务质量控制过程是为了保证服务质量的一种信息反馈系统。在服务质量控制过程中，将输出结果与标准相对比，与标准的偏差被反馈给输入，随后进行调整，使输出保持在一个可接受的范围内。

第三节　分销渠道信息系统开发与管理

一、分销渠道信息系统开发的原则

利用电子计算机和网络技术来建设分销渠道新系统，已经成为一种必然。而要建立这种现代化的分销渠道信息系统，就必须结合企业的实际情况，遵循适用、可靠、经济的原则来进行开发。

（一）适用

适用就是要以系统功能需要为主要依据，来设计和选择计算机渠道信息系统的配置方案和硬件、软件，保证企业需要得到满足。因为，在计算机支持的渠道信息系统中，各个功能模块是由一系列的硬件和软件组成的。所谓硬件，是指计算机的主板、芯片、存储器等元件和集成块，属于有形物体；软件是指驱动机器运转和执行制定作业的各种指令和文件，一般是无形的。硬件和软件是计算机信息系统的基本元素。硬件和软件的组合通常被称为系统配置，系统的功能主要取决于系统配置。但许多企业由于在对渠道信息系统建设没有进行详细分析前，就随意地购置那些高档、配置比较现代的计算机软件、硬件，结果造成了计算机配置与现实脱节、不相适用，功能不能满足现实的要求，这造成了极大浪费，也造成了渠道信息系统更加缺乏效率。

（二）可靠

可靠就是质量要高，没有设计和制造商的故障隐患，短期内不会因为硬件和软件的升级或更新而出现不能有效使用的问题，与其他信息系统有良好的衔接性、兼容性。由于计算机更新换代快，因此在选择有关的硬软件时，一定要注意计算机软件的升级，以保证计算机正常的工作和能够提供有效的服务。

（三）经济

经济就是要经济合理，控制成本，对于现实没有功能需要、将来购置不会造成成本大幅上升的部件或系统功能，可以暂时不购买配置。如果购买了配置过高的计算机软硬件，而这些东西又派不上用场，那就会造成极大的浪费；配置过低或不合理，要投入大量的时间和精力进行调试，也会带来低效率。而不管计算机配置过高还是过低，只要不合适，就会直接或间接的造成经济损失，这其实是变相地增加了企业的投资成本。因此，在开发时一定要注意这一问题。

二、分销渠道信息系统开发的内容

分销渠道信息系统开发，从渠道系统功能结构的角度，可以进行系统功能结构模块的开发；从利用现代标准化的信息系统为客户服务的角度，可进行零售分销系统的开发；从计算机系统的发展来看，可对其软硬件进行开发。因此，分销渠道信息系统的开发大致包括以下三个方面的内容。

（一）系统功能结构模块的开发

系统功能结构关系到计算机资源的使用方式，对一个应用系统的硬件配置、软件设计和时限、系统建设投资、系统运行方式、运行效率、维护费用以及长远的灵活性和适应性等方面都有着深远的影响。为此要设计多种功能结构方案，并从中选择合理的功能结构。信息系统功能结构的选择，不仅要考虑企业的实际环境、特定的信息处理方式和系统功能要求，还要考虑计算机信息系统硬件、软件平台及网络结构的合理选择问题，同时也要考虑整个系统进一步开发的要求。

随着计算机技术的发展，计算机在企业管理的应用正在经历一个由少到多、从点到面、不断扩展与深入的发展过程，由早先的分散的单个事务处理系统发展到联网的信息管理系统，从各自独立的系统发展到集成化系统。从企业内部发展到社会化、全球化联网信息交换。

在计算机信息系统的发展之中，企业信息系统的功能结构和整个系统结构也处于不断发展和变化之中，归纳起来，大致有主机模式、文件服务模式、客户/服务器模式和浏览器/服务器模式等四种，其中，主机模式、文件服务模式在企业级的信息系统中已很少使用，这里只对后两种模式进行分析。

1. 客户/服务器模式

20 世纪 80 年代中后期，在企业的需求推动下，在计算机、网络、数据库、面向对象技术等的支持下,产生了客户/服务器模式(Client/Server,即 C/S 模式)。其基本思想是充分发挥系统各部分的性能,以提高系统的整体效率。客户－服务器结构将应用过程分割成几个相关的部分,并将他们分配到整个网络上,这样可以使用户能最佳地利用计算机的各种资源,当它与先进的微处理器、分布式处理、关系数据库、图形用户接口、多媒体和网络技术结合使用时,客户/服务器模式将是一种强大的信息处理方法。

C/S 模式又称 C/S 结构,是软件系统体系结构的一种。C/S 模式简单地讲就是基于企业内部网络的应用系统。C/S 模式的应用系统最大的好处是不依赖企业外网环境,即无论企业是否能够上网,都不影响应用。服务器通常采用高性能的 PC、工作站或小型机,并采用大型数据库系统,如 Oracle, Sybase, Informix 或 SQL Server。客户端需要安装专用的客户端软件。传统的 C/S 体系结构虽然采用的是开放模式,但这只是系统开发一级的开放性,在特定的应用中无论是 Client 端还是 Server 端都还需要特定的软件支持。由于没能提供用户真正期望的开放环境,C/S 结构的软件需要针对不同的操作系统开发不同版本的软件,加之产品的更新换代十分快,已经很难适应百台电脑以上局域网用户同时使用。而且代价高,效率低。当然,C/S 结构的优点是能充分发挥客户端 PC 的处理能力,很多工作可以在客户端处理后再提交给服务器,对应的优点就是客户端响应速度快。

因此,客户/服务器模式以其独特的方式和特点被迅速地应用到企业的信息系统的体系结构中,采用这种结构能够根据用户需求灵活地配置各种大、中、小型计算机系统。但是,随着网络应用的不断发展,这种客户/服务器模式也渐渐显露出它的弊端,因此又提出了浏览器/服务器模式。

2. 浏览器/服务器模式

浏览器/服务器模式,即 Browser/Server 结构,就是只安装维护一个服务器(Server),而客户端采用浏览器(Browse)运行软件。它是随着 Internet 技术的兴起,对 C/S 结构的一种变化和改进。主要利用了不断成熟的 WWW 浏览器技术,结合多种 Script 语言和 ActiveX 技术,是一种全新的软件系统构造技术。

在 B/S 体系结构系统中,用户通过浏览器向分布在网络上的许多服务器发出请求,服务器对浏览器的请求进行处理,将用户所需信息返回到浏览器。而其余如数据请求、加工、结果返回以及动态网页生成、对数据库的访问和应用程序的执行等工作全部由 Web Server 完成。随着 Windows 将浏览器技术植入操作系统内部,这种结构已成为当今应用软件的首选体系结构。显然,B/S 结构应用程序相对于传统的 C/S 结构应用程序是一个非常大的进步。

B/S 结构的主要特点是分布性强,维护方便,开发简单且共享性强,总体拥有成本低。但数据安全性问题、对服务器要求过高、数据传输速度慢、软件的个性化特点明显降低,这些缺点是有目共睹的,难以实现传统模式下的特殊功能要求,例如,通过浏览器进行大量的数据输入或进行报表的应答、专用性打印输出都比较困难和不便。此外,实现复杂的应用构造有较大的困难。虽然可以用 ActiveX、Java 等技术开发较为复杂的应用,但是相对于发展已非常成熟 C/S 结构的一系列应用工具来说,这些技术的开发复杂,并没有完全成熟的技术工具可供使用。

B/S 模式在本质上是 C/S 模式，但它在传统的两层 C/S 模式的客户和数据库服务器之间增加了一个作为功能性服务器的中间层部件，并把主要的应用逻辑转移到中间层上。这样，表示层、应用逻辑层、数据服务层就被分割成三个相对独立的单元。在具体应用中，B/S 模式通常是指 Web 浏览器 – Web 服务器 – 数据库服务器的三层 C/S 模式。其中，浏览器代表表示层，位于客户端，负责与用户的交互并把相应的请求通过调用中间层的组件传递给应用逻辑层；Web 服务器代表应用逻辑层，位于应用服务器，由其执行具体的事务逻辑并通过结构化查询语言（SQL）等方式向数据服务层提出数据和其他资源请求，并将结果返回给客户机；数据库服务器代表数据服务层，位于数据库服务器，提供对数据的各种管理功能。因此，企业在选择渠道信息系统功能结构方案时应考虑所选的功能结构是否满足了系统的功能、性能的要求，是否满足了系统扩充性的要求，使系统具有最大程度的开放性等因素。

（二）零售分销系统的开发

零售分销系统的开发包括四个方面：商品条形码、零售商 POS 系统、电子数据交换系统和高效的消费者反应系统与快速反应系统。

1. 商品条形码

商品条形码是商品的身份证，由黑白条组成，记录着商品名称、制造商名称和价格等有关信息。因在商品的外包装上，条形码的最大用途是通过扫描仪可以瞬间读取该产品有关信息，并进行记录，它是 POS 系统的基础。如果没有条形码，就需要用人工录入产品信息，这在交易现场很难实现，并大大降低了渠道信息系统的效率。

2. 零售商 POS 系统

POS 是 Point of Sale 的省略语，是指零售商营业时即时收集并管理单品信息和顾客信息的系统。顾客购物时，POS 先进收款机通过扫描仪读取条形码上的数据，从而显示出贮存在计算机中的商品价格，进行收款作业，同时将销售商品、数量、金额、时间及购买者年龄、性别等情况输入计算机系统之中，进行分析研究，调整店铺经营策略，并反馈给生产商。生产厂商一般会选择拥有 POS 系统的零售商进行商品分销，零售商业会选择实行商品条形码的生产者做生意，否则都会成为各自信息系统建立的障碍。

3. 电子数据交换系统

EDI 是 Electronic Data Interchange 的省略语，是指电子数据交换，即企业间标准化地使用计算机处理商务文件，进行信息交流及相互作用。

VAN 是 Value Added Network 的缩略语，是指商业增长网，即企业间在商业往来时所使用的网络系统，以电子数据的方式传递，使商业交易进入无纸化的境界。分销渠道成员可以利用增长网，相互结合成为一个可以灵活运用的共享的信息通信处理系统。实际上 VAN 也就是一种电子数据交换系统。

生产厂商与渠道成员发生的商业行为大致可分为接单、出货、催款及收款作业，其间往来的单据包括采购进货单、出货单、催款对账单及付款凭证等。这一切都可以纳入电子数据交换系统中。

4. 高效的消费者反应系统与快速反应系统

ECR 是 Efficient Consumer Response 的省略语，是指高效的消费者反应系统，即为使消费者及时得到必需而又廉价的商品，根据零售商 POS 系统的电子数据交换，建成批发商、零售商和厂商共有的、符合消费者变化的商品补充系统，可参考图 12-12 所示。据国外一项调查结果显示，ECR 可使成本降低 11%。

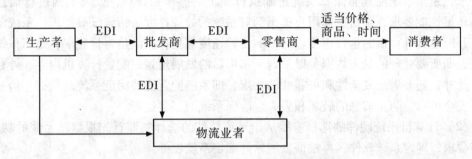

图 12-12 高效的消费者反应系统

QR 是 Quick Response 的省略语，是指快速反应，它与高效的消费者反应系统颇为相似，是指零售商与厂商通过相互间的计算机联结，来搜取滞销与畅销商品的信息，及时进行商品供货的补充与调整，以满足消费者的需求，可参见图 12-13。

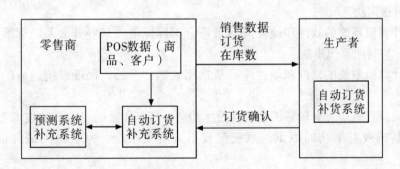

图 12-13 快速反应系统

ECR 与 QR 是两种相近而又不同的分销系统，但都能有效地处理厂商与零售商之间的关系，提高分销效率和效果，管理分销的核心过程。

综上所述，零售分销系统对于企业的产品实现价值转化，可谓是"分销的最后一站"，至关重要。因此，开发零售分销系统，尤其是标准化的、信息化的零售分销系统，迫在眉睫。

（三）计算机系统软硬件的开发

分销渠道信息系统的设计和安装，要在对系统功能、性能要求的基础上，选择合适的计算机系统和软硬件。

1. 计算机系统配置的开发

计算机系统（包括软件、硬件及其他附属设备）配置的总的要求是：技术上具有先进性，实现上具有可能性，使用上具有灵活性，发展上具有可扩充性，投资上具有可行性。具体来说，应该考虑以下几个方面：

（1）计算机软硬件配置应能满足系统的功能要求、性能要求和容量要求。满足功能要求，是指系统配置能保障系统正确执行预定的操作和计算，以及上网进行信息交换。满足性能要求，是指根据用户提出的对系统的处理速度、精确度等要求，系统配置保证系统达到计算机的运行速度、网络的传输速度等指标。满足容量要求，是指根据新系统近期所要处理的最大数据量以及若干年以后的发展规划，配置计算机内存、外存容量。此外，还要满足安全性和可靠性的要求，即系统配置能够保证系统的数据、信息等资源安全可靠，防止信息的破坏和丢失，确保系统的正常运行。

（2）计算机系统硬件的选择应服从于系统软件的选择，即首先根据新系统的功能、性能要求，确定系统软件，再根据系统软件确定系统硬件。

（3）计算机系统软件、硬件的选择在技术上应具有一定的先进性。目前，计算机硬件、软件技术处在飞速发展时期，日新月异，相应的软件、硬件产品不断升级，更新换代，生命周期越来越短，因此，选择系统软件、硬件时一定要充分考虑到所选产品在技术上的先进性，其相应的发展趋势以及与类似产品的兼容性，等等，使所选择的系统软件、硬件能在一定时期内处于技术领先地位，并且有升级或更新换代的可能，不会导致在短期内被淘汰。

（4）计算机系统的软件和硬件应尽量符合国际标准或某些开放系统标准，使系统便于扩充或与其他系统集成。

（5）计算机系统的软件和硬件应尽量选用成熟的产品，保证系统运行的安全性和可靠性。

（6）供应厂家应具有较好的信誉和技术服务，能获得及时、有效的技术支持。

（7）坚持效益驱动的原则，系统配置不宜贪大求全，力争做到最佳的性能/价格比。

2. 计算机系统软件配置的开发

支持信息系统各种功能的软件系统或软件模块所组成的系统结构，是分销渠道信息系统的软件结构。分销渠道信息系统的软件主要涉及网络操作系统、数据库管理系统、系统开发工具等。

由于分销渠道信息系统是一个集成化的网络环境下的信息系统，在客户/服务器模式和浏览器/服务器模式下，应考虑服务器和工作站两种操作系统的选择。在服务器上，选择操作系统主要是考虑满足多用户、多进程的要求，在目前的情况下，可以选择各种 UNIX 操作系统或 Windows NT。在工作站上，选择操作系统主要是考虑系统的处理能力、图形用户接口的要求。

根据分销渠道信息系统的核心任务是信息的采集、存储、加工处理这一特征，数据库管理系统的选择就至关重要。应着重考虑所选数据库管理系统的数据存储能力、数据查询速度、数据恢复与备份能力、分布处理能力以及与其他数据库的互联能力。例如，目前市场上流行的 Oracle，Sybace，Ingres，Informix 等均能满足需求，在具体的应用场合下，应视具体情况选择其中的一种。

开发分销渠道信息系统应该尽可能使用开发工具进行系统开发，以便快速建立系统原型，随时和用户交流，使系统能最大限度地满足用户的要求。更重要的是，使用开发工具可以使系统的可维护性增强，系统容易扩充，系统的开发质量也容易受到控制。尤其是客户/服务器模式和浏览器/服务器模式下的开放式系统，不使用开发工具，就很难发挥其运行性能。

3. 计算机系统硬件配置的开发

分销渠道信息系统的系统硬件主要涉及主机和服务器、终端或工作站、网络等。适用于渠道信息系统的主机或服务器可以是小型机、工作站或 PC 服务器等，终端可以是各种中西文终端、各种档次的 PC 机等。选择系统硬件的一个重要原则是系统的性能/价格比。在具体选择时，应考虑以下因素：

（1）系统的处理速度。

（2）系统的信息容量。根据系统所需存储的信息量，决定硬件的内存、外存以及备份设备的大小和容量。

（3）尽可能选择使用效率较高的优选机型。

（4）考虑企业的经济承受能力。

（5）适应利用网络系统的要求。在网络环境下，选择网络时，应着重考虑下列因素：①应具有标准的网络协议。这样就便于渠道信息系统内部及其与其他系统的互联与集成。②传输能力。在渠道信息系统中，传输的信息可能是文本数据、图形、图像、声音等，网络的选择应保证快速、有效、正确地传输可能的信息。③互联能力。即能连接多种机型和网络系统，为系统集成奠定基础。④响应时间。所选网络系统对信息传输的响应时间应能满足用户对信息处理的要求。⑤考虑环境条件和覆盖范围。根据企业的环境条件和覆盖范围选择网络类型以及信息传输媒体，如用细缆或粗缆或光纤等。⑥应考虑系统的安全和可靠性。所选网络产品应非常成熟，运行安全、可靠。

三、分销渠道信息系统的管理

分销渠道信息系统的管理主要包括两个方面：一是要不断提高有关人员的素质，这就涉及人员的培训；二是要建立完备的分销渠道信息系统运行管理制度，以保证渠道的正常工作。

（一）人员培训与员工素质的提高

培训就是向新员工或现有员工传授完成本职工作所必需的相关知识、技能、价值观念、行为规范的过程，是由企业安排的对本企业员工所进行的有计划、有步骤的培养和训练。对于渠道信息系统来说，在利用计算机进行管理和执行任务的情况下，应当有效地培训计算机系统操作、维护、运行等方面的管理人员，以保证计算机系统的正常工作。总的来说，人员培训包括两个方面的内容：一是职业技能，一是职业品质。

1. 职业技能

职业技能主要包括基本知识技能和专业知识技能。基本知识技能可以借助企业培训外的教育方式获得，而专业知识和技能只能通过企业培训获得。因此，企业应把重点放在专业知识技能上，这对于渠道信息系统来说，就是要注重以下方面内容的培训：①对系统整体结构和系统概貌的掌握和了解；②系统分析设计思想和每一步的考虑；③计算机系统的操作与使用；④系统所用主要软件工具（编程语言、工具、软件名、数据库等）的使用；⑤汉字输入方式的掌握；⑥系统输入方式和操作方式的培训；⑦可能出现的故障及故障的排除技能；⑧文档资料的分类以及检索方式；⑨数据收集、统计渠道、统计口径等；⑩运行操作的注意事项。

2. 职业品质

职业品质主要是指职业态度、责任感、职业道德、职业行为习惯等，这些必须和本企业的文化相符。在现代企业中，员工的知识水平和技能已不再是影响工作绩效的唯一重要因素，员工的态度、观念对企业生产力以及企业效益的影响日益加强。因此，企业不仅应该要求员工有良好的职业知识技能，还应要求员工有良好的职业品质，这样才能保证员工不仅有能力，而且有动力做好工作。员工培训应注重职业品质方面的教育和引导，通过培训，建立起企业和员工、员工和员工的相互合作、相互信任关系。对于渠道信息系统来说，更应当培养员工严守秘密、忠诚企业等方面的道德素质，防止员工泄漏公司的机密、破坏公司的计算机系统。

（二）管理制度的建立与完善

系统的运行需要健全管理制度来保证，才能得以正常的工作。分销渠道信息系统运行管理制度是指一个信息系统开发建设基本完成后，对于系统如何使用、如何维护的权力责任规定。这主要包括三个方面的制度：

1. 系统运行管理的组织机构

系统运行管理的组织机构包括各类人员（系统维护人员、操作人员、值班人员）的构成、各自的职责、主要任务以及其内部组织结构。

2. 基础数据的管理

基础数据管理包括对数据收集和统计渠道的管理、计量手段和计量方法的管理、原始数据的管理、系统内部各种运行文件、历史文件（包括数据库文件等）的归档管理等。

3. 运行管理制度

运行管理制度包括系统操作规程、系统安全保密备份制度、系统修改规程、系统定期维护制度以及系统运行状况记录和日志归档等。

案例　西安杨森 SCM 渠道信息管理系统

2005 年 12 月，美国寰通商务科技有限公司（以下简称寰通科技）的渠道客户信息管理平台在西安杨森制药有限公司（以下简称西安杨森）三期项目的成功交付，标志着西安杨森经历两年时间的加强销售渠道信息管理的推广工作全面展开。

1. 背景介绍

西安杨森制药有限公司成立于1985年10月22日，是由陕西省医药总公司、陕西省汉江药业股份有限公司、中国医药工业公司和中国医药对外贸易总公司与美国强生公司所属比利时杨森制药公司合资建立的现代化制药企业，总投资2.9亿元人民币。强生公司1886年创建于美国新泽西州新布仑兹维克，是目前世界上综合性最强、分布范围最广的卫生保健产品的制造商和服务商，其产品涉及消费品、药品、医疗器械和临床诊断产品。强生已在全球54个国家拥有200家子公司、11万余名员工，是美国50家最大的企业之一，同时也是美国6家持有3A信用等级的工业公司之一。

西安杨森生产和销售20余种专利药品，涉及真菌病学、胃肠病学、精神病学、神经病学、麻醉镇痛学、变态反应学、抗感染等领域。西安杨森连续四年被评为"中国十大最佳合资企业"之一，并两度摘取第一名桂冠。西安杨森总部位于北京外资企业云集的中心商业区（CBD），其工厂位于西安，并在全国设有20多个办事处，拥有1500名优秀员工。

2. 西安杨森渠道信息化的管理需求

作为中国最成功的合资企业之一，西安杨森一直秉承："产品——追求独特标准化生产，营销——独树一帜差异取胜，管理——不断创新止于至善"的经营理念。针对市场渠道，杨森的专家销售、互惠互利、规范管理策略一直是业界公认的成功范例。

随着杨森产品线的丰富，市场区域不断扩张，销售信息的管理越来越成为管理的重要问题，尤其近年来随着医药市场的发展和国家医药政策的开放，医药行业的竞争愈演愈烈，新的竞争环境对杨森的管理提出了更高要求。西安杨森的产品主要分为OTC（非处方药）和RX（处方药）两类，OTC产品主要通过遍布全国的经销网络经各层经销商进入药店、医院促进购买，RX产品主要通过推动医院从经销商处采购促进购买。不管是哪种方式，经销商等中间渠道、大型连锁药店及各种诊所等渠道终端、重点医院等大型客户这三类客户管理的好坏，都对销售的结果有至关重要的影响。

3. 西安杨森的销售方法

将经销商分为一级和二级，由专门的商业队伍管理，主要通过协议进行业务关系和销售任务的维护；渠道终端中的大型终端和其余的广阔市场（分散在中小城市或乡镇未开发或未完全开发的市场）由广阔市场管理队伍维护；重点医院由专门的医院销售队伍维护。这几类队伍的业务重点有所区别，考核的方式也不同，但业务是有交叉的，所以各队伍分别取得的用于管理的销售数据也是互有交叉但又都不完整。想要提高各类客户的管理水平，快速有效地寻找市场并作出反馈，提高公司的销售业绩，保持行业内领先的竞争力，需要解决以下问题：

（1）如何加强对经销商的规范，防止或减少非杨森渠道的经销商交易？

（2）如何加强和经销商的数据交流，为经销商销售管理和返利管理提供依据？

(3) 如何解决大量广阔市场的销售数据的管理和收集分析，提高管理的可行性？

(4) 如何管理医院的购进数据，进而分析经销商的选择和产品的覆盖组合以及在替代品中的竞争力？

(5) 如何解决管理分析时各队伍的销售数据和分析语言的不一致？

(6) 如何整合支持各队伍销售和考核的信息数据，节省重复劳动的成本，提高管理效率？

解决上述问题，要求西安杨森必须建立一套能集成现有各销售层次和环节的信息系统，并具有良好扩展性的一体化管理系统，将企业内外部资源有机结合起来，从而提高企业的市场竞争力，帮助企业适应动态的、变化的、复杂的市场环境。这套系统的应用过程也是企业业务流程优化和调整的过程，是企业获取市场利益和规模扩张的过程。

4. 西安杨森分销渠道信息化管理系统的建设目标

在西安杨森系统选型和实施过程中，西安杨森制定了清晰的系统建设目标：

(1) 通过分步实施打造一个和渠道客户沟通的平台，能够对所有渠道客户信息收集和管理，包括销售、库存、进货等数据。

(2) 在商业数据管理应用中增加新的业务管理模式，对签约的分销渠道客户信息进行收集。

(3) 对大数据量的各种业务类型数据提供灵活的报表分析及系统订阅和邮件分发等功能。

(4) 能够整合现有多个销售信息管理系统，并和相应的后台 ERP 等系统进行良好接口。

(5) 能够快速实施-成熟产品应用。

(6) 有良好的扩展性和先进的整体架构，降低业务扩展的总体技术成本。

5. 西安杨森分销渠道信息化管理系统的解决方案

寰通科技和西安杨森分 3 期完成整个项目实施，该系统基于 Internet 技术，实现上述多种销售客户的销售、库存、采购信息的全面管理。

对于具体的系统功能，内容如下：

(1) 数据发送（Data Sending）。这是指支持各种商业合作伙伴以各种方式提交数据的方法和技术，包含三种方法：E-mail、页面数据上载和客户端批处理上载。

(2) 数据转换（EAI）。在获得原始数据文件后对数据的格式和内容进行转换，并将数据存入业务管理系统。

(3) 数据清理（Data Cleansing）。按照业务规则对不同业务数据进行针对性的清理，并将处理完的数据转为可用来分析的正式数据。

(4) 报表和查询（Reporting）。将数据从业务管理系统转入报表系统，并提供报表工具、查询和分析功能。

(5) 消息通知（Messaging）。通过与经销商和内部销售人员的沟通平台，将数据处理的状态及时反馈给相关的人员，包括邮件报表分发等功能。

(6) 系统管理和监控（Dash Board）。通过系统对数据处理的全过程进行管理和监控。

6. 西安杨森渠道信息化管理系统应用的效益分析

西安杨森渠道信息管理系统已经在西安杨森渠道商业信息方面得到全面应用，从应用的效果上，在以下方面取得显著成效：

(1) 应用范围。该系统管理1400家各级经销商、3万家广阔市场终端、2000多家重点医院。

(2) 快捷管理控制。该系统通过多种数据收集处理功能，快速有效处理大量数据，每月处理的数据量在70～80万。

(3) 业务整合和优化。统一了各销售队伍的沟通数据基础和分析基础，为销售队伍的考核和渠道的返利提供准确依据和控制手段。

(4) 信息透明。可以及时、准确和完整地进行数据的分析，并自动分发给相关部门。

(5) 系统集成。整合了原有的多个销售信息系统，并和后台ERP等相关系统接口集成。减少了数据多次维护，节约成本。

(6) 销售、库存、购进数据统一管理。整合处理进销存数据，从多角度对渠道各节点的业务进行规范管理，防止数据不真实。

(7) 分析和决策。多种灵活分析功能，对市场的开拓，渠道的组合，产品的竞争力分析等提供依据。

(8) 监控性。强大的监控机制和异常信息的处理功能保证系统安全稳定的运行。

(摘自《西安杨森SCM渠道信息管理系统成功案例》，世界经理人网，2007-06-07)

链接思考

(1) 西安杨森的分销渠道信息化管理解决方案是什么？

(2) 从成本效益的角度来看，分销渠道信息化管理对于企业的营销活动有何启示？

本章小结

分销渠道信息系统是由人、设备和程序组成的，它为分销渠道营销决策者收集、挑选、分析、评估与分配所需要的、及时的和准确的信息，具有目的性、及时性、系统性、社会性的特点。总的来说，分销渠道信息系统由信息源、信息处理器、信息用户和信息管理者四大部件构成。依据渠道信息系统的概念，渠道信息系统包括企业内部报告系统、渠道营销情报系统、渠道营销调研系统以及渠道营销分析系统四个子系统。

分销渠道信息系统的基本功能是为企业有效地组织商品分销、实力分配以及整体市场营销活动提供现实的和历史的真实、可靠、充分的情报资料。为履行这一功能，在渠道信息系统中要建立预测、需求计划、库存管理、销售订单处理、销售分析、采购订单处理、分销资源计划、仓库管理、电子数据交换（EDI）等模块子系统。渠道信息系统运行效率提高的途径可从五个方面来着手，即强化对员工的道德教育、提高员工的素质，重视技术进步、采用先进的技术手段，重视调查研究分析、科学进行市场投资，实事求是、合理划分功能模块或工作部门、强化现代管理理念、有效控制系统的运行。

信息流程是指在分销过程中，为了引导相关的商业活动所形成了信息传播的过程。而优化信息流程是信息流程分析的重点。依据渠道信息系统的功能结构，渠道信息系统的每个子系统都会形成一个信息流程。信息流程的模块主要包括：促销子模块、市场预测子模块、订货处理子模块、送货子模块、客户服务子模块等。

利用电子计算机和网络技术来建设分销渠道新系统，已经成为一种必然。而要建立这种现代化的渠道信息系统，就必须结合企业的实际情况，遵循适用、可靠、经济的原则来进行开发。同时，应注重人员培训以及运行制度的建立与完善，以保证整个渠道信息系统的正常运行。

关键概念

分销渠道信息系统　分销渠道营销情报系统　分销渠道营销调研系统　分销渠道营销分析系统　市场预测子系统　客户服务子系统　消费者反应系统

思考题

（1）分销渠道信息系统的总体结构包括哪些方面？
（2）分销渠道信息系统的功能结构有哪些方面？各子模块之间如何相互作用？
（3）论述信息流程的概念、类型以及内容？
（4）如何评价一个分销渠道信息系统的优劣？试设计一个评价信息子系统。

第十三章 国际分销渠道管理

本章学习目标

学完本章后，应该掌握以下内容：①了解国际分销渠道的基本模式；②了解国际分销渠道模式的设计与选择；③了解非出口进入方式下的国际分销渠道。

当代经济发展中的一个显著特征，是市场全球化和生产全球化。这对于企业来说，既是竞争压力进一步加大的威胁，也是拓展更大生存和发展空间的机遇。任何一个企业都必须考虑如何利用世界市场和他国资源问题。一般来说，一个企业进入国际市场的首选途径是出口进入方式。把一个国家生产的商品出口销售到另一个国家的目标市场上，就需要借助国际分销渠道，而有效地管理国际分销渠道，可以为国际商品销售带来事半功倍的效果。

第一节 国际分销渠道的基本模式

一、国际商品分销的特点

在国际商品分销中，商品从位于一个国家的生产地流向另一个或多个国家的消费地，其流通的起点与终点分别在不同国家。这里，商品所有权、使用权的转移以及分销渠道成员的构成，都涉及不同的制度与文化背景。因此，与国内商品分销比较，国际商品分销有明显的特点，主要表现在以下方面。

（一）商品跨国界流动

国际商品分销通常以出口贸易为基础。生产地在一个国家，消费地在另一个国家，要完成商品销售，必须组织商品的跨国界移动。因此，商品跨国界流动是国际商品分销的一个基本特征。消费地通常在国家政治法律制度、经济体制、经济发展水平、资源禀赋、通货和经济形势等方面，与生产地大不相同。跨国界组织商品分销自然地要求分销者熟悉、掌握和适应不同国家的政治法律制度、经济制度、经济发展状况、国际市场行情以及不同货币的汇率变动，并以此作为组织国际商品分销的决策基础。

（二）渠道成员来自不同国家

任何一条商品分销渠道都有生产厂商和最终用户或消费者。国际商品分销是以生产厂商与消费者分别属于不同国家为前提的，国际分销渠道的成员来自不同的国家。在一般的国际分销渠道构成中，要涉及四方面的成员：生产厂商的销售部门、生产国的中间商（批发商、出口商等）、国外中间商（转口商、进口商及其他中间商）、国外最终用户或消费者。这种渠道成员的构成使得国际分销管理的复杂程度大于国内商品分销。

（三）文化差异

文化差异往往成为国际市场分销组织中的暗礁，企业稍有不慎，就可能触礁。由于有文化差异，在不同国家组织商品分销活动时，语言、思想观念、法律、商业习惯、渠道管理规则等方面都可能有巨大差别，这些差异使生产厂商必须对他国中间商及其声誉、商业习惯等作深入了解。在挑选、管理、调整分销渠道成员和与分销渠道成员沟通方面，不得不面对和化解大量的难题，这就增加了生产厂商对国际商品分销进行管理与控制的难度。

（四）成本高，风险大

国际商品分销通常空间距离长，商品运输组织工作复杂，其分销渠道一般要比国内长，渠道成员多且涉及不同的国家，大多要采用两种或多种语言文字，需要懂得不同语种的工作人员或翻译。一般还要聘用不同国家的律师和会计师，与各种性质的银行和金融机构建立合作关系，因而增长了交易费用和分销成本，无论是渠道建设的投资还是维持渠道有效运行的成本，都比国内商品分销的成本要高。

在国际商品分销中存在许多不确定因素。无论是在商品运输中，还是在谈判桌上，或者是商品销售后回收货款的过程中，都存在着不确定因素。如果缺乏防范，就可能遭遇风险，如货物风险、商业风险、汇率风险、政治风险等。防范风险要付出成本，某些情况下，付出的防范成本不足，就会遭受重大损失。

国际分销中的这些特点，要求从事国际市场营销的企业高度重视国际分销渠道管理，尤其是要重视跨文化分销的复杂性，克服"自我参照"的影响，自觉适应国际市场分销的要求。

二、国际商品分销的参与者

组织国际商品分销，不仅是要把商品销售给国外消费者或最终用户，而且要尽可能高地实现商品价值，创造更多外汇，并且占有较大的市场份额。要达到这些目标，往往单纯依靠企业自己的力量是不够的，一般需要相当多的国内国外中间商，借助它们的专业人员、专用资产和经济资源，扩大国际分销网络，实现尽可能大的国际商品分销业绩。

以下对常见的国际商品分销的参与者的名称、职能和性质进行介绍。

（一）国内中间商

国内中间商是指设在生产厂商所在国、能帮助实现商品出口销售的中间商，根据其是否拥有商品所有权，通常将其分为出口商和出口代理商。

1. 出口商

获得商品所有权的中间商称为出口商。它们作为专营出口商业机构或商人,以自己的名义在本国购买商品,再卖给国外买主,从中获得利润。出口商的主要形式有:

(1) 进出口公司。该公司承担着进口、出口商品的双重任务。各类国有专业进出口公司是我国进出口商品的主要通道之一。多数进出口公司拥有独立的生产企业,或者与某些生产厂商存在长期分销关系,通过取得国外商人的购货合同来安排生产,然后组织出口销售。进出口公司在国外一般都拥有庞大的分销、信息网络,具有丰富的国际营销知识、经验和良好的商誉、公共关系,还有完备的设施和其他物质条件。

(2) 出口行。出口行是出口国专门从事出口贸易的批发商,其经营特点是:①从众多的生产厂商那里购买商品后运销国外,直接从事海外营销活动;②可以经营不同企业生产的竞争性产品;③根据盈利高低经营供应商的商品,一般不与供应商建立长期的合作关系;④其分销网络可以是自设的机构或其他的中间商。

2. 出口代理商

在不获得商品所有权、只是在合同规定的条件下,代理向国外市场销售商品、收取佣金的中间商,称为出口代理商。出口代理商以委托人名义在国外市场销售商品但不拥有商品所有权,或者寻找国外顾客使之与委托人谈判成交,不能从商品销售中分享利润。出口代理商的主要形式有:

(1) 出口帮办。这是一种专门为出口企业外销产品提供经营服务的机构。其提供服务的内容主要有:联系国外客户,进行销售谈判和承担商品促销、信贷安排、货物装卸、市场调研、信息收集等方面的全部或部分责任。出口帮办可为多家出口生产厂商提供服务,主要经营互补的、非竞争性的产品,以委托人的名义开展业务活动,相当于委托人的分支机构,直接对委托人负责,与委托人的关系密切。

(2) 国内经纪商。其主要职能是为国内企业与国外客户牵线搭桥,既不拥有商品所有权,也不实际拥有商品,不进行具体的促销活动,只是根据国内企业所定的价格和条件找国外客户,或根据国外客户定好的条件与国内企业联系,然后让买卖双方就交易的各个方面谈判,交易成功后,经纪商收取佣金,其佣金一般较低。经纪商主要经营大宗商品,且专注于一种或几种商品。与委托人一般不存在长期的、连续的关系。

(3) 厂商出口代理。其服务内容与出口帮办相似,但也有区别。与出口帮办相比,厂商出口代理的市场范围较小,一般只涉及一两个市场。它以自己的名义开展业务活动,不充当出口生产厂商的分支机构,只与出口生产厂商建立短期联系,合同期限一般为数月、一年或两年左右。

(4) 独家外销代理。受某家出口生产厂商委托,专门负责对外销售委托人的所有商品,负责委托人的对外商务谈判以及商品在国际市场的分销、运输、促销等营销活动,起着厂商出口部门的作用。

(5) 联合外销机构。这是指多家生产厂商联合采用的出口代理机构,可代理出口竞争性的或非竞争性产品或互补性商品等。美国的出口贸易公司、销售集团等就是属于这种性质的代理机构。采用联合外销机构代理,可避免在国外市场上自相竞争,还可取得规模效益,减少市场调研、产品出口、促销等方面的费用。

（二）国外中间商

利用国外中间商是国际分销网络中的基本做法。这样可以利用国外中间商熟悉当地文化、了解当地市场、在顾客中享有声望等优势，减少分销风险。国外中间商主要有以下类型：

1. 进口中间商

进口中间商指从外国购进商品向其所在国市场出售的中间商。进口商拥有商品所有权，实际占有商品，承担商品经营的风险。进口中间商的主要类型有：

（1）进出口公司。进口国的进出口公司与出口国的进出口公司是同一种类型的中间商，当它们从海外购进商品时，就成为进口商。

（2）国外经销商。这是指通过签订经销合约，在一定区域、一定时间内经销有关进口商品，拥有商品所有权的国外中间商。国外经销商依经销合约规定向出口厂商购买商品，以自己的名义出售商品，他们独立组织商品的销售，承担各种风险，以低进高出的办法赚取进销差价，追求经营利润。一般来讲，需要进行大量宣传广告和提供售后服务的商品，如汽车、高科技产品、化工产品、家电产品等适合由国外经销商销售。

国外经销商又可分为两种类型：一是国外包销商。它们在一定时间、区域拥有某种商品的独家经营权，但不能把这种商品向其他地区转售，也不能在同时、同地经营其他来源的竞争性产品，还要保证在这一时期内完成一定数量或金额的订购任务，并为出口厂商提供情报、融资等方面的服务。二是国外定销商。它们与国外包销商的区别是：不享有独家经营权，出口厂商在同时、同地可自行经营或交由几家定销商经营相同产品。

2. 进口代理商

进口代理商与出口代理商是同一性质的中间商，只是所在国或委托人不同而已。进口代理商位于东道国，通常受东道国进口商委托寻找货源。一般可分为独家代理商、一般代理商、国外经纪人等类型。

3. 兼营进口中间商

兼营进口中间商是指那些兼营进口业务的批发商与零售商。他们直接从国外市场进口商品，在其国内市场销售，是出口生产企业和出口中间商分销产品的重要力量。兼营进口中间商可分为如下类型：

（1）兼营进口批发商。这是指绕过进口中间商或出口中间商，从国外购进商品，然后批发销售给国内生产者、零售商或其他批发商等的批发商。

（2）兼营进口零售商。这是指直接向国外购买商品然后零售给国内顾客的零售商。这类零售商主要有百货公司、超级市场、特级市场、邮购公司、连锁商店等。

分销管理人员必须熟悉各类中间商，了解其业务范围、角色专长、服务性质及其信誉、经验和分销能力，根据国际分销战略的安排，从中选择合适的机构或个人。必须注意的是，由于商业习惯和文化差异，在不同的国家，国际分销渠道成员的名称及其功能有较大的差别。分销管理人员也应了解这些差别，以便制定正确的国际分销战略。

三、国际商品分销渠道

国际商品分销渠道,是指参与将一国生产厂商的商品转移到另一国市场,销售给东道国消费者或最终用户的所有机构和个人,尤其是在这一过程中那些获得商品所有权或帮助所有权转移的机构和个人。

在国际分销组织中,是否采用中间商或采用哪些中间商,不同的企业有不同的做法,因而众多企业之间的国际商品分销渠道有不同构成,进而造成渠道功能的分配方式多种多样。有的渠道是生产厂商直接将商品销售给他国的最终用户,有的则是经过出口商、进口商等多个中间商的转手,把商品最后销售给他国消费者。

通过观察具体商品的国际商品分销渠道可以看出,面向消费者分销商品的分销渠道与面向产业用户销售商品的分销渠道是不同的,因此可以把国际商品分销渠道分为两类:①消费品的国际分销渠道模式;②生产资料的国际分销渠道模式。

(一) 消费品的国际分销渠道模式

在国际消费品市场上组织分销,受到国际消费者市场购买者人数众多、居住地分散、市场分布面广、需求复杂和小型购买等因素的影响,通常要采用覆盖密度大、分布面广的庞大国际分销网络,使各个地方的消费者都能在适当的时间、地点买到所需的商品。这样就造成了国际消费品分销渠道中环节多、成员多、分布面广的基本特征。

图 13-1 给出了国际消费品分销渠道模式的基本结构。由该图可以观察国际分销渠道中采用的中间商数量和类型。

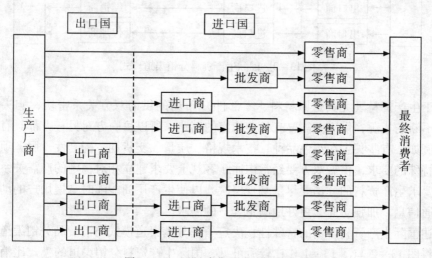

图 13-1 国际消费品分销渠道模式

由图 13-1 可以看出,消费品的国际分销渠道至少可以有 8 种模式,除极少数场合外,绝大多数消费品的国际分销渠道都是通过长渠道来完成的。

（二）生产资料的国际分销渠道模式

相对于消费品来讲，各国生产资料特别是工业生产资料市场之间的差别是比较小的。它们的共同特征是购买人数少、购买次数少，但每次的购买量相当大。而且受到生产国际化分工的影响，生产资料的需求往往集中在某些区域，或者说来自于某些区域的购买量往往占据了整体市场的很大比重。这些特点要求在生产资料的国际分销组织中采用短而窄的模式，既能节省分销成本，又能提高分销效率，获得较大的分销效益。

国际生产资料分销渠道模式如图13-2所示。

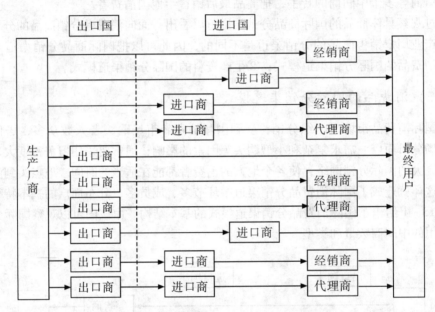

图13-2　国际生产资料分销渠道模式

由于生产资料（尤其是原材料、零部件）市场的供需双方关系密切，购买者需要有源源不断的货源，供应商需要有长期稳定的销路，所以每一方对另一方都具有重要的意义。例如，有些买主在花色品种、技术规格、质量、交货期、配套性、服务项目等方面有着特殊的要求，供需双方要经常沟通，客观上要求建立相对稳定的产需关系。上述特点都要求生产资料的分销要尽量减少层次，以使生产厂商能随时掌握用户的动态，及时地沟通信息、加强协商，更好地满足客户的需求。

上述国际生产资料市场的特殊性，决定了其分销渠道模式与消费品分销渠道模式的不同。将图13-2与图13-1作比较后可见，国际生产资料分销渠道的模式比消费品分销渠道模式要多，在图13-2中，代理分销渠道占有1/3的份额，而在图13-1中则忽略了代理分销渠道部分。这里也可以看出，在生产资料的国际分销中，代理渠道模式是一种受到普遍重视的模式。此外，除了那些标准设备、小型工具和维修用的零件及元件等生产资料以外，绝大多数生产资料如专用设备、专用仪器、专用零部件、工业原料等，都是采用产需见面、直接销售的方式。

第二节 国际分销渠道模式设计与选择

一、国际分销渠道模式设计原则

国际分销渠道设计的基本原则是畅通高效、设置合理、配合良好，使商品分销活动合理化、系统化，以最少的时间、最好的服务、最少的投入，实现最大的产出，完成商品从生产地点向消费者使用地点的安全转移。具体来讲，国际分销渠道模式设计原则包括以下几方面。

（一）畅通高效

国际分销渠道设计应以消费者需求为导向，建立高效畅通的分销渠道，可以缩短商品流通时间，降低商流风险，提高流通速度，将产品尽快、尽早送达目标市场，使消费者能在适当的地点、时间以合理的价格买到满意的商品。

（二）成本最小化

国际分销渠道成本有渠道开发的投资成本和保持渠道畅通的维护成本之分，后者包括维持企业自身销售力量的直接开支和给予中间商报酬或佣金。如何以较低的成本取得较大的分销效益与效率，是国际分销渠道设计的关键之一。而成本的高低与渠道成员的数量、效率，渠道的长短以及所分销的产品有密切关系。例如，对生产厂商来说，渠道越短，渠道成员越少，分销成本越高，因为生产厂商需要投入较大的费用，依靠自身的力量来完成推销、运输、储存、筹措资金和承担风险的功能。但是，渠道过长、分销层次过多则使商品分销成本增加，价格高，企业竞争力趋弱。所以企业应因地制宜，因产品特点来设计分销渠道，力求低成本、高效率地分销商品。

（三）与企业目标相吻合

国际分销渠道是一项至关重要的营销资源，要使它成为企业赢得竞争优势的有力武器，有助于达到企业目标，其设计必须与企业目标相吻合，与企业的营销计划相适应。企业目标主要包括企业的形象、产品的市场覆盖程度、产品的档次、市场占有率的计划、企业对分销渠道的控制意愿等。如果企业想较多地控制分销渠道，就必须设计较短的渠道。

（四）与市场特性相吻合

设计国际分销渠道还要考虑目标市场的特性，使企业建立的国际分销渠道与市场特性相吻合。市场特性包括顾客特性和中间商特性，前者是指顾客的数量及分布、购买力、购买频率与数量、购买习惯、消费心理等因素；后者是指中间商的性质、规模、自行投资促销的积极性、对产品的选择性、售后服务的参与度等。只有符合市场特性的分销渠道，才能够真正适应市场。

（五）能持续运行

国际分销渠道建设期长，需要花费大量的时间、资金和精力。分销系统一旦建成投入使用，企业总是希望它能长期正常地连续运转，发挥其功能，持续地创造经济效益。因此，国际分销渠道必须具有较高的稳定性和运行效率，只有这样的国际分销渠道才能保证企业长期稳定的经营，使之顺利地实现产品价值和使用价值。

（六）覆盖适度

企业设计国际分销渠道时，应考虑是否有足够的市场覆盖面以使商品及时顺利地销售出去。市场覆盖面可通过地理或市场的份额来估算。一般来讲，产品对市场的覆盖面愈大、覆盖的密度愈高，企业的市场地位和竞争力也愈有保障，这也意味着企业在该市场取得较佳的销售业绩，获得较理想的市场份额，占有较多数量和较大比例的顾客。而市场覆盖率的大小与分销渠道的宽窄以及成本的高低密切相关。因此，企业应遵循覆盖适度的原则，设计出宽窄相宜的分销渠道，以获得足够的市场覆盖面，从而避免出现由于渠道过窄造成的物流不畅、销量不足，或由于渠道过宽造成的费用大增、沟通与服务困难、企业无法控制和管理渠道等情况。

（七）发挥优势

在设计国际分销渠道时，企业要注意自身及产品的优势，使所设计的渠道能有助于发挥企业和产品的优势，有助于企业在竞争中占据优势地位。通常要将国际分销渠道的设计与企业的产品策略、价格策略、促销策略等因素结合起来考虑，以求达到增强营销组合的整体优势。

二、国际分销渠道模式的选择

国际分销渠道模式选择可以从以下几个方面考虑。

（一）统一化与多样化的选择

1. 统一化分销模式

统一化分销也称为非国别分销，是指公司将所要进入的各个目标市场作为一个整体而采取的产品销售方式。其销售渠道，以及产品本身的性能、特点乃至包装等都是一样的。这种分销模式的优点是可以实现规模效益、成本低。如果在不同国家采用了相同的分销模式，那么，营销人员更容易利用自己的经验来提高营销效率，可将本国的分销模式直接转移到他国。但这种分销模式忽略了各个目标市场的差异，会使竞争对手乘虚而入。

2. 多样化分销模式

多样化分销也称为国别分销，是指公司根据所要进入的目标市场的国别不同，制定适应当地目标市场的分销模式，以增强本公司产品在不同目标市场的竞争能力。国别分销模式由于对不同国家采取不同的分销模式，必然使经营成本相应增加。因此，在采取多样化分销模式时，要注意公司经营成本的升降与多样化分销模式效果之间的关系。

公司采用多样化分销模式，其内在的原因在于各国的分销结构不同，如分销商和零售商的数量、特点不一样，要求公司在不同国家采用不同的分销模式。在发展中国家的市场上，中间商数量比较少，或者中间商已成为竞争对手的独家经销商。在这种情况下，公司也只能根据该国的情况，重新设计分销模式。此外，各国消费者的特点，如数量、地理分布、购买模式、购买偏好等也不同，使公司难以采取统一化的分销模式。

竞争对手的渠道策略也可能要求公司采取与本国不同的分销模式。例如，有时竞争对手长期在某国采取某一渠道模式，使得该国市场只能接受这一模式，而不接受其他创新模式。因此，公司在进入这一市场时，其分销模式不得不考虑竞争对手的做法。

公司对某国分销模式的选择，还取决于公司自身的一些特点，如进入市场的方式、公司规模大小、产品组合、渠道经验以及整体营销战略等。当公司在目标市场国独资生产和营销时，对产品在该国的分销模式就有很大的选择权。如果公司只是在目标市场国选择一家进口商或经销商来从事产品的分销，对其渠道模式的选择余地就小得多。即使公司以同样的方式进入两个国家，如果进入的产品及其技术复杂程度不同，也可能要求公司采取不同的分销模式。总之，分销模式的统一化和多样化各有利弊。有的公司倾向统一化，另外一些公司倾向多样化。但一般而言，多数公司都根据各国的渠道结构、市场特点、竞争特点以及公司自身的特点，采取适应各国不同情况的多样化的分销模式。

（二）直接分销与间接分销的选择

把商品销售到异国市场，可以由生产厂商自己来完成，也可以由生产国出口中间商来完成，于是就有直接出口分销和间接出口分销两种方式。在选择市场分销渠道时，首先要区分直销和间接销售。直销是生产厂家将产品直接卖给消费者；间接销售则是生产厂商先把产品卖给中间商，再由中间商将产品卖给另外的一些中间商或消费者。市场营销人员不仅要选择直销或间接销售方式，还要选择直销或间接销售的程度，以满足消费者要求。其实，直销和间接销售并不是相互排斥的，二者之间构成了一个连续带。其次，要分析为满足消费者要求程度所必须履行的职能，如图13-3所示。

消费者的要求	要求程度
了解产品信息	高 ←→ 低
订做产品	高 ←→ 低
质量保证	重要 ←→ 不重要
订货量	大 ←→ 小
产品型号齐全	强烈 ←→ 不强烈
长期稳定供货	强烈 ←→ 不强烈
售后服务	强烈 ←→ 不强烈
后勤服务	复杂 ←→ 简单
适合的市场渠道	直接销售 ←→ 间接销售

图13-3 决定直销或间接销售的消费者要求因素

(三) 个别性与广泛性选择

在国际市场上，对于一些购买频率高、一次购买数量少、符合国际质量标准化的商品如工具、螺母、润滑油等，普遍采用广泛性分销模式。而对于像新型汽车、大型家电、某种品牌的时装等，采用独家分销模式能提高中间商的积极性，并且公司易于控制产品的零售价格和取得独家经销商的合作。

对于工业品中的零部件，消费品中的选购品、特殊品等在进入国际市场时，分销模式可以与广泛性分销模式配合使用，先用广泛性分销模式提高产品在广大消费者中的知名度，然后淘汰那些效率低、作用小的中间商，改用选择性分销模式，以便减少费用，增加利润。不论公司选择何种分销模式，都必须注意开发新的分销渠道，以备不时之需。

三、出口的分销渠道

出口的分销渠道有直接出口的分销渠道和间接的出口分销渠道两种。

(一) 直接出口的分销渠道

直接出口的分销渠道是指生产厂商不是通过国内中间商而是自己在国际市场从事商品分销，与国外顾客直接进行交易的国际分销方式。

1. 直接出口的分销渠道的方式

（1）企业直接把产品销售给最终用户。
（2）企业在国外市场设立自己的销售机构。
（3）把产品直接出售给国外市场的经销商或委托代理商代销。

2. 直接出口的分销渠道的优点

（1）没有出口中间商这一层次，生产厂商可以根据主、客观条件选择市场范围和产品范围，不受国内中间商的制约。

（2）生产厂商能直接从国外中间商或自己在国外市场设立的分销机构那里取得各种信息，从而较迅速地掌握和反馈市场信息，并据此制定和调整分销策略，增强适应性，提高国际市场竞争能力。

（3）生产厂商直接从事各项与出口相关的业务，如目标市场的选择、渠道的选择、产品的实体分配，以及与之相关的运输、保险、单证等业务，可自主作出相关决定，从而可拥有较大的市场控制权。

（4）有利于树立生产厂商的市场声誉和提高市场竞争地位，也为自身熟悉和掌握国际分销的业务能力和经验提供便利条件，从而能从整个经营战略上提高自身水平。

3. 直接出口的分销渠道的缺点

（1）成本较高。采用直接出口分销，生产厂商要完成与国外客户联系、进行实体分销、编制出口单证等一系列业务，不仅程序复杂，而且需要企业投入一定数量的人力和资金来进行出口业务管理；而规模一般的企业的出口业务规模往往不是很大，因此额外发生的高额费用往往短期内难以分摊消化，从而导致产品和分销成本的升高。

(2) 需要专门人才。企业独立处理出口业务，需要专门的外贸、法律、营销人才，而且要求外语水平高、对企业忠诚。经营成果受自身分销机构的渗透程度和推销人员水平的限制。

4. 直接出口的分销渠道的选择

生产厂商要选择直接出口来分销产品，就必须认真分析企业内外、当时当地、上上下下的各种条件，权衡利弊，科学决策。一般来说，企业必须认真考虑企业内部因素、产品特性、市场因素、其他因素，然后才能作出决定。

(1) 企业内部因素。生产厂商是否具有直接出口分销所需的人力、物力和财力，是否有国际商品分销的勇气和经验，是必须考虑的首要问题。另外，企业是否强调对国际商品分销的控制和获得国际分销的经验，也对企业是否采用直接出口分销方式有影响。

(2) 产品特性。一般来说，单价高的产品、非标准化或专用性的产品、技术性强的产品、创新程度高的产品，都较适宜采用直接出口分销。因为这些产品都要求采用较短的分销渠道。例如，技术性强的产品要求有较好的售后服务，使用户获得准确、可靠、快捷的指导、帮助，而直接出口相对于间接出口来讲，渠道较短，甚至是生产厂商直接与客户接触，因此可以提供较好的销售服务。

(3) 市场因素。顾客的数量、分布、地理位置、购买习惯、购买方式等都是制约直接出口分销的市场因素。如果顾客数量少、分布面较窄、与生产厂商所在国毗邻、购买数量大等，较适宜选择直接出口分销。因为这种情况下，生产厂商能较充分了解和掌握市场情况，交通与联系较方便，通过直接出口分销能获得低成本、高效率的成果。

(4) 其他因素。其他因素主要包括政治、法律、经济形势、竞争产品的分销渠道等因素，这些因素都会对直接出口分销产生影响。例如，有的国家规定某些进出口业务只能由它指定的企业和机构来办理，在这种场合，企业必须放弃使用直接出口分销渠道。在我国，要从事直接出口分销的生产厂商必须获得出口经营权，即获得政府主管部门的批准。

（二）间接出口的分销渠道

1. 间接出口的分销渠道方式

(1) 生产厂商将产品卖给出口中间商，由出口商销往国际市场。

(2) 生产厂商委托国内中间商代理出口其产品。

(3) 生产厂商委托在同一国外目标市场设有销售机构的本国公司代销产品。

2. 间接出口的分销渠道的优点

(1) 渠道投资或维护成本较低。间接出口分销产品，生产厂商无需设立办理出口业务的专门机构，不必培训和聘用国际市场销售人员，也不需要亲自到国外搞市场调研和在国外设立分销网站，从而大大节省渠道的投资和费用。

(2) 风险小。如前所述，生产厂商从事国际分销的风险往往较大，但在间接出口的情况下，生产厂商不必承担外汇风险以及各种信贷风险，同时可利用中间商的经验、渠道、信息来源来销售产品或将风险转移给中间商，因而也就使自己承担的风险大大降低。

(3) 能使产品较快地进入国际市场,加速产品的分流。采用间接出口,生产厂商可以利用国内出口商现有的业务机构、销售渠道、商业信誉和销售经验等,使产品较快地进入国际市场销售,加速产品的合理分流。

3. 间接出口的分销渠道的缺点

(1) 信息传递速度慢。采用间接出口的分销渠道,其分销渠道必然比直接出口分销长,因而信息传递速度慢,难以及时了解国际市场环境、市场行情、竞争形势、产品发展趋势等信息,也难以了解国外用户对产品的使用意见。

(2) 控制力弱。一般来讲,企业对分销活动参与得越多,对分销的控制权就越大。而间接出口分销,生产厂商的产品在国际市场销售由中间商来完成,自己几乎不涉及产品的国际市场分销,无法控制价格、销售量、商店类别等,因此生产厂商对国际市场营销的控制力很弱,有时甚至根本无法控制市场。

(3) 依赖性较大,获利程度有限。一般来讲,在国际市场经营中,最丰厚的利润蕴藏在市场流通领域。以美国日用品的分销过程为例,产品在各个环节的售价递增情况如下:工厂(1.00)→出口商(1.05)→进口商(1.45)→大批发商(1.75)→小批发商(2.00)→商店(4.00)→顾客。以工厂的售出价是1美元为基价,经过层层加价后卖到商店已变成2美元,商店再卖给顾客是4美元。可见,在间接出口分销中,生产厂商获利程度是很小的,往往只赢得小钱而没赚到大钱。另外,生产厂商要依靠中间商来销售自己的产品,对中间商的依赖性很大,一旦中间商发生变化,如市场上出现了新产品,或某些企业能提供更为价廉物美的产品时,中间商就可能另寻新主而抛弃原来的合作伙伴,从而使生产厂商陷入困境。

4. 间接出口的分销渠道的选择

一般来说,间接出口分销渠道主要适用于以下几种情况:

(1) 中小企业由于缺乏人才、机构、资金,没有发达的国外分销渠道和信息网络,尤其是那些刚涉足国际营销的中小企业,因此采用间接出口分销,利用中间商的力量和分销职能较为有利。对于那些以国际市场为生存基础的企业,以间接出口分销为过渡桥梁不失为一种较好的选择,把它作为向国际营销企业迈进的台阶,可使企业从中获取有关国际市场的知识和向国际市场发展的基石。

(2) 出口商品较少,预期出口销售获利不高,如偶尔获得国际市场订单的场合。如果生产厂商组织直接出口分销,势必得不偿失。因此,借用间接出口分销方式是合适的。

(3) 对政局不稳定或者汇率不稳定、风险较大的市场,为防止企业陷入泥潭,可采用间接出口方式来防范风险。

此外,如果出口商在国际市场上有相当响亮的品牌和广泛的客户关系网络,可以使企业的商品在国际市场上具有更大的竞争力,生产厂商采用这样的出口商组织商品出口也是合理的。在我国,没有出口经营权的企业只能采取间接出口分销方式,借助出口商或代理商组织商品出口。

四、分销渠道模式的标准化与多样化

分销渠道模式的标准化,是指企业在国外市场上直接采用国内的分销模式;分销模式的多样化,是指企业根据各国的不同情况分别采取不同的分销模式。

企业在国际营销中之所以会将国内的分销办法照搬于国外市场,在国外市场上采用统一的分销模式,其主要原因是希望获得规模经济效益。尽管分销中的规模效益不如生产中的规模效益那样容易取得,但也并非不可能。如果企业在各国市场上采取与母国相同的分销模式,则营销人员可以凭借以往的经验简化决策程序,提高营销效率。况且,那种在国内市场或某一市场上已被证明是行之有效的分销渠道,推广于其他市场也不乏成功的事例。雅芳(AVON)公司以其网络传销方式不断向拉丁美洲、亚洲、澳洲等国际市场拓展,至今已在全球 100 多个国家拥有近 200 万的销售代表。1990 年首次进入中国市场以来,其骄人的业绩便吸引了众多传销公司纷纷看好我国市场,以相同的销售方式在我国开展营销活动。

然而,尽管标准化的分销模式有其有利的一面,有时国际企业却可能选择多样化的分销模式。其主要原因有:

(1) 各国的分销结构(中间商的数量、类型、规模等)并不相同。例如,企业在甲国所采用的分销渠道,在乙国可能根本就不存在。这样,企业只能根据各国的具体实际,寻求最恰当的分销模式。

(2) 各国的市场特点,如消费者收入、需求、购买习惯、地理分布等存在较大差异。在某国适用的分销模式可能在另一国并不被市场所接受,这也要求企业采用多样化的分销模式。

(3) 竞争对手的渠道策略也会影响到企业的渠道选择。一方面,由于竞争企业长期在某国的经营过程中,已使该国的分销渠道形成某种特定的模式,因此企业在进入这一市场时,不得不采取与竞争对手相同的做法。另一方面,由于竞争对手的强大实力,可能已事先控制了某种渠道,形成了稳定的购销关系,从而迫使后入市场的企业重新设计分销模式。

(4) 企业自身的一些因素,如进入国外市场的方式,以及企业规模大小、渠道经验、营销策略,等等,也决定了企业可能采用不同的分销渠道。例如,企业以独资的方式进入市场时,选择渠道的自由度就较大,而通过中间商在国外市场上销售,分销渠道的选择余地则要小得多。

总之,分销渠道模式应该标准化还是多样化,应视具体情况而定,企业在选择分销渠道时要认真进行市场分析。一般而言,不同国家的市场特征越相似,标准化的分销模式就越容易成功;反之,则应采用适应各国不同情况的、多样化的分销模式。例如,传销方式在我国流行数年后,终因不符合中国现阶段国情,不为社会公众所接受,于 1998 年被国家明令禁止。为此,所有的传销公司将不得不在中国市场上寻求新的分销渠道模式继续其业务。

五、分销渠道成员的选择

确定了分销渠道模式后，就要具体地寻找产品分销的渠道——中间商。选择合适的中间商并与之建立和发展关系，这些中间商便成为企业分销渠道的成员，通过它们的经营活动，使企业的产品得以送达消费者手中。因此，找到合适的中间商，争取获得中间商的积极合作，是企业成功迈向国际市场的良好开端。

（一）发展分销渠道成员的途径

要选择分销渠道成员，企业应先通过一定的途径，搜集目标市场国所有可能成为渠道成员的中间商的资料，以便从中寻找理想的中间商并与之建立和发展关系。那么如何才能了解到国外中间商途径的有关信息呢？对此，有的专家提出以下建议：

（1）请我国经营外汇的银行和我国驻外国商业银行介绍。
（2）函请我国驻外商务机构和各国驻华商务机构介绍。
（3）函请联合国有关机构，如促进进口办公室、国际贸易中心等介绍。
（4）通过各种国际组织和各国的华侨团体介绍。
（5）在国内外举办或参加展销会、展览会、博览会接触客户。
（6）与各国民间组织，如各国大城市的商会和工业协会进行联系，请其介绍客户。
（7）在国外适当地点和适当机构举办学习讨论会、技术交流会等，在会上接触客户。
（8）在国内外报纸、杂志和专业刊物上登载广告，招徕客户。
（9）通过我国的国际贸易促进会以及国外的咨询公司介绍。
（10）查阅国外报刊广告、行业名录等，主动发函联系。
（11）请原有的国外客户介绍其他客户。
（12）通过各种私人关系介绍。

（二）分销渠道成员的调研

通过上述途径了解了国外有关中间商的一般信息后，企业应对拟议中的对象做更进一步的调研，以确定与之合作的可行性。

1. 分销渠道成员调研的主要内容

（1）企业组织情况。包括企业组织的性质、创建历史、各分支机构，以及主要负责人的性格、爱好、工作经历、社会关系，等等，了解这些情况，便于在具体交易上掌握主动。

（2）经营范围。包括中间商的经营品种、产品的销售对象、市场覆盖的地区范围、是否经营或准备经营其他企业的竞争性品牌等，这些问题是合格中间商的基本条件。

（3）资信情况。中间商的资信包括企业资金和信用两方面。资金主要指注册资本、实收资本、公积金、资产及负债等。信用方面主要指经营作风、履约守信情况、公共关系好坏等。中间商的资信情况对决定企业是否与之合作，以及采取何种合作方式是十分重要的。

(4) 经营能力。中间商业务人员的素质,如专门的商品知识、推销能力、经营管理水平等,以及经营所必需的设施、仓储条件等。

2. 分销渠道成员调研的途径

(1) 实地调研。对国外中间商情况的调查是十分困难的,但又是十分重要的,这需要时间、资金和足够的耐心。西方许多出口企业一般会亲自到目标市场国了解和考察,以获得有关中间商的第一手资料,而且还可以在与这些中间商的直接接触中了解他们的态度和合作意愿,并争取说服他们积极主动地推销本企业产品。

(2) 通过银行进行调查。按国际习惯,企业的资信调查属于银行的业务范围,因此通过银行对国外中间商的资信情况进行调查是常见的方法。我国一般是委托中国银行办理。向银行查询中间商的资信,一般不收费用或只收很少费用。资信报告内容详简不一,对企业资本及负责人等情况均能提供。

(3) 通过国外的工商团体或专业调研机构进行调查。国外的商会、同业公会、贸易协会等均接受代理调查当地企业情况,但通过这种途径得到的结论,要认真分析,不可轻信,一般只作参考。

(4) 通过我国各驻外机构进行调查。我国各驻外机构对当地中间商考察所得到的资料一般比较具体可靠,对企业有较大参考价值。此外,国外出版行业名录、企业年鉴等刊物也是重要的资料来源。

(三) 合格的分销渠道成员应具备的条件

在对国外中间商做详尽调研的基础上,还必须认真对各分销渠道成员进行评估,从中选择出理想的合作对象。在国际市场上,出口企业选择合格的分销渠道成员(即中间商)一般应坚持以下条件:

(1) 在经营范围上,中间商经营的产品应与企业的产品系列相吻合,中间商的服务对象应与企业产品的潜在顾客相一致。因此,企业要对中间商经营的产品有所了解,认真分析其所经销产品的组合关系,使企业产品和中间商经营的产品能在销售上相互促进,避免选择那些经营竞争品牌的中间商。

(2) 在当地市场上有良好的企业声誉,也有与本企业建立关系、相互配合的意愿。不应选择有经营劣迹、信誉不好的中间商作为渠道成员。

(3) 中间商在销售网点、经营设施、销售机构、推销能力和服务能力等方面,要能满足企业产品在销售过程中的运输储存、加工包装、推销、售后服务的要求。

(4) 中间商品财务状况良好,有一定的经济实力,能在资金上与出口企业融通,至少能及时付款,不使出口企业在资金上承担过多的风险。

上述诸项只是选择中间商应考虑的主要问题,在实际操作中,企业应根据营销意图、产品和市场特点、竞争形势等具体问题,拟定更为周密的考察标准,选择出真正合格的中间商。

第三节 非出口进入方式下的国际分销渠道

一、国际市场的进入方式

所谓企业进入国际市场,是指一个企业在海外市场上销售商品,获得经营收入。除了出口销售方式之外,企业进入国际市场还有多种方式,如在海外当地生产当地销售、在海外开展特许经营,统称为非出口进入方式。

非出口进入方式在当代世界市场上正在快速发展,是世界经济全球化中的一个显著特征。究其主要原因有以下方面。

(1) 贸易保护主义盛行,不仅在发展中国家,连发达国家也强烈推行贸易保护主义,限制了国际贸易的正常发展。

(2) 国际产品生命周期循环加快,发达国家的创新产品迅速进入成熟期和衰退期,其生产基地也随之快速转移到发展中国家甚至不发达国家。

(3) 市场不完全程度越来越高,使得跨国公司的国际竞争力日益强大,它们为占领世界市场,不断推出新的"游戏规则"和新的进入方式,包括谋求生产国际化和知识产权国际化。

(4) 在海外实行当地生产当地销售,就是跨国公司创造的生产国际化的实现形式之一,而海外特许经营则是它们的知识产权国际化的实现形式之一。

二、海外生产的分销渠道设计

海外生产是指生产厂商在海外投资设厂,在当地组织商品生产、就地销售或在周边国家销售商品的一种生产经营方式。其商品分销可分两种情况:一是在生产国当地销售;二是在生产国之外销售,即出口销售。

(一) 海外生产方式

当地生产当地销售,决定了海外生产方式的分销渠道与当地生产厂商的国内分销有很大的相似之处。例如,根据产品、市场、企业自身等因素的具体情况,企业可以在直接渠道、间接渠道、宽渠道、窄渠道等模式之间作出选择。

这里需要说明的是,由于不同国家的商业惯例有差异,因此,即使是同一种商品,在不同的国家也要采用不同的分销渠道模式,尤其不能照搬母国同类商品的分销渠道模式。这正是海外生产条件下商品分销的复杂性和多样性。因此,海外生产条件下的分销渠道设计和选择,必须以熟悉和掌握具体国家的商业历史、商业习惯、商业发展趋势等方面的知识为基础,视具体产品所习惯采用的分销惯例而定。

(二) 海外生产方式的优缺点

实行当地生产当地销售,与出口分销相比,其优点是:①容易得到东道国政府的支持与鼓励；②可节省运输费用，避开关税，从而能向市场提供成本低、价格合理的产品；③能及时、可靠地向中间商和顾客交货，方便地提供售后服务，从而能培养顾客忠诚度和加强市场竞争力。

海外生产的缺点是：①建立海外生产基地时投入的资源多，可能面临东道国政治、金融、经营等方面可见的或潜在的风险，其风险远高于出口分销；②如果受到政府对外资企业的管制，抽回资本、收回利润将有一定的困难，这样就降低了资本的流动性和使用效率；③进行海外生产和分销管理所需的信息量和管理费用通常会超过出口分销。由于存在这些缺点，因此要求从事海外生产和销售的企业一定要加强管理，尤其是要认真做好调查研究工作，科学设计海外商品分销渠道。

（三）海外生产条件下分销渠道的选择

为避免海外生产销售的风险，减轻交易费用和管理费用负担，许多企业都是在采用了直接出口或特许经营，获得了较充分的国际分销经验之后，才采用海外生产和销售方式，借以增加成功率。据国外一项调查表明：企业在没有出口经历的目标国家投资设厂，进行海外生产的成功率最低；取得第一次投资进入经验后，再在没有出口或进入经历的其他国家采用建立子公司进行海外生产方式的风险较小。这一结论对企业进行海外生产分销具有借鉴作用。

三、外包生产方式

外包生产方式也称为贴牌生产方式。这种生产方式是指企业通过与东道国的生产厂商签订委托制造合同，授予其使用企业的某些知识产权（如产品设计、生产技术或商标等）的权利，并全部回购产品，由企业在东道国的分销机构或者企业授权分销的商业机构在当地销售。采用这种生产方式，企业不用到东道国市场投资建立自己的海外生产基地，而是利用东道国已有的生产条件和资本，在海外组织商品生产和销售。

耐克公司在海外基本上没有独立的生产基地，而是采用转让生产许可证、外包生产的方式。因为耐克运动鞋一般都属于中高档产品，销售价格不菲。为了降低成本，保证以较便宜的价格进入国际市场，从20世纪80年代以来，耐克公司一直在工资水平低、原料价格便宜的发展中国家寻找外包生产厂商。在80年代初，耐克公司把生产任务交给了劳动力价格低廉的韩国和我国台湾地区的厂商，80年代中期以后，它又把目光投向劳动力价格更为便宜的第三世界国家或地区如中国大陆、印度尼西亚和越南等。耐克公司与这些地区的生产厂商签订合同，由耐克公司负责设计，签约厂商负责生产，贴上耐克公司的商标，由耐克公司的分销机构出售到美国以及别的国家。耐克公司组织海外生产的做法是典型的外包生产方式。

采用外包生产方式，不仅可以方便地进入海外市场，还可以充分地利用世界上最为便宜的劳动力和原料等要素，借以降低商品成本，增加公司收益。

外包生产方式是近年来发展很快、颇受欧美企业青睐的一种经营方式。所谓"外包"，是指企业把过去由自己生产的一部分产品或者不打算自己生产的产品转交给其他企业生产，自己只留下营销、科研、新产品开发等强势业务。这种新经营方式已经涉及许多行业，包括机械制造、材料、通讯、计算机等领域。现实中的外包生产早已冲破国界限制，在全球范围内寻找最理想的生产厂家。许多外包生产不仅包给发达国家企业，还转向包给新兴工业国家和发展中国家的企业。所以说，外包生产是经济全球化的特征之一。

企业实施外包生产方式的出发点是减少投资、降低成本、压缩管理战线，还可以分散经营风险。爱立信的核心经营能力是开发和制造移动通讯基础设备，虽然进入手机生产领域，却从来没有把它作为主营业务加以投资。过去曾把部分手机生产业务"外包"到英国、美国、巴西和马来西亚，现在发现新加坡更合适生产它的产品，于是做出了把手机生产子公司全部转交给新加坡子公司管理和经营的决定。据报道，这次"外包"可使爱立信增加收益。有资料显示，诺基亚的手机和网络设备也是"外包"生产的。

外包生产方式并不等于企业对生产放手不管，事实上，大量的外包生产的商品还要打着委托者的牌子进入市场，委托者也不会放松对产品质量的要求。新加坡的生产商必须严格按照爱立信的指令和手机质量标准进行生产。虽然降低生产成本是外包生产的主要动机之一，但是不少企业宁可维护品牌的市场形象而不愿看到顾客投诉。另外，实施外包生产方式的企业的收益取决于对外包生产的控制。

外包生产方式被许多企业当成迎接经济全球化带来的机遇和挑战的一种武器。爱立信的"外包"行为不仅给爱立信带来极大好处，也使承包者获益匪浅。新加坡的承包生产商抓住了机遇，得到了大笔订单，增强了它在业界的地位。至于说美国《财富》杂志选出的全球500强企业中，有不少找新加坡企业做外包生产已是公开的秘密。值得注意的是，外包生产产品并不限于传统产品，也包括高科技产品甚至新开发的产品。

外包生产方式和海外生产方式相比，两者的共同之处都是进入海外市场，既在海外市场生产，也把商品销售到海外市场；商品的品牌（商标）、分销渠道的控制权都掌握在企业手上。不同之处在于，外包生产的投资少，但是渠道管理更为复杂。

四、海外特许经营

（一）海外特许经营的概念

海外特许经营是指企业（特许人）通过签订特许合同的方式，授权国外企业使用本企业的工业产权（专利、专有技术、商标、商号等），进行生产和商品销售，并向受许人收取许可费用或分享利润的一种经营方式。海外特许经营在近二三十年得到迅速发展，在许多行业都受到了青睐。

图13-4大体描绘了当今世界上几个主要行业在商品分销组织方面采用海外特许经营方式的情况。

一般来说，受许人以一定价格接受特许人的商号、商标、专利或专有技术，都是因为这些工业产权具有显著的市场竞争力，使用这些工业产权能够创造额外利润。图13-4中列出的有关行业的特许经营方式（麦当劳、可口可乐、福特汽车、7-11便利店等）都是拥有较高市场价值的工业产权（或称为无形资产），因此，它们成了众多同行企业使用其工业产权的特许人。

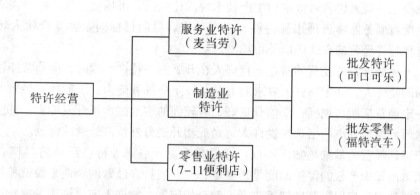

图 13-4 有关行业特许经营方式示意

(二) 海外特许经营的优缺点

1. 海外特许经营的优点

(1) 用较少的资本甚至不用资本便可迅速拓展国际市场。开展海外特许经营,特许人不必自己投资就可方便地进入以其他方式难以进入的目标市场,避免关税、配额、高运费等不利因素,能比较容易、迅速地占领市场。

(2) 扩大特许人商号、商标的影响力。如麦当劳不用自己投资,在世界各地建立了许许多多的麦当劳分店,消费者无论走到哪里,都会通过金黄色的"M"联想到麦当劳,即使从未吃过麦当劳汉堡包的消费者,也会体验到麦当劳的影响力。

(3) 建立国际战略联盟。开展特许经营,通过与海外竞争者建立特许经营关系,可以把大批竞争者拉到国际战略联盟体系内,化市场竞争关系为风险共担、利益分享的伙伴关系。

(4) 与海外生产和出口销售方式相比,风险小。采用特许经营方式,容易得到东道国政府的批准,因为东道国得到了特许人的先进技术和先进的管理体系。即使受许人经营亏损,特许人也没有任务损失,因为没有任何直接投资。而收益就是特许人几乎是毫无风险地获得来自海外市场的经济利益。

2. 海外特许经营的缺点

如果说海外特许经营有不足之处的话,就是相对海外生产销售和出口销售而言,特许人的获利水平较低,不太容易控制受许人的经营过程。另外,在企业商号、商标的市场知名度相对较低的国家,特许人必须做一定的广告宣传,提高其知名度,否则难以提高其工业产权的商业价值。

(三) 海外特许经营的选择

对于其商号、商标及其产品和服务拥有较大顾客吸引力的企业来说,开展海外特许经营,是抢占市场、扩充实力和获取超额利润的最快捷方式。但不是所有的产品、市场都适宜于采用海外特许经营这种方式。如造船、飞机制造企业等,由于其产品的单个生产规模巨大,技术知识容易在生产中泄露,因而就不适宜采用海外特许经营的方式来发展企业规模。一般来讲，对资本和生产技术要求比较低、市场面比较广泛、需求潜量很大、为消费者服务能够表现出独特性、生产过程容易向目标国家独立合伙人转让的产品，可选择特许经营的方式向国外市场渗透。

根据上述海外特许经营的特点，特许人在开展海外特许经营时，应非常谨慎地选择目标市场的受许人。许多特许人要求对方具备以下条件和能力：①能独立经营、独立核算、有一定经营场所与规模；②信誉良好，有较强的本地区市场开发能力；③能进行相应的技术服务与培训。严格选择受许人，是成功开展海外特许经营的保证。

由于特许经营的基础是知识产权，它也是企业开展海外特许经营的"核心资本"。因此，东道国知识产权的保护制度是否健全，对开展特许经营的企业来说就显得特别重要。在那些知识产权保护制度缺乏或者不健全的国家，特许人向受许人发放特许证和转让知识产权之后，难以有效地保护其商业秘密；一旦发生商业秘密的泄露，就会造成特许人商业利益的巨大损失，大大削弱其竞争优势。基于这一考虑，开展特许经营的企业必须认真选择目标国家。只有在知识产权保护制度比较健全和有效的国家开展特许经营，特许人的竞争优势才能得以保持。

此外，企业采用海外特许经营时，还要考虑受许人的分布密度和相互竞争因素。一般应根据目标市场的需求容量来确定海外受许人的数量，以保证海外受许人能有效使用特许的知识产权，为特许人带来最大利润；否则，过多的受许人进入市场，使市场供给超过饱和点，分店之间就因达不到有效经营规模而进行恶性竞争，抢夺市场。恶性竞争的后果是使海外受许人不能产生效益，特许人因此也不能获得合理利润。

案例　大华公司分销渠道的调整

李明辉是大华公司销售部的经理，正在紧锣密鼓地为即将召开的由董事会主持的"下一年公司战略发展讨论会"作准备。公司分管营销的副总经理陈南已经通知他，让他主要谈谈如何调整公司目前的分销渠道，以达到进一步减少公司营销成本和提高公司干湿性农业用途化学产品的销售渠道质量和售后服务质量。

1. 大华公司的组织结构和销售系统

大华公司的组织和销售系统由以下几部分构成：①两家直属的公司是全冬生产的工厂；②5家签约的公司属季节性生产的工厂；③3个自建内部流通的仓库；④分布在全国的10家全天候的销售中心；⑤分布在全国各地的约100家特约经销商。大华公司主要销售49种不同商品和库存物品，这些商品可分为两大类：A类和B类。A类由13种库存商品组成，这类商品的销售具有很强的季节性，且占据了公司85%的收入。B类商品由其余36种商品组成，虽然是全年都在销售，但同A类商品一样也具有一定的季节性。B类商品虽然只占销售额的15%、但却贡献了30%的税前利润。

通常情况下，这两类商品在农业上用途比较广泛，因此一向受到农药经销商的欢迎。

公司把商品批发给特约经销商，经销商再转手卖给农民。经销商转手销售的途径有两条：①传统的遍布农村各乡镇的供销社；②一些新兴的分布在大的乡镇的专门销售农药的零售商。这类特约经销商不仅销售大华公司的产品，而且销售其他公司的产品，包括公司竞争对手的产品。按经验来说，一般农户在施肥前的1—2个星期去购买公司产品，而订购这类产品很大程度上取决于当地的各季度降雨量。因此，公司在农民需要产品时必须及时供应，同时，每一单位的剂量必须与当地的降雨量紧密联系，而全国各地的农民的需求在用药时间上有很大差异。

2. 大华公司现行的销售政策和销售业绩

为了更好地利用现有的销售渠道，公司对提前90天以上向公司订购产品的经销商提供了大量的库存津贴和折扣奖励。因此，目前预先订购的销售额占总销售额的30%～40%。

对经销商而言，这一政策的实施意味着将积压更多的存货。事实上，库存津贴对于全年销售的商品而言是一种特别折扣。为了避免这一优惠措施的滥用，公司规定了适用于这类优惠措施的最低订购量。大华公司也接受低于预先订购总量15%的退货。同时承担货物的运输费用。

显然，这一政策的实施有两点好处：①公司可以比较准确地预计装载货物量，有利于节省运输费用；②实施预先订购的销售商可以享受额外的折扣，可以削减一定成本。

经销商在季节性商品订购期90天内向公司订购产品占销售额的60%～70%，这样，季节性商品的销售量很大程度上取决于公司运输货物的速度。在季节性商品的销售旺季，大多数经销商希望厂商能够在一天内把货物从销售中心运达商家。对于大华公司的特约经销商而言，更希望厂商能够将货品连夜运达；当然，在销售旺季，这类服务的花费非常高，但经销商仍有利可图，因为在这个季节，农民往往会以较高的价格购买产品。对于经销商来说，选择一个能够快速送货的公司是至关重要的。这类商品的80%的需求集中在中东部各省。大华公司2006年的销售数据如表1所示。

表1　大华公司2006年销售情况

金额（元）	152500000
重量（千克）	95312500
袋数	3812500
平均每批订购产品量（袋数）	52952

大华公司的销售系统相对比较简单。通过公司的10家销售中心销售的商品占整个销售额的33%，也就是说，特约经销商的销售渠道对大华公司的销售贡献达67%。

表2列举了大华公司各销售渠道的销售额和成本花费的情况。

表2 大华公司各销售渠道的销售额和成本

项　目	传统供销社	新兴专业农药零售店	总体情况
销售额（元）	71522500	30652500	102175000
间接变动成本（元）	23602425	12874050	36476475
直接变动成本（元）	7152250	4291350	11443600
直接固定成本（元）	12874050	4904400	17778450
间接固定成本（元）	—	—	3780475

3. 大华公司分销现状评估

根据大华公司副总经理陈南的要求，李明辉对整个分销系统进行评估，主要突出对公司的现有营销成本和服务水平进行评估。尽管就整体而言、整个营销系统运行比较良好，但在每个订货季节之后，仍有一大部分销售商抱怨其要求得不到满足，同时又有一部分销售商在退货。但通过新兴专业农药零售商销售的商品退货少，相比较而言，该分销渠道的客户服务质量比较高。李明辉分析这也许和新兴农药销售零售商具有较高素质和较强的顾客意识分不开，这是他从平时接触到的经销商的抱怨中得到的感觉。

为了制定有效提高公司分销渠道的销售绩效和顾客满意度的策略，李明辉决定首先考察每条分销渠道的渠道贡献率，找出公司现行渠道结构中哪条分销渠道的财务绩效比较高，同时搞清楚哪个渠道结构的顾客满意度比较高，以及比较高的原因何在。他相信，只有在掌握事实的基础上，才可以提出有效的改进策略。

链接思考

（1）试用图表来表示大华公司的营销渠道或营销网络。

（2）采用贡献率法帮助李明辉找出哪条分销渠道的贡献率最高。分析李明辉应该如何看待贡献率低的分销渠道。

本章小结

开拓海外市场是许多企业长期努力的方向，企业进入国际市场大体上有出口进入、生产进入和契约进入三种方式。一般讨论的国际分销渠道主要针对出口进入方式而言。因为出口销售要跨越国界，遭遇不同的政治法律制度体系、文化体系、经济体系和市场需求体系，吸收不同国家的不同性质和功能的机构和个人参与分销活动，这里存在不少风险，需要付出较大费用以克服种种困难。所以，国际分销渠道的设计和建设是极其艰巨的工作，在分销管理上要尤其重视它的特殊性。

国际分销渠道比国内分销渠道要长一些，因为需要出口中间商和进口中间商的参与，渠道成员的构成也复杂得多。设计国际分销渠道之前，分销管理人员必须了解各种中间商，尤其是国际上或进口国中间商的种类、性质、能力、能承担的商业功能、声誉、商业习惯等，以便在渠道设计中合理选择和利用。

在出口分销渠道建设中，直接出口分销渠道与间接出口分销渠道之间是存在差异的。直接出口分销是商品的生产厂商自己进入国际市场从事商品分销，无须通过本国出口中间商。具体方式可以是厂家直接接受国外使用者或消费者订单、在国外设立自有分销机构或直接销售给国外市场中间商。间接出口分销渠道则是通过本国出口中间商如进出口公司、代理商等，完成商品出口销售。要根据企业自身因素、产品特性、市场因素以及其他因素来选择，原则是看哪种方式最有效率、能最大限度地节约成本。

随着生产和市场的全球化发展，企业进入国际市场的方式在不断被创新。近年来，非出口进入方式成为主流。非出口进入方式主要指海外生产方式、外包生产方式和特许经营。伴随着非出口方式的发展，与之相对应的国际分销渠道也在发展。

关键概念

直接出口　间接出口　外包生产　特许经营

思考题

（1）对于我国自主品牌的汽车生产企业来说，如果打算开拓国外市场，你认为它们应当如何设计和选择国际分销渠道？

（2）我国彩电生产企业在开拓非洲及东南亚市场时，应该采取直接出口分销模式还是间接出口分销模式？原因何在？

（3）试比较海外生产方式、外包生产方式与特许经营方式三者的优缺点，并分析它们各自的适用条件。

第十四章 分销渠道运行状态与绩效评估

本章学习目标

学完本章后,应该掌握以下内容:①了解影响分销渠道的运行状态的因素;②了解分销渠道运行状态评估的内容;③了解分销渠道服务评估的内容及方法;④了解分销渠道财务绩效评估的内容及方法。

第一节 分销渠道运行状态与评估

一、影响分销渠道运行状态的因素

分销渠道的运行状态,是指渠道成员的功能配合和积极性发挥等方面情况的综合。分销渠道的效率和功能大小取决于渠道运行状态。为了提高分销渠道的运行效率并使之发挥更大的功能,分销渠道管理人员必须对分销渠道的运行状态及其有关影响因素连续地、认真地进行监测和评估,及早发现不足并设法加以克服。

影响分销渠道运行状态的因素是多方面的,既有内部因素,也有外部因素,如图 14-1 所示。

外部因素	内部因素	渠道运行状态
顾客特征	成员数量	渠道畅通性
需求层次	成员声望	市场覆盖面
经济状况	资本实力 →	流通能力及其利用率
技术发展	营销能力	渠道冲突
竞争压力	努力程度	努力程度
政策与法规		

图 14-1 影响分销渠道运行状态的因素

一般来说,在对分销渠道运行状态进行监督评估时,主要是根据内部因素(包括分销渠道成员数量、成员声望、资本实力、营销能力、努力程度等内部因素),对渠道整体的功能性表现进行分析。

二、分销渠道运行状态评估的任务与程序

分销渠道运行状态评估的任务是:以渠道建设目标和分销计划为依据,检查分销渠

道各项功能是否被指派到了合适的主体，有关主体的合作愿望与努力程度是否符合渠道有效运行的要求，分销渠道的各种功能是否发挥正常，商品销售范围与销售量是否达到了分销渠道的目标要求，是否存在有害的渠道冲突，等等。具体来说，可从分销渠道的畅通性、渠道覆盖面、流通能力及其利用率、渠道冲突等方面进行评估。

由于分销渠道运行状态评估是对分销渠道运行状态是否正常、有效的说明和判断过程，其结果关系到如何进行分销渠道管理决策，因此，必须有计划、有步骤地进行。具体来说，对分销渠道运行状态评估主要包括下列程序：①明确评估任务和对象；②确定评估判断标准或参照系；③搜集资料；④资料整理、分析；⑤将结果与标准或参照系比较，予以解释说明，得出结论；⑥提出、执行奖励和改进方案。

三、分销渠道运行状态评估的内容

（一）分销渠道畅通性评估

在社会经济发展中，流通作为社会生产的一个重要组成部分，是连接生产和消费的重要桥梁。因此，在社会经济的发展中，只有不停地进行流通，社会的生产过程才能不断地延续。分销渠道作为承担商品流通职责的重要工具，对于企业的发展和进步，对于满足消费者的需要，都有着重要的意义。

1. 分销渠道的通畅性评估的内容

（1）分销渠道系统运行的主体是否到位。在分销渠道运行的过程中，每种渠道功能都需要相应的主体来承担，只有这样，渠道的畅通才能保证。例如，运输职能的承担，既有可能是专业的物流公司，也可能是生产企业本身。但无论是谁，只要有主体承担物流的职责才可以保证渠道运行的畅通。

（2）分销渠道功能配置是否到位、合理。要实现分销渠道运行的通畅，还要考察渠道的各种功能配置是否完整，是否合理，因为渠道的运行是一项系统的工程，产品、服务、储存、运输、资金等都必须到位。这其中每个环节的功能配置是否合理，直接关系到渠道运行的通畅性。例如，商品的储存是保证渠道畅通的重要物质保证和基础，这项功能的配置在不同企业中的决策是不一样的。像宝洁这样的大型企业，物流部分的职责全部交给专业的公司去做，而丝宝集团则是由自己和专业公司共同承担物流。

（3）分销渠道环节的衔接是否无缝。分销渠道各环节的衔接直接影响渠道的通畅。如批发和零售这两个环节，如果批发环节商品运转出现问题，商品不能及时配送到零售环节，就可能导致零售环节的销售出现缺货、断档并带来不利的影响。毕竟在渠道系统中，完全一体化经营的是少数企业，大部分的企业需要渠道成员间的相互协调、配合。因此，分销渠道和环节间的衔接，直接影响分销渠道的运转效率。

（4）分销渠道成员的长期合作性。分销渠道运转要保持长期性和稳定性，取决于分销渠道相关成员间联系或契约的长期效率。对于以契约和整合渠道为主的企业，都会面临合同到期的问题，如果合同到期后不能续签，同时又没有合适的渠道合作伙伴接替，渠道的运转就有可能中断。所以，渠道成员的长期合作性直接关系到渠道的通畅。

2. 渠道通畅性的评估指标

（1）商品的周转速度。商品的周转时间是指商品在流通领域停留的时间。商品周转的时间越长，则表明商品的周转速度越慢，分销渠道就有可能不通畅；周转的时间越短，则表明商品在流通领域停留的时间就越短，分销渠道就越通畅。

（2）货款的回收速度。货款的回收速度也是反映分销渠道是否通畅的重要指标。它是从资金的角度反映渠道是否通畅，可以用货款回款率公式来计算。回款率越高，分销渠道越通畅；反之，则不通畅。

（二）分销渠道覆盖面评价

所谓分销渠道覆盖面，是指某个品牌的商品通过一定的分销渠道销售能够达到的最大销售区域范围。市场覆盖面越大，意味着该商品能够接近的潜在顾客越多，购买该商品的顾客数量就越大。对分销渠道覆盖面的评估可以从分销渠道中的成员数量、分布区域、零售商的商圈大小等几个方面来进行。

1. 分销渠道覆盖面评估的内容

（1）分销渠道成员数量。分销渠道成员数量的多少在一定程度上能够反映该渠道的市场覆盖面。其中，分销渠道层次数对整体渠道成员的多少起着决定作用，层次越多，市场覆盖面越大。所以，一般来说，零层渠道的覆盖面较小，二层、三层渠道的覆盖面较大。

（2）分销渠道成员分布区域。一般来说，处于同一层次上的中间商应该彼此拉开空间距离才是合理的，这样就不会出现商团或销售区域的重叠，避免互相竞争的情况发生。现代经济运行中出现了商品分销渠道扁平化的趋势，具体来说，越来越多的商品销售渠道的环节数趋向于同一环节，同时，一个环节的中间商数量（渠道宽度）出现了越来越多的趋势。

（3）零售商的商圈。这是指零售商周围能够方便地光顾零售商店铺的潜在顾客的分布范围，例如，一个便利店的商圈是 500 米，就是指潜在顾客来自于以该便利店为中心、半径 500 米的空间区域范围内。不同地区的零售商的商圈是不一样的，因为零售商商圈受到交通条件、商店声誉、经营规模、竞争者的相对位置、周围服务环境以及顾客购买行为习惯等因素的影响。

对于某个品牌的分销渠道而言，其市场覆盖面是指在该渠道中所有零售商的商圈不重复的总和。

2. 分销渠道的覆盖率的评价指标

（1）市场覆盖面。市场覆盖面是指分销渠道的终端网络分销产品的市场覆盖地区。其覆盖的区域越大，表明市场覆盖率越高，顾客就越容易购买到该商品。其公式如下：

市场覆盖面 = 各个分销网络终端商圈面积之和 − 重叠的商圈面积之和

（2）市场覆盖率。市场覆盖率指该渠道在一定区域的市场覆盖面与该区域总面积的比，覆盖率越高，说明分销渠道的网络分布越广，密度高，空白点少。

(三) 分销渠道流通能力评价

1. 分销渠道流通能力

某个分销渠道流通能力也称为单位时间流通量或简称为流速,是指平均在单位时间内经由该分销渠道从生产厂家转移到目标顾客的商品数量。在设计和建设分销渠道时,要特别重视评估分销渠道的流通能力。

一般来说,整个分销渠道流通能力的评估主要取决于整个渠道中瓶颈环节的流通能力。例如,假定某种品牌饮料的分销层次是由 1 个批发商和 2 个零售商组成。如果企业的月供货量是 3 万件,批发商月均批发能力是 2.5 万件,而 2 个零售商的月销售能力分别是 1.8 万件和 2.1 万件,消费者的需求量是 2.8 万件。那么在这个二层分销结构中,批发环节是瓶颈,受其制约,整个分销渠道的流通能力只有月均 2.5 万件。分析了渠道的瓶颈环节,制造企业在进行渠道建设时,就能集中力量于薄弱环节,如在薄弱环节增加承担此功能的单位数量,设法改进渠道结构,减少对非瓶颈环节的投入,等等,以达到渠道资源的有效性。

2. 流通能力的利用率

在渠道的运转过程中,分销渠道流通能力评估的重点是流通能力的利用率,即实际商品流通量与流通能力的比较。其计算公式是:

$$流通能力利用率 = 实际流通量 / 渠道的流通能力 \times 100\%$$

流通能力利用率在一定程度上可以说明分销渠道成员参与商品分销的积极性发挥程度。具体来说,流通能力利用率的大小与每个生产厂商的供货量、仓储运输的效率、批发零售企业的促销努力以及各个环节之间的有效配合有关。

3. 流通能力利用率的主要考核指标

(1) 平均发货批量。前后环节之间的发货(购货)批量,是指根据后续环节的销售需要和送货通知,前一环节向后续环节发送一批货物的数量。例如,生产厂商向批发商、零售商平均发货批量大,说明生产厂商的供货能力大,同时也说明运输能力和批发商、零售商的销售量大,因而流通能力就能够得到充分利用。发货批量直接影响到在分销渠道中的商品流通量。一般来说,流通能力利用率与发货批量成正比,发货批量越大,则通过分销渠道销售的货物越多,因此,流通能力的利用率越高。

(2) 平均发货间隔期。发货间隔期是指前一环节向后续环节先后两次发送货物的间隔时间。这个指标用于说明供应单位向后续环节发送货物的频繁程度,可从一方面表明供应单位的供货能力。平均发货间隔期短,说明后续环节销售量大、速度快,也表明仓储运输运转效率高。后续环节的日均销售量可以用平均发货批量和平均发货间隔期两个指标来计算,计算公式是:

$$后续环节日均销售量 = 平均发货批量 / 平均发货间隔期$$

与平均发货间隔期对应的另一个指标是年均发货次数。平均发货间隔期与年均发货次数的乘积等于一年的天数。平均发货间隔期与年均发货次数成反比,可以根据平均发货间隔期计算年均发货次数,计算公式如下:

$$平均发货间隔期 = 365 / 平均发货次数$$

后续环节的年均销售总量是平均发货批量与年均发货次数的乘积,也可以说是其日均销售数量的365倍。

(3) 日均零售数量。日均零售数量反映零售商的销售努力程度,也反映生产厂商与批发商对零售的服务水平。如果这个指标较高,说明在整个分销渠道中商品的流通能力也较高,或者说流通能力利用率较高。

(4) 平均商品流通时间。商品流通时间是指自商品从生产线下来或出产之日算起,到最后销售到消费者手上之日为止所经历的时间长度。这个时间长度是商品在流通过程中,占用仓储设施和资金的时间长度。按照分销渠道中转移的全部商品来计算,平均商品流通时间较长,则表明流通过程中商品占用的仓储设施和资金的时间长,仓储环节的工作效率就较低,或者说批发零售环节的销售速度较缓慢。

平均商品流通时间也可以反映商品处在流通过程中的数量。计算公式是:

流通中的商品数量 =(日平均产出量 - 日平均零售量)× 平均商品流通时间

上述这些指标都可以用来说明流通能力的利用情况。通过分析分销能力的利用率,可以判断分销渠道运转的有效性程度。正常运转的分销渠道,应当能够使流通能力充分加以利用,没有浪费。但是,可能由于分销渠道的畅通性存在问题,或者由于有关分销渠道成员的积极性和主动性没有得到充分发挥,分销渠道流通能力的利用率就不会很高。在这种情况下,企业就要寻找对策,尽快扭转局面。

(四) 分销渠道冲突分析

1. 分销渠道冲突

有效运转的分销渠道应当能够有效控制成员之间的冲突。分销渠道成员之间的冲突即分销渠道冲突,是指由于在分销渠道的功能分配、利益分配或权利分配上的某种安排,造成至少一个成员感觉到其他的某个(某些)成员对其的权利存在不利的影响。分销渠道冲突是一种心理反应,但是冲突的存在有可能使得分销渠道成员之间的合作关系或工作效率受到影响。在分销渠道运行状况的评估分析中,分析分销渠道成员之间的合作效率往往需要考虑分销渠道冲突因素。

2. 分销渠道冲突的类型

根据分销渠道成员之间的关系,分销渠道中的冲突可以分为三种类型:

(1) 水平冲突。通常发生在处于分销渠道同一层次的相似公司之间,如两个零售公司因为商圈重叠而产生了相互之间的竞争。

(2) 垂直冲突。这是指产生于分销渠道的不同层次的成员之间的竞争,如批发商与零售商之间、生产厂商与零售商之间,为了争取对自己有利的交易价格而发生的竞争。

(3) 交互式冲突。通常发生在同一层次的不同类型的中间商之间,如零售公司与生产厂商的直接销售代表之间为争夺顾客而进行的竞争。小的渠道冲突可能只是让有关成员心中不满,工作积极性不高;而大的冲突可能造成成员之间的偶尔不和,有的甚至关系恶化,造成分销渠道畅通性、流通能力利用率严重下降。

3. 分销渠道冲突的原因

（1）角色的不一致性。即分销渠道成员各自承担不同的角色，行为受到角色的约束。但是部分成员的行为超出其许可范围而使其他成员无法容忍，则会发生分销渠道冲突。

（2）观点上的差异性。制造商和中间商之间经常在利益分配的观点上存在差异性，从而导致分销渠道冲突。例如，在决定商业折扣时，制造商认为4%是自己所能承受的最高折扣，而中间商认为合理的折扣至少是5%。

（3）决策权的分歧。当一个零售商在特定地区以较高价格销售商品时，如果受到生产厂商有关价格限制要求的影响，这个零售商就会产生不满。一个渠道成员在似乎拥有独立决策权的领域，受到来自同一渠道其他成员的权利影响，这样就产生了决策权的分歧。

（4）分销成员的目标不一致性。例如，一个饮料制造商希望零售商尽可能多地提供货架来展示其系列产品并以低价进行销售，从而扩大市场占有率；而零售商则希望饮料制造商多做一些广告和促销活动，从而提高产品的销售额。

（5）沟通的困难。分销渠道成员之间的有效沟通对于保证分销渠道合作具有重要作用，但在实际操作过程中可能出现渠道成员之间信息传递迟缓、信息内容不清晰、发布虚假信息等情况。比较典型的是，当产品在市场出现滞销时，中间商没有尽快地反馈给制造商，导致制造商生产了大量的滞销产品。

（6）资源配置不合理性。分销渠道中由于资源（包括客源）分配上的意见分歧也会引起成员之间的冲突，等等。例如，某些制造商在一个地区实行直接和间接分销相结合的多渠道策略，把一些大客户留给直接销售机构，而要求外部商业机构去寻找、开发小客户，肯定会引起外部商业机构的不满，因为相对来说，争取大客户的成本相对较低，而销售收入却很大。

分销渠道冲突在有些情况下可能对分销效率没有不利影响，如相对较小的冲突，能够刺激人们去进行创新的冲突，或限制过分强调独立、争当分销渠道领袖的冲突。有些研究结果甚至认为，中等水平的分销渠道冲突能够提高分销渠道的运行效率。但是大多数人都认为，分销渠道成员对冲突有一个可忍受区间，当冲突超出他们忍受的临界水平时，他们就会作出反应，激烈的冲突可能导致成员之间感情恶化、诉诸法律和关系破裂。一旦出现上述现象，都会引起渠道冲突，结果是各方要付出很高的成本才能消除冲突的不利影响。

第二节 分销渠道服务水平评估

分销渠道除了商品销售之外，还有信息搜集与沟通、实体分配和广告促销等基本功能。各种功能对于生产厂商来说，都具有服务性质。有效运转的分销渠道应当能够提供良好的信息沟通、实体分配和促销等功能性服务。但是在渠道的实际运转中，受到承担有关功能的成员的能力、积极性和成员之间配合因素的影响，这些功能可能没有得到有效执行或发挥，进而影响到渠道整体的服务质量。在分销渠道评估中，必须对分销渠道服务水平进行评估。

一、信息沟通评估

对信息沟通进行评估，主要从沟通频率、沟通内容、沟通时间和沟通方式等方面进行。

（一）沟通频率

信息沟通频率是指信息沟通的频繁程度。频繁的信息沟通能够让信息接收者总是对市场动态了如指掌，从而能够从中及时发现变化，并及时采取有效对策适应市场变化。信息沟通的频繁程度可以用信息发布或传输的次数、前后信息发布的间隔时间等数据资料准确予以评估。

（二）沟通内容

生产厂商或分销渠道领袖希望通过沟通，获得真实的、有价值的市场信息，以便有效地指导企业的市场营销活动。那么，分销渠道成员能否认真、仔细搜集那些内容具有价值的市场信息，就是决定信息沟通质量的最主要的因素。为了避免疏漏掉有重大价值的情报，防止把调研力量用于搜集那些无关紧要的资料，信息搜集者和传输者必须研究信息的用途，掌握信息价值的评估标准，信息接收者和使用者也要注意加强与信息搜集者的思想沟通，让其了解情报信息的用途和价值，并通过已接收的信息质量评估来判断对方的信息服务质量。

（三）沟通时间

信息具有时效性，在一个较短时间内对生产、经营、销售和管理具有指导作用和参考价值，否则可能毫无价值或有负面价值。有用的信息应当能保证以最快的速度传送到信息接收者或使用者手上。

（四）沟通方式

有些市场信息的传送可采用公共媒体报告方式，有些信息则必须保密。是否建立了合适的个人化信息沟通渠道，对于有保密要求的信息来说至关重要。

在现代社会中，信息沟通的方式发生了巨大变化。电话、传真、电脑网络等已经大为普及，为个人化信息沟通渠道的建设提供了非常优越的技术条件。

二、实体分配服务质量评估

实体分配服务质量是指分销渠道成员对其顾客需要的满足及时程度。及时满足顾客需要不仅仅要快速完成谈判、签订合同，而且要快速交货，以便让顾客在需要发生的时候立即消费商品。实体分配的服务质量的评估主要从以下几方面进行。

（一）快速反应

顾客的需求可能是规则的，也有可能是不规则的。在竞争日益激烈的今天，企业的竞争优势之一就是对不规则的顾客需求做出快速反应，满足顾客需要。这里包括三层含义：①应当备有充足的库存货物，以便及时满足对现有商品的不规则的顾客需求；②瞄准市场变化趋势，提前开发新产品，做好技术储备，以便在顾客需求发生方向性变化时，及时推出新产品；③运输机构能够及时组织运力。

（二）高度弹性

实体分配系统中总是不可避免地存在无法预测的干扰因素，如订单接收延误、生产中断、货物损坏或需求猛增等，它们会造成企业不良反应，扰乱渠道运转秩序。因此，实体分配系统应具有高度的弹性，能够排除干扰，保证有效的顾客服务。

弹性高低主要表现为以下方面。

（1）生产的弹性。即随着市场需求的变化，生产部门能够有效调整生产节奏，适应变化。

（2）存货的弹性。即根据市场需求的变化，快速调整存货数量，以便及时满足顾客的突发需求。

（3）配合的弹性。即通过成员之间在信息、存货、资金和促销方面的相互支持与配合，来提高对市场变化的适应力。

（4）营销的弹性。面对市场环境的波动，除了实体分配部门的快速反应之外，价格方面、促销方面、目标市场选择方面、市场开拓方面以及分销渠道方面都应当能够灵活作出调整，改善企业以及整个渠道系统对环境的适应力。

（三）最小库存

库存量大小涉及仓储设施和资金的占用，影响到资金周转和渠道运行成本。库存量大，仓储设施占用就多，资金周转速度就慢，肯定造成很高的渠道运行成本。因此，必须最大限度地降低库存量，可能时追求"零库存"。

（四）优化运输

研究表明，商品被销售到消费者手上之前，运输成本占商品总成本的比重可能达到10%左右，如果缺乏优化控制，运输路线过长、运输批量过小或者采用代价过高的运输方案，就会造成运输成本的直线上升。因此，制定合理的运输批量、选择经济的运输路线和运输方案，能够节约运输成本。

（五）全面质量控制

一个有缺陷的产品或质次的服务会减少商品的价值和使用价值，有些商品或服务质量缺陷甚至会造成顾客重大的财产损失和人身伤害。实体分配是防止劣质商品进入消费领域的最后一道关口，所以必须严把质量关。为此，在分销渠道系统内，要严格规范质量管理体系,特别是要实行全面质量管理,从各个功能领域采用先进的管理方式和方法,将商品流通的全过程、全体人员纳入质量管理范围,这样将可以把流入消费领域的缺陷商品降低至零。

(六) 产品生命周期支持

对产品生命周期支持的承诺是保证产品在一段特定时间内能按照顾客要求的那样发挥功效,尤其是在顾客使用产品的过程中,这种支持可以减少故障成本。

实体分配的服务质量不仅与商品储运部门有关,事实上涉及所有分销渠道成员,包括生产厂商和消费者。只有所有成员加强质量意识,严把质量关,才能够真正提高实体分配的服务质量。

三、促销效率评估

促销效率是指在促销活动前后流经分销渠道的商品流通量的变化与预期效果的比较。企业可以用多种方法对分销渠道的促销效率进行测量和评估,而且在不同市场上的做法也可不同。例如,在评价对零售商进行促销的有效性时,可根据促销活动前后零售商销售量、商店货档空间的分布和零售商对合作广告的投入等进行评估分析。具体来说,促销效率评估主要有以下方法。

(一) 比较促销前后的销售或市场占有率的评估法

从理论上讲,在其他影响消费需求的因素不变的情况下,开展促销活动、增加促销力度必然促使消费者增加商品的购买。但在实际促销过后,产品销量是全面提升还是局部提升、市场占有率普遍提高还是个别提高等则是需要重点评估的,具体方法有以下几种。

1. 投入产出比评估

投入产出比主要反映促销投入与销售产出的平衡关系,即单位投入所获得销售回报。计算公式为:

$$促销费用 \div 促销产出$$

例如:企业在甲、乙两个市场分别投入 2 万元进行了一次促销活动。实施后,甲市场当月实现 20 万元销售额,乙市场当月实现 12 万元销售额,投入产出比分别为:2 万÷20 万=10% 和 2 万÷12 万=16.67%。从投入产出比来看,甲市场的促销效果优于乙市场。

投入产出比评估法的优点是简洁、直观;缺点是过于笼统,无法反映促销资源的内在实际使用效果。其适用条件是没有市场基础或市场基础非常薄弱,要重新启动市场及新产品导入期。

2. 销售增量回报比评估

销售增量回报比主要反映促销投入与销售增长的平衡关系,即单位投入所获得的销售增长。计算公式为:

$$1 - (促销费用 \div 促销前后的销售差值)$$

例如：甲、乙两市场每月销售分别徘徊在 16 万元、4 万元左右，为提升业绩，企业对每个市场均投入 2 万元进行了一次促销活动。实施后，甲市场当月实现 20 万元销售额，乙市场当月实现 10 万元销售额，增量回报比分别为：1 - 2 ÷ (20 - 16) = 50% 和 1 - 2 ÷ (10 - 4) = 67%。从增量回报比来看，乙市场的促销效果优于甲市场。

销售增量回报比评估法的优点是体现促销资源对销售增长的贡献情况；缺点是无法体现促销对企业利润的贡献情况。其适用条件是适用市场维护、市场阻击、深度开发等，并适用于单一产品或产品毛利率相差不大的促销活动评估。

3. 市场占有率评估

对市场占有率来说，图 14 - 2 显示了促销对品牌市场占有率的影响。

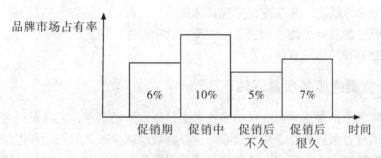

图 14 - 2　促销对品牌市场占有率的影响

从图 14 - 2 可见，在促销前，企业品牌的市场占有率为 6%。在促销开始后，由于消费者购买兴趣增加，企业品牌的市场占有率上升，可能上升到 10%；其中增加的 4% 就是促销效果，即通过吸引消费者前来购买和品牌忠诚的顾客增加购买的结果。促销一结束，消费者的购买量迅速下降，可能原因是消费者拥有过多的存货且正在设法消费，暂时无须购买，所以，品牌占有率又跌至 5%。等消费者用完存货，又会产生购买欲望，由于前次购买和消费让他对企业品牌产生了好感，就会乐意再次购买企业的品牌商品，这样企业的品牌占有率又回升至 7%。这里可发现，此次促销带来忠诚顾客增加了 1% 的效果。在企业的商品质量确实不错，而促销前有许多消费者不知道该品牌的情况下，出现这样的促销效果是很有可能的。

（二）通过促销记忆效果的评估法

评价促销效果的另一种方法，是在目标市场中找一组样本消费者面谈，询问其是否还记得企业所进行的促销活动，是否还记得所促销的商品及其品牌，以了解有多大比例的消费者还记得促销。对那些没有忘记促销的消费者，还可以进一步了解他们对促销活动的看法和感受，这样可以了解他们对促销的内心反应，了解有多少人从中获得利益，了解促销对他们以后的品牌选择行为有何影响。这种方法常用来有选择地研究某种促销方式对消费者购买行为的影响。

（三）通过实验方法的评估法

这种实验可随着促销力度（诱因价值、优惠时间、促销组合等）的不同而有所差异。促销力度的改变与地理区域的变换相搭配,可以了解不同地理区域的促销效果。同时,运用实验方法还要对顾客进行跟踪调查,以便了解不同促销力度的效果。

(四)分析消费者固定样本数据的评估法

由于市场调研是企业的一项经常性活动,不少企业为了减少每次市场调研的组织工作及其成本,于是在目标市场上建立了一定的消费者固定样本,每次调查就找这些固定的消费者,请他们回答企业提出的有关问题。消费者固定样本数据也可以用来评估消费者对销售促进的反应。道森(Joe A. Dodson)、泰伯特(Alice M. Tybout)和布莱恩·斯腾塔尔(Brian Sternthal)曾对消费者固定样本数据进行研究,发现促销活动通常能够改变品牌的顾客忠诚度,其改变比率视具体促销方式而定。例如,通过媒体送达的赠券能引发大量顾客的品牌忠诚度的变化,而降价就没有这样明显的效果,附在包装内的折价券则几乎对品牌转移没有什么影响。

四、分销渠道服务质量评估

有效运转的分销渠道应当能够给消费者提供高水平的服务,尤其是通过增加各种服务项目,让消费者买得开心、用得放心。这样就可以减少顾客的不满和抱怨。当然,服务质量不仅取决于企业的努力,还取决于顾客对服务质量的看法、对企业的看法和态度以及接受服务时的心情等因素。企业在给顾客提供服务时也可能存在不周之处,这样就可能会引发顾客的抱怨。评估分销渠道的服务质量,必须分析企业和有关成员的顾客抱怨数量、抱怨性质和影响的严重性,还要研究有关顾客抱怨的处理效率。对于顾客的抱怨,应当能够及时加以解决,避免矛盾激化。

第三节 分销渠道财务绩效评估

一、分销渠道财务绩效评估的分析工具

分销渠道财务绩效评估主要的分析工具是销售分析、市场占有率分析、分销渠道费用分析、盈利能力分析和资产管理效率分析等。

(一)销售分析

销售分析是分销渠道运行效果分析的主要内容。销售分析主要用于测量和评估分销计划及其销售目标的实现情况。通常将计划目标与实际销售水平进行比较来评估。有两种主要方法:

1. 销售差异分析

无论是商品销售额还是市场占有率,都可以看成是许多因素影响的综合结果。分销渠道的有效工作必然使商品销售额有所增加,销售额的增加可能表现为销售量的增加和销售价格的增加。而市场需求的变化、竞争的激烈化等因素往往造成销售量的降低和价

格下降，导致渠道销售额的减少。要测定各个影响因素对销售绩效的作用大小，就可以采用销售差异分析。

例如，假设年度计划规定第一季度销售4000件产品，每件1元，即销售额4000元。在该季结束时，只销售了3000件，每件0.80元，即实际销售额2400元。那么，这个销售绩效差异为 –1600元，或预期销售额的 –40%。现在要研究的问题是，绩效的降低究竟有多少归因于价格下降？有多少归因于销售数量的下降？销售差异分析可以回答这些问题。具体的分析可通过下面的计算来说明。

$$价格下降带来的差异 = (1 - 0.80) \times 3000 \div 1600 = 37.5\%$$
$$数量下降带来的差异 = 1 \times (4000 - 3000) \div 1600 = 62.5\%$$

由上述计算结果可知，本假设中的销售差异中有62.5%属于分销渠道成员未能实现预期的销售数量。由于销售数量通常较价格容易控制，企业应该仔细检查为什么不能达到预期的销售量。这里的销售差异分析是对整个分销渠道整体效率而言的，着重于分析有关综合评价指标的影响因素的差异，来判断对整体分销效果的作用。

2. 微观销售分析

微观销售分析可以把分销渠道进一步细分为若干不同的部分，如不同产品的分销渠道和不同地区的分销渠道的销售水平的差异。假设一个企业在三个地区销售其商品，其预期销售额分别为1500元、500元和2000元，总额4000元。一年下来，三个地区的实际销售额分别是1400元、525元、1075元。就预期销售额而言，第一个地区有7%的任务没有完成，第二个地区则有5%的超出额，第三个地区有46%未完成。主要问题显然在第三个地区。利用前面的销售差异分析方法，可以找出造成第三个地区不良绩效的原因。一般来说，可能的原因有：①该地区的销售代表或分销商工作不努力或有影响其努力程度的原因；②有主要竞争者进入该地区，抢占了部分市场份额；③该地区居民收入下降，需求水平总体下降。

（二）市场占有率分析

单纯分析企业的销售绩效不能说明它相对于其竞争者而言，经营成果究竟有多大。一般来说，如果企业销售额增加了，可能是由于整个经济环境和市场的发展，顾客需求大大增长了，也可能是因为其市场营销工作较之其竞争者有相对改善，取得了较大的竞争优势。计算和评价市场占有率可以剔除一般的环境影响，通过企业之间的横向比较来考察企业市场营销和分销渠道管理的改善情况。如果企业的市场占有率升高，那就表明它较其竞争者的情况良好；如果下降，则说明相对于竞争者其绩效较差。

有以下三种不同的测算市场占有率的方法：

1. 全部市场占有率

全部市场占有率是指企业的销售额占全行业销售额的百分比。用这一指标或方法来测量企业的市场占有率水平时，通常需要弄清楚两个前提：一是以销售量还是以销售额来计算；二是要明确界定行业的范围，即要划定计算时所指的行业包括哪些产品、多大的市场范围等。

2. 可达市场占有率

可达市场占有率是指企业认定的可达市场上的销售额占企业所服务市场的百分比。所谓可达市场，是指企业计划进入的重要目标市场。它具有三个特征：一是企业认为是其产品最适合的市场；二是企业市场营销努力所及的市场；三是在企业销售绩效中占有重大比重。一个企业可能只有相对较小百分比的全部市场占有率，但是有近100%可达市场占有率。

3. 相对市场占有率

相对市场占有率是指企业销售额与主要竞争对手销售业绩的对比。这一指标可以说明企业分销渠道是否比竞争对手的更有效率。常用两个指标来计算相对市场占有率：一是企业销售额相对最大的三个竞争者的销售额总和的百分比。例如，某企业有30%的市场占有率，其最大的三个竞争者的市场占有率分别为20%、10%、10%，则该企业的三个竞争者的市场占有率总和是40%，该企业的相对市场占有率为30%÷40%＝75%。一般情况下，相对市场占有率高于33%即被认为是强势的。另一个相对市场占有率是以企业销售额相对市场领袖型竞争者的销售额的百分比来表示的。如果相对市场占有率超过100%，则表明该企业本身就是市场领袖；如果相对市场占有率等于100%，表明企业与所考虑的竞争者同为市场领袖。在动态评估中，如果发现这个相对市场占有率呈现增加趋势，表明企业正接近市场领袖型竞争者。

了解企业市场占有率之后，尚需进一步分析市场占有率变动的原因。市场占有率的变动不是生产厂商单独行动产生的效果，而是分销渠道整体行动的效果。通过分析市场占有率的变动，可以判断分销渠道整体的运转效率。

一般来说，企业可从产品大类、顾客类型、地区以及其他方面来考察市场占有率的变动情况。一种有效的分析方法是分别考察和评估顾客渗透率（CP）、顾客忠诚度（CL）、顾客选择性（CS）以及价格选择性（PS）四项因素，然后进行综合评价。具体公式如下：

$$TMS = CP \times CL \times CS \times PS$$

其中：TMS 为全部市场占有率；

CP 为顾客渗透率，是指从本企业购买某产品的顾客数量占该产品所有顾客数量的百分比；

CL 为顾客忠诚度，是指平均每个顾客从本企业所购产品数量与其所购同种产品总量的百分比；

CS 为顾客选择性，是指本企业一般顾客的购买量相对于其他企业一般顾客的购买量的百分比；

PS 为价格选择性，是指本企业平均价格同所有其他企业平均价格的百分比。

如果某企业发现近期内市场占有率有所下降，则不妨从四个方面来寻找可能的原因：①企业失去了某些顾客（较低的顾客渗透率）；②现有顾客从本企业所购产品数量在其全部购买中，企业所占比重下降（较低的顾客忠诚度）；③现有的顾客规模较小（较低的顾客选择性）；④企业的价格相对于竞争者产品价格显得过于脆弱，不堪一击（较低的价格选择性）。经过调查原因，企业可确定市场占有率改变的主要原因。

假设在期初，顾客渗透率是60%，顾客忠诚度是50%，顾客选择性是80%，价格选择性是125%。根据TMS的计算公式，企业的市场占有率是30%。假设在期末，企业的市场占有率降为27%，什么原因造成市场占有率下降呢？在检查影响市场占有率的因素时，可能发现顾客渗透率为55%，顾客忠诚度为50%，顾客选择性为75%，价格选择性为130%。很明显，市场占有率下降的主要原因是失去了一些顾客（顾客渗透率下降），而这些顾客一般都有高于平均的购买量（顾客选择性下降）。这样，企业营销管理人员就可以对症下药地采取相应的改进措施。

（三）分销渠道费用分析

评价分销渠道成员的经济效益，必须认真分析在分销渠道中发生的各种费用。这些费用的总和称为分销渠道费用，一般指零售总成本与制造成本之差。分销渠道费用总量的大小以及各种费用之间的比例关系，直接影响到有关分销渠道成员的利润。分销渠道费用由如下项目构成：

（1）直接人员费用。包括制造厂商的直销人员、流通企业的销售人员、促销人员、销售服务人员的工资、奖金、差旅费、培训费、交际费等。

（2）促销费用。包括广告媒体成本、赠奖费用、展览会费用、促销方案设计与执行管理费等。

（3）仓储费用。包括租金、维护费、折旧、保险、存货成本等。

（4）运输费用。包括托运费用等。如果是自有运输工具，则要计算折旧、维护费、燃料费、牌照税、保险费、司机工资等。

（5）包装与品牌管理费用。包括包装费、产品说明书费用、品牌制作费、品牌管理费等。

（6）其他营销费用。包括营销管理人员工资、办公费用等。

评价分销渠道费用主要采用两个原则：一是费用比例与功能地位的匹配性；二是费用增长与销售增长的对应性。

合理的分销渠道费用构成应当是与分销功能分配相匹配的。各个分销渠道功能的有效运行都需要一定的费用作保证；重要的、难度大的分销功能应当配备较多的渠道费用。这样就可以保证渠道费用的合理使用。根据价值工程原理，每项必要的、有意义的渠道功能都可以按照其重要性、执行的难度和占用专用资源的价值，赋予一定的功能系数；有关功能执行中耗用的费用与渠道总费用之比就是有关功能的费用系数。合理的费用分配应当是对于每一项功能来说，费用系数与功能系数之比等于1。如果不是这样，说明有些费用支出是不合理的，应当查明原因，设法予以控制。

从总量上看，分销渠道费用与商品销售额应保持一个合理的比例关系。经常出现的问题是费用在大幅度地增长，而销售额却增长缓慢。在市场竞争十分激烈的情况下，很可能会出现这样的问题，因为不少分销渠道费用支出的效果被竞争抵消了。从渠道内部来看，费用超过销售额的增幅，表明部分渠道分销功能减弱了，它们缺乏强劲的顾客吸引力和竞争力。因此，要采取得力措施，扭转费用增长局面。理想的情况是渠道费用的增长幅度低于销售额的增长幅度，但实现这种理想情况应以不削弱分销渠道功能为前提。

(四) 盈利能力分析

取得利润是分销渠道网络及其成员最重要的目标之一，也是渠道建设和运转的理由。渠道盈利能力分析历来为企业经理和营销管理人员所高度重视，因而在分销渠道管理中占有十分重要的地位。盈利能力评价主要是通过以下重要指标的分析来进行的。

1. 销售利润率

销售利润率通常作为评估分销渠道获利能力的主要指标之一，用于说明渠道运转带来的销售额中包含多少利润。大多数情况下，分销渠道成员和厂商都将销售利润率作为评价一个渠道系统获利能力的主要指标之一。对于分销渠道成员来说，销售利润率在一定程度上影响到渠道成员的积极性，进而影响到分销渠道系统的稳定性；而对于厂商来说，销售利润率则影响到厂商的持续发展能力。所谓销售利润率，就是指渠道系统当期利润与当期销售收入之间的比率，其计算公式为：

$$销售利润率 = (当期利润 \div 当期销售收入) \times 100\%$$

2. 费用利润率

评价分销渠道效率的另一个重要指标是分销费用利润率，即分销渠道在运行中每花费多少元资金能够创造多少元利润。费用支出相当于投入，利润则是产出。对费用利润率进行分析也就是投入产出分析，也称为成本利润率分析。有效运转的分销渠道应当是具有较高费用利润率的渠道。其计算公式为：

$$费用利润率 = (当期利润额 \div 费用总额) \times 100\%$$

3. 资产收益率

资产收益率指企业所创造的总利润与企业全部资产的比率，它能反映投资者的效益评价观点。其计算公式为：

$$资产收益率 = (当期利润额 \div 资产总额) \times 100\%$$

渠道成员利用所掌握的资本总量来进行经营，希望所取得的报酬在补偿成本费用之后，还能够有所剩余（即资产收益），用于形成投资者新增权益。有些企业可能是利用贷款或者借债来经营的，只有在资产收益率高于平均负债利率的情况下，才可以认为分销渠道的运转是有效的。

一般来说，企业的资产价值是经常变动的，即使在当期利润基本相同的情况下，也会出现某个时期的资产收益率与另一个时期的资产收益率不同的问题。尤其是受到固定资产折旧等因素的影响，部分资产因折旧退出了经营，在计算资产收益率时继续考虑这部分资产价值是不合理的。为避免这个问题，可考虑采用净资产收益率进行评价。净资产是指总资产减去折旧总额后的余额，净资产收益率指税后利润与净资产之间的比率。其计算公式为：

$$净资产收益率 = (税后利润 \div 净资产额) \times 100\%$$

(五) 资产管理效率分析

要评价分销渠道是否处于有效运转状态，除了对有关结果进行分析外，还可以对发生在渠道运行过程中的有关资料进行分析。这类资料主要反映渠道资产（如资金、货物）管理的效率高低。评价指标如下。

1. **资金周转率**

分销渠道的运转不仅是有关商品的流通销售过程，也是资金循环过程。资金循环使用，表明渠道可以相对较少的资金占用来反复组织商品流通，提高资金的有效利用率。为评价资金周转情况，可采用资金周转率。资金周转率，或叫资金周转速度，反映分销渠道中现有资金被循环使用的次数。该指标是以分销渠道中的资产占用总额去除产品销售收入而得到的，其计算公式如下：

$$资金周转率 = 产品销售收入 \div 资产占有额$$

2. **存货周转率**

管理资金离不开存货的管理，因为存货占用资金。在分销渠道中，绝大多数资金是以存货形式存在的，称为"存货余额"。要提高资金周转率，必须提高存货周转率。所谓存货周转率，是指产品销售收入与存货平均余额之比。其计算公式为：

$$存货周转率 = 产品销售收入 \div 存货平均余额$$

这项指标可说明某一时期内库存货物的周转次数，从而考核存货的流动性。一般说来，存货周转率次数越高越好，因为这种情况下，通常商品库存量较低、存货周转快，这样就提高了渠道资金的循环使用次数和效率。

二、分销渠道财务绩效评估的方法

厂商应定期对分销渠道系统或分销渠道系统中的渠道成员进行绩效评估，以确保整个分销渠道系统或分销渠道系统中的渠道成员都能按照厂商制定的相关管理措施高效运转。分销渠道绩效财务评估的常用方法有两种：一是历史比较法，二是区域比较法。

（一）历史比较法

历史比较法，是指将渠道系统或渠道成员的当期销量与上期销量相比较，得出上升或下降的比值，然后再与整体市场的升降百分比进行比较。对高于整体市场平均水平的渠道系统或渠道成员予以奖励；对低于整体市场平均水平的渠道系统或渠道成员，则要做进一步具体分析，找到准确原因并帮助其改进。该法的难点在于需要准确把握整体市场平均水平。

（二）区域比较法

区域比较法，是指将各渠道成员的绩效与该区域销售潜量分析所得出的数值进行比较。具体做法是：将某区域内各渠道成员在某一时段的实际销售量与通过分析得出的该区域销售潜量进行比较并排序，然后通过测算相关指标，以确定这些渠道成员在这一时段是否达到某一标准。该法的难点在于需要客观把握该区域内的销售潜量。

案例　传统分销商向增值分销转变

分销商群体对 IT 行业的发展起到了极大的历史推动作用。但在同质化和薄利化的今天，分销商的发展压力与日俱增，增值分销是许多分销商不得不思考的出路问题，特别是那些老牌的传统分销商都已经向增值分销方面渗透。传统的搬箱子似的分销商开始在区域市场隐退，随着增值分销的推进，那些分销商正在通过强化自身的产业链价值来强化产业链上的价值所在，分析客户、细化客户以及方案能力等因素成为分销商走向增值的关键所在。

1. 传统分销商的增值分销趋势

济南希望计算机技术开发有限公司总经理卢胜民对记者说："我们公司一直是'浪潮'服务器和存储产品山东核心分销商，多年以来一直坚持在分销领域发展，至于当下热议的增值分销，是大势所趋。我们在2006年就开始向这方面发展，但是真正转向增值分销，还是在2007年的4月份。""我们走向增值分销，应该说是很早的事情，前两年虽说也在向增值分销转变，但是力度很小，前两年的传统分销市场发展还是不错的，没有现在这么激烈，公司的行业客户对公司的回报还是很可观的。当时的产品线不够丰富，使得整体方案的性价比不能很好地凸显出来，加上当时在人员上的缺失和相应部门的不到位，没能在前两年就很好地确立在增值分销领域的地位，有些可惜了。"卢胜民介绍道，在2007年的4月份，卢胜民与华赛签署合作协议，成为华赛安全产品山东授权经销商，开始全力向增值分销发展。

在区域市场上，像卢胜民这种情况的分销商案例还很多，传统的分销商群体都是在近两年开始走向增值分销之路，随着2007年IT竞争环境的进一步加大和利润的下滑，走向增值分销的趋势更加的明显。

济南盛驰科技有限公司是一家成立于2001年的网络安全产品分销商，随着市场竞争环境的变化和市场需求，公司在2007年初通过引入"瑞星"等相关安全产品开始加大精力向增值分销、增值服务的方向发展。目前，济南乃至整个山东市场的网络安全产品经销商或者集成商几乎都在向安全集成领域渗透，转变为增值服务商的角色。

2. 做深行业，集成发展

许多分销商认为，所谓的增值分销也就是强化自身在相应产品产业链上的自我价值，分销商对上游厂商、下游的客户及渠道而言，都能更好地实现所应实现的价值，成为整体产业链上一个有价值的链接点；对上游厂商要有分销商继续存在和发展的价值，对下游渠道伙伴或者客户要体现作为终端服务商的价值。有的代理商对分销商而言，增值分销更多的竞争还是来自方案实施与水平能力的竞争。

众多的分销商认为，通过强化自身的技术水平和自身方案的实施能力，向终端渗透，做深行业和集成业务，就成为他们的目标。

卢胜民认为，分销商的价值或者增值分销商的转向，首先需要的是自己产品的完善或者说核心产品线的完善。所以，在稳定传统分销的基础上，整合自身的产品资源和技术、服务能力等资源，走向行业集成，才能进一步拓展行业市场的深度和广度。

（资料来源：摘自周世刚《传统分销商向增值转向 增值分销更强调方案能力的竞争》，2008.6）

链接思考

(1) IT 分销商的收入来源有哪些？

(2) IT 分销商如何实现更多的产业价值？目前的影响因素有哪些？

本章小结

建立了分销渠道就要有效地加以利用，通过分销渠道使企业的商品快速地、广泛地、大量地进入目标市场，满足顾客需要，实现销售增长。因此，在分销渠道建立以后的运行过程中，分销渠道管理者必须重视分销渠道运行状态和效率的监督、评估和控制。为此，应从渠道功能和渠道成员两个方面，认真检查渠道的各项功能是否指派到了合适的主体，有关主体的努力程度是否符合渠道有效运行的要求，商品销售的范围和销售量是否达到了分销渠道目标的要求。功能评估应从渠道畅通性、渠道覆盖面、流通能力及其利用率、渠道冲突等方面进行。

有效运行的分销渠道应当能够为顾客、为企业提供相当高的服务质量。对分销渠道进行评估，必须认真分析分销渠道的运行质量，包括是否能够提供较高质量的信息沟通服务、实体分配服务、促销效率以及合理处理顾客抱怨等。对服务质量评估，就要首先制定有关质量标准，并且采集有效数据，运用科学的分析方法来进行。

各个方面的效率都应从分销渠道成员财务上得到合理反映。对分销渠道运行效率的分析，最后必须归结到财务绩效分析上来。企业可以利用五个财务分析工具，即销售分析、市场占有率分析、分销渠道费用分析、盈利能力分析以及资产管理效率分析，对分销渠道运行中的经济效益进行科学评价。

关键概念

分销渠道畅通性　分销渠道覆盖面　分销渠道流通能力　分销渠道冲突　绩效评估　销售利润率　资产收益率

思考题

(1) 某企业在召开经营工作会议时，张经理认为，本公司的商品销售额比上年增长了5%，这说明分销渠道运行良好。李经理则认为，本公司的商品利润比上年下降了2%，说明分销渠道运行出现了问题。你赞同哪位经理的观点？请阐述理由。

(2) 假设在某个地区市场上，消费者人口数是3100万。国外一家饮料生产企业在该市场上经营了数年，市场占有率一直不是很理想，因此请一家市场营销调研公司对其原因进行研究。营销调研公司采用 TMS 分析方法，发现该公司在这里的全部市场占有率约为23%，调查发现，对该公司的食品，顾客忠诚度是65%，顾客选择性是50%，价格选择性是95%。请说明该公司食品的顾客渗透率是多少？如果把顾客渗透率再提高1个百分点，则该公司的市场占有率将会提高多少？

(3) 在某商品的分销渠道中，2000年度实现商品零售额15000万元，而制造厂商平均占用资金500万元，批发商平均占用资金600万元，零售商平均占用资金300万元。计算该商品分销渠道的资金周转次数。

第十五章 分销渠道管理新视野

本章学习目标

学完本章后,应掌握以下内容:①了解网络分销渠道的基本特征、功能和类型;②了解网络分销渠道管理的具体内容;③了解分销渠道整合的内涵、目的和过程;④了解分销渠道扁平化的内涵、形式、影响和发展趋势;⑤了解分销渠道战略联盟的内涵和表现形式。

随着市场营销环境的变化,传统分销渠道正面临着一些新机遇和新挑战,分销渠道管理也应有新视野。本章主要介绍目前分销渠道的有关热点问题,如网络分销渠道、分销渠道整合、分销渠道扁平化以及分销渠道战略联盟的内涵及表现形式。

第一节 网络分销渠道

一、网络分销渠道的概念与特征

(一)网络分销渠道的概念

网络分销渠道是企业以电子信息技术为基础,以计算机网络为媒介和手段而进行的各种分销活动。网络分销有广义和狭义之分:广义的网络分销渠道,是指企业利用所有计算机网络进行营销活动;狭义的网络分销渠道,是指国际互联网络分销。

网络分销不仅是一种技术手段的革命,也包含了更深层次的观念上的革命。网络具有快速、高效、低成本的特点,在互联网上信息资源共享,进入障碍为零。作为一种新的媒体,网络具有一对一的互动特征,这是传统媒体所不具有的。

通过网络,生产者和消费者一对一的互动沟通,将工业时代的大规模生产、大规模销售转变为个体化、个性化营销,符合了现代营销发展的趋势。随着信息技术的突飞猛进、网络设施的更新换代、网络安全以及网络法律法规的进一步完善,网络分销渠道的优势将越来越明显。

(二)网络分销渠道的特征

1. 覆盖全球区域和范围

通过以互联网为基础的电子分销渠道在互联网上购物是最为适当的,因为这种高技术渠道结构能使全世界许多国家中拥有个人电脑、能够上互联网并能访问任何企业网站的消费者订购商品和服务。从企业的角度来看,同样的地理区域和范围都能供货,即使是一家非常小的刚刚开张的企业也能够创建自己的网站,并且在全球范围内寻找顾客。1996年,通用电气公司启动第一个网上在线采购系统。从此以后,采购资源部可以从内部客户中通过网络接受电子询价申请,并通过因特网向全球供应商发出招标文件。该系统能自动检索出标准的设计图纸,并附在电子询价单上。在采购资源部开始处理该采购过程的2个小时内,全球的供货商就以电子邮件、传真等方式收到询价单。通用电气公司在收到报价的当天就完成评标工作并确定最终的中标人。从市场的需求和供应两方面来看,网络渠道能使全球商务更加方便快捷,这些都是传统分销渠道所不能做到的。

2. 高效、方便、快捷、灵活

电脑可以储存大量的信息以便消费者查询,其可传送的信息数量和精确度远远超过其他媒体,并能适应市场需求,及时更新产品或者调整价格,所以能及时有效地了解并满足顾客的需求。海尔集团早在年就建立了自己的网站,对产品信息进行详细地介绍以方便用户购买,并在网站开辟多种形式及时同消费者沟通。

研究表明,方便是顾客在互联网上购物的最重要原因,消费者更愿意通过翻动计算机屏幕和击打键盘的购物方式而不是自己亲自到零售商店购物。从消费者和企业的观点来看,网络渠道更加有效和灵活。企业为消费者提供大量富有吸引力的有用信息,消费者在对产品信息的利用中,可以享受企业成熟网页和分类能力方面的更大的灵活性。

3. 成本低

从理论上讲,网络渠道可以降低销售以及分销的成本,因为在执行分销任务时,它比传统渠道更有效率。

通过互联网进行信息交换,代替以往的实物交换,一方面可以减少印刷和邮寄成本,可以做到无店面销售,免交租金,节约水电与人工成本;另一方面可以减少多次交换带来的损耗。此外,企业没有商品库存压力。传统的经营者为了压低进货成本,只有靠大量进货,这不仅会带来相当大的资金压力和经营风险,而且商品的库存盘点、存放也需要很大的人力和财力。一个经营良好的电子市场甚至可以做到"零库存",不需要承担任何库存压力。使用互联网作为分销渠道,使得公司能够将存货集中在一个地点,与把存货分发到各地众多的零售商店比较,将大大降低运输订单的成本,那么网络渠道就真正地降低了运货成本。使用互联网的分销手段可以降低促销费用,如公司信息、产品特征可通过网络储存,避免了包装等费用并节省了广告宣传的费用。

4. 互动性强

传统营销强调的4P组合和现代营销追求的4C都没有真正实现消费者同企业之间的全程沟通,企业无法从产品的设计阶段就开始考虑到消费者的需求和意愿。原因在于企业与消费者之间缺乏一个桥梁来连接他们所需要的信息。

互联网的出现为企业与消费者之间搭建了信息沟通的桥梁。企业通过电子布告栏、电子邮件、网上论坛等方式,以很低的成本获得消费者的信息,这些方式是那些中小企业在非网络环境下所不能拥有的;同时,网络分销也为消费者发表自己对产品设计、包装、定价服务等问题提供了一个平台。这样的沟通方式使企业和消费者取得了"双赢"。

5. 拟人化

互联网的促销是一对一的、理性的、消费者主导性的、非强迫性的和循序渐进的，是一种低成本与人性化的促销，可避免推销员强势推销的干扰，并通过信息和交互式交谈与消费者建立长期良好的关系。通用电气公司在美国第一批 800 数字电话公之于世时，搜集顾客对公司和产品的反馈意见，结果是顾客利用免费电话对公司诉说不满、提出问题。通用电气公司立即意识到，这是让顾客释放其被压抑的需求的最好方法，于是立即设立了五个电话应答中心，分别为打来电话的人提供有关使用、保养电器的一般知识，诊断他们遇到的问题，提供技术援助，开展区域购物，管理服务合同以及设立零售论坛，建立了大量的客户关系。如果没有网络渠道的话，那么很多顾客的需求就难以得到及时满足。

二、网络分销渠道的功能

网络分销渠道，是指与通过网络提供产品或服务以供顾客使用或消费这一过程有关的一整套相互依存的机构，它涉及信息沟通、资金转移和产品转移等。同传统分销渠道一样，以互联网作为支撑的网络分销渠道也应该具备传统分销渠道的功能。网络分销渠道就是借助互联网将产品从生产者转移到消费者的过程，一方面，它要为消费者提供产品信息；另一方面，在消费者选择产品后完成交易。一个完善的网络分销渠道应有订货、结算、配送三大功能。

（一）订货功能

网络分销渠道要能够为消费者提供产品信息，同时方便生产者获得消费者的需求信息以达到供求平衡。建立一个完善的网上订货系统，可以大大降低库存，减少销售费用。许多企业，特别是与计算机相关的行业在这方面发展得最快，如美国的戴尔公司提供的网上订货系统，每天完成的销售收入超过 3000 万美元，占公司总收入的六成以上。我国也有许多企业开通了网上订货系统，如联想电脑、海尔集团等。随着互联网的发展，一些中小企业也将陆续发展网上订货系统。

（二）结算功能

不同的消费者在购买产品以后，往往以不同的方式进行付款，所以企业必须提供多样化的结算方式以满足消费者的需要。目前，国外流行的结算方式有信用卡、网络货币、网上划款等。我国的银行业还不是很发达，尤其是信用体系的不完善，因此很少开通信用卡支付服务项目。目前国内的付款结算方式有邮局汇款、货到付款、信用卡等。部分银行也开通了网上支付手段，如招商银行提供的与"一卡通"配套的"一网通"、中国建设银行提供的"网上银行"等。随着信息技术、网络技术的进一步完善，以及信用体系的完善，网上支付将越来越普及。

（三）配送功能

一般来说，产品分为有形产品和无形产品。无形产品如服务、软件、音乐等可以直接通过网络进行配送,对于有形产品的配送,则要涉及运输和仓储问题。国外已经形成了专业的配送公司,如著名的美国联邦快递公司,它的业务覆盖全球,实现全球快速的传递服务,戴尔电脑的直销也是通过联邦快递的配送网络完成的。国外的网上商店之所以比国内发展得快,在很大程度上得益于其发达的配送能力。我国长期以来缺少专业性的配送企业,配送网络被邮政系统垄断,导致效率低下,制约了物流的发展。随着我国加入 WTO,物流行业的进一步开放,将大大推动我国网络营销的发展。

除了以上的主要功能以外,网络渠道还具备信息功能(如企业通过网络向消费者提供产品的种类、价格、性能等信息,获取消费者需求的信息)和促销功能(通过网络传播有关产品以吸引消费者购买)。

三、网络分销渠道的类型

在传统分销渠道中,中间商是分销渠道中的重要组成部分。中间商的重要地位是通过其广泛提供产品和进入目标市场发挥最高效率实现的。渠道中间商凭借其业务往来关系、经验、专业化和规模经营,提供给公司的利润高于公司设立自营商店所能获得的利润。随着互联网的发展以及在商业中的应用,互联网将不断地取代传统中间商的重要地位。互联网高效率的信息转换改变了传统渠道的中间环节,使分销渠道的结构更加简化。

网络分销渠道大体上可以分为以下三类。

(一) 网络直接分销渠道

通过互联网实现从生产者到消费者的网络直接分销渠道。互联网使传统的中间商的职能发生了变化,即由渠道的中间力量变为直销渠道提供服务的中介机构,如提供货物运输配送服务的专业配送公司、提供贷款网上结算服务的网上银行以及提供产品信息发布和网站建设的 ISP 和电子商务服务商,通过网上直接渠道把生产者同消费者直接连接起来。美国的戴尔计算机公司就是通过互联网渠道进行直接销售的,客户只需要进入戴尔公司的网站,从产品目录中找到自己需要的产品,即可进行订购。

网络直接分销渠道的优点:①能够促成产、需方直接见面,企业可以直接从市场上搜集到真实的第一手资料,合理安排生产;②营销人员可以利用网络工具,如电子邮件、公告牌等,随时根据用户愿望和需要开展各种形式的促销活动,迅速扩大产品的市场份额;③网络直销使销售成本降低,企业能以较低的价格销售产品,消费者也获得了好处;④企业能够及时了解用户对产品的意见、要求和建议,从而促使企业提高产品质量,解决疑难问题,改善企业管理。

网络直接分销渠道的缺点:①由于越来越多的企业和商家在互联网上建立网站,使得用户无所适从;②面对大量分散的域名,网络访问者很难有耐心一个个去访问有关企业的主要网页,尤其是一些中小企业,很少有人光顾。为了解决这些问题,必须建立高水平的专门服务于商务活动的网络信息服务点,同时从间接分销渠道中想办法。

（二）网络间接分销渠道

通过融入互联网络技术后的中间商机构提供网络间接分销渠道。传统中间商由于融入了互联网技术，大大提高了中间商的交易效率、专门化程度和规模经济效益，如8848网上超市就是利用网络方面的领先优势，获得了包括微软在内的许多公司的销售代理权。同时，新兴的中间商也对传统中间商产生了冲击，零售业中间商为了抵御互联网的冲击，纷纷开设网上商店，如沃尔玛、家乐福等。网络中间商将传统中间商的结构由几个环节（一级批发、二级批发、零售商）变为一个中间环节，缩短了商品流通的中间环节。

（三）网络双渠道

网络双渠道是生产企业网络分销渠道的最佳选择。所谓双渠道，是指企业同时使用网络直接销售渠道和网络间接销售渠道，以达到销售量最大的目的。在买方市场条件下，通过两种渠道销售产品比通过一条渠道更容易实现"市场渗透"。

四、网络分销渠道存在的问题

（一）缺乏与实际产品接触以及延时交货问题

从理论上讲，绝大多数的产品以及很多服务都可以通过互联网络销售，但在实际情况中却存在很大问题。抛开电子分销渠道的高科技性不说，相同的限制在传统的邮件订购渠道中也有反映；也就是说，顾客与产品之间不能形成实质性的接触，顾客看不到、摸不到、感觉不到、闻不到，更不能试用某些产品，如汽车、运动器械、音像设备等产品都是需要消费者实际接触才能决定是否购买的。进一步地说，商店购物的气氛是消费者购物过程的一部分，网络销售的虚拟性不能让消费者感受到这一氛围。在网上购物后不能立即得到商品，不管物流手段多么发达，都无法解决延时交货的问题。

（二）网络的混乱拥挤问题

随着互联网的普及，成百上千的各个级别的销售者，包括从厂商到零售商，已经在互联网上建立了自己的网站，并且这些网站的数字正在不断扩大。顾客们面对如此多的网站，无所适从。互联网销售商于是费尽心机地让消费者了解自己的产品，以至于一些知名的网络公司花费了巨额的销售佣金和广告费，就是为了争取成为各种高速网站、搜索引擎以及主页上的在线服务的提供者。除了互联网的混乱以外，"网上冲浪"也不是想象的那么愉快。很多顾客经常感到迷惑、烦恼和失败，甚至是在找到了自己所需要搜索的网站以后，才发现这些网站信息复杂、过时。此外，下载速度慢、频繁的网络堵塞，使得购物过程非常繁琐。

（三）订单执行以及物流工作的滞后问题

网络分销渠道销售过程中互联网传输、运送的仅仅是电子信号而不是实在的产品。

因此，订单的执行和物流工作仍然需要执行者。仓库、存货、库存采购、订单处理、包装运输等，并不会因为顾客用互联网取代电话或邮件而消失。此外，对小订单的执行或运输，尤其是一次只交易一个单位的产品时，其费用相对来说是相当昂贵的。除了少数能够用电子网络传递的产品如音乐、文字材料、车票、机票以及旅馆预订和金融投资外，大多数产品和服务所需要的执行和物流程序都是互联网所无法提供的。

（四）安全问题

传统的交易中，个人购物的支付手段主要是现金，即一手交钱一手交货的交易方式，双方在交易过程中可以面对面地进行沟通和完成交易。网上交易时，交货和付款在空间和时间上是分离的。网络购物的安全问题主要体现在两个方面：①顾客不喜欢在网上填写信用卡和账号。传统购物交易是匿名进行的，购买者不用表露自己的身份，购物时完全可以保护自己的隐私而且有安全感。随着信用卡的普及推广，消费者购买时可以不必携带现金，只需要刷卡。但是交易时，卡和密码由购买者自己保管，购买时消费者可以控制交易过程，感觉比较安全。而在网上商店进行购物时，消费者面对的是虚拟商店，对产品的了解只能通过网上介绍完成；交易时，消费者需要把个人的重要信息如信用卡卡号、密码和个人身份信息通过网上传送。由于网络的开放性，网上信息存在被非法截取和非法利用的可能。②可能消费者将个人身份信息传给商家，可能被商家掌握消费者个人隐私，有时这些隐私被商家非法利用。基于这些考虑，消费者一般对网上支付存在心理上的顾忌。

（五）消费者对产品来源的担忧

消费者对产品的了解只是通过网络完成的，这样就对产品本身的了解存在很大的局限性，对产品的品质存在一定程度的担忧。此外，消费者担心购买的产品来自于仅仅存在网络电子空间的不知名公司，只有在顾客开始熟悉这些在线公司并从中挑选出他们感到有能力的公司以后，这个问题才可以在很大程度上得到解决。

（六）对个人以及社会购物动机的忽视

网络销售作为一种新兴的分销渠道，还不能完全满足消费者的购物需求。企业应该认识到消费者购买产品并不光是为了买东西，更确切地说，买东西的欲望只是个人及社会一系列购物动机的一部分。个人的购物动机包括：扮演购物角色的需要，从常规的日常生活中寻求乐趣的需要，寻求自我满足的需要，了解最新流行潮流的需要，生物行为以及感官刺激的需要。社会购物动机包括：积累家庭以外的社会经验，和有相同兴趣的人群交流，相同群体的吸引力，权力、地位以及一些客户对于讨价还价的兴趣。这些需求都是网络所难以满足的。

五、网络分销渠道的管理

既然在网络分销渠道本身及其发展过程中出现了问题，企业就必须采取措施，实施有效的管理。

（一）安全管理

随着技术的发展和网上交易的规范化，出台了一系列的网上交易规范，以保证交易的安全问题。

Visa 和 MasterCard 两个信用卡发卡组织以及 IBM、Microsoft 等公司于 1996 年 2 月提出了 SET 协定，它通过加密技术和个人数字签名技术，保证交易过程中信息传递的安全合法，可以有效地防止信息被第三方非法截取和利用。为了防止个人隐私受到侵犯，避免交易中泄露个人身份信息，电子现金作为一种有效的匿名电子支付手段，它的原理是用银行加密签字后的序列数字作为现金符号，这种电子现金在使用时无需消费者签名，因此在交易过程中可以保障消费者的个人身份信息不被泄露，从而保护个人隐私。企业在运营分销渠道过程中，必须在网络安全技术和网络安全设施上跟上时代的步伐，以确保分销渠道的安全畅通。

（二）订货系统管理

1. 网上订货系统设计要规范

在网上订货系统的设计上要注意以下几点：①产品页面上附有订单是一种方便顾客操作的办法。产品页面上不仅要提供关于产品性能、使用信息，还要给出产品的价格、库存、总订货量等外围信息。②最好告诉顾客什么时间范围内能收到货物，对公司的有关运货政策应执行统一的标准。另外，最好能链接到公司的数据库，让顾客知道他所订购的货物是否还有库存，向顾客保证货物的数量。③尽量让顾客自主选择不同类型的运货方式。在让顾客选择不同类型的运货方式时，一定要包括运货费用及相关的税收信息等。

2. 在订货信息的管理方面要重视对顾客订单信息的保存与管理

订货信息能为市场分析、促销、客户关系维护提供依据，企业应在顾客允许的情况下尽量获取更多的客户信息。客户的信任对企业来说是至关重要的，如果客户信任你，他们才愿意在你的网站上购物。企业要把客户的信息视为机密，特别要保护信用卡和其他财务信息，也要保护好客户姓名、地址、电话、购物习惯以及所收集的其他数据。如果要将数据用于内部研究和推销，应让客户知道，并且在把数据发布给第三方之前要请求客户准许。千万不要发布任何信用卡之类的账户信息，但是客户可能会准许你发布一些其他信息并希望与其他企业建立联系。

（三）库存、订单跟踪管理

在订单付款以后，企业要完成将商品传递给客户的工作。对于一些无形产品如软件、图像、音乐等，可以通过网络传送给顾客；对于一些不能用网络传送的实体产品，仍然要借助传统的运送方式。在货物运送过程中，如果出现产品未能送到顾客手中的情况，将对企业的声誉造成消极的影响；要避免这种情况的发生。出现这种情况可能是由于库存不足或尚未到货、自己的供应商在发货的时候出现问题、订单被忽略或丢失、包裹在运送过程中丢失等。这是关系到企业的声誉和维护顾客关系的关键。因此，必须做好以下两点：①库存跟踪。建立库存数据库，与站点之间直接连接，通过记录表跟踪所销售的产品，可以大致了解产品的需求状况，由此适时地补充和减少库存，这样可以使库存大体维持在能够满足需求的水平上，而不需要花费巨大的库存维护费用。②订单跟踪。为了保证订单不被丢失或遗忘，创建跟踪订单信息的数据库，快速提供有关订单及其状态的信息，其内容包括：已收到的新订单、延期的订单、在一定时间已实现的订单。此外，应该允许用户查询他们的订单、了解订单的最新状态以及有关订单的任何问题。

（四）配送周期管理

订货配送周期是指从顾客准备订货（或申请服务）到顾客收到订货（或服务完成）的这段间隔时间。订货配送要做好六个方面的工作：①顾客订单准备；②订货登录；③订单处理；④订单拣选/采购或生产、包装；⑤订货发送/运输；⑥顾客收到订货。

第二节 分销渠道整合

一、分销渠道组合与分销渠道整合

分销渠道组合是指将多种渠道有机地组合在一起，形成一个体系。在这种多渠道的组合体系中，每一个渠道或多或少地独立地承担着服务于销售的功能，以增加产品销售量和提高市场份额。

（一）分销渠道组合是渠道管理的必然趋势

过去，很多企业只是通过单一的渠道出售其产品和服务，并且获得了巨大成功。例如，IBM仅仅通过直接销售模式来推销其从电脑到打印机、从大型复印机到打印机上的硒鼓等产品；柯达只通过零售商、分销商来推销其产品；雅芳则通过设立挨家挨户近邻式的销售代理机构来销售其产品；等等。

随着企业细分市场和可使用的分销渠道的不断增加，单一的分销渠道模式将会使企业在市场竞争中落后或者失去市场良机，甚至被淘汰。一种混合型的营销渠道模式成为当今分销渠道管理中的一大趋势。这种混合型分销渠道由区域销售队伍、因特网、电信渠道、直邮、商业伙伴等组成。企业可以建立两条或更多的分销渠道到达一个或更多的细分市场。通过使用多种渠道，进行分销渠道组合，企业可以增加市场覆盖面，更好地满足顾客需求，降低渠道成本，提高产品销售量。

分销渠道组合能增加企业的交易量。在许多市场领域里，单一分销渠道给企业带来的交易量很少能达到混合渠道所能带来的交易量的一半，且通常情况下总是大大低于这个比例。为了达到足够多的交易量，企业一般必须拥有两三个甚至更多的分销渠道。事实上，现今的趋势是交易量越大，企业运用的分销渠道就越多。

分销渠道组合还可以有效地降低企业的渠道成本。经研究表明，一个有效运作的混合型分销渠道将使企业的销售成本降低20%～30%，某些时候甚至可以降低50%，假如一笔1000万元的生意以单一渠道销售，其销售成本为300万元；但采用混合型销售渠道，则销售成本可以降低到200万元甚至更低。可想而知，在销售利润率上的这种提高将会给企业的经营状况带来根本性的改善，为股东创造更多的财富，并有利于企业重塑其在行业中的竞争地位。

分销渠道组合的基本形式有集中型和选择型两种。

集中型分销渠道组合是指企业利用多种分销渠道到达一个企业的细分市场。这些分销渠道彼此会形成重叠，甚至有时彼此会有竞争。

选择型渠道组合是指企业利用某一相对独立的分销渠道到达某一特定的企业细分市场，所有分销渠道彼此之间既不重叠也不竞争。

当然，大多数企业并不会选取单纯的集中型渠道组合战略或单纯的选择型渠道组合战略，而是选择两者的混合。典型的混合型渠道组合是利用选择型渠道战略模式服务于企业主要产品细分市场，而利用集中型渠道战略模式服务于大规模市场。例如，企业为小规模业务提供相互重叠的集中型渠道模式，使得每一位客户都能得到来自这种渠道组合中任何一种渠道的服务，从而尽可能多地达成交易。同时，企业利用其直销队伍为特定的产品细分市场服务，即为那些大客户提供特殊服务，其目的不在于大的市场覆盖面，而在于为特定客户提供优质、个性化的服务。这种渠道组合战略可以在提高产品销售量的同时，保留一支独立的分销渠道致力于为企业的核心客户提供优质服务，因此具有十分强大的生命力。

（二）分销渠道组合必然引发分销渠道整合

分销渠道组合是当前企业渠道策略的必然选择，但是多种渠道的组合也为企业的渠道管理带来更为复杂的难题，必然引发企业对多种渠道组合进行合理分销渠道整合。

1. 企业需要考虑盈利和分销渠道最优组合的问题

每一个分销渠道的运作成本是不一样的，有的与企业的销售成本底线大致持平，有的则远远低于或高于企业的销售成本底线，所以并不是所有的分销渠道都会为企业带来利润。以一个厨房用具为例，企业在每次交易过程中的交易成本底线为400美元，则任何超过400美元成本才能达成交易的渠道都不会为企业带来盈利（如表15－1所示）：

表15－1 不同分销渠道的交易成本

分销渠道选择	每笔交易成本（美元）
因特网	40
直邮/传真回复	180
电话销售	320
分销商	410
区域销售代表	760

资料来源：劳伦斯·G. 弗里德曼等著：《创建销售渠道优势》，何剑云、沈正宁译，中国标准出版社2000年版，第244页。

表 15-1 显示了在五种分销渠道中,只有因特网、直邮/传真回复、电话销售这三种分销渠道才能给这家厨房用具企业带来利润,而分销商、区域销售代表都会使企业亏损。

但是,是不是说这家企业就只可以选用因特网、直邮/传真回复、电话销售这三种分销渠道,而不需在分销商、区域销售代表方面进行积极的投入和回应呢?其实不然,尽管分销商和直接销售队伍的参与会极大地降低由直接渠道占主导地位的渠道组合模式的整体利润率,但是,企业有时仍然需要直接销售队伍(或其他成本相对昂贵的渠道)的参与以影响其重要的顾客群体的购买行为。在这种情况下,分销渠道的高平均利润率的实现有赖于企业合理进行分销渠道整合,科学确定最优盈利组合,在多种渠道中进行科学分工,合理使用成本相对昂贵的渠道为一些独立、特殊的顾客群体服务。而盲目地将多种渠道搭配在一起,必然造成渠道资源的浪费和企业经济效益的低下。

2. 多种分销渠道组合的利用可能会给企业带来渠道转移的问题

所谓渠道转移,是指顾客从一种渠道转移到另外一种渠道,但并不能给企业带来新业务和新增利润。渠道转移的原因在于渠道之间存在着较强的竞争性,而企业并没有对它们进行合理分工和整合,没有有效地避免这种互相侵蚀的局面。例如,因特网和电话销售渠道之间、区域销售代表和分销商之间都存在着较强的竞争性,如果企业在长期运用电话销售渠道与分销商渠道的基础上,简单地将因特网、区域销售代表渠道组合进来,必然出现这样的局面:因特网从电话销售渠道中夺取顾客,区域销售代表从分销商处争夺业务。这样,新渠道的引进不仅没有为企业带来新的收益,反而使企业付出更高的销售成本。

3. 多种分销渠道组合的利用,不可避免地会产生渠道冲突的问题

按照渠道的类型,渠道之间的冲突大致可以分为两类:企业直接渠道间的冲突,如销售队伍、呼叫中心、因特网、直邮等;企业直接渠道与间接渠道间的冲突。由于企业对直接渠道拥有绝对的控制权,所以在解决它们彼此之间的冲突、促进彼此合理竞争等方面要容易得多。而企业直接渠道与间接渠道之间的冲突则完全是另外一回事。事实上,很多企业通常以更低的价格、更有效的服务给直接渠道提供支持和帮助,导致大量业务从分销商手中转移到直接销售渠道中,从而引起分销商极大的不满,甚至是敌意。显然,这种局面是每一个企业都不愿看到的。

4. 多种分销渠道组合的利用可能会引发顾客的不满

由于在协调不同渠道之间的冲突时,企业简单地采用了差异化的策略,在产品价格、种类等方面给予不同渠道不同的优惠,导致顾客信息收集成本、购买成本和购后不协调感的提高,从而增加了顾客抱怨和不满。

可见,多种分销渠道的使用,不可避免地会产生冲突和控制问题。因此,进行分销渠道整合研究,一方面可以发挥出企业多渠道分销系统的优势,另一方面还使冲突最小化、合作最大化。

(三) 分销渠道整合提高了渠道组合的效率

分销渠道整合,是指将企业所有分销渠道作为一个系统,运用系统理论和方法加以整合，借此来营造企业的核心能力和竞争优势。它以整合为中心，力求系统化管理，强调协调与统一，注重规模化与现代化建设。具体来讲，它把企业的销售活动视为一个过程，这个过程由一系列紧密联系的不同任务组成，而每一任务总是只由那些能够最好完成该任务的渠道承担。

可以说，分销渠道整合极大地提高了分销渠道组合的效率，为企业获取了更多的盈利机会和更大的竞争优势。分销渠道整合对企业的销售活动进行了科学、合理的分解，将企业的销售活动视为一个完整的、连续的管理过程，为企业销售活动的规范化、科学化管理奠定了基础。分销渠道整合在详细分析各种分销渠道优势与劣势的基础上，按照合理高效的原则将它们与销售过程中的各个任务进行科学的匹配，既有效地降低了企业的销售成本，又极大地避免了渠道转移、渠道冲突等问题。

二、分销渠道整合的目的

企业开展分销渠道整合活动，其目的可以分为短期的、中期的和长期的三种。

（一）短期目的——降低交易成本

分销渠道竞争和分销渠道的多元化使得企业的交易成本节节攀升，企业的盈利空间越来越小。分销渠道整合首要的目的就是尽快降低企业的销售成本，获取更大的价格竞争优势或盈利空间。这往往需要企业准确地将销售过程中的任务逐一分配给能以较低成本较好完成该任务的分销渠道，使销售过程中实现渠道科学分工。例如，呼叫中心通常在接待顾客询问、确认顾客身份、接受顾客回访和抱怨等方面比区域销售代理更有效，成本更低廉。基于这种考察，企业可以将销售过程中的一些前期活动（如潜在顾客的寻找、潜在顾客身份的确认等）、后期活动（如售后访问）和简单重复的交易活动交给低成本的电话营销渠道，而将复杂的交易移交给区域销售代理。如果采用这种方式，将极大地降低销售成本，同时使得销售代理有更多的时间寻求更多更大的商业机会。

另外，渠道冲突在为渠道之间的竞争带来动力的同时，也增加了企业和渠道的交易成本。通过科学合理的渠道分工，降低渠道之间因冲突而引起的延误损失、协调成本甚至是违约成本，也是企业渠道整合的短期目的之一。

还有一点需要注意的是，在消费者市场地位日益提升的今天，企业在降低自己交易成本的同时，更需要考虑如何使顾客的交易成本减少。企业的销售价格并不等于顾客的购买成本。顾客购买成本除了我们通常所说的货币成本外，还包括顾客为了购买一件产品或服务所耗费的时间成本、精神成本、体力成本、机会损失等，所以在分销渠道策略上，企业应该考虑如何在方便、快捷、及时、准确等方面满足顾客的需要，降低顾客的货币成本、时间成本、精神成本和体力成本，使顾客的可感知价值最大化。

（二）中期目的——扩大市场覆盖面和市场份额

分销渠道整合的中期目的就是要在市场上充分发挥渠道整合的作用。从市场战略的角度来看，扩大企业产品的市场覆盖率和提高企业的盈利水平这两个目标在短期内是矛盾的，因为提高产品的市场覆盖率必然引起成本上升和投入增加（如产品研投入增加、广告费用上升、折扣增多等），而短期内增加投入所带来的收效并不明显。所以，短期内高的市场覆盖率不一定会导致高的盈利率，结果多半是恰恰相反的。但从长远来看，这两个目标是一致的，先前的投入在获得市场认可后，导致了更高的重复使用率或更多的购买者，甚至是更多的忠诚顾客，最终实现企业利润的增加。

企业分销渠道整合的市场目的就是要扩大企业产品的市场覆盖率并提高盈利水平，这个目的可以从两个角度来理解。

从绝对数的角度来看，企业要力争扩大市场的覆盖面，在最大范围内以较低的成本将产品信息或产品暴露在目标顾客面前，让更多的潜在顾客变成现实顾客。例如，分销渠道整合中最简单、最普遍的一种模式是通过直邮的方式向顾客及地区业务伙伴寄去企业的产品目录，需要购买的顾客可以打电话到呼叫中心，向企业下订单。通过直邮和电话渠道的有效结合可以为企业带来潜在客户并达成交易。

从相对数的角度来看，企业应该通过分销渠道整合扩大自己的市场占有率或市场份额。在扩大市场影响的同时，企业还要注意提高市场活动的效率与效果，在市场竞争中获取更多的市场份额。例如，Oracle 在 1996 年 8 月到 1997 年 1 月期间共向 12000 个企业散发宣传小册子，宣传提供免费呼叫业务。低成本的电话代理业务给企业带来了回呼反馈，而区域销售代理的日常性大宗交易则为企业带来了近 65000 美元的交易，整个分销渠道整合模式为 Oracle 带来了 150 宗交易，超过 1500 万美元的业务销售额，一跃成为行业中的佼佼者，进而发展成为全球领先的信息软件供应商和全球第二大独立软件公司。当然，产品的市场占有率是随其生命周期的变化而变化的，这是企业无法改变的客观事实。有时，企业产品的市场占有率低，并不表示企业的市场推广效率不高，只是因为产品尚处在投入期或已进入衰退期；而有时产品的市场占有率比较高，但并不表示企业市场推广的效率也相当高，只是源于产品已进入成长期和成熟期，前期的市场推广努力在这个时期得到了市场的回报。由于这种时滞效应，需要企业认清其产品处在生命周期的哪一阶段，以便更准确地把握市场占有率和市场推广效率之间的辩证关系。

（三）长期目的——培养企业的核心竞争力

通过分销渠道整合，减少冲突，共同增长，形成企业与渠道之间和谐、健康、稳定的合作关系；通过提供个性化服务，满足个性化需求，形成企业与顾客之间良好、持久的交换关系，是培养企业核心竞争能力的重要环节。

与大工业时代相比，21 世纪的市场格局发生了根本性的变化——买方市场出现。这种市场格局对市场竞争产生了极其深远的影响：竞争的主要表现为买方之间的竞争转向卖方之间和买方与卖方之间的竞争。与此同时，卖方之间的激烈竞争使得潜在市场开发难度增大，而且多数已开发的市场已处在饱和状态，所以彼此之间争夺现有客户资源成为竞争的一个重点。而网络经济的快速渗透和全球经济一体化进程的加剧，更是推进了这些状况的发展。因此，摆在企业面前的一个客观事实是：重视、保持现有顾客成为企业生存和发展的关键，企业的各项工作都应该围绕着如何保持现有顾客这个核心主题而展开。

当然，企业并不是要保持所有的顾客，而是应该有选择地保持，因为并非所有的客户都是有价值的,企业应该根据顾客价值的不同而区别对待,这种商业化的理念是企业进行客户关系管理的基本准则。客户关系管理的目的是实现顾客价值最大化与企业收益最大化之间的平衡。企业实施客户关系管理并不是一味地去迎合客户的各种要求,甚至是不合理的要求,而是应该识别客户给企业所带来的价值有多少(当然应该是在客户的关系周期的维度内进行考虑,即客户的生命周期价值)。根据客户贡献利润的大小来确定价值传递的形式与内容,并结合企业的能力和资源状况,核算价值传递的成本,从而确定关系的层次与类型,最终实现客户与企业的"双赢"。

分销渠道整合遵循了企业客户关系管理商业化的准则。分销渠道整合也应该朝着促进这个准则实现的方向前进。针对不同价值的客户提供不同的渠道,将低价值的客户引入低成本的渠道中来,把更多的精力和资源投入到为高价值客户服务的活动中去。丰富的优质客户资源就是企业最核心的竞争能力。

三、分销渠道整合的过程

分销渠道整合是一项比较复杂的系统工程,但它却是企业走向市场的强有力工具。分销渠道整合有其复杂性,它通常被运用于复杂的、周期长的销售环节中,对简单的、周期短的销售过程,花时间去进行渠道整合是不值得的。所以,企业进行分销渠道整合,必须要有科学的计划和安排。一般来讲,分销渠道整合需要经过以下几个基本环节。

(一)明确销售过程和分销渠道组合模式

明确企业的销售过程是分销渠道整合的前提。我们知道,一个典型的消费者购买决策过程包括问题认识、信息收集、方案评价、购买和购后评价五个步骤。与此相对应,企业的销售过程也可以划分为潜在客户的寻找、客户身份的确认、建议书的撰写与进入销售流程、销售工作的完成和售后支持五个独立任务(见图15-1):

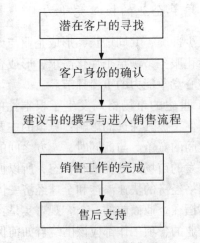

图15-1 企业的销售过程

现把企业销售过程具体介绍如下：

（1）企业的销售过程始于潜在客户的搜寻，即在众多的消费者中找出对本企业产品和服务有需求的群体和个人。值得注意的是，搜寻潜在顾客，不能仅仅依据其是否对产品和服务有需要、欲望甚至是购买动机，必须同时判断其是否具备一定的支付能力。

（2）在找到目标客户之后，接下来的工作就是与客户取得联系，获取客户的相关信息。在一个实施客户关系管理的企业中，一般要求企业除了了解客户的特定需求外，还必须注意搜集客户的有关信息：①消费者个人的信息，包括：姓名，身份证号码，出生年月，性别，婚姻状况，家庭结构，受教育程度，收入，就业状况，工作性质，生活方式，心理特征以及其他相关描述。②企业消费者信息，包括：企业名称，企业简介，经营领域，企业规模，经营状况，主要产品或服务，信用状况等级，法人代表或采购负责人，以及关于企业位置的社会经济分析等。③地址信息，包括：个人消费者详细的通讯地址，邮政编码，地址类型，地区代码，销售区域，电话号码，电子邮件地址，媒体覆盖区域代码等；企业消费者公司名称，公司名称的缩写，详细通讯地址，邮政编码，主要电话号码，传真号码，电子邮件地址，网址，公司类型代码，地区代码等。④财务信息，包括：账户类型，开户银行，账号，第一次订货日期，最近一次订货日期，平均订购价值，供货余额，平均付款期限，信用状况等级等。⑤行为信息，包括：购买习惯，品牌偏好，购买地点，购买数量，购买频率，购买时间，回应类型，回应的日期，回应的频率，回应价值，回应方式。上述这些信息的收集有助于企业更好地为客户提供个性化、人性化的服务。

（3）在对客户进行身份确认之后，销售部门开始有针对性地撰写相关的营销计划书或建议书，制定合适的营销策略，合理配置资源，准备随时为客户提供服务。

（4）在客户作出购买决定以后，企业开始积极地应对客户发出的购买信息，及时准确地将客户所需的产品送达客户手中或客户指定的地点。

（5）企业可以根据自身的资源和能力、客户为企业带来的价值以及市场竞争环境等因素来确定售后支持服务的详细内容。一般来讲，企业与客户的售后服务关系可以分为以下五种类型：基本型——产品售出后不再与客户联系；反应型——鼓励客户若有问题就与之联系；可靠型——产品售出后不久就与客户联系；主动型——经常与客户联系；合伙型——与客户一直相处在一起。

如果以顾客或分销商的数量和产品利润的高低为维度，企业的关系战略选择如表15-2所示：

表15-2 顾客或分销商数量和产品利润维度下的企业关系战略

数量	高利润	中利润	低利润
顾客/分销商数量很多	可靠型	反应型	基本型或反应型
顾客/分销商数量一般	主动型	可靠型	反应型
顾客/分销商数量较少	合伙型	主动型	可靠型

另外，企业也要确定自己的渠道政策，如果目前只是采用单一的分销渠道来启动其销售过程，即销售过程中的所有任务都由一个分销渠道来完成，那么就没有必要进行分销渠道整合的工作。只有在混合渠道的销售模式下，才会发生渠道整合的可能。

(二) 评价各类分销渠道的绩效

企业要进行分销渠道整合，必须深入分析各类具体分销渠道的绩效，以便企业能更好地满足顾客的需求。下面我们从顾客角度出发，提出五项分销渠道绩效评价指标。

1. 信息沟通能力

企业不仅要开发出能满足消费者需求和欲望的产品，按照消费者认知价值和消费者愿意付出的成本给产品制定价格，并采取适当的分销策略为消费者购物提供便利，而且还必须与目标消费者进行沟通。信息沟通应是双向的，即一方面将企业的产品信息传递到目标市场上，指导购买，引导消费；另一方面则要把顾客对产品的需求反馈到企业，使企业能够按照市场需求来安排生产。因此，如何有效地进行营销沟通、如何降低营销成本、提高营销沟通效果，以及如何对目标消费者产生最大沟通影响，已成为企业分销渠道运作的挑战，同时也对企业的生存发展有着重要意义。因此，分销渠道的信息沟通能力无疑是评价渠道绩效的一个重要指标。

2. 满足顾客个性化需求

在市场经济环境下，市场竞争越来越激烈。一方面，企业不得不把目光集中到消费者身上来，尽可能满足每一位顾客的需求，企业之间竞争的目标也由原来的抢占市场份额发展到争夺每一位顾客。另一方面，随着人们生活水平的提高，消费者对产品的要求越来越苛刻，使得消费需求带有浓厚的个性化色彩。在这种情况下，企业将每一位顾客视为一个单独的细分市场，根据个人的特定需求进行定制化服务，从而尽最大能力满足每位顾客的需求，这势必增加企业的市场竞争能力。而各分销渠道在满足顾客个性化需求的能力上也各有长短，因此，满足顾客个性化需求也应作为分销渠道绩效的一个评价指标。

3. 购买风险

购买风险是指在无法确定地预测其后果的情况下，采取有可能引起失败的某种行动所带来的危险。由于消费者在购买活动中，经常要作出买什么、在哪里购买等购买决策，而对这些决策的后果并不是十分有把握，因此，消费者在作出购买决策时，通常会有不同程度的风险感。而消费者对于风险大小的估计以及他们对风险所采取的态度都会影响他们的购买决策。

4. 顾客服务支持

我们知道，顾客需要的是优质的产品、卓越的服务以及低廉的价格。然而，我们更应该了解到顾客的不满意绝大部分是针对服务质量，少数是针对价格和产品质量。令顾客满意的服务应表现在服务的便利性、专业化、态度和效率四个方面。顾客满意是企业对未来的投资，从卓越的顾客服务中直接受益的虽是顾客，但受益最大的却是企业本身。因此，企业只有像重视产品开发、产品质量一样重视顾客服务，才能在竞争激烈、瞬息万变的市场上立于不败之地。因此，各分销渠道的顾客服务能力也是评价渠道绩效的一项重要指标。

5. 销售成本

此处的销售成本指的是企业将单位产品转移到顾客手中所需的费用。销售成本反映企业的分销效率,这个指标必然是评价分销渠道绩效的一项重要指标。

根据以上分销渠道绩效评价指标,我们针对各类分销渠道的特点,分5级简要归纳出各类分销渠道的绩效,如表15-3所示。

表15-3 各类分销渠道绩效评价

评价指标	分销渠道的绩效				
	面对面推销	间接营销（间接渠道）	直邮渠道	电话渠道	网络渠道
信息沟通能力	强	较强	弱	一般	一般
满足顾客定制化	强	一般	弱	弱	一般
购买风险	小	小	大	一般	大
顾客服务支持	强	强	弱	弱	弱
销售成本	高	高	低	一般	低

（三）分销渠道分工（任务匹配）

根据对分销渠道的绩效评价,企业可以将各分销渠道与销售任务相组合,由不同的分销渠道完成不同的销售任务,以达到产品销售成本的最小化和顾客满意的最大化。例如,企业可以应用直邮渠道或电话渠道、网络渠道来寻找潜在顾客和进行顾客确认,然后将潜在顾客转移给面对面推销渠道或间接分销渠道去实现销售,售后服务主要由中间商提供,企业销售人员进行顾客管理。这样,将昂贵的人员推销主要用于销售和顾客管理工作。

分销渠道整合所带来的利益是诱人的,但不遵循某些渠道配置原则将是有风险的,尤其是在重大、复杂的交易中,并不是每种渠道都适用于每一项销售任务,在将渠道与不同销售任务相匹配的过程中,正确的判断是必要的。

例如,一次交易额为500元的照相机买卖包含了许多任务,也许所有的任务都可以由低成本的渠道来完成:潜在客户的寻找及身份确认可以通过直邮和因特网来完成,然后,低成本的分销商和零售商承担销售和服务任务。但是一宗200万元的办公自动化解决方案则完全不同。在这个相对复杂的过程中,低成本渠道可以（而且应该）被用于对潜在客户的寻找和身份的确认环节中,但期望其交易的最终达成及售后服务没有诸如区域销售代理或高附加值商业伙伴的参与是不现实的。将一些重要的销售任务,特别是销售中间环节中那些高附加值的任务适量移交给低成本渠道往往给企业带来灾难性后果,人们不会通过电话或某一办事处购买一个200万元的商务解决方案。

明确哪些分销渠道可以实质性履行销售过程中的哪些任务是重要的。一般来讲,不同分销渠道对不同任务的匹配性有一定的规律可循（见图15-2）。

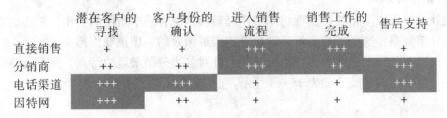

+++：性能最好或成本最低；++：可以运用；+：不适合或不经济

图15-2 销售过程中分销渠道与任务的匹配性

从图15-2中可以看出，直接销售渠道适合进入销售流程和完成销售工作等任务，而不适用于潜在客户寻找、客户身份确认和售后支持等任务；分销商渠道则更适合销售过程中的后面阶段工作；而电话渠道正好弥补了直接销售渠道的不足，与直接销售渠道有很强的互补性；因特网渠道在潜在客户的寻找以及客户确认方面都比较适合。

一个理想的分销渠道整合模式是指将每一销售任务交给成本最低的渠道，而同时该渠道又能很好地履行其职能。在图15-2阴影区域（+++）中，每种分销渠道都具备最优性能，同时销售成本被降到尽可能低的水平，这就是分销渠道整合模式中企业利润增加的源泉。

（四）分销渠道移交管理

多种分销渠道的整合利用在为企业创造竞争优势的同时，也增加了企业步入更多管理误区的可能。一个销售过程由多个分销渠道提供服务要比单一分销渠道有更多犯错误的空间，特别在分销渠道之间的任务移交这个环节上。渠道整合使渠道之间出现了不同的分工，但它们面对的却是同一客户，若相互之间的衔接不紧密，最容易导致客户的不满，最终可能会前功尽弃，造成浪费。

分销渠道移交管理不善，会极大地降低分销渠道整合的效率。例如，有个公司发现：它通过电话代理产生的300个客户，最终只有11人成为公司的最终用户，这个不到的4%的成交率与公司其他市场中由单一销售部门完成的21%形成鲜明的对比。经过多次的调查分析，原因就在于分销渠道移交管理方面出现了漏洞。该公司一方面要求电话营销代理部门必须将那些有用的潜在客户移交给销售人员，但同时又不能对潜在客户轻易下"移交还是不移交"的结论。被弄糊涂的电话营销代理由于担心遗漏每一次潜在的商机，就把所有新的潜在客户全部堆积在销售人员的手中。销售人员于是对所有这些潜在客户进行追踪，从而造成了时间和金钱上的极大浪费。发生在电话营销与直接销售渠道之间的这种职责不清晰，导致移交过程进行得太快，潜在客户身份确认无法详细具体，从而降低了整合销售过程的效率和利润率。

在分销渠道移交管理的过程中，需要做好以下两个方面的工作：

（1）精确定义任务的完成点。在什么情况下一个潜在客户可以被认为身份已经被确认？是在他刚刚跨进门槛的时候？是在可能存在着某种商机的时候？或者是客户的预算及购买日期已经被正式确认的时候?还是客户已经点头认可的时候?或者是正式收到一个购买订单的时候?任务完成点的精确定义是很重要的,因为这些点正是某些销售机会从一个分销渠道移交到另一个分销渠道的时候。销售过程中的每一个任务都必须被精确地加以定义,以便每一个分销渠道能够沿着销售路径,并在移交其任务前能了解该环节的任务是否已经完成。

(2) 规范定义移交程序。销售代理是必须在交易达成两天之内与其商业合作伙伴联系呢,还是在某一数据库记录下达成交易后才与商业合作伙伴联系?或者仅仅是在其自身的日计划安排中潦草地写几个字以便作为联系提示呢?移交程序越严谨、正规,各分销渠道才能更好地履行各自的职能。在一个整合分销渠道体系中,书面化、特定格式的移交程序是必要的。

(五) 分销渠道整合监控

在多种分销渠道的销售过程中,无政府状态对分销渠道整合的效率是具有致命性毁灭能力的。对于一些新型的、充满活力和挑战的工作团队来说,团队的每一个成员各自独立完成他们的工作显然是不可能的。如果没有整合监控,企业可能会失去潜在客户,也可能失去现有客户。

当多种分销渠道作为一个整体服务于某一销售过程的时候,必须有人来负责协调、监控整个渠道的运行。分销渠道整合监控者在销售过程中主要承担以下几项重要职责:

确保在整个销售过程中每个必须完成的任务都已经准确无误地完成了。例如,解决了诸如渠道移交混乱等问题、确保了销售机遇已经成功地转换成交易的达成、寻求新的销售机遇并增加了销售量等。

协调、监控整个分销渠道的运行是一项重要而繁琐的工作,一般由销售过程中的某个渠道或个人来负责。具体由哪个渠道或个人负责,与其交易的类型直接相关。

如果属于简单、周期短的交易,那么,协调监控渠道整合的工作比较适合由承担销售过程中前期任务的渠道或个人来执行。因为简单、周期短的交易,其行为及客户的联系大多发生在销售过程的前期,即潜在客户的寻找、身份确认和交易达成,所以在整个销售过程中,它们占据着重要且决定性的地位,当然由它们来负责整个渠道的监控和协调。

如果属于相对复杂、周期长的交易,那么,协调监控渠道整合的工作比较适合由承担销售过程中后期任务的渠道或个人来执行。因为此时企业行为以及客户联系大部分发生在售后阶段,即交易完成及售后支持。一个负责交易完成和售后支持的渠道可能更接近客户,更易于挖掘新的商机。例如,一个负责销售过程中后期工作的直接区域代理还可能被赋予以下职责:①确保潜在客户已经转成一宗交易;②确保售后支持被提供给客户;③确保交易中存在的新机遇被识别并转成新的交易;等等。

如果牵涉不同类别或复杂程度不同的交易过程,最好按照交易的复杂程度来确定对应的分销渠道监控负责者。最复杂的交易大多与售后服务和销售行为关系最紧密,所以必须由诸如区域销售商或高附加值的合作伙伴这样信用高的渠道来充当整合的监控者;而那些相对简单、对售后服务要求不多的交易,则可以由诸如呼叫中心这样的低成本分销渠道来监控和匹配（见图 15-3）。

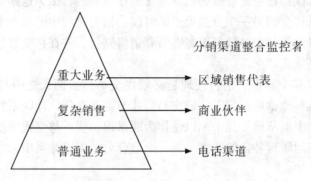

图 15-3 分销渠道整合监控者与交易类型的匹配

第三节 分销渠道扁平化

一、分销渠道扁平化的概念

随着经济的不断发展，企业之间的竞争愈演愈烈。技术不断创新，消费者的需求也在改变，这就要求企业加强对销售终端的控制，降低分销渠道费用，把更多的精力与资源投入最终客户端。另外，计算机技术的大面积推广以及网络化消费的普及，也使渠道结构的扁平化成为大势所趋，其中典型的成功代表就是戴尔电脑公司，戴尔通过越过以二级分销商为代表的渠道中间层实施销售，缩短供应链从而降低成本。戴尔的用户可以通过电话、信件或者因特网随时随地直接向公司订购定制化的电脑，而无需经过任何层级的经销商。戴尔公司同时还向波音一类的大型企业派常驻代表，直接处理销售业务。目前，波音公司通过戴尔公司的代表平均每天订购 160 台电脑。通过"压扁"分销渠道链，戴尔在短期内获得了同业竞争者无法想象的巨大利润与销售增长率。

分销渠道扁平化，是指以企业的利润最大化为目标，依据企业自身的条件、利用现代化的管理方法与高科技技术，最大限度地使生产者直接把商品出售（传递）给最终消费者以减少销售层级的分销渠道。分销渠道扁平化后减少了中间环节，节约了流通费用，产销直接见面，生产者能够及时地了解消费者的市场需求变化，有利于企业及时调整产品结构，作出相应的决策。分销渠道扁平化后的具体销售形式有接受用户订货、设店销售、上门推销、利用通信和网络销售等销售手段。

分销渠道扁平化是一种趋势，但绝不是简单地减少一两个分销层次就叫扁平化。扁平化是一种对于分销渠道结构的整合，而非将渠道一刀斩去。

为什么必须实施分销渠道扁平化？因为各品牌瓜分市场的结果不允许有更多的资源支持原有的代理商，这就要求厂商把更多的精力放在客户端，在降低价格的同时做好售后服务。扁平化后的分销是一种强劲的销售模式，它使厂商可以敏锐地捕捉消费群体的需求脉络，快速调整已有的产品策略，争取更多更广的客户。同时，分销扁平化渠道还能最大限度地降低营销成本与库存压力，使自己的产品具有更强的竞争力。

目前，由于分销商一般对当地用户的购买行为和市场形态较为熟悉，并且拥有一批基本客户，能够迅速帮助厂家打开当地市场。同时，分销商对本地客户的资信情况和投资环境更为了解，可以帮助厂家规范交易和减少经营风险。由于通过分销商可以减少自设销售网络所必需的高昂费用，能够对消费者提出的服务要求迅速响应，因此对大多数企业来说，传统的带有中间商的分销体系暂不可缺，更加合理有效的方式是减少分销商的层级与数量，实现渠道结构的相对扁平化。

二、分销渠道扁平化对企业传统分销渠道的影响

分销渠道经历着由金字塔式向扁平化方向的转变。传统分销渠道结构呈金字塔式，在供过于求、竞争激烈的市场营销环境下，传统的分销渠道存在着许多缺点：①厂家难以有效地控制分销渠道；②多层结构有碍于效率的提高，且臃肿的渠道不利于形成产品的价格竞争优势；③单向式、多层次的流通使信息不能得到准确、及时的反馈；④厂家的销售政策不能得到有效的执行落实。因此，许多企业正将分销渠道改为扁平化的结构，即分销渠道越来越短，销售网点则越来越多。

通常，传统的分销渠道经由一级批发商（或区域总经销）、二级批发商（也有一些产品在某些地区有三级批发商）和零售终端进行销售，所以市场需求的变化往往得不到及时反应，分销渠道的服务和控制也难以有效。分销渠道扁平化就是尽量减少层次，贴近零售终端。

例如，国内一家啤酒厂商在其主力市场（省会城市）的分销网络有30家一级批发商、200家二级批发商和10000家零售终端。以前的管理和服务主要针对一级批发商，对于二级批发商很难顾及，而啤酒市场的激烈竞争越来越明显地表现为对终端的争夺。设计后的分销渠道扁平化改进方案是在原来的一级批发商中，根据辐射能力和范围、经销能力和信誉，挑选5家作为片区分销中心，成为厂家的紧密合作伙伴。厂家提供更多的资源支持，如物流配送能力、销售人员的培训以及电脑和通信设施等。其余的20多家原一级批发商与200家二级批发商全部转为准一级批发商，除了不直接供货，享受所有的原一级批发商的销售服务和资源支持。该啤酒厂分销渠道扁平化经过一年的运作，企业分销状况取得明显的改进：①分销中心实际上承担了区域物流中心的角色，在厂家的渠道管理团队的指导下实施对原二级批发商的销售服务；②分销渠道促销的资源可直接到达原二级批发商，有助于他们对终端的争夺和维系；③原二级批发商实际上成了一级批发商，由于直接面对零售终端，订单比较准确有效，市场反应比较及时。

从不同的角度来看，分销渠道扁平化对于传统分销渠道产生了以下几个方面的影响：

（1）厂家得以有效地控制分销渠道。市场发展到今天，已经由以产品为中心的分销渠道模式向以用户为中心的分销渠道模式转变，各个厂商的分销渠道趋于扁平化和网络化，在被压扁的分销链上，企业对于渠道的控制力无疑加强了。此外，扁平化也有利于深度分销，便于对终端的深度开发、管理与控制。

（2）层级较少的结构有助于效率的提高，且顺畅的渠道更有利于形成产品的价格竞争优势。分销扁平化将三级或多级营销体系，改为厂家直接面对卖场的两级体系，取消扮演转运站角色的分销环节；经销商的需求会立即到达公司，并由公司直接与该经销商进行相关的货物流转，使货物的中转时间大大缩短。留给分销商的利润空间减少了，成本减少了，价格优势便十分醒目。扁平化结构的分销渠道通过通路层次的减少，改善了企业和消费者的利益，增加了品质保证；同时也有利于企业把握消费者需求，进而提高经济效益。

（3）信息在较少层次的流通中得以更加准确与及时地反馈，使企业能够在商战之中快速适应市场需求的变化。随着信息技术的发展，现代网络技术和功能强大的营销管理软件能够对众多经销商反馈的大量信息进行快速处理，并能通过因特网将企业的信息"集群式"（在同一时点向所有对象传送信息）地传递给经销商。因此，分销渠道扁平化过程中所遇到的信息传递与处理问题，能够通过现代信息技术迎刃而解，这极大地推动了分销渠道扁平化趋势的发展。另外，因信息传递过程的缩短以及信息反馈速度的加快，促销的执行也变得相对快捷。

（4）实施分销渠道扁平化使厂家的销售政策得到有效的贯彻落实。可以解决以往各级经销商层级过多、容易对上级代理商的中间"盘剥"产生不满情绪而引发销售积极性下降等一系列渠道冲突问题，对于终端直接管理，促使公司的整体战略与市场管理更为有效。

（5）减少分销层级节省了企业的分销与销售成本。分销渠道扁平化就是厂商以最少的物流费用将产品卖到消费者手中，因此，分销扁平化渠道体系不仅有助于实现按客户需求生产，而且最大限度地使厂商降低了资金积压和价格风险。

（6）降低甚至取消了与中间商相关联的不确定性风险。物流供应链架构的复杂性导致每个分销环节都潜伏着不少风险，过多的分销层级将会增加资金积压和囤货风险。如果其中一家公司出现了问题，就可能产生连锁反应，影响到供应链上多家公司。扁平化后的分销渠道不仅解决了上述问题，还可以节省中间环节的物流开支，降低产品的附加成本和产品受损的风险。所以，对生产厂商来说，缩短渠道环节，使物流渠道扁平化，降低与所有分销环节相关联的风险是一种必然的发展趋势。

分销渠道扁平化已经在业界掀起了一场革命。例如，深圳华为公司为改革分销渠道推出了"圆桌计划"，旨在进一步加强代理商队伍建设，对现有的渠道进行调整，实行短渠道模式，进行扁平化管理，使渠道更贴近用户。华为公司推出的新渠道政策是以二级代理商为核心的，它在全国范围内发展了500家二级代理商，把渠道体系覆盖到全国重点地市，最终形成多样化格局。华为公司还推出了代理商认证制度，其认证考试分为网络工程师、高级工程师以及网络专家三个等级，对参考人员依据相应的考试颁发相应的证书，最终达到技术培训的目的。随后，华为公司在全国16个城市的巡回展览活动开始展开，并在各展区对最终用户、下级代理商展开产品技术、解决方案和市场销售各方面的培训，及时向代理商和用户提供最新、最先进的技术资源，保证用户和合作伙伴的网络应用水平，为用户提供全方位的解决方案，以确保扁平化渠道的建成与完善。

三、分销渠道扁平化的发展趋势

扁平化的形式并非只有一个模子，其发展过程也绝非一成不变，不同的行业在各自扁平化的改革拓新中都走出了自己的道路。例如，具有家电背景的海信、TCL电脑进入具有"家电价格杀手"国美家电成都地区连锁超市，在西南地区开辟了继电脑城、商场、连锁店等之后的全新渠道。在离家不远、品种丰富、信誉较高的家电超市中买到自己心仪已久的电脑，并由超市方亲自送货上门并提供维修服务，现今已经成为现实。超市卖电脑的意义不在于求得多少销量，其更深层次的意义在于寻求创新销售模式、提升品牌知名度的途径。在"以客户为导向"和"渠道扁平化"的趋势下，行业中各类传统的销售模式都将面临巨大的挑战。

分销渠道扁平化的目标方向不是唯一的、固定的，而是多样的、可变的。经营不同产品的企业，有的将要从多层立体化的渠道体系走向更为扁平的渠道，其终极模式可能是纯扁平渠道（厂商——一层渠道—用户），也可能是直销渠道（厂商—用户）。而其转变的轨迹可能是从多层立体向扁平化发展，也可能是从直销渠道向纯扁平化渠道发展。总之，不同企业发展的具体策略是由分销渠道扁平化的目标所决定的。

对于企业来讲，由于市场需求的特点是向个性化与综合应用化发展的，专业合作渠道将发挥重大作用。其终极模式将是定位于扁平化渠道体系，而且是增值型的渠道。同样，由于需求的相对复杂化和个性化、解决方案化，加之市场发展的需要，不同行业、不同特点的企业面临着更为激烈的竞争，选择适合于自身情况的个性化的扁平渠道体系将是一个发展趋势。

分销渠道扁平化作为一种销售模式，简化了销售过程，降低了销售成本，使企业有较大的利润空间。但扁平化并非是简单地减少哪一个销售环节，而是要对原有的供应链进行优化，剔除供应链中没有增值的环节，使供应链向价值链转变。如果说供应链管理最优化将是厂商经营成功的关键，那么，如何优化供应链呢？这就要做到营销网、物流网、信息网、客户服务网、互联网五网合一。借助互联网，把产品销售、物流控制、信息沟通、客户管理及意见反馈有机结合起来，使传统分销模式向电子分销模式转化，利用现代化管理与网络技术来解决传统渠道在操作中由于主观或客观的原因所造成的低效率运作，以求以最短的供应链、最快的反应链、最低的成本来进行运作。

渠道扁平化的实现是需要有一定的支撑基础的，戴尔公司的成功是长久以来所积淀的优势，同样，扁平化渠道的其他状态的实现都需要有一个转变与积淀的过程，并需要在这一过程中建立相关的支持机制，包括相关的制度及文化的积淀过程。例如，近两年来发展变化中的方正公司渠道体系，成为典型的扁平化渠道的代表，该体系也是与方正电子到方正科技发展过程中的大区分公司工作平台机制相适应的产物。要取得渠道扁平化的成功必须经过一个积淀的过程。

自上而下的渠道扁平化过程，是因为厂商面对更为激烈的市场竞争，为了保证渠道的利益而主动实现扁平化。其表现是：①在渠道环节上的压短；②在渠道覆盖上的压扁，同时还规划着渠道职能的专业化分工与演变。

从当前渠道扁平化发展的趋势来看，其发展方向主要表现为以下几点：

(1) 传统渠道层级的压缩。市场竞争的推动，使厂商主动调整自身渠道的取向，主动将中间渠道压扁。其主要表现为：取消总代理，发展区域代理；取消分销商，发展连锁经销专卖店；发展行业代理商；发展 OEM 销售。

(2) 商场与专卖渠道的加入。近几年以来，类似国美、苏宁连锁电器商场等的飞速发展以及专卖渠道的扩展，给分销渠道扁平化革新带来了新的机会与挑战。

(3) 包括互联网在内的各种直销渠道的飞速发展。电话、邮件、信函、网络等直销方式完全摆脱了传统分销层级的困扰。在各种直销渠道方式中，戴尔公司所采用的直销模式是当前最成功的渠道变革案例，也是众多厂商渠道所要参考的对象之一。而其他的靠品牌自有产权专卖店销售或是产品展示店等进行销售，则是相当多的现有厂商可以选用的渠道。

分销渠道扁平化革新给厂商带来的效果是显著的，扁平化对于厂商的销售所带来的影响应该是最为直接的。渠道扁平化是适应市场竞争而进行的，销售产品与服务的提升应该成为其主要效果之一。

扁平化对于渠道核心能力的提高则是长期竞争的依靠。虽然渠道扁平化的销售情况还没有得到验证，但厂商渠道在面对用户提供产品与服务的整体能力方面的提升已经表现出来，这构成了厂商业务长期发展的核心竞争能力。

扁平化对于渠道运作效率的影响是供应链上优势的集中体现。经过渠道扁平化后，渠道运作受到的影响已经明显表现出来。随着配套措施的成功实行，厂商的物流成本进一步降低，服务的及时性进一步提高，渠道的满意度也得到了改善。

四、分销渠道扁平化的形式

在不同的行业中，扁平化后的分销渠道依层级数量可以划分为三种形式。第一种是只有一层中间渠道的纯扁平渠道，是截至当前仍在发展的最为典型的扁平渠道状态；第二种是有两层以上的中间渠道，是相对原有传统渠道进行过扁平化改造的渠道体系状态；第三种是直销渠道。以下着重介绍这三种分销渠道扁平化的形式。

（一）只有一层中间渠道的纯扁平化渠道

商场等大型卖场、服务专柜等，是企业关注的一类扁平化渠道。很多企业都将大型卖场一类的终端服务商作为其渠道扁平化构建中的重要内容，商场专柜等渠道也备受瞩目。当前的大型卖场很多属于从厂商直接进货的渠道，它们一般直接面对购买者，由此避免了代理商、分销商等众多分销层级。

普通产品代理商（区域或行业代理商）只销售产品或服务本身而不进行增值的末端区域或行业代理层次，构成厂商传统渠道中扁平化后所留下来的另一部分。例如，产品多元化程度较高的厂商大多采取省级或市级代理制模式，特点是厂商可脱离中间层，直接控制渠道，同时也可以控制价格，对市场的反应速度会更快，但厂商必须自己承担物流、放账、回款等工作。

网站代理销售商则是以电子化方式为厂商代理销售产品的一类渠道。

连锁专卖店，尤其对于消费类产品，这类渠道尤其受到企业的重视，它也一直是不同企业所关注的重要渠道。

咨询服务提供商,充当技术、管理专家的第三方服务渠道,是当前产品类市场扁平化改革中的一个独特的热点。

据统计,到目前为止,真正实现完全纯扁平渠道的企业很少,而且其中部分企业还或多或少的存在直销或者是更多层渠道的情况。其中,各种渠道类型在不同的企业中的分布有所区别,有的传统渠道仍占相当大的比例。随着企业市场、行业市场需求的变化,纯扁平化渠道将越来越受到重视。

(二) 有两层以上中间渠道的扁平化渠道

这种类型的渠道主要表现为总代理商/区域代理商及其以下的经销商构成的渠道。企业由于自身从事渠道销售的经验及能力限制,选择了总代理商进行渠道销售。有的甚至是独家总代理,依据不同的产品授予独家代理权是部分国内外企业的市场策略之一。这部分企业的渠道扁平化问题在很大程度上是由总代理根据需要进行的,同时,企业自身也在尝试设立新的直接渠道。区域分销渠道的发展是企业进入新的边缘低级别市场的举动,国外的大型企业康柏的"红旗计划"是这方面的代表。而国内厂商由于自身限制,也在较大程度上使用了区域渠道延伸的扁平化渠道策略。

在渠道扁平化发展的过程中,这类渠道的部分总代理将继续更好地发挥分销、物流等职能,而同时发展适合其自身情况的增值业务,将自身渠道体系的运作效率在新的市场竞争中逐步提高。

近些年,区域渠道的发展成为很多企业在渠道扁平化方面的动作之一。企业对区域渠道采用区域总代理的策略,区域总代理与部分厂商设立的起区域平台作用的分销机构发挥了类似的作用,只是其在运作机制上与厂商分支机构有较大区别。区域总代理或分销机构设立的同时,厂商会逐渐减少全国性总代理的数量,或者是转变全国性总代理的职能,减少不必要的渠道环节,从而可以提高渠道的运作效率。

(三) 直接渠道

这类分销渠道是企业目前(如戴尔公司)所执行的一种较为成功的渠道模式。业务人员直接销售,增加了厂商与客户直接接触的机会,最大化地缩短了中间流程。虽然其对市场覆盖面难以在短期内与其他分销渠道相比,但是在激烈的市场竞争环境中,其生存与发展的优势也是显而易见的。

以800对方付费为代表的电话销售成为很多企业争相使用的渠道扁平化策略之一。随着外部环境的通信设施、交通设施、相关的技术服务设施的进一步完善,电话销售必将构成未来直销体系的一个重要组成部分。

自有销售体系的销售模式的核心是建立自己的终端销售网络,以适当产权操作为纽带的店面销售等也将是直销渠道长期发展过程中的重要形式。康佳集团股份公司一位高层主管认为,未来的品牌之争、市场之争、份额之争,都将集中到终端渠道的网络之争上来。谁拥有渠道终端,谁能够嫁接并掌握更大的终端网络,就意味着谁将拥有更大的市场份额。

虽然我国企业对各类直销渠道的利用率仍然较低，而且很多区域性的小规模企业仅处于初级的直销阶段。但随着渠道扁平化策略与技术的不断发展、渠道革新环境的进一步改善以及网络销售技术与渠道管理方法的完善，相信在今后相当长一段时间内，直销方式会成为渠道扁平化的重要形式。

长城电脑事业部网络产品总监在一次被记者问到长城的电脑与网络产品在销售策略上为什么不同时说过这样的话："你把一台 PC 扔在街上，保证大家会抢；但你如果把一台交换机或路由器扔在街上，就不见得有人捡，因为许多人不认识这是什么东西，即使认识，捡回家拿来干嘛？所以肯定不能按照同样的思路去卖。"可见，不同的渠道扁平化程度的选择，应该依照企业自身特定的现实情况，包括不同细分市场的特点、产品自身特点、企业资金充裕度等来进行设计。

此外，依外部形态对几种主要扁平化渠道进行分类，还可分为网络渠道、电话渠道、电视渠道、邮购渠道、直接邮件渠道、上门销售渠道、自动售货机等。

第四节 分销渠道战略联盟

一、分销渠道战略联盟的含义

对于分销渠道联盟，迄今为止，尚未有一个标准而统一的概括性定义，我们可以从以下几个论述层次来理解这样一种以分销渠道为纽带的企业合作形式的基本含义。

分销渠道战略联盟通常由许多各自谋求自身利益的公司组成。因为这些利益是相互竞争的，所以渠道成员间常常无法合作，甚至各自目标完全相反。分销中的战略联盟就是为了解决这一问题而出现的。在良好的联盟中，分销渠道中的各方犹如一个整体，它们可以令最终消费者相信自己正在与一个完全纵向一体化的单一组织进行交易。

一些战略联盟在运作分销渠道流方面的工作十分到位，其成员之间的合作甚至比一个公司不同部门间的合作还要紧密与流畅，尽管有时后者确实属于一个单一的纵向一体化的市场渠道。

一个分销渠道联盟意味着一种诚恳的承诺。当一个组织希望延续的某种关系呈现不确定时，承诺就会出现。但是，仅就这一点尚不足以建立渠道联盟，该组织还必须愿意付出才能维持和增进这种关系。这些付出可能是放弃短期利益或者是放弃其他机会，而宁愿将组织资源投入到联盟中去。总而言之，一个承诺性联盟中的成员必须努力维持并增进联盟关系，即使资源需要增加，并且组织处于一种紧张状态，联盟成员也要不遗余力地进行该项努力。

增进关系意味着组织要增加对其伙伴的依赖性，这具有一定的风险。作出承诺的组织要承受这种风险，并采取措施进行管理。例如，一个销售代理商可能为适应联盟原则的需要而增加销售人员，结果是代理商的风险增加了。再如，作出承诺的代理商或者要忍受风险，或者要培养其他业务（从而成长更快）以实现组合多元化，导致其收入的主要份额只能保持在一定范围之内。

承诺,意味着一种长期的眼光,加上保持关系的强烈愿望,促使企业作出自我牺牲以保持和发展关系。因此,承诺性的分销关系通常被比喻成婚姻。

当然,也有可能出现一方作出了承诺而另一方没有作出承诺的情况,但是,这种不对称承诺的情形在分销战略联盟中不太常见。上游和下游渠道成员往往会用一种对称的方式进行联盟:或者双方都作出承诺,或者双方都不作出任何承诺。

分销渠道组织可以同时参与多个联盟。一个较好的比喻是将联盟看作一种深厚的友谊。这种友谊是难以建立并需要费力保持的,并且它对联盟成员施加着天然的限制作用。

二、分销渠道战略联盟的形式

(一)企业与供应商结成战略联盟

当今市场竞争日益激烈,差异化消费已成趋势。面对复杂多变的市场环境,大企业要想完全凭借自己的实力进行"孤军奋战",夺得竞争中的胜利,似乎已不太可能。因此,企业必须与相关组织保持密切联系,尤其要与供应商、经销商乃至同行业的竞争对手建立广泛的战略联盟。战略联盟可以增加企业价值系统的稳定性,减少企业内部和外部的不确定性;战略联盟可以增加企业竞争实力,减少市场波动,有利于企业健康稳定地发展。例如,企业为了满足消费者的需求差异,就要经常研制和开发新产品。这种情况不仅需要经销商的配合,更需要供应商在原料及配件等方面的协同作用,有时还需要技术和信息上的支持。特别是当企业在某一方面存在不足,而这个不足却又能从供应商那里得到补偿时,这种联盟关系就显得十分重要了。

传统的营销观念认为,企业与供应商之间的关系是用户关系,供应商有责任和义务在各方面来支持和帮助它的用户——下游企业。自然,一般在稳定的市场条件下,供应商可能会做到这一点,但若市场发生了变化,供应商就不一定能保证企业价值的实现了,因此,这种传统的单向的价值关系是很不稳定的。所以,应该提倡企业对供应商开展营销活动,谋求与供应商建立一种双向的价值联盟关系。只有这样,才能做到企业、供应商、经销商以及竞争对手在竞争中由单纯竞争走向竞争与合作,由"单赢"变成"多赢"。

在实际的事例中,张裕葡萄酒公司与原料供应商(葡萄种植户)结成战略联盟的做法是非常值得学习的。张裕葡萄酒公司深知要取得产品市场竞争优势,就要首先获得供应商的优势,要想自己获利,必先让利于供应商,并且进一步与供应商结成战略联盟。这种反向市场营销活动正是"整体市场营销"观念的具体表现,是企业在未来复杂动态的市场环境中稳定发展的必然要求。

企业在与供应商结成战略联盟时应注意以下几个方面。

1. 精心物色供应商

企业可以根据自己对原料或配件需求的特点来选择优秀的供应商,重点考察供应商的技术实力、生产规模、管理水平、人才优势、商业信誉、质量保证、价格让渡及企业文化等,同时还要分析供应商在其所在的行业中的竞争地位、市场占有程度、发展战略等。对同一类产品的供应商选择,在数量上以不少于3个为宜,以便企业在竞争中拥有较大的回旋余地。

2. 与供应商结成真正的联盟

企业对选定的供应商要予以充分的信任,把供应商当作合作伙伴,认真地开展对供应商的营销工作,在价值认同的基础上互惠互利、相互合作、优势互补,这样结成的联盟才更能经得起考验。

3. 对供应商进行反向支持

企业与经销商合作并给予支持是为了实现产品的价值,而产品价值的实现也离不开供应商。在正常情况下,企业能够从供应商那里获得较多的好处,但要考虑到在非正常情况下(如过度的价格竞争、行业结构的改变等),如果供应商处在逆境之中,就会直接影响到企业的价值实现。此时,企业要给予供应商极大的支持,如资金支持、技术援助等,帮助供应商渡过难关。维护供应商的利益,就是维护自身的利益,也是巩固企业自身地位的重要手段。

4. 与供应商共同发展

企业与供应商结成联盟,不仅是为了互利,还是为了共同发展。共同发展是企业联盟的终极目标,只有不断发展,才能使企业联盟得到巩固和完善,才能保证市场的稳定。保证企业联盟的长久发展和消费者的利益,才能使产业结构趋向合理,使社会资源得到更合理配置。

(二) 产销战略联盟

产销战略联盟,是指处于同一分销渠道的两方或多方成员(供应商与分销商)之间通过签订协议的方式,形成风险利益联盟集团,并按照商定的分销策略和游戏规则,共同开发市场,共同承担市场责任和风险,共同管理和规范销售行为,并共同分享销售利益的一种战略模式。

由于该联盟形式是企业从长远而全面的角度进行企业合作的重大决策,所以我们把这种联盟称为产销战略联盟。下面介绍三种基本的产销战略联盟形式。

1. 销售代理制与制造承包制

作为产销战略联盟中的销售代理制形式,其自身具有特定的含义与特点。与销售代理制相对应的概念是制造承包制,这两者实际上是产销战略联合体的两个方面,具有密切的相关性和长期的战略性。实际上,在签订销售代理制合同的同时,也需要签订制造承包制合同;供方企业利用的是需方企业的分销网络的优势,而需方企业利用的则是供方企业的生产制造优势。

产销战略联盟的销售代理制具有如下特点:①采用制造商的独家代理形式或某地区的独家代理形式。制造商只委托一家代理商销售本企业的产品,这家代理销售企业不能同时代理销售其他同类竞争企业的产品。②采用佣金代理形式。③销售代理制的代理商与供方企业的联系较强,双方在权利和义务方面的约定比较广泛,涉及的内容也较多。两家的联合通常由销售代理和制造承包两个协议来形成,一个协议的履行是另一个协议生效的前提。④供需双方企业的合作期限较长,合同期可达10年以上。

2. 会员制

会员制的产销战略联盟是一种初级的供需双方企业的联盟形式，大家通过协议形成一个俱乐部来进行运作，相互遵守游戏规则、相互协调、相互信任，相互帮助和共同发展。一般来说，供方企业为俱乐部的核心，是组织者，负责制定游戏规则；销方企业是会员，可参与游戏规则的制定。一旦游戏规则制定好了，供销双方企业就均要遵守规则。会员制的形式根据企业之间的合作程度，可分为保证与特许专营两大类。

（1）保证会员制。保证会员制是指销方企业向供方企业缴纳一定额度的保证金或签订具有较强约束力的保证协议，从而取得会员资格的一种形式。通常供方企业实力比较强大，企业声誉好，其产品在市场上有较强的竞争力，且产品寿命周期较长。供方企业利用自己的优势，并通过销方完善的销售网络实现竞争优势。这种形式的会员制度具体又分为两种：①保证金会员。当供方企业的产品供不应求时，供方企业往往会要求其分销渠道的成员交纳一定额度的保证金来获得销售其产品的资格。②协议会员。在市场竞争激烈的情况下，如果供方企业要求销方企业交纳数额较大的保证金，有可能会导致销方企业转向自己的竞争对手，所以通常以协议形式来建立分销渠道中的联合关系。在协议型保证会员制中，供销双方企业主要的工作是制定保证协议，除无需保证金外，其运作方式与保证金会员制基本相同。

（2）特许专营会员制。特许专营是指供方企业将自己的产品制作技术、无形资产、管理方式、经营诀窍以及教育培训方式等方面专门传授给销方企业，准许销方企业按照双方协议规定从事供方企业的同类行业的一种制度。特许专营的供方称为授权人或特许人，销方则称为接受人或者受许人。例如，"麦当劳"快餐连锁店就是这种形式的典型代表。

3. 联营公司

当供销双方企业从简单的生产与销售合作进一步发展到更高层次的合作时，合作双方的联营公司就出现了。

所谓联营公司，是指双方企业利用各自优势，以各种方式按照法律程序所形成的联合经营体制，这些方式包括合资、合作和相互持股等。形成联营公司的供销双方企业在利益上更趋于一致，更具备共担风险、共享利益的特征，从而合作的基础也更加牢固。从产销战略联盟的角度来说，双方联营看中的是对方的生产优势或销售优势。联营公司通常有以下三种形式。

（1）合资经营。合资经营是指双方企业共同出资、共同经营、共同管理、共担风险和共享利润的一种联营形式。通过合资经营，双方可以把各自的优势资源投入合资企业，从而使其发挥单独一家企业所无法发挥的作用。

（2）合作经营。合作经营是指合作双方按照契约规定履行义务与享受权利的一种联营形式。合作并不要求双方进行共同管理，但双方各自具有的优势是双方合作的前提。

（3）相互持股。相互持股是指供销双方企业为加强相互联系和合作，而持有对方一定数量股份的一种联营形式。这种战略联盟中的双方关系相对更加紧密，双方可以进行更为长期密切的合作，形成了"你中有我，我中有你"的关系。与合资经营不同的是双方资产、人员不进行合并。

产销战略联盟是竞争中的合作。合作与竞争是一对互相依存的矛盾,为了适应竞争,企业需要进行合作,在合作当中又存在着竞争。产销战略联盟是开放体系中的一个系统,作为系统本身,产销战略联盟具有自己的稳定性,这就是成员之间的合作。因此,产销战略联盟更加强调竞争中的合作。在实践中,羊绒制衣企业"恒源祥"在采用特许生产与特许经营的产销联盟战略之后,形成了以"恒源祥"品牌为旗帜的价值链。与同一领域其他各自为政的生产、销售厂商相比,"恒源祥"企业在垂直系统与水平层面都具有无可比拟的竞争力。

总之,分销渠道成员间的沟通越充分,在日常事务方面就越能紧密合作;越是合作,就越能够增进渠道成员间的相互信任,它们在共同关心的诸如市场计划的制定等方面会更加一致地工作。所以,分销渠道成员就能够更快更牢固地建立起信任的基础。

案例 伦飞电脑科技公司销售渠道扁平化之变

2006年新春过后不久,伦飞电脑科技公司(以下简称伦飞)即在上海和广州两地分别举办了"伦飞联合技术发表会"。在发表会上,伦飞除了向用户演绎移动办公的全新技术之外,还将自身全新的面貌展现在人们面前。

在销售渠道建设方面,伦飞将更深入地发展其扁平化的模式。伦飞从传统的销售模式中解脱出来,直接进入销售体系的改革举措,是其经营思路的一个重大转变,同时也体现了整个IT行业销售渠道扁平化的发展趋势。

1. 原有销售渠道存在的问题

伦飞原有的销售渠道同传统的产品流通渠道一样,主要分为四级:厂商、分销商、经销商和最终用户。产品由厂商生产,厂商将销售权交给规模比较大的分销商,分销商再将产品分配给各个地区和不同级别的经销商,经销商将产品直接销售给用户。伦飞所使用的这种传统的四级分销结构模式,在国内市场上极具代表性。

据权威调查部门的统计,中国IT市场总体规模85%以上的产品技术通过分布在全国各地的销售渠道流向最终用户,由此建立和形成了庞大的渠道销售网络。随着中国市场对IT产品需求的不断扩大,产品代理商的队伍也迅速地壮大,渠道也愈加复杂和冗长。而计算机类产品流通的生命周期很短,主流产品一个月的时间就可能会出现更迭。这样的现实条件,一方面为中国渠道提供了发展自身的机会,但另一方面又对传统的销售渠道提出了严峻的挑战。

以伦飞销售渠道的结构为例,在传统的销售渠道和销售模式中,产品在渠道中流通的时间过长,而信息流通的速度很快,末级渠道得到产品的时候,产品的价值已经很低,价格弹性越来越小,销售压力越来越大,层层挤压的局面给用户和厂商都造成了极大的负担。

2. 伦飞的新渠道观

随着国家经济的迅速发展，人们对信息化的认识不断普及，广大企业对信息化认识也在逐步提高，中国国内市场正在成为全球IT产品需求增长最快的地区之一。面对日益增长的市场需求，伦飞在感到欢欣鼓舞的同时，也清醒地认识到必须不断优化销售策略、改进销售方式。也正是这样，为了缓解越来越激烈的市场竞争和直销风潮所带来的压力，伦飞除了在产品研发和市场宣传方面加大力度外，对渠道的改革和重组计划也被提上了日程。

早在几年前伦飞就提出了扁平化的渠道发展思路，即由总代理直接面对经销商，经销商直接接待最终用户，并很快以多种途径将这一思路付诸实践。

2005年下半年开始，伦飞先后在上海、广州、武汉等地筹建了14家独资分公司。至2006年4月，伦飞的分公司增加到18家，2000年年底前，伦飞在中国各地建立30家独资分公司，形成遍地开花的销售网络。所有分公司都直接面对当地的经销商，完全实现对当地市场的管理职能，发挥管理平台、货运平台、反应平台、售后服务平台的作用，同时更直接地把伦飞在资金、技术、产品等方面的实力充分发挥出来，用以支持各地经销商的销售。通过分公司的建设，伦飞实现了渠道的真正压缩，不仅加快了物流速度，降低了物流成本，而且最大限度地减少了人员、货运、管理等方面的费用支出，增强了伦飞笔记本电脑在价格方面的竞争力。

为了更直接地面对消费者，缩减销售和服务的中间环节，发挥生产优势，伦飞在武汉投资成立了武汉伦飞华信电脑有限公司，全面承担了伦飞品牌笔记本电脑及维修配件的生产。这一举措不仅全面缓解了各地笔记本市场货源紧张、进货程序复杂的问题，极大提高了笔记本电脑组装品的质量，而且有力地推进了销售渠道扁平化的进程。

伦飞贯穿"以服务为本"的原则，在14个主要城市建立了维修中心，在维修水平、维修时间、备件储备、备件价格等方面让消费者放心。此外，以上海、广州、武汉等14个主要城市为中心，建立了辐射中小城市的维修网络，从而解决其他地区笔记本电脑维修难的问题，使销售渠道扁平化进一步得到了保障。

3. 伦飞销售渠道偏平化带来的启示

为了应对越来越激烈的市场竞争和直销风潮所带来的压力，销售渠道扁平化在IT行业已成为一种必然的发展趋势，如果不适应渠道扁平化的潮流，就很可能在市场竞争中被无情地淘汰。

渠道扁平化使众多的分销商面临下岗的威胁。随着市场利润的降低、厂商市场渗透率的增强以及最终用户深层次需求的增加，分销商的市场熟悉程度、资金投入和规模、通关能力等自然价值的含金量将会越来越低。分销商数目和覆盖地域或行业的扩充虽然可能带来短期销售额的提高，却难以使厂商及分销商实现利润的增长。在分销这一环节，分销渠道的覆盖、分销商数量、地缘和人际关系等自然价值已经不是至关重要的因素，而管理水平、市场拓展能力以及人员的职业素养等商业价值成为分销商乃至整个分销渠道的成功因素。

渠道改革给经销商提出的严峻挑战在于：经销商在产品销售的过程中，必须及时地了解产品的各种信息，如厂商的促销活动、厂商的市场宣传和推广活动、厂商主推的产品或者方案、厂商的市场目标、经营产品的特点和生命周期等等。这些信息在传统渠道中的流通通常是滞后的，甚至是变形的。对末级经销商来说，及时地获得准确信息显得尤为重要，所以，经销商，特别是末级经销商，必须加强与厂商的沟通和交流。

从厂商的角度来看，在传统的冗长渠道结构中，站在用户面前的是经销商，而不是厂商。如果仅仅扮演幕后生产者的角色，厂商将失去对市场需求、用户需求的了解，也就不能及时地开发出适应市场需求、用户需求的产品，产品自然就没有竞争力可言。

总之，在新的产品特点和市场特点的推动下，IT产品"金字塔型"的传统销售模式正逐渐向"扁平"的渠道新模式转变。这无论对谁都是一种进步，它不仅加快了产品的流通，而且使用户可以得到更直接的服务，并有效地加强了渠道对厂商的忠诚度，厂家可以更接近市场，把用户和市场的最新需求以最快、最准确的方式反馈回来。

正因为这样，我们才看到了像伦飞这样的销售渠道，企业一方面非常重视核心代理商在渠道中的作用，另一方面，也在核心代理商的帮助下，越来越多地与当地二级代理商进行相互之间的沟通与协作。

（资料来源：根据姜悦宁《伦飞的渠道扁平化之变》改写，载《2007年11月3日中国计算机报》）

链接思考

（1）伦飞为什么要在销售渠道进行渠道扁平化？
（2）实施分销渠道扁平化给企业带来了哪些变化？给我们的启示有哪些？

本章小结

网络渠道、渠道整合、渠道扁平化、渠道战略联盟是分销渠道的几个新问题，也是今后分销渠道管理的新视野。

网络渠道同传统渠道相比，从理论到实践上都有很大变化。其特点有：跨越全球区域和范围；高效、方便、快捷、灵活；运作成本低；较强的互动性；拟人化比较强；等等。网络分销渠道是指与提供产品或服务以供顾客使用或消费这一过程有关的一整套相互依存的机构，它涉及信息沟通、资金转移和产品转移等。一个完善的网络分销渠道应有订货功能、结算功能、配送功能三大功能。网络渠道大体上可以分为网络直接分销渠道、网络间接分销渠道、网络双渠道三类。网络渠道建设要考虑产品特性、企业的实力、消费者的特点和渠道成员的特点。在运作网络渠道的过程中，要建立安全的结算方式、完善的配送系统以及订货系统。网络分销并非十全十美，它也有其自身的弊病：①缺乏与实际产品接触以及延时交货；②网络的混乱拥挤；③订单执行以及物流工作的滞后；④安全问题以及消费者对产品来源的担忧；⑤对个人以及社会购物动机的忽视。所以，要正视网络渠道的优势和劣势，合理地配置渠道资源。针对网络渠道的不足，企业应该采用合理的手段管理和维护网络渠道的安全。对订单和库存进行及时的跟踪，确保订货系统的保密性和周密性，认真执行配送周期的各个环节，使网络渠道正常地运转。

分销渠道整合首先探讨了渠道组合与渠道整合的关系：分销渠道组合是分销渠道管

理的必然趋势，且必然引发分销渠道整合，分销渠道整合提高了分销渠道组合的效率。企业开展分销渠道整合，其目的可以分为短期、中期和长期三个阶段：短期目的是为了降低交易成本，中期目的是为了扩大市场覆盖面和市场份额，而长期目的是为了培养企业的核心竞争力。

分销渠道整合是一项比较复杂的系统工程，它一般需要经过明确销售过程和渠道组合模式、评价各类渠道的绩效、渠道分工（任务匹配）、渠道移交管理、渠道整合监控等几个环节。

分销渠道扁平化的实现是需要有一定的支撑基础的，戴尔电脑公司的成功是长久以来所积淀的优势，同样，扁平化渠道的其他状态的实现都需要有一个转变与积淀的过程，并需要在这一过程中建立相关的支持机制，包括相关的制度及文化的积淀过程、自上而下的渠道扁平化过程。因为厂商面对更为激烈的市场竞争，为了保证渠道的利益而主动地调整渠道规划、实现扁平化。其表现为：一是在渠道环节上的压短，二是在渠道覆盖上的压扁，同时还规划着渠道职能的专业化分工与演变。从当前渠道扁平化发展的态势来看，其发展方向主要表现为以下几点：①传统渠道层级的压缩；②商场与专卖渠道的加入；③包括互联网在内的各种直销渠道的飞速发展。分销渠道扁平化革新给厂商带来的效果是显著的。扁平化对于渠道核心能力的提高是长期竞争的依靠。

分销渠道战略联盟是一种以分销渠道为纽带的企业合作形式。松散型的、间接型的传统渠道不仅制约了厂家与消费者的直接沟通，还影响了渠道的效率，所以分销渠道战略联盟是为了改善这种局面而进行的渠道创新。分销渠道战略联盟的表现形式有企业与供应商结成的战略联盟和产销战略联盟两种形式。在企业与供应商结成战略联盟的时候，应注意精心物色供应商、与供应商结成真正的联盟、对供应商进行反向支持以及与供应商共同发展。产销战略联盟又有销售代理制与制造承包制、会员制和联营公司三种基本形式。

关键概念

网络分销渠道　分销渠道组合　分销渠道整合　分销渠道扁平化　分销渠道战略联盟

思考题

(1) 网络分销渠道的基本特征是什么？具备什么功能？你熟悉的网络分销渠道有哪些？

(2) 网络分销渠道管理的具体内容有哪些？

(3) 试述分销渠道组合与分销渠道整合之间的联系。

(4) 试述分销渠道整合的目的和过程。

(5) 何谓分销渠道扁平化？分销渠道扁平化有哪些具体形式？

(6) 分销渠道扁平化对于企业传统渠道有哪几方面的影响？

(7) 谈谈你对分销渠道扁平化的理解并描述分销渠道扁平化的发展趋势。

(8) 什么是分销渠道战略联盟？分销渠道战略联盟的表现形式有哪些？

主要参考书目

[1] 卜妙金. 分销渠道管理 [M]. 北京：高等教育出版社, 2001

[2] 胡春. 市场营销渠道管理 [M]. 北京：清华大学出版社, 2006

[3] 李飞. 分销渠道设计与管理 [M]. 北京：清华大学出版社, 2003

[4] 胡娟. 销售渠道管理 [M]. 北京：北京工业大学出版社, 2004

[5] 庄贵军等. 营销渠道管理 [M]. 北京：北京大学出版社, 2004

[6] 马克态. 成功的分销渠道 [M]. 北京：中国国际广播出版社, 2003

[7] 雷培莉等. 分销渠道管理 [M]. 北京：经济管理出版社, 2003

[8] 傅浙铭等. 营销八段——分销渠道管理 [M]. 广州：广东经济出版社, 2000

[9] 张永强. 营销渠道——一种关系管理方法 [M]. 北京：机械工业出版社, 2004

[10]（美）巴里·伯曼, 乔·R. 埃文斯. 零售管理 [M]. 吕一林, 熊鲜菊, 译. 北京：中国人民大学出版社, 2002

[11]（美）迈克尔·利维, 巴顿·A. 韦茨. 零售学精要 [M]. 郭武文, 译. 北京：机械工业出版社, 2000

[12]（美）菲利普·科特勒. 营销管理 [M]. 梅清豪, 译. 上海：上海人民出版社, 2003

[13] 吴健安. 市场营销学 [M]. 北京：高等教育出版社, 2004

[14] 张倩. 连锁经营管理与实务 [M]. 北京：机械工业出版社, 2008

[15] 周莹玉. 营销渠道与客户关系管理 [M]. 北京：中国经济出版社, 2003

后 记

分销渠道管理是企业市场营销管理的重要组成部分，也是企业获取长期竞争优势的战略要素。在经典的营销组合策略"4P"中，通过产品、价格、促销这些策略的差别化来获取竞争优势已经越来越困难，而通过建立特有的渠道，实现渠道管理差别化来获取竞争优势则是可能的，且渠道竞争优势不易被模仿，是企业持久的竞争优势。因此，"渠道为王"的观念被许多企业家认同，分销渠道管理的重要性越来越凸显。

本书是为普通高等学校"十三五"市场营销专业规划教材而编写的。全书以"计划、组织、执行、协调、控制、评估"的管理职能为脉络，充分反映"渠道结构"、"渠道行为"、"渠道关系"等当前学术界关于分销渠道管理研究的热点问题，比较系统地涵盖了分销渠道管理的基本理论和方法。

本书分六部分共15章：第一部分包括第1～3章，介绍分销渠道管理理论；第二部分包括第4～6章，介绍销售方式和销售组织的情况，为企业进行分销渠道设计提供销售方式选择；第三部分包括第7～8章，介绍分销渠道的战略设计与组织；第四部分包括第9～13章，介绍分销渠道管理策略；第五部分为第14章，介绍分销渠道评估；第六部分为第15章，介绍分销渠道管理的新问题和新视野。

本书由重庆工商大学商务策划学院彭建仿教授任主编，太原理工大学李竹梅副教授、重庆工商大学崔莹副教授、陕西师范大学王文军副教授、西安财经学院刘仓副教授任副主编。各章撰写分工为：彭建仿撰写第1章、第10章、第15章；李竹梅撰写第2章、第3章、第9章；刘仓撰写第4章、第5章、第6章；王文军撰写第7章、第8章、第12章；崔莹撰写第11章、第13章、第14章。全书由主编彭建仿教授设计内容框架并统稿。

感谢中山大学出版社提供本书的编写机会，感谢西安交通大学郝渊晓教授的指导和蔡浩然编审对本书出版的支持。

感谢重庆工商大学商务策划学院领导及市场营销系同仁的支持。

感谢重庆市高校"三特行动计划"重庆工商大学市场营销特色专业建设项目的资助。

在本书编写过程中，参考了以卜妙金教授为主编的《分销渠道管理》编写团队的智慧和成果，在此一并致谢。

由于编者水平有限，本书如有不当之处，诚恳希望广大读者批评指正。

彭建仿
2014 年 11 月于重庆